Internationale Doppelbesteuerung
im Erbschaft- und Schenkungsteuerrecht

Europäische Hochschulschriften

Publications Universitaires Européennes

European University Studies

Reihe II

Rechtswissenschaft

Série II Series II

Droit

Law

Bd./Vol. 3818

PETER LANG

Frankfurt am Main · Berlin · Bern · Bruxelles · New York · Oxford · Wien

Matthias Höninger

Internationale Doppelbesteuerung im Erbschaft- und Schenkungsteuerrecht Kollisionsbegründende und -auflösende Normen des ErbStG

PETER LANG
Europäischer Verlag der Wissenschaften

Bibliografische Information Der Deutschen Bibliothek
Die Deutsche Bibliothek verzeichnet diese Publikation in der Deutschen Nationalbibliografie; detaillierte bibliografische Daten sind im Internet über <http://dnb.ddb.de> abrufbar.

Zugl.: Bochum, Univ., Diss., 2003

Gedruckt auf alterungsbeständigem,
säurefreiem Papier.

D 294
ISSN 0531-7312
ISBN 3-631-51889-7

Printed in Germany 1 2 3 4 5 7

www.peterlang.de

Danksagung und Widmung

Die Danksagung gilt vor allem Herrn Prof. Dr. Roman Seer für seine vielfältige Unterstützung bei der Anfertigung der Dissertation. Er hat mir jederzeit mit Rat und Tat hilfreich zur Seite gestanden.

Herrn Prof. Dr. Karlheinz Muscheler danke ich für die zügige Zweitbegutachtung.

An dieser Stelle möchte ich auch Herrn Dr. Stefan Gehring, Frau Charlotte von Kleist, Frau Barbara Hertlein sowie meinen Eltern danken. Sie haben alle zur Entstehung der vorliegenden Arbeit beigetragen. Gerade meinen Eltern gebührt ein ganz besonderer Dank, da sie mir eine umfang- und abwechslungsreiche Ausbildung ermöglicht haben.

Gewidmet ist die Arbeit meinem Bruder Alexander Claudius.

Matthias Höninger
Düsseldorf, im August 2003

Inhaltsverzeichnis

Literaturverzeichnis X
Abkürzungsverzeichnis XXVI

Einleitung

A. Bedeutung des Internationalen Erbschaft- und Schenkungsteuerrechts 1
B. Gegenstand und Gang der Untersuchung 2

ERSTER TEIL
Internationale Doppelbesteuerung im Erbschaft- und Schenkungsteuerrecht

A. Begriff der internationalen Doppelbesteuerung 6
I. Bedeutung des Begriffs 6
II. Der Wandel von der deskriptiv zur normativ geprägten Begriffsbe-Stimmung 8
III. Begriffsbildung auf Grund unterschiedlicher Besteuerungsformen 10
1. Rechtliche Doppelbesteuerung 10
2. Wirtschaftliche Doppelbesteuerung 14

B. Besteuerungssystematik und Übereinstimmungen der Steuertatbestände 15
I. Besteuerung und wirtschaftlicher Sachverhalt 15
1. Bedeutung des wirtschaftlichen Sachverhaltes 15
2. Wirtschaftlicher Sachverhalt und einzelnes Steuergesetz 17
a) ErbStG 18
b) österrErbStG 19
c) LISD 21
d) IRC 23
e) IHTA 24
3. Indikation steuerlich belastbarer wirtschaftlicher Leistungsfähigkeit 24
a) Dreiteilung der Indikatoren wirtschaftlicher Leistungsfähigkeit 25
b) Indikation wirtschaftlicher Leistungsfähigkeit und wirtschaftlicher Sachverhalt 26
II. Die Systematik der Besteuerung 29
1. Vergleichsmerkmale der Besteuerungssystematik 29
a) Bedeutung der Vergleichsmerkmale 29
aa) Sachliche Normenkonzeption 29
(1) Bedeutung des Steuergegenstandes und des Besteuerungsgutes 29
(2) Begriff des Steuergegenstandes 31

(3) Begriff des Besteuerungsgutes 32
bb) Persönliche Normenkonzeption 36
b) Abgrenzung gegenüber anderen Vergleichsmerkmalen 36
2. Besteuerungssystematik ausgewählter Steuergesetze 37
a) Erbanfallsteuern 37
aa) ErbStG 37
(1) Steuergegenstand 37
(a) Bestimmung durch § 2 Abs. 1 Nr. 1 Satz 1 ErbStG 37
(b) Abgrenzung gegenüber anderen Begriffsbestimmungen 38
(2) Besteuerungsgut 40
(3) Steuersubjekt 42
(4) Steuerträger 45
(5) Steuertypologische Einordnung 46
(a) Einkommensteuer 46
(b) Vermögenssubstanzsteuer 48
(c) Verkehrsteuer 49
bb) österrErbStG 51
cc) LISD 52
b) Nachlasssteuern 54
aa) IRC 54
(1) Federal Estate Tax 54
(a) Steuergegenstand 54
(b) Besteuerungsgut 56
(c) Steuersubjekt 58
(d) Steuerträger 59
(e) Bestimmung der Steuerart 60
(2) Federal Gift Tax 62
(a) Steuergegenstand 62
(b) Besteuerungsgut 64
(c) Steuersubjekt 65
(d) Steuerträger 66
(e) Einordnung in das System der Steuerarten 66
bb) IHTA 67
(1) Steuergegenstand 68
(2) Besteuerungsgut 70
(3) Steuersubjekt 72
(4) Steuerträger 74
(5) Steuertypologische Qualifizierung 74
III. Übereinstimmungen der Steuertatbestände und Gleichartigkeit 75

C. Ursache und Formen internationaler Doppelbesteuerung im Erbschaft- und Schenkungsteuerrecht 77
I. Ursache internationaler Doppelbesteuerung 77
II. Formen internationaler Doppelbesteuerung 79

1. Erbschaftsteuerrecht 79
a) Erbanfallsteuern 80
b) Nachlass- und Erbanfallsteuern 80
2. Schenkungsteuerrecht 81
a) Bereicherungssteuern 81
b) Bereicherungs- und Nachlasssteuern ergänzende Schenkungsteuern 82
III. Doppelbesteuerung und DBA 82

D. Ergebnisse des ersten Teils 84

ZWEITER TEIL
Probleme der kollisionsbegründenden und -auflösenden Normen des ErbStG

A. Entwicklungsgeschichte der Diskussion um die Doppelbesteuerungsproblematik 86

B. Totalitätsprinzip – Widerstreit zwischen Besteuerung nach wirtschaftlicher Leistungsfähigkeit und zwischenstaatlicher Verteilungsgerechtigkeit 88
I. Konkretisierung des Totalitäts- und des Territorialitätsprinzips im ErbStG 88
II. Rückführung des Totalitätsprinzips auf das Leistungsfähigkeitsprinzip 89
1. Inhalt des Leistungsfähigkeitsprinzips 89
2. Leistungsfähigkeitsprinzip im Binnenbereich des ErbStG und Totalitätsprinzip 90
III. Zwischenstaatliche Verteilungsgerechtigkeit und Totalitätsprinzip 92
1. Begrenzung der Steuererhebung durch ihre allgemeine Rechtfertigung 93
2. Zwischenstaatlichen Verteilungsgerechtigkeit und allgemeine Rechtfertigung der Steuererhebung 95
3. Widerspruch zwischen Totalitätsprinzip und zwischenstaatlicher Verteilungsgerechtigkeit 97
IV. Verwirklichung eines angemessenen Ausgleiches 99
1. Totalitätsprinzip oder uneingeschränkte Geltung des Territorialitätsprinzips 100
a) Totalitätsprinzips und Territorialitätsprinzips im Internationalen Einkommensteuerrecht 100
b) Vorzugswürdigkeit des Totalitätsprinzips 102
aa) Vergleich zwischen der Einkommen- sowie der Erbschaft- und Schenkungbesteuerung 102
bb) Notwendigkeit eigener erbschaft- und schenkungsteuerrechtlicher Beurteilung 103
2. Totalitätsprinzip und Anrechnungsverfahren 106

C. Die Anknüpfung der Steuerpflicht an die persönlichen Verhältnisse des Erblassers und Schenkers 109
I. Gesetzliche Ausgangslage und gesetzgebungshistorische Entwicklung 109

II. Die System- und Verfassungskonformität 111
1. Systemwidrigkeit 111
a) Ausgestaltung der Erbschaft- und Schenkungsteuer als aperiodische Bereicherungssteuer 111
b) Anknüpfungsmerkmale als Elemente einer Nachlasssteuer 114
c) Steuertypologische Einordnung als Verkehrsteuer oder „Verkehrsteuer-Reminiszenz" 115
2. Verfassungskonformität 117
III. Rechtfertigung durch Umverteilungsfunktion 119

D. Die Anknüpfung der Steuerinländereigenschaft an die Staatsangehörigkeit 122
I. Gesetzliche Ausgangslage und gesetzgebungshistorische Entwicklung 122
II. System-, Verfassungs- und Europarechtskonformität 124
1. Systemwidrigkeit 124
2. Verfassungswidrigkeit 126
a) Ungleichbehandlung 126
b) Rechtfertigung der Ungleichbehandlung 126
3. Europarechtswidrigkeit 129
a) Gemeinschaftsrechtlich relevanter Sachverhalt 130
b) Beeinträchtigung der Grundfreiheiten 134
aa) Gewährleistungsgehalt der Grundfreiheiten 134
bb) Beeintächtigung in der Ausgestaltung als Diskriminierungs-Verbot 138
cc) Beeinträchtigung in der Ausgestaltung als Beschränkungsverbot 139
(1) Niederlassungsfreiheit 139
(2) Arbeitnehmerfreizügigkeit 141
(3) Kapitalverkehrsfreiheit 142
(4) Allgemeine Freizügigkeit 143
c) Rechtfertigung möglicher Beeinträchtigungen der Grundfreiheiten 144

E. Tatbestandliche Ausgestaltung und Zweifelsfragen bei der Anwendung des § 21 ErbStG 147
I. Wahlmöglichkeit zwischen Anrechnungs- und Abzugsmethode 148
1. Anrechnungs- und Abzugsmethode 148
2. Vorteile der Abzugsmethode 148
3. Keine Wahlmöglichkeit nach geltendem Recht 148
4. Einführung der Wahlmöglichkeit zwischen der Anrechnungs- und Abzugsmethode 150
II. Unterschiedlichkeit des Umfanges des Auslandsvermögens 151
1. Unterschiedliche Ausgestaltung der Begriffsinhalte 151
a) Auslandsvermögen im engeren Sinn 152
b) Auslandsvermögen im weiteren Sinn 152
2. Methodisch verfehlte Begriffsdefinition des Auslandsvermögens

durch Bezugnahme auf § 121 BewG 153
3. Begriffsdefinition des Auslandsvermögens durch Bezugnahme auf § 4 Abs. 1 AStG 155
III. Per-country limitation 156
1. Belegenheit des erworbenen Vermögens in nicht mehr als einem anderen ausländischen Staat 156
2. Belegenheit des Vermögens oder eines Teils des Vermögens in mehreren ausländischen Staaten 157
3. Per-country versus overall limitation 157
IV. Beschränkung der Anrechnung auf „entsprechende“ Steuern 158
1. Anforderungen an das „Entsprechen“ 159
a) Gesetzgebungsgeschichtliche Auslegung 159
b) Rechtsprechung 161
c) Rechtswissenschaft 162
2. Ableitung von Qualifikationsmerkmalen aus den DBA 163
3. Die „gleichartige Steuer“ i.S.d. Art. 105 Abs. 2 und Abs. 2 a GG 164
4. Wertung 166

F. Ergebnisse des zweiten Teils 170

Literaturverzeichnis

Albrecht, Philipp: Die steuerliche Behandlung deutsch-englischer Erbfälle, Diss., Köln u.a. 1992 (zit.: *Albrecht*, Deutsch-englische Erbfälle)

Arlt, Bernhard: Probleme des erbschaft- und schenkungsteuerlichen Anrechnungsverfahrens als Bereich der internationalen Nachfolgeplanung, IWB Nr. 22 vom 26.11.1997, Fach 3, Gruppe 9, S. 103 ff.

von Arnim, Hans: Finanzzuständigkeit, in Isensee, Josef/ Kirchhof, Paul (Hrsg.), Handbuch des Staatsrechts der Bundesrepublik Deutschland, Band IV Finanzverfassung – Bundesstaatliche Ordnung, Heidelberg 1990, § 103, S. 987 ff. (zit.: *von Arnim*, HStR IV, § 103)

Bachmayr, Karl: Rechtsanspruch auf Schutz gegen internationale Doppelbesteuerung, StuW 1964, Sp. 885 ff.

Bader, Axel: Grenzüberschreitender Erbfall und deutsche Erbschaft- und Schenkungsteuer-Gestaltung, INF 1995, S. 71 ff.

Baumgartner, Matthias/ *Gassner*, Wolfgang/ *Schick*, Stefan: Besteuerung von grenzüberschreitenden Schenkungen, DStR 1989, S. 619 ff.

Bayer, Hermann-Wilfried: Der Stufenaufbau des Steuertatbestandes, FR 1985, S. 337 ff.

Becker, Helmut/ *Höppner*, Horst-Dieter/ *Grotherr*, Siegfried/ *Kroppen*, Heinz-Klaus (Hrsg.): DBA-Kommentar, LoseblS., Stand Juli 2001, Herne u.a. 2001 (zit.: *Bearb.* in Becker/ Höppner/ Grotherr/ Kroppen, DBA-Kommentar)

Bellstedt, Christoph: Doppelbesteuerung bei Erwerbsvorgängen im Erbschaft- und Schen-kungsteuerrecht, IWB Nr. 8 vom 24.04.1996, Fach 3, Gruppe 9, S. 91 ff.

Bernstorff, Christoph von: Einführung in das englische Recht, München 1996

Bertram, David/ *Taylor*, Duncan: Business Tax and Law Handbook, London 1998

Beul, Carsten: Beschränkung europäischer Niederlassungsfreiheit und Art. 220 EGV, IStR 1997, S. 1 ff.

Biergans, Enno/ *Wasmer*, Claudius: Zum Tatbestand der Besteuerung und zum Leistungsfähigkeitsbegriff in der Einkommensteuer, FR 1985, S. 57 ff.

Birk, Dieter: Wegzugsbesteuerung und Europarecht, in Kirchhof, Paul/ Jakob, Wolfgang/ Beermann, Albert (Hrsg.): Steuerrechtsordnung, Steuergesetz, Steuerreform – Festschrift für Klaus Offerhaus, Köln 1999, S. 163 ff. (zit.: *Birk*, FS Offerhaus)

\- Besteuerungsgleichheit in der Europäischen Union, in Lehner, Moris (Hrsg.), Veröffentlichungen der Deutschen Steuerjuristischen Gesellschaft e.V.: Steuerrecht im Europäischen Binnenmarkt, DStJG Band 19, Köln 1996, S. 63 ff. (zit.: *Birk*, DStJG 19 (1996))

Bittker, Boris/ *Lokken*, Lawrence: Federal Taxation of Income, Estates and Gifts, 2. Aufl., Volume 5, Boston/ N.Y. 1989-1993, einschließlich Cumulative Supplement No. 3 Text, Part II, Volumes 4 and 5, 1999 (zit.: *Bittker/ Lokken*, Taxation of Income, Estates and Gifts)

Bleckmann, Albert: Europarecht, 6. Aufl., Köln u.a. 1997 (zit.: *Bearb.* in Bleckmann, Europarecht)

Bonner Kommentar zum Grundgesetz, *Dolzer*, Rudolf/ *Vogel*, Klaus (Hrsg.), LoseblS., Stand Mai 2001, Heidelberg 2001 (zit.: *Bearb.* in Bonner Kommentar)

Boochs, Wolfgang: Fragen der internationalen Erbschaft- und Schenkungsteuer, UVR 1994, S. 264 ff.

\- Erbschaft- und Schenkungsteuer bei Auslandsbeziehungen, DVR 1987, S. 178 ff.

British Master Tax Guide, CCH Editions, London 1998 (zit.: *BTMG*)

British Tax Reporter, LoseblS., Stand November 2000, Volume 4 – Inheritance Tax/ Capital Transfer Tax, Oxfordshire 1984 ff. (zit.: *BTR*)

Bultmann, Stephan: Das Gleichartigkeitsverbot des Art. 105 Abs. 2 und Abs. 2 a GG unter besonderer Berücksichtigung der Rechtsprechung des Bundesverfassungsgerichts, DStZ 1996, S. 760 ff.

Bundesministerium für Wirtschaft und Finanzen (Hrsg.): Gutachten der Steuerreformkommission 1971, Schriftenreihe des Bundesministeriums der Finanzen – Heft 17, Bonn 1971, S. 653 ff. (zit.: Steuerreformkommission 1971, Schriftenreihe BMF, Heft 17)

Burmester, Gabriele: Grundlagen internationaler Regelungskumulation und -kollision unter besonderer Berücksichtigung des Steuerrechts, Habil.-Schr., Baden-Baden 1993 (zit.: *Burmester*, Internationale Regelungskumulation und -kollision)

\- Begriff und Funktion des Steuergutes im Steuerrecht, StuW 1993, S. 221 ff.

\- Jurisdiktionshoheit der Staaten im Steuerrecht, JZ 1993, S. 698 ff.

Busch, Michaela: Deutsches Erbschaftsteuerrecht im Lichte der europäischen Grundfreiheiten – Teil I: Untersuchung der Vereinbarkeit der persönlichen Freibeträge der §§ 16 und 17 ErbStG sowie der sachlichen Steuerbefreiung des § 13 Nr. 4 a ErbStG mit dem Europarecht, IStR 2002, S. 448 ff.

Calliess, Christian/ *Ruffert*, Matthias (Hrsg.): Kommentar des Vertrages über die Europäische Union und des Vertrages zur Gründung der Europäischen Gemeinschaft, Neuwied u.a. 1999 (zit.: *Bearb.* in Calliess/ Ruffert, EUV/ EGV)

Canadian Master Tax Guide, CCH Editions, 51. Aufl., Ontario 1996 (zit.: *CMTG*)

Chapman, A. L., in Lyons, T. J. (Hrsg.): Chapman's Inheritance Tax, 8. Aufl., London 1990

Christoffel, Hans/ *Geckle*, Gerhard/ *Pahlke*, Arnim: Erbschaftsteuergesetz, 1. Aufl., Freiburg u.a. 1998 (zit.: *Bearb.* in Christoffel/ Geckle/ Pahlke, ErbStG)

Classen, Claus: Auf dem Weg zu einer einheitlichen Dogmatik der EG-Grundfreiheiten? EWS 1995, S. 97 ff.

Committee on Ways and Means, U.S. House of Representatives: Background Materials on Federal Estate and Gift Taxation, Prepared by the Staff of the Committee on Ways and Means for the Use of the Committee (This material has been printed for informational purposes only. It has neither been considered nor approved by the Committee.), Washington D.C. 1976 (zit.: *Committee on Ways and Means*, Federal Estate and Gift Taxation)

Coombes, John/ *Channon*, Gordon: Inheritance Tax, 1. Aufl., London 1987

Crezelius, Georg: Verhältnis der Erbschaftsteuer zur Einkommen- und Körperschaftsteuer, in Birk, Dieter (Hrsg.), Veröffentlichungen der Deutschen Steuerjuristischen Gesellschaft e.V.: Steuern auf Erbschaft und Vermögen, DStJG Band 22, Köln 1999, S. 73 ff. (zit.: *Crezelius*, DStJG 22 (1999))

- Erbschaftsteuerrecht und Erbschaftsteuerpolitik, in Lang, Joachim (Hrsg.), Die Steuerrechtsordnung in der Diskussion: Festschrift für Klaus Tipke, Köln 1995, S. 403 ff. (zit.: *Crezelius*, FS Tipke)
- Sicherung der Unternehmensnachfolge und Besteuerung, in Wassermeyer, Franz (Hrsg.), Veröffentlichungen der Deutschen Steuerjuristischen Gesellschaft e.V.: Grundfragen der Unternehmensbesteuerung, DStJG Band 17, Köln 1994, S. 135 ff. (zit.: *Crezelius*, DStJG 17 (1994))
- Erbschaft- und Schenkungsteuer in zivilrechtlicher Sicht, Diss., Herne u.a. 1979

Croxatto, Giancarlo: Die Begrenzung der staatlichen Steuerhoheit durch internationales Gewohnheitsrecht, StuW 1964, 879 ff.

Czisnik, Marianne: Die Gleichartigkeit von Steuern im System der Finanzverfassung, DÖV 1989, S. 1065 ff.

Dauses, Manfred (Hrsg.), Handbuch des EU-Wirtschaftsrechts, LoseblS., Stand Mai 2001, München 2001 (zit.: *Bearb.* in Dauses, EU-Wirtschaftsrecht)

Dautzenberg, Norbert: Die Bedeutung des EG-Vertrages für die Erbschaftsteuer, EWS 1998, 86 ff.

- Die Kapitalverkehrsfreiheit des EG-Vertrages, der Steuervorbehalt des Art. 73 d EGV und die Folgen für die Besteuerung, RIW 1998, S. 537 ff.
- Anmerkung zu BFH, Beschluss v. 17.12.1997, I B 108/1997, FR 1998, S. 491 f.
- Anmerkung zu BFH, Beschluss v. 17.12.1997, I B 108/1997, IStR 1998, S. 305 ff.
- Die erweiterte beschränkte Steuerpflicht des AStG und der EG-Vertrag, IStR 1997, S. 39 ff.

Dautzenberg, Norbert/ *Brüggemann*, Alexander: EG-Vertrag und deutsche Erbschaftsteuer, BB 1997, S. 123 ff.

- Keine Einschränkung der Erbschaftsbesteuerung durch den EG-Vertrag?, RIW 1997, S. 882 f.

Debatin, Helmut: Konzeptionen zur Steuerpflicht, FR 1969, S. 277 ff.

- Probleme der internationalen Doppelbesteuerung, in Neumark, Fritz (Hrsg.): Handbuch der Finanzwissenschaft, Band IV, 3. Aufl., Tübingen 1983, S. 269 ff. (zit.: *Debatin*, Internationale Doppelbesteuerung)
- Die beschränkte Steuerpflicht bei der Einkommen- und Körperschaftsteuer, BB 1960, S. 1015 ff.

Debatin, Helmut/ *Wassermeyer*, Franz (Hrsg.): Doppelbesteuerung, Band I Kommentierung des OECD-MA, LoseblS., Stand Juni 2001, München 2001 (zit.: *Bearb.* in Debatin/ Wassermeyer, Doppelbesteuerung)

Degenhard, Dorothea: Reform der Erbschaftsteuer, in Institut „Finanzen und Steuer" e.V., IFSt-Schrift Nr. 344, Bonn 1996

Dißars, Ulf-Christian/ *Dißars*, Björn-Axel: Die Anrechnung ausländischer Erbschaft- und Schenkungsteuer in Deutschland, RIW 1996, S. 144 ff.

Dodge, Joseph: Federal Taxation of Estates, Trusts, and Gifts, St. Paul/ Minn. 1981

Dörner, Heinrich/ *Hausmann*, Rainer: Internationales Erbrecht, Band III und VII, LoseblS., Stand 2002, München 2002 (zit.: *Dörner/ Hausmann*, Internationales Erbrecht)

Doralt, Werner/ *Ruppe*, Hans: Grundriß des österreichischen Steuerrechts, Band II, 3. Aufl., Wien 1996

Dorazil, Wilfried: Kommentar zum Erbschafts- und Schenkungssteuergesetz, 3. Aufl., Wien 1990 (zit.: *Dorazil*, Erbschafts-/Schenkungssteuergesetz)

Ehm, Kurt: Kommentar zum Erbschaftssteuergesetze, Köln 1921 (zit.: *Ehm*, ErbStG)

Endriss, Horst: Ist die Unterscheidung zwischen unbeschränkter und beschränkter Steuerpflicht noch zeitgemäß?, FR 1968, S. 338 ff.

European Association of Tax Law Professors (Hrsg.): Avoidance of multiple inheritance taxation within Europe, Maastricht 2000 (zit.: *Bearb.*, Multiple inheritance taxation)

Everling, Ulrich: Das Niederlassungsrecht in der EG als Beschränkungsverbot, in Schön, Wolfgang (Hrsg.), Gedächtnisschrift für Brigitte Knobbe-Keuk, Köln 1997, S. 607 ff. (zit.: *Everling*, GS Knobbe-Keuk)

Fellner, Karl-Werner: Die Erbschaftssteuer als Ausdruck des Leistungsfähigkeitsprinzips, RdW 1994, S. 412

Fischer, Bianca: Erbschaft- und Vermögensteuer, StuW 1978, S. 345 ff.

Flick, Hans: Referat Flick, 3. Kapitel: Folgerungen und Fortentwicklung, in Vogel, Klaus (Hrsg.), Münchner Schriften zum internationalen Steuerrecht, Heft 7: Steuern auf ausländische Einkünfte, München 1985, S. 93 ff. (zit.: *Flick*, Münchner Schriften IStR, S. 93 ff.)

- Methoden zur Ausschaltung der internationalen Doppelbesteuerung bei den direkten Steuern, Finanz-Archiv, Band 21 (1961), S. 86 ff.
- Recht und Gerechtigkeit im internationalen Steuerrecht, FR 1961, S. 171 ff.
- Gleichheit von Steuergegenstand und Bemessungsgrundlage im Internationalen Steuerrecht, StuW 1961, Sp. 679 ff.
- Das Erfordernis der Subjektidentität bei Doppelbesteuerungsnormen, StuW 1960, Sp. 329 ff.

Flick, Hans/ *von Oertzen*, Christian: Internationales Privatrecht und Internationales Steuerrecht in der Praxis der Erbfolgeregelung, IStR 1995, S. 558 ff.

Flick, Hans/ *Piltz*, Detlev (Hrsg.): Der Internationale Erbfall, München 1999 (zit.: *Flick/ Piltz*, Internationaler Erbfall)

Flick, Hans/ *Wassermeyer*, Franz/ *Baumhoff*, Hubertus: Außensteuerrecht, LoseblS., Stand August 2001, Köln 2001 (zit.: *Bearb.* in Flick/ Wassermeyer/ Baumhoff, Außensteuerrecht)

Foster`s Inheritance Tax s. *Wallington*

Fraberger, Friedrich: Erbschaftssteuer und Gemeinschaftsrecht, SWI 1998, S. 302 ff.

Friauf, Karl: Verfassungsrechtliche Anforderungen an die Gesetzgebung über die Steuern vom Einkommen und vom Ertrag, in Friauf, Karl (Hrsg.), Veröffentlichungen der Deutschen Steuerjuristischen Gesellschaft e.V.: Steuerrecht und Verfassungsrecht, DStJG Band 12, Köln 1989, S. 3 ff. (zit.: *Friauf*, DStJG 12 (1989))

Gebel, Dieter: Erbschaftsteuer bei deutsch-spanischen Nachlässen – Probleme der Steueranrechnung, IStR 2001, S. 71 ff.

- Erbschaftsteuer bei deutsch-spanischen Nachlässen, Heidelberg 1999

Geck, Reinhard: Erb- und schenkungsteuerpflichtige Erwerbe mit Auslandsberührung, ZEV 1995, S. 249 ff.

Golding, Jon: Tolley's Inheritance Tax 2000-01, 15. Aufl., Croydon u.a. 2000

Goodman, Wolfe: Internationale Doppelbesteuerung bei Erbschaften und Schenkungen, Generalbericht, in International Fiscal Association/ Kluwer Law and Taxation Publishers (Hrsg.), CDFI Vol. LXXb, Deventer u.a. 1985, S. 115 ff. (zit.: *Goodman*, CDFI LXXb (1985), S. 115 ff.)

von der Groeben, Hans/ *Thiesing*, Jochen/ *Ehlermann*, Claus-Dieter (Hrsg.): Kommentar zum EU-/ EG-Vertrag, Band 1, 5. Aufl., Baden-Baden 1997 (zit.: *Bearb.* in von der Groeben/ Thiesing/ Ehlermann)

Groß-Bölting, Klaus: Probleme der beschränkten Steuerpflicht im Erbschaftsteuerrecht, Diss., Münster u.a., 1996 (zit.: *Groß-Bölting*, Beschränkte Steuerpflicht im Erbschaftsteuerrecht)

Haas, Jochen: Die Erbschaftsteuer: ein kalkulierbares Risiko!, ZEV 2001, S. 139 ff. (zit.: *J. Haas*, ZEV 2001, S. 139 ff.)

Haas, Peter: Erbschaftsteuerrecht und gesellschaftsrechtliche Nachfolge, Diss., Herne u.a. 1996 (zit.: *P. Haas*, ErbStR und gesellschaftsrechtliche Nachfolge)

Hahn, Hartmut: Das ICI-Urteil des EuGH und die Hinzurechnungsbesteuerung gemäß §§ 7 ff. AStG, IStR 1999, S. 609 ff.

- Die Vereinbarkeit von Normen des deutschen internationalen Steuerrechts mit EG-Recht, in Institut „Finanzen und Steuern“ e.V., IFSt-Schrift Nr. 378, Bonn 1999 (zit.: *Hahn*, Internationales Steuerrecht und EG-Recht)

Hauser, Hansgeorg: Freistellung oder Anrechnung als Regelmethode in Doppelbesteuerungsabkommen?, in Vogel, Klaus (Hrsg.), Münchener Schriften zum internationalen Steuerrecht, Heft 21: Freistellung im internationalen Steuerrecht, München 1996, S. 47 ff. (zit.: *Hauser*, Freistellung)

Hausleithner, Annemarie: Erbanfälle und Verfügungen darüber aus erbschaftssteuerlicher Sicht, RdW 1993, S. 256 ff.

Heinitz, Ernst: Kommentar zum preußischen Stempelsteuergesetz, Berlin 1896 (zit.: *Heinitz*, Stempelsteuergesetz)

Hellerstein, Jerome/ *Hellerstein*, Walter: State Taxation, LoseblS., 3. Aufl., Stand 2000, Volume 2, Boston/ Mass. 2000

Hellwege, Sabine: Die Besteuerung deutsch-spanischer Erb- und Schenkungsfälle, Diss., Köln 2002 (zit.: *Hellwege*, Deutsch-spanische Erbfälle)

Helmer, Karl: Kanadische capital gain tax und deutsche Erbschaftsteuer, DStR 1989, S. 488 f.

Hiller, Matthias: Intergenerative Vermögensübertragungen in Systemen der Konsumbesteuerung, StuW 2001, S. 57 ff.

Hirsch, Günter: Wichtige Einflüsse der EuGH-Rechtsprechung auf das Steuerrecht, DStZ 1998, S. 489 ff.

Hueck, Dietrich: Internationale Erbschaftsteuerprobleme bei der Vererbung von Anteilen an Personengesellschaften, Diss., München 1993 (zit.: *Hueck*, Internationale Erbschaftsteuerprobleme/ Personengesellschaften)

Inland Revenue Press Office: Inland Revenue Press Release, Double Taxation: Canada (Capital Transfer Tax: Treatment of Income Tax in Canada on capital gains deemed to arise on a person`s death), 01 August 1978 (zit.: Inland Revenue Press Release, Double Taxation: Canada)

Isensee, Josef: Idee und Gestalt des Föderalismus im Grundgesetz, in Isensee, Josef/ Kirchhof, Paul (Hrsg.), Handbuch des Staatsrechts der Bundesrepublik Deutschland, Band IV Finanzverfassung – Bundesstaatliche Ordnung, Heidelberg 1990, § 98, S. 517 ff. (zit.: *Isensee*, HStR IV, § 98)

- Steuerstaat als Staatsform, in Stödter, Rolf/ Thieme, Werner (Hrsg.), Hamburg, Deutschland, Europa – Beiträge zum deutschen und europäischen Verfassungs-, Verwaltungs- und Wirtschaftsrecht: Festschrift für Hans Peter Ipsen, Tübingen 1977, S. 409 ff. (zit.: *Isensee*, FS Ipsen)

Jachmann, Monika: Sozialstaatliche Steuergesetzgebung im Spannungsverhältnis zwischen Gleichheit und Freiheit: Belastungsgrenzen im Steuersystem, StuW 1996, S. 97 ff.

Jesse, Lenhart: Liegen die Einkommensteuer und die Erbschaftsteuer auf verschiedenen Ebenen?, Diss., Berlin 1993 (zit.: *Jesse*, Einkommensteuer/ Erbschaftsteuer)

Juch, D.: Unilaterale Massnahmen zur Vermeidung der Doppelbesteuerung, Generalbericht, in International Fiscal Association/ Kluwer Law and Taxation Publishers (Hrsg.), CDFI Vol. LXVIb, Deventer u.a. 1981, S. 81 ff. (zit.: *Juch*, CDFI LXVIb (1981), S. 81 ff.)

Jülicher, Marc: Die anrechenbare Steuer im Sinne des § 21 ErbStG, ZEV 1996, S. 295 ff.

Kaass, Jan: Europäische Grundfreiheiten und deutsche Erbschaftsteuer, Diss., Frankfurt a.M. u.a. 2000 (zit.: *Kaass*, Grundfreiheiten und Erbschaftsteuer)

Kaefer, Wolfgang/ *Saß*, Gert: Beschränkte Steuerpflicht und Diskriminierungsverbot im Licht des EuGH-Urteils vom 14.02.1995, DB 1995, S. 642

Kapp, Reinhard/ *Ebeling*, Jürgen: Erbschaftsteuer- und Schenkungsteuergesetz, LoseblS., 12. Aufl., Stand Juni 2002, Köln 2001 (zit.: *Kapp/ Ebeling*, ErbStG)

Kingreen, Thorsten: Die Struktur der Grundfreiheiten des Europäischen Gemeinschaftsrechts, Diss., Berlin 1999 (zit.: *Kingreen*, Struktur der Grundfreiheiten)

Kipp, Theodor: Kommentar zum Erbschaftsteuergesetz, Berlin 1927 (zit.: *Kipp*, Erbschaftsteuergesetz)

Kipp, Theodor/ *Coing*, Helmut: Erbrecht, 14. Bearbeitung, Tübingen 1990

Kirchhof, Paul: Die verfassungsrechtliche Rechtfertigung von Steuern, in Steuern im Verfassungsstaat, München 1996, S. 27 ff., (zit.: *Kirchhof*, Rechtfertigung von Steuern)

- Staatliche Einnahmen, in Isensee, Josef/ Kirchhof, Paul (Hrsg.), Handbuch des Staatsrechts der Bundesrepublik Deutschland, Band IV Finanzverfassung – Bundesstaatliche Ordnung, Heidelberg 1990, § 88, S. 87 ff. (zit.: *Kirchhof*, HStR IV, § 88)
- Der verfassungsrechtliche Auftrag zur Besteuerung nach der finanziellen Leistungsfähigkeit, StuW 1985, S. 319 ff.
- Besteuerungsgewalt und Grundgesetz, Frankfurt a. M. 1973

Kirchhof, Paul/ *Söhn*, Hartmut (Hrsg.): Einkommensteuergesetz, Kommentar, Band 1, LoseblS., Stand Dezember 1999, Heidelberg (zit.: *Bearb.* in Kirchhof/ Söhn, EStG)

Klarner, Helmut: Das Bereicherungsprinzip im Erbschaft- und Schenkungsteuerrecht, Diss., Wiesbaden 1995 (zit.: *Klarner*, Bereicherungsprinzip)

Klein, Eckart: Der Einfluß des Europarechts auf das deutsche Steuerrecht, in Lehner, Moris (Hrsg.), Veröffentlichungen der Deutschen Steuerjuristischen Gesellschaft e.V.: Steuerrecht im Europäischen Binnenmarkt, DStJG Band 19, Köln 1996, S. 7 ff. (zit.: *E. Klein*, DStJG 19 (1996))

Klein, Manfred: Völkerrechtliche Grenzen der Erbschaftsteuer auf Auslandserwerbe, IWB Nr. 2 vom 23.01.2002, Fach 3, Gruppe 9, S. 145 ff. (zit.: *M. Klein,* IWB Nr. 2 vom 23.01.2002, Fach 3, Gruppe 9, S. 145 ff.)

- Typologie des Erbschaftsteuergesetzes bei Auslandserwerben – zugleich ein Beitrag zur wirtschaftlichen Betrachtungsweise im Erbschaftsteuerrecht, FR 2001, S. 118 ff. (zit.: *M. Klein*, FR 2001, S. 118 ff.)
- Ausländische Zivilrechtsformen im deutschen Erbschaftsteuerrecht, Diss., Köln 2000 (zit.: *M. Klein*, Ausländische Zivilrechtsformen im deutschen Erbschaftsteuerrecht)

Kluge, Volker: Das Internationale Steuerrecht, 4. Aufl., München 2000 (zit.: *Kluge*, Internationales Steuerrecht)

Knechtle, Arnold: Grundfragen des Internationalen Steuerrechts, Diss., Basel u.a. 1976

Knobbe-Keuk, Brigitte: Freizügigkeit und direkte Besteuerung, EuZW 1995, S. 167 ff.

- Das Urteil des EuGH im Falle Werner zur Besteuerung der Grenzgänger – ärgerlich aber nicht das letzte Wort, DStR 1993, S. 425 ff.
- Niederlassungsfreiheit: Diskriminierungs- oder Beschränkungsverbot? DB 1990, S. 2573 ff.

Koblenzer, Thomas: Grundlagen der „beschränkten Steuerpflicht“, BB 1996, S. 933 ff.

Kobor, Hagen: Die Auslegung im Erbschaftsteuergesetz: Die Erbschaftsteuer zwischen Zivilrecht und Ertragsteuerrecht, Diss., Berlin 2000 (zit.: *Kobor*, Auslegung im ErbStG)

Kokott, Juliane: Die Bedeutung der europarechtlichen Diskriminierungsverbote und Grundfreiheiten für das Steuerrecht der EU-Mitgliedstaaten, in Lehner, Moris (Hrsg.), Münchener Schriften zum Internationalen Steuerrecht, Heft 23: Grundfreiheiten im Steuerrecht der EU-Staaten, München 2000, S. 1 ff. (zit.: *Kokott*, Diskriminierungsverbote, Grundfreiheiten und Steuerrecht)

Korn, R./ *Debatin*, H.: Doppelbesteuerung, Band I Systematik Anhang A-C, LoseblS., Stand August 1996, München 1996 (zit.: *Korn*/ *Debatin*, Doppelbesteuerung)

Kowallik, Andreas: Erbschaft- und Schenkungsteuerplanung für Auslandsimmobilien, DStR 1999, S. 1129 ff.

Kruse, Heinrich: Abschied von den Einheitswerten, BB 1996, S. 717 ff.

Lang, Joachim: Systematisierung der Steuervergünstigungen, Diss., Berlin 1973 (zit.: *J. Lang*, Systematisierung)

Lang, Michael: Europarechtliche Aspekte der Besteuerung, in Birk, Dieter (Hrsg.), Veröffentlichungen der Deutschen Steuerjuristischen Gesellschaft e.V.: Steuern auf Erbschaft und Vermögen, DStJG Band 22, Köln 1999, S. 255 ff. (zit.: *M. Lang*, DStJG 22 (1999))

Larenz, Karl: Methodenlehre der Rechtswissenschaft, 6. Aufl., Berlin u.a. 1991 (zit.: *Larenz*, Methodenlehre)

Lausterer, Martin: Anmerkung zu BFH, Beschluss v. 17.12.1997, I B 108/1997, IStR 1998, S. 303 ff.

Lefebvre, Francis (Hrsg.): Memento Práctico Fiscal 2000, Madrid 2000 (zit.: Lefebvre (Hrsg.), Fiscal 2000)

Lehner, Moris: Der Einfluss des Europarechts auf die Doppelbesteuerungsabkommen, IStR 2001, S. 329 ff.

- Begrenzung der nationalen Besteuerungsgewalt durch die Grundfreiheiten und Diskriminierungsverbote des EG-Vertrages, in Pelka, Jürgen (Hrsg.), Veröffentlichungen der Deutschen Steuerjuristischen Gesellschaft e.V.: Europa- und verfassungsrechtliche Grenzen der Unternehmensbesteuerung, DStJG Band 23, Köln 2000, S. 263 ff. (zit.: *Lehner*, DStJG 23 (2000))
- RIW-Kommentar, RIW 2000, S. 724 f. (zu EuGH, Urteil v. 06.06.2000 C-35/98 (Verkoojen), FR 2000, S. 720 ff.)
- Steuergerechtigkeit in der Rechtsprechung des Gerichtshofs der Europäischen Gemeinschaften, in (Hrsg.), FS Offerhaus, S. 117 ff. (zit.: *Lehner*, FS Offerhaus)

Leisner, Walter: Verfassungsrechtliche Grenzen der Erbschaftsbesteuerung, Berlin 1970

Lethaus, Hans: Die internationale Besteuerung bei Erbschaften und Schenkungen, IWB Nr. 17 vom 10.09.1985, Fach 3, Gruppe 9, S. 67 ff.

Lewis, James: The Estate Tax, 4. Aufl., New York/ New York 1979 (zit.: *Lewis*, Estate Tax)

Liedtke, Helmut: „Beschränkte Steuerpflicht" – Ein Grundlagenbegriff oder ein Fremdbegriff (Fremdkörper) im Steuerrecht?, DB 1985, S. 671 ff.

Loritz, Karl-Georg: Das Grundgesetz und die Grenzen der Besteuerung, NJW 1986, S. 1 ff.

v. Mangoldt, Hermann/ *Klein*, Friedrich/ *Starck*, Christian (Hrsg.), Das Bonner Grundgesetz, Band II, 4. Aufl., München 2000 (zit.: *Bearb.* in v. Mangoldt/ Klein/ Starck, Bonner Grundgesetz)

Massbaum, Michael: Die Anrechnung ausländischer Erbschaft- und Schenkungsteuer als Faktor bei der Planung der Übertragung ausländischen Vermögens, in Massbaum, Michael/ Meyer-Scharenberg, Dirk/ Perlet, Helmut (Hrsg.): Die deutsche Unternehmensbesteuerung im europäischen Binnenmarkt, Neuwied u.a. 1994, S. 401 ff. (zit.: *Massbaum*, Anrechnung ausländischer Steuern als Planungsfaktor, S. 401 ff.)

Megow, Heinrich/ *Michel*, Theodor: Erbschaftsteuer- und Schenkungsteuergesetz, Kommentar, 6. Aufl., München 1974 (zit.: *Megow/ Michel*, ErbStG)

Meincke, Jens: Erbschaftsteuer- und Schenkungsteuergesetz, Kommentar, 13. Aufl., München 2002 (zit.: *Meincke*, ErbStG)

- Rechtfertigung der Erbschaft- und Schenkungsteuer, in Birk, Dieter (Hrsg.), Veröffentlichungen der Deutschen Steuerjuristischen Gesellschaft e.V.: Steuern auf Erbschaft und Vermögen, DStJG Band 22, Köln 1999, S. 39 ff. (zit.: *Meincke*, DStJG 22 (1999))
- Neuordnung der Erbschaft- und Schenkungsteuer, in Herzig, Norbert/ Günkel, Manfred/ Niemann, Ursula (Hrsg.), Steuerberater-Jahrbuch 1996/97, Köln 1997, S. 161 ff. (zit.: *Meincke*, StbJb. 1996/97, S. 161 ff.)
- Zur Abstimmung von Einkommensteuer und Erbschaftsteuer, in Lang, Joachim (Hrsg.), Die Steuerrechtsordnung in der Diskussion: Festschrift für Klaus Tipke, Köln 1995, S. 391 ff. (zit.: *Meincke*, FS Tipke)

Mellinghoff, Rudolf: Das Verhältnis der Erbschaftsteuer zur Einkommen- und Körperschaftsteuer, in Birk, Dieter (Hrsg.), Veröffentlichungen der Deutschen Steuerjuristischen Gesellschaft e.V.: Steuern auf Erbschaft und Vermögen, DStJG Band 22, Köln 1999, S. 127 ff. (zit.: *Mellinghoff*, DStJG 22 (1999))

Menck, Thomas: Welteinkommen und Territorialität der Besteuerung nach deutschem Recht und in deutscher Sicht, in Vogel, Klaus (Hrsg.), Münchner Schriften zum internationalen Steuerrecht, Heft 7: Steuern auf ausländische Einkünfte, München 1985, S. 28 ff. (zit.: *Menck*, Welteinkommen und Territorialität, S. 28 ff.)

Meynen, Erich: Die Erbschaftsteuer im internationalen Rechte, Diss., Berlin 1912

Moench, Dietmar: Erbschaft- und Schenkungsteuer, LoseblS., Stand Juni 2001, Neuwied u.a. 2001 (zit.: *Bearb.* in Moench, ErbStG)

Mössner, Jörg: Einwirkung des Gemeinschaftsrechts auf die direkten Steuern, in Rengeling, Hans-Werner (Hrsg.), Europäisierung des Rechts, Köln u.a. 1996, S. 113 ff. (zit.: *Mössner*, Gemeinschaftsrecht und direkte Steuern)

- Diskriminierung beschränkt Steuerpflichtiger, in Haarmann, Wilhelm (Hrsg.), Forum der Internationalen Besteuerung, Band 2: Die beschränkte Steuerpflicht, Köln 1993, S. 110 ff. (zit.: *Mössner*, Diskriminierung beschränkt Steuerpflichtiger)
- Die Methoden zur Vermeidung der Doppelbesteuerung, in Vogel, Klaus (Hrsg.): Veröffentlichungen der Deutschen Steuerjuristischen Gesellschaft e.V.: Grundfragen des Internationalen Steuerrechts, DStJG Band 8, Köln 1985, S. 135 ff. (zit.: *Mössner*, DStJG 8 (1985))

Morgenthaler, Gerd: Beschränkte Steuerpflicht und Gleichheitssatz, IStR 1993, S. 258 ff.

Münchner Kommentar zum Bürgerlichen Gesetzbuch, *Rebmann*, Kurt/ *Säcker*, Franz/ *Rixecker*, Roland (Hrsg.), Band 9 Erbrecht, 3. Aufl., München 1997 (zit.: *Bearb.* in MünchKomm)

Nekola, Michaela: Der Einfluss des Europarechts auf das Erbschaftsteuerrecht, Diss., Konstanz 2000 (zit.: *Nekola*, Europa- und Erbschaftsteuerrecht)

Neumark, Fritz: Grundsätze gerechter und ökonomisch rationaler Steuerpolitik, Tübingen 1970 (zit.: *Neumark*, Grundsätze Steuerpolitik)

Nohl, Gerd: Vermögensredistribution durch die Besteuerung von Erbschaften und die Erbrechts- und Eigentumsgarantie in Artikel 14 des Grundgesetzes, Diss., Marburg 1979 (zit.: *Nohl*, Vermögensredistribution)

Noll, Bernd: Die persönliche Erbschaftsteuerpflicht im Überblick, DStZ 1995, 713 ff.

Nudelman, Barry: Federal Taxation of Estates, Gifts, and Trusts, 6. Aufl., Philadelphia 1999 (zit.: *Nudelman*, Taxation of Estates)

Oberhauser, Alois: Erbschaft- und Schenkungsteuern, in Neumark, Fritz (Hrsg.), Handbuch der Finanzwissenschaft, 3. Aufl., Tübingen 1980, S. 487 ff. (zit.: *O-berhauser*, Erbschaft-/ Schenkungsteuern)

Ohler, Christoph: Die Kapitalverkehrsfreiheit und ihre Schranken, WM 1996, S. 1801 ff.

Oplustil, Krzysztof: Probleme internationaler Doppelbesteuerung im deutschen und polnischen Erbschaftsteuerrecht, IWB Nr. 17 vom 09.09.1998, Fach 3, Gruppe 9, S. 127 ff.

Oswald, Franz: Steuerschuldnerschaft und Haftung bei der Erbschaftsteuer, DVR 1982, S. 18 ff.

Palandt, Otto (Hrsg.): Bürgerliches Gesetzbuch, 60. Aufl., München 2001 (zit.: *Bearb.* in Palandt, BGB)

Piltz, Detlev: Internationale Erbfälle, in Birk, Dieter (Hrsg.), Veröffentlichungen der Deutschen Steuerjuristischen Gesellschaft e.V.: Steuern auf Erbschaft und Vermögen, DStJG Band 22, Köln 1999, S. 275 ff. (zit.: *Piltz*, DStJG 22 (1999))

- Ausgewählte Steuerfragen gerenzüberschreitender Sachverhalte - Erbschaftsteuerrecht -, in Bundessteuerberaterkammer (Hrsg.), Steuerberaterkongressreport 1999, München 1999, S. 79 ff. (zit.: *Piltz*, StKongrRep 1999)

Der Grosse Ploetz, Auszug aus der Geschichte von den Anfängen bis zur Gegenwart, 31. Aufl., Freiburg u.a. 1991 (zit.: *Bearb.* in Der Grosse Ploetz)

Rabkin, Jacob/ *Johnson*, Mark: Federal Tax Guidebook, LoseblS., Volume 2, Stand 2000, New York/ N.Y. 2000 (zit.: *Bearb.* in Rabkin/ Johnson, Federal Tax Guidebook)

Rasch, Joseph: Handling Federal Estate and Gift Taxes, 4. Aufl., Rochester/ New York u.a. 1984 (zit.: *Rasch*, Estate and Gift Taxes)

Real, Gustav: International-privatrechtliches zum Erbschaftsteuergesetz, RIW 1996, S. 54 ff.

Reimer, Ekkehart: Die Auswirkungen der Grundfreiheiten auf das Ertragsteuerrecht der Bundesrepublik Deutschland – Eine Bestandsaufnahme -, in Lehner, Moris (Hrsg.), Münchener Schriften zum Internationalen Steuerrecht, Heft 23: Grundfreiheiten im Steuerrecht der EU-Staaten, München 2000, S. 39 ff. (zit.: *Reimer*, Grundfreiheiten und Ertragsteuerrecht)

Reiß, Wolfram: Der Belastungsgrund der Umsatzsteuer und seine Bedeutung für die Auslegung des Umsatzsteuergesetzes, in Woerner, Lothar (Hrsg.), Veröffentlichungen der Deutschen Steuerjuristischen Gesellschaft e.V.: Umsatzsteuer in nationaler und europäischer Sicht, DStJG Band 13, Köln 1990, S. 3 ff. (zit.: *Reiß*, DStJG 13 (1990))

Research Institute of America (Hrsg.), Tax Guide, LoseblS., Stand Dezember 2000, New York (zit.: RIA Tax Guide)

Research Institute of America (Hrsg.), United States Tax Reporter, Estate and Gift Taxes, LoseblS., Stand Juli 2000, New York (zit.: RIA USTR)

Ritter, Wolfgang: Gedanken zur Erbschaftsteuer, BB 1994, S. 2285 ff.

\- Das Prinzip Rücksicht, BB 1984, S. 1109 ff.

Rodi, Michael: Die Rechtfertigung von Steuern als Verfassungsproblem, Diss., München 1994 (zit.: *Rodi*, Rechtfertigung von Steuern)

Rose, Gerd: Erbschaftsteuer, 11. Aufl., Bielefeld 2002

\- Die Substanzsteuern, 8. Aufl., Wiesbaden 1993

Roth, Wulf-Henning: Die Niederlassungsfreiheit zwischen Beschränkungs- und Diskriminierungsverbot, in (Hrsg.), Gedächtnisschrift für Knobbe-Keuk, S. 729 ff. (zit.: *Roth*, GS Knobbe-Keuk)

Sánchez Jiménez, Ángeles: La doble imposición internacional en materia de sucesiones y donaciones, Granada 1991 (zit.: *Sánchez Jiménez*, Doble imposición internatìonal/ Sucesiones y donaciones)

Saß, Gert: Zum Schutz von Kapitalbewegungen in der EU gegen steuerliche Diskriminierung, FR 2000, S. 1270 ff.

\- Verbotene Steuerdiskriminierung wesentlicher Beteiligungen in der EU, DB 2000, S. 1252 ff.

\- Zur Rechtsprechung des EuGH und einigen Folgerungen für das deutsche Steuerrecht, FR 1998, S. 1 ff.

Schanz, Georg: Studien zur Geschichte und Theorie der Erbschaftssteuer, Finanz-Archiv, 17. Jahrg. (1900), Bd. I, S. 1 ff. (Teil I), und Finanz-Archiv, 18. Jahrg. (1901), Bd. II, S. 553 ff. (Teil II)

\- Der Einkommensbegriff und die Einkommensteuergesetze, Finanz-Archiv, 13. Jahrg. (1896), Bd. I, S. 1 ff.

Schaumburg, Harald: Problemfelder im Internationalen Erbschaftsteuerrecht, RIW 2001, S. 161 ff.

\- Internationales Steuerrecht, 2. Aufl., Köln 1998

\- Grenzüberschreitende Erbfälle, Harzburger Steuerprotokoll 1997, Köln 1998, S. 147 ff. (zit.: *Schaumburg*, Grenzüberschreitende Erbfälle)

- Das Leistungsfähigkeitsprinzip im internationalen Steuerrecht, in Lang, Joachim (Hrsg.), Die Steuerrechtsordnung in der Diskussion: Festschrift für Klaus Tipke, Köln 1995, S. 125 ff. (zit.: *Schaumburg*, FS Tipke)

Schindhelm, Malte: Grundfragen des internationalen Erbschaftsteuerrechts, ZEV 1997, S. 8 ff.

Schmölders, Günter/ *Hansmeyer*, Karl-Heinrich: Allgemeine Steuerlehre, 5. Aufl., Berlin 1980 (zit.: *Schmölders/ Hansmeyer*, Steuerlehre)

Schneider, Dieter: Killerviren steuerlicher Gerechtigkeit in Reformvorschlägen zur Unternehmensbesteuerung – Ein Diskussionsbeitrag, DStR 1998, S. 1287 ff.

- Zur Rechtfertigung von Erbschaft- und Vermögensteuer, StuW 1979, S. 38 ff.

Schön, Wolfgang: Hinzurechnungsbesteuerung und Europäisches Gemeinschaftsrecht, DB 2001, S. 940 ff.

- Freie Wahl zwischen Zweigniederlassung und Tochtergesellschaft – ein Grundsatz des Europäischen Unternehmensrechts, EWS 2000, S. 281 ff.

- Europäische Kapitalverkehrsfreiheit und nationales Steuerrecht, in Schön, Wolfgang (Hrsg.), Gedächtnisschrift für Brigitte Knobbe-Keuk, Köln 1997, S. 743 ff. (zit.: *Schön*, GS Knobbe-Keuk)

- Die beschränkte Steuerpflicht zwischen europäischem Gemeinschaftsrecht und deutschem Verfassungsrecht, IStR 1995, S. 119 ff.

Schulze-Brachmann, Arno: Totalitäts- oder Territorialitätsprinzip? StuW 1964, Sp. 589 ff.

Schwarze, Jürgen (Hrsg.): EU-Kommentar, 1. Aufl., Baden-Baden 2000 (zit.: *Bearb.* in Schwarze, EU-Kommentar)

Seer, Roman: Tax Cut 2001-2010 – das US-amerikanische Steuersenkungsgesetz aus rechtsvergleichender deutscher Sicht, RIW 2001, S. 664 ff.

- Das Betriebsvermögen im Erbschaftsteuerrecht, in Birk, Dieter (Hrsg.), Veröffentlichungen der Deutschen Steuerjuristischen Gesellschaft e.V.: Steuern auf Erbschaft und Vermögen, DStJG Band 22, Köln 1999, S. 191 ff. (zit.: *Seer*, DStJG 22 (1999))

- Die Sonderbehandlung des Betriebsvermögens im Erbschaftsteuerrecht, in Harzburger Steuerprotokoll 1998, Köln 1999, S. 159 ff.

- Ungereimtheiten bei der Behandlung des Betriebsvermögens im Erbschaftsteuerrecht, GmbHR 1999, S. 64 ff.

- Die neue Erbschaft- und Schenkungsteuer auf dem verfassungsrechtlichen Prüfstand, StuW 1997, S. 283 ff.

Seer, Roman/ *Haken*, Ilona: Bedeutung und Einfluss des europäischen Gemeinschaftsrechts, Steuer & Studium 2001, S. 344 ff.

Simon's Direct Tax Service, *Wallington*, R./ *Sims*, B. (Hrsg.), LoseblS., Stand Oktober 2000, Binder 7 – Inheritance Tax, London u.a. 1948 ff., 1995 (zit.: Simon's Direct Tax Service)

Söhn, Hartmut: Die Umsatzsteuer als Verkehrsteuer und/ oder Verbrauchsteuer, StuW 1975, S. 1 ff.

Spitaler, Armin: Das Doppelbesteuerungsproblem bei den direkten Steuern, 2. Aufl. (Abdruck der 1. Aufl. von 1936), Köln 1967 (zit.: *Spitaler*, Doppelbesteuerung)

Staringer, Claus: Rechtsprechung zum Internationalen Steuerrecht, SWI 1997, S. 87 f.

von Stein, Lorenz: Lehrbuch der Finanzwissenschaft, Leipzig 1885/ Hildesheim u.a. 1975 (zit.: *von Stein*, Finanzwissenschaft)
Stephens, Richard/ *Maxfield*, Guy/ *Lind*, Stephen/ *Calfee*, Dennis: Federal Estate and Gift Taxation, LoseblS., 7. Aufl., Stand 1997, Boston/ Mass. u.a. 1997, einschließlich Cumulative Supplement No. 2, 2000 (zit.: *Stephens/ Maxfield/ Lind/ Calfee*, Estate and Gift Taxation)
Stölzle, Hans: Erbschaftsteuergesetz 1925, Leipzig 1926
Streck, Michael/ *Schwedhelm*, Rolf/ *Olbing*, Klaus: Problemfelder des Erbschaftsteuerrechts (Teil I), DStR 1994, S. 1441 ff.

Taucher, Otto: Erbgang und Verkehrsteuern, NZ 1991, S. 212 ff.
Thömmes, Otmar: Stand und Entwicklungstendenzen der EuGH-Rechtsprechung zu den direkten Steuern, in Herzig, Norbert/ Günkel, Manfred/ Niemann, Ursula (Hrsg.), Steuerberater-Jahrbuch 1998/ 1999, Köln 1999, S. 173 ff. (zit.: *Thömmes*, StbJb. 1998/ 1999)
- Tatbestandsmäßigkeit und Rechtfertigung steuerlicher Diskriminierungen nach EG-Recht, in Schön, Wolfgang (Hrsg.), Gedächtnisschrift für Brigitte Knobbe-Keuk, Köln 1997, S. 795 ff. (zit.: *Thömmes*, GS Knobbe-Keuk)
- Verbote der Diskriminierung von Steuerausländern und Steuerinländern, in Lehner, Moris (Hrsg.), Veröffentlichungen der Deutschen Steuerjuristischen Gesellschaft e.V.: Steuerrecht im Europäischen Binnenmarkt, DStJG Band 19, Köln 1996, S. 81 ff. (zit.: *Thömmes*, DStJG 19 (1996))
- Das EuGH-Urteil im Fall Werner – Keine Grundsatzentscheidung zur Diskriminierung beschränkt Steuerpflichtiger – , IWB Nr. 4 vom 25.02.1993, Fach 11, Gruppe 2, S. 129 ff.
Tipke, Klaus: Die Steuerrechtsordnung, Band I, 2. Aufl., Köln 2000 (zit.: *Tipke*, StRO I)
- Das Steuerrechtsverhältnis und seine Elemente, in Cagianut, Francis/ Vallender, Klaus (Hrsg.), Steuerrecht, Ausgewählte Probleme am Ende des 20. Jahrhunderts: Festschrift Ernst Höhn, Bern u.a. 1995, S. 401 ff. (zit.: *Tipke*, FS Höhn)
- Über gleichmäßige Besteuerung durch kommunale Verbrauch- und Aufwandsteuern, DÖV 1995, S. 1027 ff.
- Vermögen- und Erbschaftsteuer- Gerechtigkeit: Anmerkungen zu den BVerfG-Beschlüssen vom 22.6.1995, MDR 1995, S. 1177 ff.
- Die Steuerrechtsordnung, Band II, 1. Aufl., Köln 1993 (zit.: *Tipke*, StRO II)
- Die Steuerrechtsordnung, Band III, 1. Aufl., Köln 1993 (zit.: *Tipke*, StRO III)
- Von der formalen zur materialen Tatbestandslehre, StuW 1993, S. 105 ff.
- Über die Gleichartigkeit von Steuern, StuW 1975, S. 242 ff.
Tipke, Klaus/ *Kruse*, Heinrich: Abgabenordnung Finanzgerichtsordnung, LoseblS., 16. Aufl., Stand Oktober 2001, Köln 2001 (zit.: *Bearb.* in Tipke/ Kruse, AO/ FGO)
Tipke, Klaus/ *Lang*, Joachim: Steuerrecht, 17. Aufl., Köln 2002 (zit.: *Bearb.* in Tipke/ Lang, Steuerrecht)
Troll, Max/ *Gebel*, Dieter/ *Jülicher*, Marc: Erbschaftsteuer- und Schenkungsteuergesetz, Kommentar, LoseblS., Stand März 2002, München 2002 (zit.: *Bearb.* in Troll/ Gebel/ Jülicher, ErbStG)

Viskorf, Hermann-Ulrich/ *Glier*, Josef/ *Hübner*, Heinrich/ *Knobel*, Wolfgang/ *Schuck*, Stephan: Erbschaftsteuer- und Schenkungsteuergesetz, Bewertungsgesetz (Auszug), Herne u.a. 2001 (zit.: *Bearb.* in Viskorf u.a., ErbStG)

Vogel, Klaus: Neuere Befürworter des Quellenprinzips (Territorialprinzips) in den Vereinigten Staaten, in Kleineidam, Hans-Jochen (Hrsg.): Unternehmenspolitik und Internationale Besteuerung, Festschrift Lutz Fischer, Berlin 1999, S. 1007 ff. (zit.: *Vogel*, FS Fischer)

- Internationales Steuerrecht, DStZ 1997, S. 269 ff.
- Doppelbesteuerungsabkommen, 3. Aufl., München 1996 (zit.: *Vogel*, DBA)
- Über „Besteuerungsrechte“ und über das Leistungsfähigkeitsprinzip im Internationalen Steuerrecht, in Kirchhof, Paul/ Offerhaus, Klaus/ Schöberle, Horst (Hrsg.): Steuerrecht, Verfassungsrecht, Finanzpolitik – Festschrift für Franz Klein, Köln 1994, S. 361 ff. (zit.: *Vogel*, FS Klein)
- Rechtfertigung von Steuern: eine vergessene Vorfrage, in Kirchhof, Paul (Hrsg.) in Klaus Vogel, Der offene Finanz- und Steuerstaat, Ausgewählte Schriften 1964 bis 1990, Heidelberg 1991, S. 605 ff. (zit.: *Vogel*, Rechtfertigung von Steuern)
- Grundzüge des Finanzrechts des Grundgesetzes, in Isensee, Josef/ Kirchhof, Paul (Hrsg.), Handbuch des Staatsrechts der Bundesrepublik Deutschland, Band IV Finanzverfassung – Bundesstaatliche Ordnung, Heidelberg 1990, § 87, S. 3 ff. (zit.: *Vogel*, HStR IV, § 87)
- Worldwide vs. source taxation of income – A review and re-evaluation of arguments, Part I-III, intertax 1988, S. 216 ff., 310 ff., S. 393 ff.
- Der Finanz- und Steuerstaat, in Isensee, Josef/ Kirchhof, Paul (Hrsg.), Handbuch des Staatsrechts der Bundesrepublik Deutschland, Band I Grundlagen von Staat und Verfassung, Heidelberg 1987, § 27, S. 1151 ff. (zit.: *Vogel*, HStR I, § 27)
- Die Besteuerung von Auslandseinkünften, in Vogel, Klaus (Hrsg.): Veröffentlichungen der Deutschen Steuerjuristischen Gesellschaft e.V.: Grundfragen des Internationalen Steuerrechts, DStJG Band 8, Köln 1985, S. 3 ff. (zit.: *Vogel*, DStJG 8 (1985))
- Perfektionismus im Steuerrecht, StuW 1980, S. 206 ff.
- Steuergerechtigkeit und soziale Gestaltung, DStZ/ A 1975, S. 409 ff.
- Zur Konkurrenz zwischen Bundes- und Landessteuerrecht nach dem Grundgesetz, StuW 1971, S. 308 ff.
- Die Grenzen der Steuerhoheit im Bereich der Erbschaft- und Vermögensteuern, in International Fiscal Association (Hrsg.), CDFI Vol. LIIIb, Montevideo 1968, S. 143 ff. (zit.: *Vogel*, CDFI LIIIb (1968), S. 143 ff.)
- Der räumliche Anwendungsbereich der Verwaltungsrechtsnorm, Habil.-Schr., Frankfurt a.M. u.a. 1965 (zit.: *Vogel*, Anwendungsbereich der Verwaltungsrechtsnorm)

Voß, Reimer: Europäisches und nationales Steuerrecht, StuW 1993, S. 155 ff.

Wacker, Wilhelm: Internationale Besteuerung von Schenkungs- und Erbfällen, IStR 1998, S. 33 ff.
- Grenzüberschreitende Schenkungen und Erbschaften, in Bundessteuerberaterkammer (Hrsg.): Steuerberaterkongressreport 1989, München 1989, S. 439 ff. (zit.: *Wacker*, StKongrRep 1989)

Wallington, Richard in Foster's Inheritance Tax, Binder 1, LoseblS., Stand September 2000, London u.a. 2000 (zit.: Foster's Inheritance Tax)

Wassermeyer, Franz: Das Fehlen von Erbschaftsteuer-Doppelbesteuerungsabkommen innerhalb der EU, EuZW 1995, S. 813 (zit.: *F. Wassermeyer*, EuZW 1995, S. 813)
- Die Vermeidung der Doppelbesteuerung im Europäischen Binnenmarkt, in Lehner, Moris (Hrsg.), Veröffentlichungen der Deutschen Steuerjuristischen Gesellschaft e.V.: Steuerrecht im Europäischen Binnenmarkt, DStJG Band 19, Köln 1996, S. 151 ff. (zit.: *F. Wassermeyer*, DStJG 19 (1996))
- Die beschränkte Steuerpflicht, in Vogel, Klaus (Hrsg.): Veröffentlichungen der Deutschen Steuerjuristischen Gesellschaft e.V.: Grundfragen des Internationalen Steuerrechts, DStJG Band 8, Köln 1985, S. 49 ff. (zit.: *F. Wassermeyer*, DStJG 8 (1985))

Wassermeyer, Wolf: Das US-amerikanische Erbschaft- und Schenkungsteuerrecht, Diss., Köln 1996 (zit.: *W. Wassermeyer*, Erbschaft- und Schenkungsteuerrecht USA)

Wedelstädt, Alexander von: Begriff des „Sachverhaltes" bei widerstreitenden Steuerfestsetzungen i.S. des § 174 Abgabenordnung, DB 1981, S. 1254 ff.

Welser, Rudolf: Grundriss des bürgerlichen Rechts, Band II: Schuldrecht Allgemeiner Teil, Schuldrecht Besonderer Teil, Erbrecht, 11. Aufl., Wien 2000 (zit.: *Welser*, Grundriss bürgerliches Recht)

Wendt, Rudolf: Finanzhoheit und Finanzausgleich, in: Isensee, Josef/ Kirchhof, Paul (Hrsg.), Handbuch des Staatsrechts der Bundesrepublik Deutschland, Band IV Finanzverfassung – Bundesstaatliche Ordnung, Heidelberg 1990, § 104, S. 1021 ff. (zit.: *Wendt*, HStR IV, § 104)
- Empfiehlt es sich, das Einkommensteuerrecht zur Beseitigung von Ungleichbehandlungen und zur Vereinfachung neu zu ordnen? DÖV 1988, S. 710 ff.

Wengler, Wilhelm: Beiträge zum Problem der internationalen Doppelbesteuerung, Berlin u.a. 1935 (zit.: *Wengler*, Internationale Doppelbesteuerung)

Wilde, Heiko: Das kanadische „Erbschaftsteuerrecht", Diss., Köln 1997 (zit.: *Wilde*, Kanadisches „Erbschaftsteuerrecht")
- Das kanadische System des Erbschaftsteuerrechts als Alternative, ZEV 1997, S. 488 ff.

Wilms, Heinrich (Hrsg.): Erbschaft- und Schenkungsteuergesetz, LoseblS., Stand Juli 2001, Bonn 2000 (zit.: *Bearb.* in Wilms, ErbStG)

Wipprecht, Georg: Ueber Erbschaftssteuer oder lachende Erben-Gebühr. Mit Vorrede von Dr. Johann Klüber, Erlangen 1790 (zit.: *Wipprecht*, Erbschaftssteuer/lachende Erben-Gebühr)

Der Wissenschaftliche Beirat beim Bundesministerium der Finanzen: Gutachten zur Reform der direkten Steuern (Einkommensteuer, Körperschaftsteuer, Vermögensteuer und Erbschaftsteuer) in der Bundesrepublik Deutschland, in Bundesministerium der Finanzen (Hrsg.), Entschließungen, Stellungnahmen und Gutachten 1949 - 1973, Tübingen 1974, S. 326 ff. (zit.: Wissenschaftlicher Beirat, Reform der direkten Steuern)

Zacher, Hans: Das soziale Staatsziel, in: Isensee, Josef/ Kirchhof, Paul (Hrsg.), Handbuch des Staatsrechts der Bundesrepublik Deutschland, Band I Grundlagen von Staat und Verfassung, Heidelberg 1987, § 25, S. 1045 ff. (zit.: *Zacher*, HStR I, § 25)

- Zur Rechtsdogmatik sozialer Umverteilung, DÖV 1970, S. 3 ff.

Zitzelsberger, Heribert: Über Einheitswerte, Verkehrswerte, Ertragswerte und andere Werte im Steuerrecht, in Kley, Max/ Sünner, Eckart/ Willemsen, Arnold (Hrsg.): Festschrift für Wolfgang Ritter, Köln 1997, S. 661 ff. (zit.: *Zitzelsberger*, FS Ritter)

Zuleeg, Manfred: Die föderativen Grundsätze der Europäischen Union, NJW 2000, S. 2846

Abkürzungsverzeichnis[1]

AFTR 2d	Tax Reports, 2nd Series (z.B. 5 AFTR 2d 1626 = Band 5 der Tax Reports, 2nd Series, S. 1626)
BMTG	British Master Tax Guide
BOE	Boletín Oficial del Estado
BTR	British Tax Reporter
cap.	capítulo
CC	Código Civil
CCH	Commerce Clearing House
CFR	Code of Federal Regulations (z.B. 26 CFR § 25.2512-8 = Unterabschnitt 8 der Richtlinien zu Sec. 2512 IRC des Code of Federal Regulations zu Titel 26 des IRC)
CIR	Commissioner of Internal Revenue
CMTG	Canadian Master Tax Guide
col	column
EGV	Vertrag zur Gründung der Europäischen Gemeinschaft
Est.	Estate
F. 2d	Federal Reporter, 2nd Series (vgl. auch das Beispiel bei AFTR 2d)
F. 3d	Federal Reporter, 3rd Series (vgl. auch das Beispiel bei AFTR 2d)
FA	Finance Act
IHT	Inheritance Tax
IHTA	Inheritance Tax Act
IRC	Internal Revenue Code
ITA	Income Tax Act
let.	letra
LISD	Ley del Impuesto sobre Sucesiones y Donaciones
NZ	Notariatszeitung (Österreich)
österrErbStG	österreichisches Erbschafts- und Schenkungssteuergesetz
ÖStZ	Österreichische Steuerzeitung
ÖStZB	Beilage zur Österreichischen Steuerzeitung

[1] Das Abkürzungsverzeichnis enthält ausschließlich Abkürzungen, die nicht in *Kirchner*, Hildebert, Abkürzungsverzeichnis der Rechtssprache, 4. Aufl., Berlin 1993, erwähnt werden.

pár.	párrafo
preußErbStG	preußisches Erbschaftssteuergesetz
QDT	qualified domestic trust
QTIP	qualified terminable interest property
RD	Real Decreto
RIA	Research Institute of America
Sec./ Secs.	Section/ Sections
SWI	Steuern und Wirtschaft International
T.C.	United States Tax Reports (vgl. auch das Beispiel bei AFTR 2d)
U.S.	Supreme Court Reports (vgl. auch das Beispiel bei AFTR 2d)
USTR	United States Tax Reporter
VwGH	Verwaltungsgerichtshof (Österreich)

Einleitung

A. Bedeutung des Internationalen Erbschaft- und Schenkungsteuerrechts

Dass das Internationale Erbschaft- und Schenkungsteuerrecht[1] in der Bundesrepublik in der letzten Zeit verstärkt Beachtung gefunden hat[2], hat seine Ursache in dem kontinuierlichen Anstieg des deutschen Erbschaft- und Schenkungsteueraufkommens[3] sowie der Zunahme internationaler wirtschaftlicher Verflechtungen[4].

Der Anstieg des Steueraufkommens wird allgemein auf einen nach dem zweiten Weltkrieg demographisch bedingten, erstmals wellenartig erfolgenden Anstieg der Anzahl der Erbfälle sowie den von Krieg und Inflation unberührten Zuwachs des vererbten oder zu vererbenden Vermögens zurückgeführt[5]. Während eines um das Jahr 2000 beginnenden und auf zehn Jahre bemessenen Zeitraumes rechnet man in der Bundesrepublik mit unentgeltlichen Zuwendungen, die jährlich ein Gesamtvolumen von bis zu 250 Mrd. DM erreichen[6].

Die fortschreitende Verflechtung internationaler Wirtschaftsbeziehungen beruht auf der zunehmenden Mobilität von Personen und Kapital infolge des technischen Fortschritts[7]. Weder der grenzüberschreitende Kapitalverkehr einschließlich der Anlage von Kapitalvermögen im Ausland, noch der dauernde berufliche Auslandsaufenthalt oder der ausländische Altersruhesitz stellen heutzutage besondere Ausnahmen dar[8]. Die mehrfache Wohnsitznahme im In- und Ausland oder die mehrfache Staatsangehörigkeit – nicht nur eines Steuerpflichtigen, sondern auch innerhalb seiner Familie[9] –

---

[1] Zum Begriff des Internationalen Steuerrechts und seinen unterschiedlich verstandenen Begriffsinhalten vgl. *Schaumburg*, Internationales Steuerrecht, RdNr. 1.2 ff. m.w.N.; das Internationale Steuerrecht wird hier als die Gesamtheit der Normen verstanden, die sich auf auslandsbezogene Sachverhalte beziehen, vgl. *Schaumburg*, ebd., RdNr. 1.5 f., und *Vogel*, DStZ 1997, 269.

[2] Vgl. bspw. die jüngsten Veröffentlichungen von *Seer*, RIW 2001, 664; *Schaumburg*, RIW 2001, 161; *Flick/ Piltz*, Internationaler Erbfall, RdNr. 1201 ff.; *M. Klein*, FR 2001, 118; oder *Hueck*, Internationale Erbschaftsteuerprobleme/ Personengesellschaften.

[3] 1974 ca. 500 Mio. DM und 1999 ca. 5, 98 Mrd. DM, *Moench* in Moench, ErbStG, Einf. RdNr. 29, 30.

[4] Vgl. nur *Bader*, INF 1995, 71, oder *Wacker*, StKongrRep 1989, S. 439, 440 ff.

[5] *Seer*, StuW 1997, 283; *Wacker*, IStR 1998, 33, 34.

[6] *Moench* in Moench, ErbStG, Einf. RdNr. 29; *Wacker*, IStR 1998, 33: „umfangreiche Vermögensübergänge in den nächsten Jahren bei Betriebs- und Privatvermögen im Wert von mehreren Billionen DM allein in Deutschland".

[7] *Hauser*, Freistellung, S. 47.

[8] Nach *Kowallik*, DStR 1999, 1129 f., bspw. soll die Zahl deutscher Haushalte mit Grundbesitz im Ausland im Zeitraum von 1998 bis 2001 von 600.000 auf 815.000 ansteigen.

[9] Vgl. *Flick/ von Oertzen*, IStR 1995, 558.

sowie grenzüberschreitende Vermögensumschichtungen führen anlässlich eines steuerpflichtigen Vorganges vielfach zur Erbschaft- und Schenkungsteuerpflicht in mehreren Staaten. Die steuerliche Belastung kann aber schon dann erheblich sein, wenn es anlässlich dieses Vorganges zu einer Besteuerung in nur einem Staat kommt. Diese Situation wird verschärft, wenn bei einer Besteuerung in mehr als einem Staat die daraus folgenden wirtschaftlichen Belastungen mit einer zusätzlichen Erbschaft- oder Schenkungsteuer nicht oder nur unzureichend ausgeglichen werden.

Die mit der steuerlichen Erfassung in mehreren Staaten einhergehenden Fragen, die Tragweite der hiermit verbundenen wirtschaftlichen Auswirkungen sowie die durch die Internationalisierung eröffneten Gestaltungsperspektiven tragen dazu bei, dass die Bedeutung des Internationalen Erbschaft- und Schenkungsteuerrechts immer mehr in den Vordergrund rückt.

B. Gegenstand und Gang der Untersuchung

Aus dem vielschichtigen und umfangreichen Themenkreis des Internationalen Erbschaft- und Schenkungsteuerrechts[10] wird nur ein Ausschnitt behandelt. Schwerpunktmäßig werden zwei Bereiche untersucht, nämlich die Grundlagen der internationalen Doppelbesteuerung sowie ausgewählte Probleme des deutschen Internationalen Erbschaft- und Schenkungsteuerrechts. Die Abhandlung zeigt einerseits auf, wie es zur Entstehung internationaler Doppelbesteuerung kommt und erläutert andererseits die Schwächen der kollisionsbegründenden und kollisionsauflösenden Normen[11] des deutschen Erbschaftsteuer- und Schenkungsteuergesetzes (ErbStG). Internationale Doppelbesteuerung und kollisionsbegründende wie -auflösende Normen sind eng miteinander verbunden. Während die kollisionsbegründenden Normen zur Entstehung internationaler Doppelbesteuerung führen, dienen die kollisionsauflösenden Normen ihrer Vermeidung oder der Milderung der aus ihr folgenden Doppelbelastung. Beide Themenkomplexe können daher nicht losgelöst voneinander behandelt werden.

Im ersten Teil der Untersuchung wird der Frage nachgegangen, worin die internationale Doppelbesteuerung im Erbschaft- und Schenkungsteuerrecht besteht. Dabei ist es zunächst erforderlich, sich mit der Entstehung internationaler Doppelbesteuerung im Allgemeinen auseinander zu setzen. Denn die Frage, was im Einzelnen unter internati-

[10] Wenn im Folgenden von Erbschaft- und Schenkungsteuergesetzen oder vom (Internationalen) Erbschaft- und Schenkungsteuerrecht die Rede ist, sind hiermit sowohl Erbanfallsteuer- als auch Nachlasssteuer- sowie Schenkungsteuergesetze gemeint. Wo es auf eine Unterscheidung im Einzelnen ankommt, ist dies hervorgehoben.

[11] Zum Begriff vgl. *Schaumburg*, Internationales Steuerrecht, RdNr. 2.4 ff.

onaler Doppelbesteuerung zu verstehen ist, ist noch nicht abschließend geklärt[12]. Unklar ist vor allem, wie die den Begriffsinhalt der Doppelbesteuerung prägenden Begriffsmerkmale im Einzelnen auszulegen sind und unter welchen Voraussetzungen es insoweit zu einer Doppelbesteuerung kommt. Nach dieser Auseinandersetzung wird anhand eines Vergleiches der kollisionsbegründenden, aber auch der übrigen Normen einzelner exemplarisch ausgewählter Erbschaft-[13] und Schenkungsteuergesetze[14] einschließlich des ErbStG die internationale Doppelbesteuerung im Erbschaft- und Schenkungsteuerrecht untersucht[15]. Hierzu wird schwerpunktmäßig die materielle Ausgestaltung der einzelnen Entstehungstatbestände erörtert. Der Vergleich soll das innere System dieser Steuergesetze widerspiegeln[16]. Im Rahmen des Vergleiches werden die Steuertatbestände außerdem auf ihre Übereinstimmung mit den Begriffsmerkmalen der internationalen Doppelbesteuerung untersucht. Ziel ist es, die systematischen Unterschiede in der Besteuerung durch die einzelnen Erbschaft- und Schenkungsteuergesetze und ihre Übereinstimmungen im Entstehungstatbestand offen zu legen um so zu verdeutlichen, worin die internationale Doppelbesteuerung besteht.

Um die aufgeworfene Frage zu klären ist es erforderlich, sich ausführlich mit den kollisionsbegründenden Normen verschiedener Erbschaft- und Schenkungsteuergesetze auseinander zu setzen[17]. Die ausgewählten Steuergesetze entstammen jeweils einem der beiden weltweit vorherrschenden Systeme bei der Besteuerung anlässlich unentgeltlicher Vermögensübergänge. Sie sind entweder als Erbanfallsteuergesetze oder als Nachlasssteuergesetze ausgestaltet[18]. Bei den Steuergesetzen handelt es sich neben dem ErbStG um das österreichische Erbschafts- und Schenkungssteuergesetz (österrErbStG) und das spanische Ley del Impuesto sobre Sucesiones y Donaciones (LISD), die als Erbanfallsteuern ausgestaltet sind, und die im US-amerikanischen Internal Revenue Code (IRC) geregelte Federal Estate Tax und Federal Gift Tax sowie den britischen Inheritance Tax Act (IHTA), die zu den Nachlasssteuern gehören[19]. Bei der Auswahl gerade dieser Steuergesetze wurde besonders berücksichtigt, dass die Bundesrepublik jeweils Doppelbesteuerungsabkommen mit der Republik Österreich und

---

[12] *Schaumburg*, Internationales Steuerrecht, RdNr. 12.2 ff.; *F. Wassermeyer* in Debatin/ Wassermeyer, Doppelbesteuerung, MA Vor Art. 1 RdNr. 1.

[13] Diejenigen Steuern, die anlässlich eines Vermögensüberganges infolge Erbfalles erhoben werden unabhängig davon, ob der Erblasser mit seinem Nachlass oder der Erbe mit seinem Erbanfall der Besteuerung unterworfen wird.

[14] Diejenigen Steuern, die anlässlich einer lebzeitigen unentgeltlichen Vermögensübertragung zwischen zwei Personen erhoben werden unabhängig davon, ob der Zuwendende oder der Erwerber der Besteuerung unterworfen wird.

[15] Vgl. *Tipke*, StRO I, S. 527: „Eine inhaltlich suffiziente Steuerkonkurrenzlehre setzt eine *materiale* Gruppierung voraus.".

[16] Hierzu *Tipke*, StuW 1993, 105, 108, wie auch zu dem Erfordernis einer nach Steuerarten differenzierenden Tatbestandslehre für einen Steuervergleich im Internationalen Steuerrecht, ebd., S. 107.

[17] Vgl. auch *M. Klein*, Ausländische Zivilrechtsformen und Erbschaftsteuerrecht, RdNr. 9.

[18] *Piltz*, DStJG 22 (1999), 275, 277, 279 f.; *Flick/ Piltz*, Internationaler Erbfall, RdNr. 1202; *Schaumburg*, Internationales Steuerrecht, RdNr. 7.2.

[19] *Flick/ Piltz*, Internationaler Erbfall, RdNr. 1794, 1824 f., 1705, 1844.

den Vereinigten Staaten abgeschlossen hat[20]. Sie geben einerseits Aufschluss darüber, in welchen Fällen die Gesetzgeber eine internationale Doppelbesteuerung für gegeben halten. Denn aus den Tatbestandsmerkmalen der in den DBA enthaltenen kollisionsauflösenden Normen ist um Umkehrschluss zu entnehmen, inwieweit die kollisionsbegründenden Normen der jeweiligen Steuergesetze übereinstimmen müssen, um von einer aufzulösenden Doppelbesteuerung auszugehen. Andererseits ermöglichen sie die Ableitung von Qualifikationsmerkmalen, wenn es um die Frage der steuertypologischen Vergleichbarkeit zweier Steuern bei der zutreffenden Auslegung des Tatbestandsmerkmals des Entsprechens in § 21 Abs. 1 Satz 1 ErbStG geht.

Im zweiten Teil werden ausschließlich die spezifischen Probleme der kollisionsbegründenden und -auflösenden Normen des ErbStG behandelt.

Hierzu gehört der Widerstreit zwischen dem Grundsatz der Besteuerung nach der wirtschaftlichen Leistungsfähigkeit[21] und der zwischenstaatlichen Verteilungsgerechtigkeit. Nach § 2 Abs. 1 Nr. 1 Satz 1 ErbStG tritt im Rahmen des sog. „Totalitäts-" oder „Weltvermögensprinzips" die Steuerpflicht für den gesamten Vermögensanfall unabhängig von der Belegenheit des Vermögens im In- oder Ausland ein, solange mindestens ein Steuerpflichtiger in der Bundesrepublik ansässig ist[22]. Die Bundesrepublik schöpft also das Erbschaft- und Schenkungsteueraufkommen auch aus im Ausland belegenen Steuerquellen. Werden diese Steuerquellen zusätzlich vom Belegenheitsstaat in Anspruch genommen, stellt sich die Frage, welchem Staat vorrangig das nur begrenzt erzielbare Steueraufkommen zusteht.

Darüber hinaus ist die Anknüpfung der Steuerpflicht an die persönlichen Verhältnisse des Erblassers und des Schenkers in § 2 Abs. 1 Nr. 1 Satz 1 i.V.m. Satz 2 lit. a) ErbStG zu untersuchen. Insoweit steht die System- und Verfassungskonformität dieser Regelung in Frage[23]. Die Erbschaft- und Schenkungsteuer ist als Erbanfallsteuer ausgestaltet, die den Erwerber auf Grund des bei ihm eintretenden Zuwachses an wirtschaftlicher Leistungsfähigkeit besteuert[24]. Vor diesem Hintergrund kann es für den Eintritt der Steuerpflicht nicht auf die persönlichen Verhältnisse des Erblassers oder Schenkers ankommen[25]. Weder der Erblasser, noch der Schenker erfahren infolge eines steuerpflichtigen Vorganges einen Zuwachs an wirtschaftlicher Leistungsfähigkeit.

---

[20] Zu den bestehenden DBA und dem Stand der Doppelbesteuerungsverhandlungen auf dem Gebiet des Erbschaft- und Schenkungsteuerrechts vgl. BStBl. I 2002, 135, 138, m.w.N. zur jeweiligen Fundstelle. Es bestehen DBA mit Dänemark, Griechenland, Österreich, Schweden, der Schweiz und den Vereinigten Staaten, ebd.

[21] Hierzu *J. Lang* in Tipke/ Lang, Steuerrecht, § 4 RdNr. 81 ff.

[22] *Meincke*, ErbStG, § 2 RdNr. 8; *Geck*, ZEV 1995, 249 ff.

[23] Zur Systemwidrigkeit *Seer* in Tipke/ Lang, Steuerrecht, § 13 RdNr. 139; zur Prüfung der Verfassungskonformität bei einer Systemwidrigkeit BVerfG, Beschluss v. 15.05.1984, 1 BvR 464, 605/81 u.a., BVerfGE 67, 70, 84; BVerfG, Beschluss v. 21.12.1966, 1 BvR 33/64, BVerfGE 21, 54, 63 f.; vgl. auch *Mellinghoff*, DStJG 22 (1999), 127, 134.

[24] *Seer* in Tipke/ Lang, Steuerrecht, § 13 RdNr. 102; *Meincke*, ErbStG, § 1 RdNr. 8.

[25] *Seer* in Tipke/ Lang, Steuerrecht, § 13 RdNr. 102 f., 134, 139.

Die Anknüpfung der Steuerinländereigenschaft an die deutsche Staatsangehörigkeit in § 2 Abs. 1 Nr. 1 Satz 2 lit. b) ErbStG zählt ebenfalls zu den Problemen, die wegen möglicher Verstöße gegen höherrangiges Recht – insbesondere EG-Vertragsrecht – eingehender untersucht werden[26]. Unter bestimmten weiteren Voraussetzungen tritt die Steuerpflicht ein, wenn der Steuerpflichtige zwar nicht im Inland ansässig ist, aber die deutsche Staatsangehörigkeit besitzt. Bei sonst gleicher Sachverhaltsgestaltung kommt es nicht zum Eintritt der Steuerpflicht, wenn es an dieser Voraussetzung fehlt. Ob hierin eine gleichheitswidrige Ungleichbehandlung oder eine Beeinträchtigung von Grundfreiheiten liegt, wird unter Berücksichtigung der relevanten Urteile der europäischen Gerichte eingehend untersucht.

Schließlich werden die mit der tatbestandlichen Ausgestaltung und der Anwendung des § 21 ErbStG über die Anrechnung ausländischer Erbschaft- und Schenkungsteuern verbundenen Probleme behandelt. Die Vorschrift dient der Vermeidung oder Milderung der mit der internationalen Doppelbesteuerung verbundenen wirtschaftlichen Doppelbelastung. Zu den Problemen gehören die fehlende Wahlmöglichkeit zwischen der Anrechnungs- und der Abzugsmethode, die Differenzierungen bei der tatbestandlichen Begrenzung des Umfanges des Auslandsvermögens, die per-country limitation sowie die mit der Auslegung des Tatbestandsmerkmales „der deutschen Erbschaftsteuer *entsprechenden* ... ausländische[n] Steuer“[27] verbundenen Zweifel.

---

[26] *Schaumburg*, RIW 2001, 161, 164 f.; *Seer* in Tipke/ Lang, Steuerrecht, § 13 RdNr. 140.

[27] Hervorhebung und Ergänzung durch den Verfasser.

Erster Teil

Internationale Doppelbesteuerung im Erbschaft- und Schenkungsteuerrecht

A. Begriff der internationalen Doppelbesteuerung

I. Bedeutung des Begriffs

Über die Bedeutung der Frage, was begrifflich unter einer Doppelbesteuerung zu verstehen ist, besteht keine Einigkeit[28]. *Schaumburg* sieht in der Vielfalt der Bezeichnungen ihrer unterschiedlichen Erscheinungsformen[29] einen „Beleg für die Beliebigkeit und zugleich für die fehlende Bedeutung dieser Begriffsbildung“[30]. Dem Begriff der Doppelbesteuerung ließen sich, im Anschluss an *Wassermeyer*[31], „keine Orientierungsmaßstäbe für die Anwendung der in Betracht kommenden Normen“ entnehmen[32]. Auch *Debatin* hält den Versuch einer genauen Abgrenzung ihres Begriffsinhaltes für „wenig fruchtbar“[33]. *Vogel* und *Kluge* weisen hingegen auf die Bedeutung der Begriffsbildung bei der Auslegung der kollisionsauflösenden Normen hin[34], beschränken sie allerdings auf eine deskriptive Funktion[35]. Insoweit stimmen sie mit *Mössner* überein[36], der in dem Begriff eine reine Verständigungsvereinbarung sieht, weil keine Rechtsform an ihr Vorliegen oder Nichtvorliegen irgendwelche Rechtsfolgen knüpfe und der Begriff damit rechtlich nicht existent sei[37]. Gerade diesem zuletzt genannten

---

[28] Zum Meinungsstand *Grotherr* in Becker/ Höppner/ Grotherr/ Kroppen, DBA-Kommen-tar, Teil 1 Abschnitt 1 RdNr. 2.

[29] S. hierzu *Schaumburg*, Internationales Steuerrecht, RdNr. 12.2.

[30] *Schaumburg*, a.a.O., FN 29.

[31] *F. Wassermeyer* in Debatin/ Wassermeyer, Doppelbesteuerung, MA Vor Art. 1 RdNr. 1.

[32] *Schaumburg*, a.a.O., FN 29.

[33] *Korn/ Debatin*, Doppelbesteuerung, Systematik I, RdNr. 10.

[34] *Vogel*, DStZ 1997, 269, 276 („... die Maßnahmen, durch die eine internationale Doppelbesteuerung ausgeglichen werden soll. Ist dies die Zielsetzung, von der her der Begriff der Doppelbesteuerung zu bestimmen ist, ...“); vgl. jedoch auch *Vogel*, DBA, Einl. RdNr. 4: „Was Doppelbesteuerung begrifflich ist, ist für die Abkommensanwendung nicht von Bedeutung.“; *Kluge*, Internationales Steuerrecht, RdNr. B 21.

[35] *Vogel*, DStZ 1997, 269, 276; *Kluge*, ebd., FN 34.

[36] *Mössner*, DStJG 8 (1985), 135, 137: „Will man von der Vermeidung der Doppelbesteuerung sprechen, so muß man wissen, was Doppelbesteuerung ist.“ und „dennoch gibt es ... Doppelbesteuerung und im Sinne der praktischen Verständigung ist es unerläßlich, sich darauf zu einigen, worüber man sprechen will“.

[37] *Mössner*, a.a.O., FN 36. S. auch *Grotherr* in Becker/ Höppner/ Grotherr/ Kroppen, DBA-Kommentar, Teil 1 Abschnitt 1 RdNr. 1 und 3 ff. zu weiteren Beispielen.

Argument widersprach jedoch *Grotherr* und legte dar, dass das Vorliegen einer Doppelbesteuerung in Einzelfällen sehr wohl von rechtlicher Bedeutung sein kann[38].

Es trifft zu, dass das Vorliegen internationaler Doppelbesteuerung weder Tatbestandsvoraussetzung der kollisionsbegründenden noch der -auflösenden Normen des deutschen Internationalen Erbschaft- und Schenkungsteuerrechts ist. Die Feststellung, ob und inwieweit eine internationale Doppelbesteuerung gegeben ist, dient jedoch vor allem der Auslegung der kollisionsauflösenden Norm des § 21 ErbStG. Der Zweck dieser Bestimmung besteht gerade in der Vermeidung oder Milderung der zusätzlichen wirtschaftlichen Belastungen, die mit der internationalen Doppelbesteuerung verbunden sind[39]. Bei dieser Vorschrift geht es um die Anrechnung einer der deutschen Erbschaft- und Schenkungsteuer entsprechenden ausländischen Steuer. Bei der zutreffenden Auslegung des Tatbestandsmerkmals des Entsprechens sind zwei Punkte zu berücksichtigen: Die Klärung der Frage, welche unterschiedlichen Formen internationaler Doppelbesteuerung es im Erbschaft- und Schenkungsteuerrecht gibt und der Frage, wo die besteuerungssystematischen Gemeinsamkeiten und Unterschiede in den einzelnen Erbschaft- und Schenkungsteuerrechtsordnungen bestehen. Die erste Frage gewinnt Bedeutung, wenn es darum geht, ob entsprechend dem Regelungszweck des § 21 ErbStG die Anrechnung einer ausländischen Steuer, die steuertypologisch nicht beispielsweise als Erbanfall- oder Nachlasssteuer angesehen wird, deswegen geboten ist, weil eine mit der internationalen Doppelbesteuerung durch eine Erbanfall- und eine Nachlasssteuer gleichartige Situation gegeben ist[40]. Die zweite Frage dient der Feststellung, ob im Hinblick auf die andere steuertypologische Einordnung dieser ausländischen Steuer die Unterschiede in der Besteuerungssystematik so bedeutend sind, dass auch bei entsprechender Auslegung nach dem Normzweck des § 21 ErbStG die Voraussetzungen des Tatbestandsmerkmals des „Entsprechens" der Steuern nicht erfüllt sind. Der Frage der Entstehung der internationalen Doppelbesteuerung kommt damit erhebliches Gewicht bei der Bestimmung des Zieles zu, die mit der internationalen Doppelbesteuerung verbundenen Folgen durch die kollisionsauflösenden Normen zu vermeiden oder zu mildern[41]. Dieser Auseinandersetzung können die verschiedentlich bezweifelten Orientierungsmaßstäbe[42] für die Anwendung der kollisionsauflösenden Normen entnommen werden. Ob und inwieweit jedoch eine internationale Doppelbesteuerung gegeben ist, kann wiederum nur anhand eines Vergleiches der kollisionsbe-

---

[38] *Grotherr* in Becker/ Höppner/ Grotherr/ Kroppen, DBA-Kommentar, Teil 1 Abschnitt 1 RdNr. 1, 3 ff. und 8.

[39] *Jülicher* in Troll/ Gebel/ Jülicher, ErbStG, § 21 RdNr. 1 ff.

[40] So in dem der Entscheidung des BFH, Urteil v. 26.04.1995, II R 13/92, BStBl. II 1995, 540, zur Anrechnung der kanadischen Capital Gains Tax zu Grunde liegenden Sachverhalt; näher dazu unten zweiter Teil E. IV. 4.

[41] *Kluge*, Internationales Steuerrecht, RdNr. B 21; *Vogel*, DStZ 1997, 269, 276; im Ergebnis auch *Spitaler*, Doppelbesteuerung, S. 55.

[42] S. FN 31 f.

gründenden Normen und der materiellen Ausgestaltung der Entstehungstatbestände steuersystematisch verschieden ausgestalteter Steuergesetze untersucht werden[43].

II. Der Wandel von der deskriptiv zur normativ geprägten Begriffsbestimmung

In der Steuerrechtswissenschaft ist der Begriffsinhalt der Doppelbesteuerung einer durch Meinungsvielfalt geprägten Diskussion unterworfen[44]. Außerdem hat sich in den unterschiedlichen Anschauungen ein Wandel in den methodologischen Ansätzen zur Erklärung der Doppelbesteuerung vollzogen.

Die Ansätze in der älteren hierzu veröffentlichten Literatur waren noch eher deskriptiver Art[45]. Überwiegend wurde die Doppelbesteuerung anhand der Darstellung ihrer unterschiedlichen Erscheinungsformen erklärt. Nach *Spitaler* wurde zwischen der Doppelbesteuerung im engeren, weiteren und weitesten Sinn, zwischen der formalen und materiellen, subjektiven und objektiven, der echten und unechten sowie der eigentlichen und uneigentlichen Doppelbesteuerung unterschieden[46]. Auch *Spitaler* selbst löste sich noch nicht vollständig von dieser Art der Begriffsbestimmung. Er unterteilte Doppelbesteuerungen in vertikale, horizontale und schräge[47]. Diese eher deskriptive Art der Begriffsbestimmung wurde abgesehen von terminologischen Abweichungen zunächst beibehalten[48].

Dieser methodologische Ansatz wurde auf Grund seiner Untauglichkeit zur Begriffsbildung aufgegeben[49]. Zwischenzeitlich wurde die Klärung des Begriffs allein auf die

---

[43] S. dazu schon oben in der Einleitung B., sowie die Nachweise in FN 15 f.

[44] Zu den verschiedenen Ansätzen vgl. die Darstellung bei *Schaumburg*, Internationales Steuerrecht, RdNr.12.2.

[45] Der deskriptiv oder normativ geprägte methodologische Ansatz zur *Begriffsbildung* ist zu unterscheiden von der von *Vogel*, DStZ 1997, 269, 276, und von *Kluge*, Internationales Steuerrecht, RdNr. B 21, erläuterten deskriptiven oder normativen *Funktion* der begrifflichen Klärung.

[46] *Spitaler*, Doppelbesteuerung, S. 58.

[47] *Spitaler*, Doppelbesteuerung, S. 95.

[48] Es wurde weiterhin beispielsweise zwischen der technischen, rechtlichen, juristischen, wirtschaftlichen, ökonomischen, direkten oder indirekten sowie der zuvor genannten vertikalen, horizontalen und schrägen Doppelbesteuerung unterschieden, vgl. die Aufzählung und die hierzu zitierten Quellennachweise bei *Schaumburg*, Internationales Steuerrecht, RdNr. 12.2 oder *F. Wassermeyer* in Debatin/ Wassermeyer, Doppelbesteuerung, MA Vor Art. 1 RdNr. 1; vgl. auch *Juch*, CDFI LXVIb (1981), S. 81 ff.

[49] Vgl. bspw. *Schaumburg*, Internationales Steuerrecht, RdNr. 12.3, *F. Wassermeyer* in Debatin/ Wassermeyer, Doppelbesteuerung, MA Vor Art. 1 RdNr. 1 und *Kluge*, Internationales Steuerrecht, RdNr. B 20 ff., die sich diesen deskriptiv geprägten Definitionsversuchen nicht angeschlossen haben.

Funktion einer Verständigungsvereinbarung[50] reduziert oder die Bedeutung einer Begriffsdefinition gänzlich in Frage gestellt[51].

Inzwischen etabliert sich ein eher normativ geprägtes Begriffsverständnis, das nicht die vielen unterschiedlichen Facetten der Doppelbesteuerung umschreibt, sondern eher ihren besteuerungssystematischen Ausgangspunkt in den Vordergrund stellt[52]. Dieses geht von bestimmten Begriffsmerkmalen aus, die übereinstimmend den unterschiedlichen Erscheinungsformen der Doppelbesteuerung zu Grunde liegen. Die Grundlagen hierfür wurden in Deutschland im Wesentlichen von *Dorn* und vor allem *Spitaler*[53] erarbeitet. Die gegenwärtige Begriffsbestimmung der Doppelbesteuerung ist in ihren wesentlichen Zügen auf die Definition *Spitalers* zurückzuführen. Sie umfasst fünf – sogleich näher zu behandelnde – Begriffsmerkmale, die Besteuerung durch unterschiedliche Abgabenhoheiten, die Identität des Steuersubjekts, des Steuergegenstandes sowie des Besteuerungszeitraumes und die Gleichartigkeit der erhobenen Steuern[54]. Vor dem Hintergrund einer wirtschaftlichen Betrachtungsweise lässt dieses Begriffsverständnis aber eine weite Auslegung der Begriffsmerkmale oder sogar Abweichungen von ihnen zu[55]. Überwiegend wird auch deutlich zwischen der rechtlichen[56] und der wirtschaftlichen Doppelbesteuerung unterschieden[57]. In dieser terminologischen Unterscheidung kommt allerdings keine Änderung in der grundsätzlichen Anschauung über den Begriffsinhalt der Doppelbesteuerung zum Ausdruck. *Grotherr* weist außerdem

---

[50] S. FN 36.

[51] S. FN 30.

[52] *Kluge*, Internationales Steuerrecht, RdNr. B 20 ff.; *Grotherr* in Becker/ Höppner/ Grotherr/ Kroppen, DBA-Kommentar, Teil 1 Abschnitt 1 RdNr. 9 ff.; *Schaumburg*, Internationales Steuerrecht, RdNr. 12.3.

[53] Zu den Begriffsmerkmalen zählte *Spitaler* hauptsächlich die Steuererhebung durch verschiedene Abgabenhoheiten, die Identität des Abgabenobjektes, des Abgabensubjektes und des Besteuerungszeitraumes sowie die Gleichartigkeit der Abgaben, *Spitaler*, Doppelbesteuerung, S. 136. Nach seiner Auffassung handelte es sich bei der Doppelbesteuerung um „eine Normenkonkurrenz, die dann vorliegt, wenn Abgabengewalten ... verschiedener ... Abgabenhoheiten dasselbe Abgabenobjekt bei demselben privatrechtlichen oder wirtschaftlichen Abgabensubjekt ... aus demselben Anlaß zu gleichen oder gleichartigen Abgaben heranziehen", ebd. S. 132 f. Die Identität des Abgabensubjektes hielt *Spitaler* allerdings nicht für zwingend. Eine Doppelbesteuerung hielt er auch bei Verschiedenheit der Abgabensubjekte für möglich, a.a.O.

[54] *Schaumburg*, Internationales Steuerrecht, RdNr. 12.3; *Grotherr* in Becker/ Höppner/ Grotherr/ Kroppen, DBA-Kommentar, Teil 1 Abschnitt 1 RdNr. 11 ff.; *Kluge*, Internationales Steuerrecht, RdNr. B 22 ff.; vgl. *F. Wassermeyer* in Debatin/ Wassermeyer, Doppelbesteuerung, MA Vor Art. 1 MK 1.

[55] *Schaumburg*, ebd., RdNr. 12.4 ff.; *Grotherr*, ebd., insbesondere RdNr. 17; *Kluge*, ebd., B 22 ff., s. jew. vorangehende FN.

[56] Gleichbedeutend mit der juristischen, vgl. *F. Wassermeyer* in Debatin/ Wassermeyer, Doppelbesteuerung, MA Vor Art. 1 RdNr. 1.

[57] *Grotherr* in Becker/ Höppner/ Grotherr/ Kroppen, DBA-Kommentar, Teil 1 Abschnitt 1 RdNr. 21 ff.; *F. Wassermeyer* in Debatin/ Wassermeyer, Doppelbesteuerung, MA Vor Art. 1 RdNr. 2 f.; *Vogel*, DBA, Einl. RdNr. 1 und 3; zu dem Wandel in den steuerrechtswissenschaftlichen Anschauungen über den Begriffsinhalt der Doppelbesteuerung vgl. auch *Grotherr*, ebd., und *Kluge*, Internationales Steuerrecht, RdNr. B 21 f.

auf einen weiteren, nämlich zweckorientierten Ansatz hin, der in der beispielhaften Aufzählung der Fälle möglicher Doppelbesteuerung besteht und vornehmlich in den DBA zu finden sei[58].

III. Begriffsbildung auf Grund unterschiedlicher Besteuerungsformen

Die Schwierigkeit der inhaltlichen Bestimmung des Begriffs der internationalen Doppelbesteuerung beruht auf der Vielgestaltigkeit der Formen der Besteuerung durch die verschiedenen Abgabenhoheiten hinsichtlich eines wirtschaftlichen Sachverhaltes mit Bezügen zu mehr als einem Staat. Je genauer einerseits die Begriffsbestimmung durch Verwendung einer zunehmenden Anzahl von Begriffsmerkmalen vorgenommen wird, desto mehr Abweichungen und Ausnahmen von diesen Begriffsmerkmalen müssen zugelassen werden, um bestimmte Formen der Doppelbesteuerung nicht von vornherein aus ihrem Definitionsbereich auszuschließen, obwohl sie materiell als solche zu betrachten sind[59]. Andererseits leistet die eine abnehmende Anzahl von Begriffsmerkmalen enthaltende Begriffsbestimmung oder der unterschiedliche Umfang hiervon zulässiger Abweichungen nicht das zu einer inhaltlich ausreichenden Definition Erforderliche, weil diesenfalls auch Sachverhaltskonstellationen erfasst werden können, die wertungsgemäß nicht als Doppelbesteuerungen anzusehen sind[60]. Es ist daher noch nicht eindeutig geklärt, auf welche Begriffsmerkmale es ankommt und wie diese im Einzelnen auszulegen sind.

1. Rechtliche Doppelbesteuerung

Die Definition der rechtlichen Doppelbesteuerung enthält die bereits zuvor genannten[61] fünf Begriffsmerkmale. Nach ihr setzt die Doppelbesteuerung die Identität des Steuergegenstandes, des Steuersubjekts und die Gleichartigkeit der erhobenen Steuern sowie die Identität des Besteuerungszeitraumes voraus und besteht in dem Besteuerungszugriff durch mindestens zwei verschiedene internationale Hoheitsträger[62]. Vor dem

---

[58] *Grotherr*, a.a.O., FN 57, RdNr. 9; er unterscheidet von den hier genannten Ansätzen noch einen in der betriebswirtschaftlichen Steuerlehre verwendeten dritten, den ergebnisorientierten Ansatz, der auf die Gesamtsteuerbelastung abstellt und sich hierbei an dem Steuerniveau des höher besteuernden Staates orientiert; *Grotherr* weist zu Recht jedoch darauf hin, dass die Orientierung der Gersamtsteuerbelasung an dem Steuerniveau gerade des höher besteuernden Staates willkürlich ist und lehnt im Ergebnis diesen Versuch der inhaltlichen Bestimmung des Begriffs der Doppelbesteuerung ab, ebd., RdNr. 9 und 18, m.w.N.

[59] Vgl. auch *Spitaler*, Doppelbesteuerung, S. 62 f. sowie 121.

[60] Vgl. *Spitaler*, a.a.O., FN 59, S. 57 und 121.

[61] Erster Teil A. II.

[62] S. FN 54. Ebenso die einleitende Kommentierung des Musterkommentars zum OECD-MA (ESt), Debatin/ Wassermeyer, Doppelbesteuerung, MA (ESt) Vor Art. 1 MK 1. Obwohl der Musterkommen-

Hintergrund einer wirtschaftlichen Betrachtungsweise werden diese Begriffsmerkmale auf Grund der Unterschiedlichkeit der Besteuerungsformen entweder weit ausgelegt oder Abweichungen von ihnen zugelassen[63]. Zur Begründung wird darauf verwiesen, dass die verschiedenen Steuergesetze an unterschiedliche Merkmale desselben, für die Besteuerung als geeignet angesehenen wirtschaftlichen Sachverhaltes anknüpfen können[64].

Ungeklärt ist allerdings noch, anhand welcher einzelnen Kriterien die Identität des Steuergegenstandes bestimmt wird. Maßgeblich sei ein Gleichartigkeitsvergleich der Steuertatbestände, ohne dass es auf eine völlige Übereinstimmung ankomme[65]. Es steht jedoch nicht fest, auf welche Elemente des Steuertatbestandes es für den Vergleich ankommt, hinsichtlich welcher Elemente eine Übereinstimmung geboten und wo sie entbehrlich ist, ohne eine völlige Übereinstimmung zu verlangen. Während von einer Seite hervorgehoben wird, dass nicht auf die Identität der Steuerquelle abzustellen ist[66], wird von anderer betont, dass es auf die der Besteuerung zu Grunde liegenden Besteuerungsgüter anstatt die Steuergegenstände ankommt[67]. Welche Kriterien jedoch im Einzelnen maßgeblich sind, warum es nicht die Steuerquelle sein soll und weshalb

---

tar zum OECD-MA (ErbSt) den Begriff der Doppelbesteuerung verwendet, bspw. in Debatin/ Wassermeyer, Doppelbesteuerung, MA (ErbSt) Art. 9 A/B MK 1 oder 4 f., vgl. auch Bericht des Fiskalausschusses in Debatin/ Wassermeyer, Doppelbesteuerung, MA (ErbSt) Vor Art. 1 MK 5, definiert er ihn nicht. Nach der inhaltlichen und formalen Anpassung des OECD-MA (ErbSt) an das OECD-MA (ESt), vgl. Bericht des Fiskalausschusses in Debatin/ Wassermeyer, Doppelbesteuerung, MA (ErbSt) Vor Art. 1 MK 3, kommt den in den beiden Musterabkommen gleichlautenden Begriffen jedoch dieselbe Bedeutung zu, soweit die Wesensunterschiede der jeweiligen Steuern dies zulassen, vgl. Bericht des Fiskalausschusses in Debatin/ Wassermeyer, Doppelbesteuerung, MA (ErbSt) Vor Art. 1 MK 14. Hinzuweisen ist jedoch darauf, dass der Musterkommentar zum OECD-MA (ESt) in der Kommentierung zu Art. 23 A/B OECD-MA (ESt) eine zweite Begriffsbestimmung der juristischen Doppelbesteuerung enthält. Hiernach besteht die juristische Doppelbesteuerung darin, „daß dieselben Einkünfte oder dasselbe Vermögen bei derselben Person durch mehr als einen Staat besteuert werden", Debatin/ Wassermeyer, Doppelbesteuerung, MA Art. 23 A/B MK 1.

63 *Grotherr* in Becker/ Höppner/ Grotherr/ Kroppen, DBA-Kommentar, Teil 1 Abschnitt 1 RdNr. 11 und 17.

64 *Schaumburg*, Internationales Steuerrecht, RdNr. 12.4.

65 *Kluge*, Internationales Steuerrecht, RdNr. B 24; *Grotherr* in Becker/ Höppner/ Grotherr/ Kroppen, DBA-Kommentar, Teil 1 Abschnitt 1 RdNr. 14; *F. Wassermeyer* in Debatin/ Wassermeyer, Doppelbesteuerung, MA Vor Art. 1 RdNr. 2.

66 *F. Wassermeyer*, a.a.O., s. vorherige FN; *Grotherr*, a.a.O., s. vorherige FN, insoweit allerdings widersprüchlich, weil nach RdNr. 21 eine juristische Doppelbesteuerung dann vorliegen soll, wenn „... dieselben Einkünfte oder Vermögenswerte" einer Besteuerung unterworfen werden. Auf die Steuerquelle stellt auch der Musterkommentar zu Art. 23 A/B OECD-MA (ESt) ab; danach besteht die juristische Doppelbesteuerung darin, „daß dieselben Einkünfte oder dasselbe Vermögen bei derselben Person durch mehr als einen Staat besteuert werden", Debatin/ Wassermeyer, Doppelbesteuerung, MA Art. 23 A/B MK 1. S. jedoch auch FN 62 zur Unterschiedlichkeit der vom Musterkommentar zum OECD-MA (ESt) verwendeten Begriffsdefinitionen.

67 *Schaumburg*, Internationales Steuerrecht, RdNr. 12.4; *Kruse* in Tipke/ Kruse, AO/ FGO, § 3 AO RdNr. 59; vgl. auch *Grotherr* in Becker/ Höppner/ Grotherr/ Kroppen, DBA-Kommentar, Teil 1 Abschnitt 1 RdNr. 10.

nicht derselbe, wirtschaftliche Leistungsfähigkeit vermittelnde Wert in die Betrachtungen einbezogen wird[68], ist ebenso wenig geklärt wie die Frage, aus welchem Grund es auf das Besteuerungsgut ankommt und was genau unter dem Besteuerungsgut zu verstehen ist. Die eingehende Behandlung der mit dem Begriffsmerkmal der Identität des Steuergegenstandes zusammenhängenden Fragen setzt daher eine ausführliche Auseinandersetzung mit der Besteuerungssystematik der einzelnen Erbschaft- und Schenkungsteuergesetze voraus. Diese Auseinandersetzung ermöglicht die Beantwortung der Frage, in welchen Fällen ausgehend von dem zuvor dargestellten Begriffsmerkmal der Identität des Steuergegenstandes eine Doppelbesteuerung gegeben ist. Sie ist Gegenstand der Erörterungen des nachfolgenden Abschnitts.

Auf eine wirtschaftliche Betrachtungsweise wird auch hinsichtlich der Identität des Steuersubjekts[69] abgestellt[70]. Im Bereich des Internationalen Erbschaft- und Schenkungsteuerrechts beispielsweise fragt sich, wer das Steuersubjekt eines Steuergesetzes ist. Das kann einerseits das Steuersubjekt in seiner Eigenschaft als Zurechnungssubjekt wirtschaftlicher Leistungsfähigkeit sein[71], also derjenige, der besteuert wird, weil er beispielsweise Vermögen erwirbt oder innegehabt hat, das kann andererseits der Steuerschuldner[72] und letztlich auch der Steuerträger[73] sein[74]. Alle drei so ermittelten Steuersubjekteigenschaften können, wie im deutschen Erbschaftsteuerrecht, bei dem Erben in einer Person zusammenfallen[75]. Sie können jedoch auch, wie im US-amerikanischen Erbschaftsteuerrecht, nach dem Zurechnungssubjekt wirtschaftlicher Leistungsfähigkeit der Erblasser, Steuerschuldner der executor und Steuerträger der Erbe ist, völlig auseinander fallen[76]. Ausgehend von einer rechtlichen Betrachtungsweise ist Steuersubjekt das Zurechnungssubjekt wirtschaftlicher Leistungsfähigkeit[77]. Hält man jedoch an der Identität des Zuordnungssubjektes wirtschaftlicher Leistungsfähigkeit fest, kommt es bei einer Besteuerung beispielsweise durch eine Nachlass- und eine Erbanfallsteuer anlässlich desselben wirtschaftlichen Sachverhaltes nicht zu einer rechtlichen Doppelbesteuerung. Die Fälle, in denen nach wirtschaftlicher Betrachtung derselbe,

---

[68] So anscheinend aber der Musterkommentar zu Art. 23 A/B OECD-MA (ESt), s. FN 62.

[69] Zum Begriff *J. Lang* in Tipke/ Lang, Steuerrecht, § 7 RdNr. 22.

[70] Das Erfordernis der Identität des Steuersubjekts anzweifelnd *F. Wassermeyer* in Debatin/ Wassermeyer, Doppelbesteuerung, MA Vor Art. 1 RdNr. 2; er macht darauf aufmerksam, dass die DBA weder die Identität des Steuersubjektes, noch die Identität des Besteuerungszeitraumes für ihre Anwendung voraussetzen; hinsichtlich der Identität des Steuersubjektes sei nur die Abkommensberechtigung der den Abkommensschutz in Anspruch nehmenden Personen vorausgesetzt.

[71] So ausdrücklich *Flick*, StuW 1960, 329, 341, s. jedoch auch FN 80; vgl. auch *Schaumburg*, Internationales Steuerrecht, RdNr. 12.5.

[72] *Kluge*, Internationales Steuerrecht, RdNr. B 25.

[73] Zum Begriff des Steuerträgers *J. Lang* in Tipke/ Lang, Steuerrecht, § 6 RdNr. 10.

[74] So diejenigen, die das Begriffsmerkmal der Steuersubjektidentität vor dem Hintergrund einer wirtschaftlichen Betrachtungsweise verstehen, vgl. *Grotherr* in Becker/ Höppner/ Grotherr/ Kroppen, DBA-Kommentar, Teil 1 Abschnitt 1 RdNr. 13; *Flick*, StuW 1960, 329, 341 f.

[75] Ausführlich hierzu erster Teil B. II. 2. a) aa) (3) und (4).

[76] Ausführlich hierzu erster Teil B. II. 2. b) aa) (1) (c) und (d).

[77] *Flick*, StuW 1960, 329, 341; *Vogel*, DStZ 1997, 269, 276.

Leistungsfähigkeit vermittelnde wirtschaftliche Wert belastet wird, die Zuordnungssubjekte wirtschaftlicher Leistungsfähigkeit auf Grund unterschiedlicher Anknüpfung in den Steuergesetzen jedoch verschieden sind, werden dadurch von einem derart eng gefassten Definitionsbereich der Doppelbesteuerung nicht erfasst. Es kommt daher auf eine wirtschaftliche Identität des Steuersubjekts an[78], wenn durch beide Steuern der gleiche, Leistungsfähigkeit vermittelnde wirtschaftliche Wert belastet wird[79]. Demnach ist ausgehend von der wirtschaftlichen Betrachtungsweise die Identität des Steuerträgers maßgeblich[80]. In den folgenden Erörterungen wird daher im Hinblick auf die Identität des Steuersubjektes als Begriffsmerkmal der internationalen Doppelbesteuerung von der Identität des Steuerträgers ausgegangen.

Vor dem Hintergrund der Unterschiedlichkeit und Vielgestaltigkeit der jeweiligen Besteuerungssysteme wird mehr auf den Grad der Vergleichbarkeit der erhobenen Steuern als auf ihre Gleichartigkeit abgestellt. Nach der wirtschaftlichen Betrachtungsweise wird, teilweise unter Anlegung eines „großzügigen Maßstabes"[81], keine völlige Übereinstimmung verlangt[82]. Der Gleichartigkeitsvergleich habe anhand der Steuertatbestände zu erfolgen[83]. Als Maßstab hierfür werden der Steuergegenstand und die Belastungswirkung angesehen[84], teilweise wird auch nur danach gefragt, ob von den Steuern derselbe „Verkehrsvorgang" erfasst wird[85]. Auch hier ist unklar, wie dieser Gleichartigkeitsvergleich auszugestalten ist und auf welche Kriterien es im Einzelnen ankommt. Die hiermit zusammenhängenden Fragen werden ebenfalls in dem nachfolgenden Abschnitt erörtert.

Dem Merkmal der Identität des Besteuerungszeitraumes wird zur Bestimmung des Begriffsinhaltes der Doppelbesteuerung keine große Bedeutung beigemessen[86]. Eine Identität wird hier nur für sich periodisch wiederholende zeitraumbezogene Steuern verlangt, im Übrigen wird auf dieses Begriffsmerkmal verzichtet[87]. Für die Doppelbesteuerungsproblematik im internationalen Erbschaft- und Schenkungsteuerrecht ist die Identität des Besteuerungszeitraumes nicht bedeutend, weil es sich bei den anlässlich unentgeltlicher Vermögensübergänge erhobenen Steuern nicht um periodisch wieder-

---

78 *Grotherr* in Becker/ Höppner/ Grotherr/ Kroppen, DBA-Kommentar, Teil 1 Abschnitt 1 RdNr. 13.
79 *Vogel*, DStZ 1997, 269, 276; *ders.*, DBA, Einl. RdNr. 3; *Grotherr,* a.a.O., s. vorherige FN; zur wirtschaftlichen Belastungswirkung der jeweiligen Steuern ausführlicher unten.
80 *Flick*, StuW 1960, 329, 341 f.; a. A. *Kluge*, Internationales Steuerrecht, RdNr. B 25.
81 *F. Wassermeyer* in Debatin/ Wassermeyer, Doppelbesteuerung, MA Vor Art. 1 RdNr. 2.
82 *Grotherr* in Becker/ Höppner/ Grotherr/ Kroppen, DBA-Kommentar, Teil 1 Abschnitt 1 RdNr. 14, m.N.; *Schaumburg*, Internationales Steuerrecht, RdNr. 12.8; *Vogel*, DStZ 1997, 269, 276.
83 *F. Wassermeyer* in Debatin/ Wassermeyer, Doppelbesteuerung, MA Vor Art. 1 RdNr. 2.
84 *Schaumburg*, Internationales Steuerrecht, RdNr. 12.8;
85 *Grotherr* in Becker/ Höppner/ Grotherr/ Kroppen, DBA-Kommentar, Teil 1 Abschnitt 1 RdNr. 16.
86 *Schaumburg*, Internationales Steuerrecht, RdNr. 12.7; das Erfordernis der Identität des Besteuerungszeitraumes anzweifelnd *F. Wassermeyer* in Debatin/ Wassermeyer, Doppelbesteuerung, MA Vor Art. 1 RdNr. 2; a. A. *Kluge*, Internationales Steuerrecht, RdNr. B 26.
87 *Vogel*, DStZ 1997, 269, 276.

holende zeitraumbezogene Steuern handelt. Aus diesem Grund wird dieses Begriffsmerkmal im Folgenden nicht in die Untersuchungen mit einbezogen.

Der Besteuerungszugriff durch mindestens zwei verschiedene Steuerhoheiten gehört schließlich zu den unverzichtbaren eine Doppelbesteuerung begründenden Voraussetzungen[88]. Abweichungen von diesem Begriffsmerkmal auf Grund einer wirtschaftlichen Betrachtungsweise sind nicht geboten. Auf dieses Begriffsmerkmal der Doppelbesteuerung wird auf Grund seiner einfachen Bestimmbarkeit im Folgenden allerdings nicht mehr eingegangen.

2. *Wirtschaftliche Doppelbesteuerung*

Zur inhaltlichen Begriffsbestimmung der wirtschaftlichen Doppelbesteuerung werden nur zwei Begriffsmerkmale verwendet. Eine wirtschaftliche Doppelbesteuerung liegt vor, wenn mindestens zwei verschiedene internationale Hoheitsträger denselben Steuergegenstand[89] oder dieselben Einkünfte oder Vermögenswerte erfassen[90]. Zum Teil wird auch auf die Erfassung desselben „Wirtschaftsvorganges" abgestellt[91]. Auf das Merkmal der Steuersubjektidentität wird bei der wirtschaftlichen im Gegensatz zur rechtlichen Doppelbesteuerung vollständig verzichtet[92].

Das Begriffsmerkmal der Identität des Steuergegenstandes ist, wie bei der Erörterung des Begriffs der rechtlichen Doppelbesteuerung dargelegt[93], inhaltlich nicht eindeutig bestimmt. Auch hier wird keine Identität, sondern nur eine Vergleichbarkeit verlangt. Dabei wird ein großzügiger Maßstab angelegt, in dessen Rahmen die Steuertatbestände grob miteinander verglichen werden[94]. Welche Kriterien für diesen Vergleich, nach dessen Ergebnis sich die Frage des Vorliegens internationaler Doppelbesteuerung richtet, maßgeblich sein sollen, ist ebenfalls unbestimmt. Bei der wirtschaftlichen Doppelbesteuerung ist außerdem darauf hinzuweisen, dass der Vergleich der Steuertatbestände auch einen Vergleich der Steuersubjekte einschließt und an einen Gleichartigkeitsvergleich der einzelnen Steuern grenzt. Insoweit erfolgt eine Annäherung an die Defi-

---

[88] *Vogel*, DStZ 1997, 269, 276.

[89] So *F. Wassermeyer* in Debatin/ Wassermeyer, Doppelbesteuerung, MA Vor Art. 1 RdNr. 3.

[90] So *Vogel*, DBA, Einl. RdNr. 3; *Grotherr* in Becker/ Höppner/ Grotherr/ Kroppen, DBA-Kommentar, Teil 1 Abschnitt 1 RdNr. 23.

[91] *Vogel*, DBA, Einl. RdNr. 3.

[92] *Flick*, StuW 1960, 329, 343; *F. Wassermeyer* in Debatin/ Wassermeyer, Doppelbesteuerung, MA Vor Art. 1 RdNr. 3; *Grotherr* in Becker/ Höppner/ Grotherr/ Kroppen, DBA-Kommentar, Teil 1 Abschnitt 1 RdNr. 23; *Vogel*, DBA, Einl. RdNr. 3; so auch der Musterkommentar zu Art. 23 A/B OECD-MA (ESt), FN 62: Eine wirtschaftliche besteht in „der Besteuerung derselben Einkünfte oder desselben Vermögens bei zwei verschiedenen Personen", Debatin/ Wassermeyer, Doppelbesteuerung, MA Art. 23 A/B MK 2; zur Maßgeblichkeit dieser Kommentierung für das Erbschaft- und Schenkungsteuerrecht vgl. FN 62.

[93] Erster Teil A. III. 1.

[94] *Grotherr* in Becker/ Höppner/ Grotherr/ Kroppen, DBA-Kommentar, Teil 1 Abschnitt 1 RdNr. 14, m. N.

nition der rechtlichen Doppelbesteuerung. Eine so gestaltete Verengung des Definitionsbereiches ist jedoch erforderlich, um Sachverhaltskonstellationen auszuschließen, die wertungsgemäß nicht als Doppelbesteuerungen anzusehen sind. Das lässt sich an einem Beispiel verdeutlichen, in dem die Besteuerung durch zwei verschiedene Steuerhoheiten erfolgt und von den Tatbeständen der jeweiligen Steuergesetze entsprechend der wirtschaftlichen Betrachtungsweise zwar vergleichbare Steuergegenstände erfasst werden, der Besteuerung jedoch unterschiedliche wirtschaftliche Sachverhalte zu Grunde liegen: Ausgehend von einer derart weit gefassten Definition liegt beispielsweise eine wirtschaftliche Doppelbesteuerung in den Fällen vor, in denen als Steuergegenstand das Nachlassvermögen in einem ausländischen Staat mit einer aperiodischen Nachlasssteuer und in der Bundesrepublik mit der – zur Zeit nicht erhobenen[95] – periodischen Vermögensteuer belastet ist. Der Besteuerung liegt jedoch ein anderer wirtschaftlicher Sachverhalt zu Grunde. Zur Feststellung, ob eine wirtschaftliche Doppelbesteuerung vorliegt, muss der Steuertatbestand daher in die Betrachtungen mit einbezogen werden.

B. Besteuerungssystematik und Übereinstimmungen der Steuertatbestände

I. Besteuerung und wirtschaftlicher Sachverhalt

Die Auseinandersetzung mit der Frage des Entstehens internationaler Doppelbesteuerung im Erbschaft- und Schenkungsteuerrecht geht von der Grundannahme aus, dass der Besteuerung durch die einzelnen Erbschaft- und Schenkungsteuergesetze derselbe wirtschaftliche Sachverhalt zu Grunde liegt.

1. Bedeutung des wirtschaftlichen Sachverhaltes

Ausgangspunkt für die Frage des Vorliegens internationaler Doppelbesteuerung ist der Umstand, dass jeder Besteuerung grundsätzlich nur solche Sachverhalte zu Grunde liegen können, in denen eine steuerlich belastbare Wirtschaftskraft zum Ausdruck kommt. Aus dieser steuerlich belastbaren Wirtschaftskraft wird die steuerliche Leistungsfähigkeit abgeleitet. Erst diese steuerlich belastbare wirtschaftliche Leistungsfähigkeit ermöglicht dem Gesetzgeber den Zugriff durch die Besteuerung[96]. Der Belas-

---

[95] S. hierzu *Seer* in Tipke/ Lang, Steuerrecht, § 13 RdNr. 71 ff.
[96] Vgl. *J. Lang*, Systematisierung, S. 32 f.

tung mit einer Steuer kann nämlich ausschließlich und nur derjenige unterworfen werden, der wirtschaftlich leistungsfähig ist[97].

Diese wirtschaftliche Leistungsfähigkeit kommt in einem wirtschaftlichen Sachverhalt zum Ausdruck[98]. Die Entstehung internationaler Doppelbesteuerung setzt also mindestens die Anknüpfung der Steuerpflicht durch die Steuergesetze zwei verschiedener internationaler Hoheitsträger an denselben wirtschaftlichen Sachverhalt voraus, aus dem die steuerlich belastbare wirtschaftliche Leistungsfähigkeit hervorgeht. Auch *Vogel/ Walter* gehen davon aus, dass der internationalen Doppelbesteuerung derselbe wirtschaftliche Sachverhalt zu Grunde liegt[99]. Sie machen den Sachverhalt zum Bezugspunkt für eine Normenkonkurrenz oder Normenkollision, die immer dann auftritt, „wenn die Rechtsfolgen verschiedener Normen bei der Anwendung ... auf denselben Sachverhalt ... voneinander abzugrenzen oder miteinander zu vereinbaren sind"[100]. Zutreffend formuliert *Burmester*: „... beim Aufeinandertreffen verschiedener steuerlicher Einzelnormen im konkreten Regelungssachverhalt ... werden mehrere gleichartige oder ungleichartige Steuergüter einer Person von den Steuergegenständen verschiedener Steuernormen eines Staates erfaßt, sofern in dem äußerlich einheitlichen Seinsvorgang qualitativ und quantitativ hinreichend starke Indikatoren für eine innere wirtschaftliche Leistungsfähigkeit mit mehrfachem steuerlichen Sollenspotential zu erkennen sind"[101]. So ergibt sich auch nach der Auffassung von *Jülicher* eine Doppelbesteuerung bereits dann, wenn ein Sachverhalt auf Grund eines Bezugspunktes zu einem anderem Staat auch in diesem Staat besteuert wird[102]. *Debatin* geht vom Eintritt der Doppelbesteuerung aus, wenn derselbe Tatbestand mehr als einmal mit Steuer belegt wird[103]. Nach *Flick/ Piltz* ergeben sich die Steuerprobleme des internationalen Erbfalls aus der Besteuerung ein- und desselben Vorganges durch mehrere Staaten[104]. Der wirtschaftliche

---

[97] *J. Lang* in Tipke/ Lang, Steuerrecht, § 4 RdNr. 81 und § 7 RdNr. 24 am Ende; *Tipke*, FS Höhn, S. 401, 412.

[98] Sie kommt durch die sog. Indikatoren wirtschaftlicher Leistungsfähigkeit zum Ausdruck, näher hierzu unten erster Teil B. I. 3.

[99] Vgl. *Vogel/ Walter* in Bonner Kommentar, Art. 105, RdNr. 90.

[100] *Vogel/ Walter*, a.a.O., die diese Beziehung zwischen Sachverhalt einerseits sowie Normenkonkurrenz und Normenkollision andererseits mit einer ebenso zu beurteilenden Betrachtungsweise im internationalen Privatrecht, in der zivilrechtlichen Lehre von der Anspruchskonkurrenz und in der strafrechtlichen Konkurrenzlehre vergleichen; vgl. auch ebd., RdNr. 87, wo die Verbindung zum Internationalen Steuerrecht hergestellt wird; sie verweisen in RdNr. 92 auch auf BVerfG, Beschluss v. 09.06.1970, 2 BvL 16/68, BVerfGE 29, 11, 16, das den „gleichen Sachverhalt" zum Bezugspunkt für den Regelungsgegenstand zweier Bestimmungen macht; BVerfG, Beschluss v. 15.05.1984, 1 BvR 464, 605/81 u.a., BVerfGE 67, 70, 84 ff., spricht von der Anknüpfung von Steuergesetzen an bestimmte wirtschaftliche Lebenssachverhalte; vgl. auch BVerfG, Urteil v. 20.12.1966, 1 BvR 320/57, 70/63, BVerfGE 21, 12, 26 f., sowie *Crezelius*, DStJG 22 (1999), 73.

[101] *Burmester*, Internationale Regelungskumulation und -kollision, S. 202.

[102] *Jülicher* in Troll/ Gebel/ Jülicher, ErbStG, § 2 RdNr. 136.

[103] *Korn/ Debatin*, Doppelbesteuerung, Systematik I, RdNr. 9; vgl. zum Begriff der Doppelbesteuerung aber auch *F. Wassermeyer* in Debatin/ Wassermeyer, Doppelbesteuerung, Vor Art. 1 MA, RdNr. 1 ff.

[104] *Flick/ Piltz*, Internationaler Erbfall, RdNr. 1201.

Sachverhalt stellt somit den gemeinsamen Ausgangspunkt internationaler Doppelbesteuerung im Erbschaft- und Schenkungsteuerrecht dar.

2. *Wirtschaftlicher Sachverhalt und einzelnes Steuergesetz*

Der übereinstimmend der Besteuerung nach den Erbschaft- und Schenkungsteuergesetzen zu Grunde liegende wirtschaftliche Sachverhalt ist der unentgeltliche Vermögensübergang zwischen zwei Personen. Dieser wirtschaftliche Sachverhalt wird aus dem Grundtatbestand des Entstehungstatbestandes[105] des einzelnen Steuergesetzes abgeleitet. Aus dem Grundtatbestand, genauer: aus der Gesamtheit der in dem Grundtatbestand der materiellen Steuerrechtsnormen enthaltenen abstrakten Voraussetzungen[106], ergibt sich der sachliche Anwendungsbereich eines Steuergesetzes. Diesem kann entnommen werden, welcher wirtschaftliche Sachverhalt der Besteuerung zu Grunde liegt. Dabei geht es nicht lediglich um die Feststellung der für die konkrete Steuerfestsetzung maßgeblichen Besteuerungsgrundlagen[107]. Hierdurch würde – insoweit ist *Jesse*[108] zuzustimmen – ein einheitlicher Vorgang in die konkreten Tatbestände der Steuergegenstände[109] unterteilt werden. Das würde letztlich auf einen Vergleich der Steuergegenstände hinauslaufen und hätte im Ergebnis den Verlust der Aussagekraft für einen Vergleich der Besteuerungssystematik zur Folge[110]. Es ist vielmehr der wirtschaftliche Sachverhalt als einheitlicher Lebensvorgang zu erfassen[111]. Die Unterschiede werden deutlich, wenn man sich vergegenwärtigt, dass bei den Nachlasssteuern der Erblasser letztmalig auf Grund seiner Inhaberschaft von Vermögen und bei den Erbanfallsteuern der Erbe auf Grund seines Vermögenszuwachses besteuert werden[112]. Die Inhaberschaft von Vermögen einerseits und der Vermögenszuwachses andererseits können jedoch jeder für sich unterschiedliche und voneinander abgrenzbare wirtschaftliche Sachverhalte darstellen, obwohl sie Teil eines einheitlichen Lebensvorganges, nämlich eines unentgeltlichen Vermögensüberganges zwischen zwei Personen sind.

---

[105] Eine Unterscheidung zwischen Entstehungstatbestand und Grundtatbestand erfolgt bei *J. Lang* in Tipke/ Lang, Steuerrecht, § 7 RdNr. 17 ff., 19; hier ist nicht das von *Bayer*, FR 1985, 337, und *Biergans/ Wasmer*, FR 1985, 57, entwickelte Stufenmodell mit seiner Unterscheidung zwischen Grund- und Höhentatbestand gemeint.

[106] Vgl. *J. Lang*, Systematisierung, S. 30.

[107] So für die Bestimmung des Sachverhaltes als Tatbestandsmerkmal in § 174 AO *von Wedelstädt*, DB 1981, 1254, 1256, der die Frage erörtert, ob unter dem Begriff des Sachverhaltes „der in mehreren Steuerfestsetzungen steuerlich zu beurteilende einheitliche Lebensvorgang zu verstehen ist" oder nur „der Teil eines Lebensvorganges, der die für die konkrete Steuerfestsetzung relevanten Besteuerungsgrundlagen enthält".

[108] *Jesse*, Einkommensteuer/ Erbschaftsteuer, S. 102 f., der diese Frage im Zusammenhang mit der Begriffsbestimmung des Besteuerungsgutes (des EStG und des ErbStG) erörtert.

[109] Zum Begriff des Steuergegenstandes s. *J. Lang* in Tipke/ Lang, Steuerrecht, § 7 RdNr. 23 ff., sowie unten erster Teil B. II. 1. a) aa) (2).

[110] So *Jesse*, Einkommensteuer/ Erbschaftsteuer, S. 102 f., allerdings in anderem Zusammenhang.

[111] Vgl. auch *Burmester*, FN 101.

[112] Ausführlicher hierzu unten bei den Erörterungen über die Besteuerungssystematik der einzelnen Steuergesetze, erster Teil B.

Das gilt vor allem für diejenigen Erbrechtsordnungen, in denen sich die Vermögensnachfolge nicht wie im deutschen Erbrecht durch einheitlichen Rechtsakt vollzieht, sondern wie beispielsweise im österreichischen, US-amerikanischen oder englischen Erbrecht durch mehrere, zeitlich auseinander fallende Rechtsakte[113].

a) ErbStG

Im ErbStG folgt aus § 1 Abs. 1 Nr. 1 und Nr. 2 ErbStG, der durch §§ 3 und 7 ErbStG[114] ergänzt wird[115], dass der der Besteuerung zu Grunde liegende wirtschaftliche Sachverhalt der unentgeltliche Vermögensübergang zwischen zwei Personen ist. Nach diesen den Anwendungsbereich des ErbStG bestimmenden Vorschriften werden als steuerpflichtige Vorgänge der Erwerb von Todes wegen und die Schenkungen unter Lebenden erfasst. Dieser wirtschaftliche Sachverhalt umfasst nicht nur, wie es dem ErbStG verschiedentlich entnommen werden könnte[116], den „*Erwerb* von Todes wegen", den „*Erwerb* durch Erbanfall" oder die „*Bereicherung*"[117] selbst. Dieser hierauf beschränkte Sachverhalt würde nur das punktuelle Ereignis des auf die Person des Erwerbers fokussierten Erwerbes umfassen. Zwar sind insoweit beispielsweise hinsichtlich des „Erwerbes durch Erbanfall" zwei Ansätze denkbar. Darunter könnte zum einen der Anfall der Erbschaft wie in § 1942 Abs. 1 BGB verstanden werden, zum anderen richtigerweise jedoch auch wie in § 1922 Abs. 1 BGB – und wie es in § 3 Abs. 1 Nr. 1 Alt. 1 ErbStG durch den Verweis auf diese Vorschrift außerdem auch vorausgesetzt ist – der Vermögensübergang von einer Person im Falle ihres Todes auf eine andere Person. Erst dieses Verständnis führt zur Würdigung eines Sachverhaltes als einheitlichem Lebensvorgang in seinem gesamten Umfang oder, wie es *Burmester* formuliert hat, als einem „äußerlich einheitlichen Seinsvorgang"[118].

Die gleichen Grundsätze gelten für die Schenkung unter Lebenden. Der Begriffsinhalt der freigebigen Zuwendung des § 7 Abs. 1 Nr. 1 ErbStG ist mit dem der Schenkung des § 516 Abs. 1 BGB partiell identisch und geht bei fehlender partieller Identität über

---

[113] Vgl. *Flick/ Piltz*, Internationaler Erbfall, RdNr. 806 und 822 für das österreichische, RdNr. 1009 ff. für das US-amerikanische sowie RdNr. 556, 575 und 590 f. für das englische Erbrecht.

[114] Die besonderen Bestimmungen der §§ 4 bis 6 ErbStG sind hier außer Betracht gelassen, da sie nicht zu den systembildenden Vorschriften des ErbStG gehören.

[115] *Schaumburg*, Internationales Steuerrecht, RdNr. 7.16 f.; BT-Drucks. VI/3418, S. 44 ff., 61.

[116] Bspw. § 1 Abs. 1 Nr. 1 ErbStG, § 3 Abs. 1 Nr. 1 ErbStG oder § 7 Abs. 1 Nr. 4 ErbStG.

[117] Hervorhebung jeweils durch den Verfasser.

[118] § 1 ErbStG zählt außerdem nach seiner Überschrift – zur Auslegung eines Gesetzes kann dessen Überschrift berücksichtigt werden, vgl. BVerfG, Beschluss v. 04.02.1975, 2 BvL 5/74, BVerfGE 38, 348, unter C. I. 4. b) und C. IV sowie BFH, Urteil v. 11.01.1984, II R 187/81, BStBl. II 1984, 327, unter II. 2. b) aa) – den Erwerb von Todes wegen zu den steuerpflichtigen *Vorgängen*. Wenn der Erwerb von Todes wegen einen steuerpflichtigen *Vorgang* darstellt, kann damit nicht nur das punktuelle Ereignis des Anfalls der Erbschaft gemeint sein; das folgt auch aus anderen Vorschriften des ErbStG wie bspw. § 3 Abs. 2 Nr. 1 Satz 1 ErbStG, der von dem „Übergang von Vermögen" spricht; zu diesem „Prinzip des Substanzüberganges durch Rechtsträgerwechsel" vgl. auch *Kobor*, Auslegung im ErbStG, S. 55 f.

letzteren hinaus[119]. So sollen alle freigebigen Zuwendungen vom Eintritt der Steuerpflicht erfasst werden, auch wenn sie nicht als Schenkung im Sinne des § 516 BGB anzusehen sind. Zwar nimmt § 7 Abs. 1 Nr. 1 ErbStG nicht auf § 516 BGB Bezug. Gesetzgebungsgeschichtlich ist Ausgangspunkt für die Schenkungsbesteuerung jedoch die Anknüpfung an die Schenkung des BGB[120]. In § 516 Abs. 1 BGB ist unter einer Zuwendung die Hingabe eines Vermögensbestandteils von einer Person zu Gunsten einer anderen zu verstehen[121]. § 516 Abs. 1 BGB selbst normiert, dass eine schenkweise Zuwendung unter anderem dann gegeben ist, wenn „jemand aus seinem Vermögen einen anderen bereichert". Voraussetzung ist außerdem der Vollzug der Zuwendung[122], d. h. die Übertragung des Vermögens durch eine freigebige, bereichernde Zuwendung. Das folgt schließlich auch aus § 9 Abs. 1 Nr. 2 ErbStG, demzufolge die Steuer bei den Schenkungen unter Lebenden mit dem Zeitpunkt der Ausführung der Zuwendung entsteht[123].

b) österrErbStG

Vorläufer des österrErbStG ist das ErbStG 1925[124]. Das österrErbStG und das ErbStG weisen auf Grund dieser gemeinsamen Wurzeln viele Gemeinsamkeiten auf. Wegen der tatbestandlich sehr ähnlichen Ausgestaltung des § 1 Abs. 1 Nr. 1 und Nr. 2 sowie der §§ 2 und 3 österrErbStG, die dem § 1 Abs. 1 Nr. 1 und Nr. 2 sowie den §§ 3 und 7 ErbStG entsprechen, kann insoweit auf die Ausführungen zum ErbStG[125] verwiesen werden.

Gleichwohl ist auf einen Unterschied hinzuweisen. Auch im österrErbStG wird der in § 1 Abs. 1 Nr. 1 österrErbStG normierte Grundtatbestand des Erwerbes von Todes wegen in § 2 Abs. 1 Z 1 Alt. 1 österrErbStG als Erwerb durch Erbanfall definiert. Eine Verweisung auf das ABGB ist in § 2 Abs. 1 Z 1 Alt. 1 österrErbStG nicht enthalten. Im Gegensatz zum deutschen Erbrecht[126] vollzieht sich im österreichischen Erbrecht der Vermögensübergang infolge eines Erbfalles im Wege eines – rechtlich wie zeitlich

---

[119] *Meincke*, ErbStG, § 7 RdNr. 9 und 10.

[120] *Meincke*, ErbStG, § 7 RdNr. 3. Aus der Formulierung des § 20 a Abs. 1 Nr. 1 und Nr. 2 ErbStG 1922, RGBl. I 1922, 610, dass neben der Schenkung im Sinne des bürgerlichen Rechts auch jede andere freigebige Zuwendung steuerpflichtig ist, schloss man, dass der Begriff der freigebigen Zuwendung als Obergriff sowohl Schenkungen als auch andere freigebige Zuwendungen umfasst. Erst im ErbStG 1974, BStBl. I 1974, 216, verzichtete man in § 7 Abs. 1 Nr. 1 auf das Tatbestandsmerkmal der Schenkung, da ihm neben dem der freigebigen Zuwendung keine eigenständige Bedeutung zukam.

[121] *Putzo* in Palandt, BGB, § 516 BGB, RdNr. 5.

[122] BFH, Urteil v. 28.11.1967, II 72/63, BStBl. II 1968, 239; BFH, Urteil v. 23.06.1971, II R 59/67, BStBl. II 1972, 43 f.

[123] Vgl. hierzu auch die weiteren Nachweise in *Meincke*, ErbStG, § 9 RdNr. 40.

[124] RGBl. I 1925, 320; vgl. auch *Doralt/ Ruppe*, Grundriss des österreichischen Steuerrechts, S. 52.

[125] S. oben unter erster Teil B. I. 2. a).

[126] Der Vermögensübergang erfolgt als Vonselbsterwerb im Zeitpunkt des Erbfalles ohne Wissen und Willen des Erben kraft Gesetzes, *Edenhofer* in Palandt, BGB, § 1922 BGB, RdNr. 6, § 1942 BGB, RdNr. 1. Im Wege des unmittelbaren Überganges des Vermögens wird der Erbe durch einheitlichen Rechtsakt Rechtsnachfolger des Erblassers, *Edenhofer* in BGB, § 1922 BGB, RdNr. 6.

– mehrstufigen Erwerbes durch den Erbanfall[127], die Annahme der Erbschaft[128] und die Einantwortung des Nachlasses[129]. Erbanfall, Antretung und Einantwortung stellen rechtlich und tatsächlich eigenständige Sachverhalte dar[130]. In dem Zeitraum zwischen dem Erbanfall und der Einantwortung bildet der Nachlass ein Sondervermögen, das nach österreichischer Auffassung zwar nicht als juristische Person anzusehen ist, dem jedoch der Charakter eines Rechtssubjektes zukommt[131]. Die im deutschen Erbrecht mit dem Anfall der Erbschaft nach §§ 1922 Abs. 1 und 1942 Abs. 1 BGB verbundenen Rechtsfolgen treten im österreichischen Erbrecht nicht mit dem Erbanfall nach §§ 536 und 545 ABGB, sondern erst mit der Einantwortung nach § 797 ABGB ein[132]. Würde man daher, wie es der VwGH in einem umstrittenen Erkenntnis aus dem Jahr 1952 tat[133], hinsichtlich des steuerpflichtigen Erwerbes auf die Einantwortung abstellen[134], ließe sich die Ansicht vertreten, dass der Besteuerung lediglich der aus einem unentgeltlichen Vermögensübergang hervorgehende Erwerb als wirtschaftlicher Sachverhalt zu Grunde liegt. Wie durch ein Erkenntnis des VwGH aus dem Jahr 1992 bestätigt wird[135], kommt es für den Eintritt der Steuerpflicht jedoch nicht auf die Einantwortung nach § 797 ABGB an[136], sondern auf den Erbanfall nach den §§ 536 und 545 ABGB[137].

---

[127] Nach den §§ 536 und 545 ABGB bedeutet Erbanfall die Entstehung des Erbrechts, die grundsätzlich mit dem Tod des Erblassers eintritt, vgl. VwGH, Erkenntnis v. 14.11.1978, Geschäftszeichen 2175/76. Das Erbrecht ist nach § 532 ABGB ein dingliches Recht, das das ausschließende Recht umfasst, die ganze oder einen Teil der Verlassenschaft in Besitz zu nehmen.

[128] Die Annahme der Erbschaft i.S.d. § 547 ABGB erfolgt durch die nur in einem Abhandlungsverfahren, in dem der Erbe sein Erbrecht nachzuweisen hat, abzugebende „Erbserklärung" nach §§ 799 f. ABGB. Die Erbserklärung ist Voraussetzung für den Erbschaftserwerb, der sich erst durch die Einantwortung vollzieht.

[129] Die Einantwortung wird durch das Verlassenschaftsgericht im Abhandlungsverfahren durch die „Übergabe in den rechtlichen Besitz" nach § 797 ABGB bewirkt. Erst mit dieser erlangt der Erbe das Eigentum an den Nachlassgegenständen, vgl. zum Ganzen *Welser*, Grundriss bürgerliches Recht, S. 397.

[130] An jede Stufe des Erwerbs sind besondere Rechtsfolgen geknüpft, *Welser*, Grundriss bürgerliches Recht, S. 397.

[131] *Taucher*, NZ 1991, 212, 217.

[132] *Taucher*, NZ 1991, 212, 213 f., und *Welser*, Grundriss bürgerliches Recht, S. 397, 505 f., dort m.w.N. in FN 3 bis 6, sowie S. 513 f.

[133] VwGH, Erkenntnis v. 15.10.1952, Geschäftszahl 484/51, Slg. 643 (F); die in diesem Erkenntnis vertretene Rechtsauffassung ist vom VwGH in späteren zur Entscheidung anstehenden gleichgelagerten Fällen allerdings nicht bestätigt worden und insoweit als Einzelfall anzusehen. In seiner ständigen Rechtsprechung hat der VwGH bis 1992 hinsichtlich des Erwerbes durch Erbanfall auf einen erbrechtlichen Berufungsgrund nach § 533 ABGB und die Abgabe der Erbserklärung abgestellt, VwGH, Erkenntnis v. 21.10.1953, Geschäftszahl 1878/51, ÖStZB 1953, 96; VwGH, Erkenntnis v. 28.06.1973, Geschäftszahl 980/72, ÖStZB1973, 269; VwGH, Erkenntnis v. 03.09.1987, Geschäftszahl 86/16/0190, ÖStZB 1988, 185; VwGH, Erkenntnis v. 19.05.1988, Geschäftszahl 86/16/0255, ÖStZB 1988, 551; *Taucher*, NZ 1991, 212, 214; *Hausleithner*, RdW 1993, 256, 257 f.; *Doralt/ Ruppe*, Grundriss des österreichischen Steuerrechts, S. 54.

[134] Dieser Auffassung schien auch *Taucher*, NZ 1991, 212, 214, 216 f., 219, 225, zu sein.

[135] VwGH, Erkenntnis v. 02.07.1992, Geschäftszahl 90/16/0167, Slg. 6690 (F).

[136] In Abkehr von der in FN 133 zitierten ständigen Rechtsprechung kommt es auch nicht auf die Erbserklärung an.

Bereits hierdurch erwirbt der Erwerber mit dem Erbrecht einen echten Vermögensvorteil, da er über dieses Erbrecht – beispielsweise durch entgeltliche oder unentgeltliche Veräußerung – frei verfügen kann[138]. Bei dem der Besteuerung nach dem österrErbStG zu Grunde liegenden wirtschaftlichen Sachverhalt kommt es also nicht lediglich auf den aus einem unentgeltlichen Vermögensübergang hervorgehenden Erwerb an[139]. Auch dem österrErbStG liegt als wirtschaftlicher Sachverhalt der vollständige zu diesem Erwerb führende unentgeltliche Vermögensübergang zu Grunde[140].

c) LISD

Nach Art. 1 LISD[141], der den sachlichen Anwendungsbereich des LISD normiert, werden die aus unentgeltlichem Rechtsgrund erlangten Vermögenszuwächse besteuert[142]. Zur näheren Bestimmung zählt Art. 3 LISD in seinem pár. 1 let. a) bis c) allerdings nur eine geringe Anzahl jedoch weit gefasster steuerbarer Tatbestände auf. Zur Eingrenzung wiederum dieser weit gefassten Tatbestände enthält das LISD keine enumerative Aufzählung der steuerbaren Tatbestände wie §§ 3 und 7 ErbStG, sondern enthält in Art. 3 pár. 2 LISD[143] und dem hierzu ergangenen Art. 3 RD[144] eine Art Ausgrenzungsbefreiung, die bestimmte unentgeltliche Vermögenszuwächse von der Erfassung durch den Grundtatbestand ausnehmen[145].

---

137 *Hausleithner*, RdW 1993, 256 ff.

138 Vgl. die Begründung in VwGH, Erkenntnis v. 02.07.1992, Geschäftszahl 90/16/0167, Slg. 6690 (F).

139 *Doralt/ Ruppe*, Grundriss des österreichischen Steuerrechts, 52.

140 Vgl. auch *Dorazil*, Erbschafts-/ Schenkungssteuergesetz, S. 3 f.

141 Abdruck des Gesetzestextes einschließlich deutscher Übersetzung bei *Gebel*, Erbschaftsteuer bei deutsch-spanischen Nachlässen, S. 252 ff.

142 Lefebvre (Hrsg.), Fiscal 2000, cap. VIII, S. 814, RdNr. 5326.

143 Nach dieser Vorschrift sind die von einer juristischen Person erlangten unentgeltlichen Vermögenszuwächse von der Besteuerung ausgenommen. Diese werden nicht von der Erbschaft- und Schenkungsteuer, sondern von der Körperschaftsteuer erfasst, *Hellwege*, Deutsch-spanische Erbfälle, RdNr. 218.

144 Real Decreto No. 1629 vom 08.11.1991, Reglamento del Impuesto sobre Sucesiones y Donaciones, BOE vom 16.11.1991; es handelt sich um eine dem LISD nachgeordnete und den deutschen Durchführungsverordnungen vergleichbare Verordnung, die seiner Auslegung und Konkretisierung dienen sowie dessen effektive Anwendung und Durchsetzung fördern soll, *Hellwege*, Deutsch-spanische Erbfälle, RdNr. 221. Nach Art. 3 RD unterliegen verschiedene andere unentgeltliche Vermögenszuwächse wie Gewinne aus Lotterien, Wettgeschäften und Verlosungen, Subventionen, Stipendien, Preisgelder, Prämien, Gratifikationen oder Unterstützungen durch öffentliche oder private gemeinnützige Vereine, Körperschaften oder Stiftungen, bestimmte vom Arbeitgeber gewährte Zuwendungen, Versorgungsleistungen von Pensionsfonds und anderen ihnen vergleichbaren Leistungsträgern oder unter bestimmten Voraussetzungen Leistungen aus Lebensversicherungen – Aufzählung nicht abschließend – nicht der Besteuerung nach dem LISD; Lefebvre (Hrsg.), Fiscal 2000, cap. VIII, S. 814, RdNr. 5350; zu den Steuerbefreiungen vgl. RdNr. 5353; vgl. auch *Palao*, Multiple inheritance Taxation, National Reports, Spain, S. 108.

145 *Hellwege*, Deutsch-spanische Erbfälle, RdNr. 256 ff.

Aus den zitierten Bestimmungen geht hervor, dass auch im spanischen Erbschaft- und Schenkungsteuerrecht der Besteuerung jeder unentgeltliche Vermögensübergang zwischen zwei Personen zu Grunde liegt[146]. Nach Art. 3 pár. 1 let. a) bis c) LISD gehören zum steuerbaren Tatbestand der Erwerb von Gütern und Rechten durch Erbanfall, durch Legat oder durch sonstigen Nachfolgegrund, durch Schenkung oder durch ein anderes unentgeltliches Rechtsgeschäft unter Lebenden sowie unter bestimmten weiteren Voraussetzungen der Bezug von Versicherungssummen auf Grund von Lebensversicherungsverträgen. Art. 29 LISD zählt auch Schenkungen aus entgeltlichem Rechtsgrund und belohnende Schenkungen zu den steuerbaren Tatbeständen. Das LISD enthält zur Ergänzung der in Art. 3 pár. 1 und Art. 29 LISD normierten Steuertatbestände zwar keine Verweise auf andere Gesetze. Nach Art. 609 CC erfolgen die Übertragung und der Erwerb von Eigentum und anderer Rechte an Gütern unter anderem durch Schenkung und durch gewillkürte oder gesetzliche Erbfolge. Eine Schenkung ist nach Art. 618 CC eine freigebige Handlung, durch die eine Person unentgeltlich über eine Sache zu Gunsten einer anderen, annehmenden Person verfügt[147]. Bei der erbrechtlichen Nachfolge gehen die Rechte und Pflichten einer Person nach Art. 657, 659, 660 und 661 CC durch Gesamtrechts- oder Einzelrechtsnachfolge auf den oder die Erben oder Legatare über. Im Unterschied zum deutschen Erbrecht vollzieht sich die Gesamtrechtsnachfolge nicht als Vonselbsterwerb, sondern als Antrittserwerb. Für den Übergang der Rechte und Pflichten bedarf es einer Erbschaftsannahmeerklärung durch den Erben[148]. Diese Annahmeerklärung wirkt auf den Zeitpunkt des Erbfalles zurück[149], so dass der Übergang des Vermögens im Ergebnis im Zeitpunkt des Todes erfolgt. Die Einzelrechtsnachfolge tritt ohne eine Annahmeerklärung durch den Erbfall ein. Der Einzelrechtsnachfolger erwirbt mit dem Erbfall das Eigentum an dem ihm vermachten Gegenstand[150].

Dass nicht nur der unentgeltliche Erwerb von Vermögen selbst, sondern der unentgeltliche Vermögensübergang zwischen zwei Personen der vollständige der Besteuerung zu Grunde liegende Sachverhalt ist, kann letztlich auch den nicht zum Grundtatbestand des Entstehungstatbestandes gehörenden Vorschriften des LISD entnommen werden. Verschiedene Bestimmungen des LISD sprechen jeweils von bereichernden *Übertragungen*[151], von *Übertragungen* von Todes wegen[152] oder von Schenkungen und sonstigen vergleichbaren Vermögens*übertragungen*[153].

---

[146] Lefebvre (Hrsg.), Fiscal 2000, cap. VIII, S. 814, RdNr. 5326.
[147] *Hellwege*, Deutsch-spanische Erbfälle, RdNr. 120, 125.
[148] *Hellwege*, a.a.O., FN 147, RdNr. 3.
[149] *Hellwege*, a.a.O., FN 147, RdNr. 6.
[150] *Hellwege*, a.a.O., FN 147, RdNr. 7 f.
[151] Art. 4 pár.1 und 2, Art. 5 let. b), Art. 9 let. b), Art. 16 und Art. 24 pár. 2 LISD.
[152] Art. 8 pár. 1 let. a), Art. 9 let. a), Art. 13 pár. 1 und Art. 20 pár. 3 LISD.
[153] Art. 30 pár. 1, 2 LISD.

d) IRC

Im US-amerikanischen Erbschaft- und Schenkungsteuerrecht folgt bereits aus der jeweils den sachlichen Anwendungsbereich bestimmenden Norm unmittelbar, dass der Besteuerung der unentgeltliche Vermögensübergang unterliegt. Nach dem Grundtatbestand der Sec. 2001 (a) IRC unterliegt der Nachlassbesteuerung der Übergang des steuerbaren Nachlasses. Diese Bestimmung ist im Prinzip die einzige, die den der Besteuerung durch die Federal Estate Tax unterliegenden wirtschaftlichen Sachverhalt unmittelbar erfasst. Im Übrigen werden weitere der Besteuerung unterliegende wirtschaftliche Vorgänge mittelbar erfasst. Zur Definition des steuerbaren Nachlasses greift das Nachlasssteuergesetz in Sec. 2051 IRC auf den Bruttonachlass zurück. Der Bruttonachlass besteht nach Sec. 2031 (a) IRC aus dem gesamten Vermögen, welches der Erblasser nach Sec. 2033 IRC zum Zeitpunkt seines Todes tatsächlich innegehabt hat, zuzüglich des in den Sec. 2034 ff. IRC im Einzelnen benannten fiktiven Vermögens[154]. Durch die Normierung dieses, dem tatsächlichen Nachlass hinzuzurechnenden fiktiven Vermögens werden mittelbar bestimmte weitere wirtschaftliche Vorgänge erfasst, die über diese Fiktion der Nachlassbesteuerung unterliegen[155].

Den Grundtatbestand der Federal Gift Tax enthält Sec. 2501 (a) (1) IRC, wonach jede Übertragung von Vermögen durch Schenkung steuerpflichtig ist. Der Begriff der Schenkung ist gesetzlich zwar nicht definiert, der IRC geht in Sec. 2512 (b)[156] jedoch von einer unentgeltlichen Vermögens*übertragung* aus. Nach dieser Vorschrift wird eine Vermögensübertragung ohne eine gleichwertige Gegenleistung insoweit als Schenkung behandelt, als ihr Wert denjenigen der Gegenleistung übersteigt. Darüber hinaus muss die unentgeltliche Übertragung in Schenkungsabsicht erfolgen, um die Steuerpflicht auszulösen[157]. Der Grundtatbestand der Sec. 2501 (a) (1) IRC wird durch verschiedene andere Vorschriften ergänzt, durch die die Besteuerung entweder auf weitere gleichgelagerte wirtschaftliche Vorgänge ausgedehnt wird[158] oder bestimmte wirtschaftliche Vorgänge von der Besteuerung ausgenommen werden[159].

---

[154] *W. Wassermeyer*, Erbschaft- und Schenkungsteuerrecht USA, RdNr. 149.

[155] Bspw. – Aufzählung nicht abschließend, vgl. die detaillierten Ausführungen bei *W. Wassermeyer*, Erbschaft- und Schenkungsteuerrecht USA, RdNr. 154 ff., m.w.N. – nach Sec. 2035 IRC die innerhalb von drei Jahren vor dem Erbfall gemachten Geschenke des Erblassers, die Übertragungen mit zurückbehaltenem lebenslänglichem Nutzungsrecht nach Sec. 2036 IRC und die mit Rückfallanwartschaftsrecht nach Sec. 2037 IRC, nach Sec. 2038 IRC die Schenkungen mit Änderungsvorbehalt, Hinterbliebenenrenten und andere Leistungen nach Sec. 2039 IRC oder die ausgezahlten Lebensversicherung nach Sec. 2042 IRC.

[156] Die Vorschrift gehört zu den Bewertungsregeln, wird jedoch zur Definition der Schenkung herangezogen, vgl. *Bittker/ Lokken*, Taxation of Income, Estates and Gifts, S. 120-9, 121-21 ff.; *Stephens/ Maxfield/ Lind/ Calfee*, Estate and Gift Taxation, S. 10-51 f.; Goetchius' Est. v. CIR,17 T.C. 495, 503 (1951); CIR v. Wemyss, 324 U.S. 303, 306 (1945); 26 CFR § 25.512-8; *W. Wassermeyer*, Erbschaft- und Schenkungsteuerrecht USA, RdNr. 37.

[157] Bradford v. CIR, 34 T.C. 1059, 1064 (1960); Richardson v. CIR, 126 F. 2d 562 (1942); Audigier v. CIR, 21 T.C. 655 (1954); *Bittker/ Lokken*, Taxation of Income, Estates and Gifts, S. 121-21 f.

[158] Bspw. Sec. 2514 (b) und (e), 2513 (a) und (b) oder 2519 (a) IRC.

[159] Bspw. Sec. 2501 (a) (5), 2503 (e), 2503 (f) oder 2503 (g) IRC.

e) IHTA

Schließlich liegt auch der Besteuerung nach dem britischen IHTA als wirtschaftlicher Sachverhalt der unentgeltliche Vermögensübergang zwischen zwei Personen zu Grunde[160]. Das ergibt sich ebenfalls unmittelbar aus dem Grundtatbestand. Nach Sec. 1 und Sec. 2 (1) IHTA wird von der Besteuerung durch den IHTA der Sache nach jede lebzeitige[161] Vermögens*übertragung* erfasst, die von einer natürlichen Person vorgenommen wird. Allerdings unterliegen nicht alle lebzeitigen Vermögensübertragungen einer Besteuerung. Der IHTA bestimmt verschiedentlich[162], welche Ausgrenzungsbefreiungen tatbestandlich schon keine Vermögensübertragungen im Sinne des Grundtatbestandes darstellen. Der wichtigste Fall ist in Sec. 10 (1) IHTA normiert, nach der eine Verfügung keine Vermögensübertragung im Sinne der Sec. 1 und Sec. 2 (1) IHTA ist, wenn sie ohne Bereicherungsabsicht vorgenommen wurde. Im Erbfall wird durch Fiktion die Vermögensnachfolge von Todes wegen der lebzeitigen Vermögensübertragung gleichstellt[163]. Sec. 4 (1) IHTA bestimmt, dass im Erbfall eine Steuer so erhoben wird, als habe die verstorbene Person unmittelbar vor ihrem Tod eine Vermögensübertragung vorgenommen[164].

3. Indikation steuerlich belastbarer wirtschaftlicher Leistungsfähigkeit

Grundsätzlich wird zwischen drei verschiedenen Indikatoren steuerlich belastbarer wirtschaftlicher Leistungsfähigkeit unterschieden[165]. Sie werden – allein oder mehrheitlich[166] – durch einen wirtschaftlichen Sachverhalt repräsentiert[167]. So gibt es auch zur Beantwortung der Frage, worin bei einem unentgeltlichen Vermögensübergang zwischen zwei Personen diese wirtschaftliche Leistungsfähigkeit zum Ausdruck kommt, verschiedene Ansätze. Das hat seinen Grund darin, dass innerhalb dieses einheitlichen wirtschaftlichen Sachverhaltes steuerlich belastbare wirtschaftliche Leistungsfähigkeit an unterschiedlichen Stellen und in verschiedenen Formen zum Ausdruck kommt. Die Klärung der Frage, welche Leistungsfähigkeitsindikatoren der wirtschaftliche Sachverhalt widerspiegelt, gibt Aufschluss darüber, welche Anknüpfungsmerkmale für die Besteuerung durch ein einzelnes Steuergesetz grundsätzlich in Betracht kommen. Von

---

[160] *Bertram/ Taylor*, Business Tax and Law Handbook, S. 579, TextZiff. 21.3.1; *BMTG*, S. 4004 f., RdNr. 6525 f.; *BTR* § 401-650.

[161] Vom Grundprinzip her ist die Inheritance Tax eine Schenkungsteuer, die Erbschaftsteuer heißt, im Todesfall aber den Nachlass besteuert; vgl. auch *Tiley*, Multiple inheritance Taxation, National Reports, United Kingdom, S. 134.

[162] Sec. 10 ff. IHTA.

[163] *Tiley*, Multiple inheritance Taxation, National Reports, United Kingdom, S. 134.

[164] *Albrecht*, Deutsch-englische Erbfälle, S. 23 ff.

[165] Vgl. bspw. *J. Lang* in Tipke/ Lang, Steuerrecht, § 4 RdNr. 95, oder *Burmester*, Internationale Regelungskumulation und -kollision, S. 202 f.

[166] *Burmester*, Internationale Regelungskumulation und -kollision, S. 202.

[167] *J. Lang* in Tipke/ Lang, Steuerrecht, § 7 RdNr. 42 und 23 ff.

der Erfassung eines bestimmten Indikators wirtschaftlicher Leistungsfähigkeit durch ein Steuergesetz[168] hängt schließlich dessen steuersystematische Ausgestaltung ab.

a) Dreiteilung der Indikatoren wirtschaftlicher Leistungsfähigkeit

Richtet man den Blick allgemein zunächst auf die Gesamtvermögenssphäre eines Steuersubjekts, kommt wirtschaftliche Leistungsfähigkeit grundsätzlich in drei verschiedenen Phasen zum Ausdruck[169]. Das sind im dynamischen Bereich der Vermögenszuwachs einerseits sowie die Vermögensverwendung andererseits und im statischen Bereich der Vermögensbestand[170]. Grundsätzlich wird daher zwischen dem Vermögenszuwachs, dem Vermögensbestand und der Vermögensverwendung als den sachgerechten Indikatoren steuerlich belastbarer wirtschaftlicher Leistungsfähigkeit unterschieden[171]. Bei dem Vermögenszuwachs wird wirtschaftliche Leistungsfähigkeit durch den Zufluss von Vermögen in die Vermögenssphäre des Erwerbers indiziert. Dieser Zufluss bewirkt bei dem Erwerber die Entstehung wirtschaftlicher Leistungsfähigkeit oder – falls diese bereits besteht – deren Erhöhung. Der zur Entstehung oder Erhöhung wirtschaftlicher Leistungsfähigkeit führende Vermögenszufluss ermöglicht die steuerliche Belastung und stellt die Quelle dar, aus der die Steuer gezahlt wird. Der Erwerber wird so zum Zuordnungssubjekt wirtschaftlicher Leistungsfähigkeit[172]. Der Vermögensbestand indiziert wirtschaftliche Leistungsfähigkeit des Vermögensinhabers. Diese wirtschaftliche Leistungsfähigkeit wird aus der Möglichkeit des Eigentumsgebrauchs und der Verfügung über die Vermögenssubstanz abgeleitet[173]. In dem Vorhandensein von Vermögen wird eine wesentliche Förderung und Erweiterung der Möglichkeiten und der Effektivität wirtschaftlicher Betätigung gesehen[174]. Die so indizierte Quelle steuerlicher Leistungsfähigkeit ermöglicht die steuerliche Belastung des Vermögensinhabers, der als Zuordnungssubjekt wirtschaftlicher Leistungsfähigkeit anzusehen ist[175]. Wirtschaftliche Leistungsfähigkeit kommt in abgeschwächter Form letztlich auch in der Verwendung von Vermögen zum Bezug von Gütern und Dienstleistungen zum

---

[168] Zur verfassungsrechtlichen Dimension dieser „Zugriffsphasen der Besteuerung" vgl. *Kirchhof*, HStR IV, § 88 RdNr. 45 ff., 70 ff., 79 ff.

[169] *Burmester*, StuW 1993, 221, 222; vgl. auch BVerfG, Beschluss v. 22.06.1995, 2 BvL 37/91, BVerfGE 93, 121, 134 f.

[170] *Burmester*, StuW 1993, 221, 222 ff.; *Mellinghoff*, DStJG 22 (1999), 127, 135, m.w.N. in dortiger FN 32.

[171] *J. Lang* in Tipke/ Lang, Steuerrecht, § 4 RdNr. 95; *Burmester*, Internationale Regelungskumulation und -kollision, S. 202; *Tipke*, StRO I, S. 499 ff., fasst sie unter den „Bemessungsgrundlagen steuerlicher Leistungsfähigkeit" zusammen.

[172] „Vermögenszuwachsleistungsfähigkeit", *M. Klein*, Ausländische Zivilrechtsformen und Erbschaftsteuerrecht, RdNr. 14.

[173] *Burmester*, StuW 1993, 221, 224; *Kirchhof*, Besteuerungsgewalt und Grundgesetz, 1973, S. 31 ff., 41 ff.

[174] BT-Drucks. VI/3418, S. 44, 49.

[175] „Vermögenssubstanzleistungsfähigkeit", *M. Klein*, Ausländische Zivilrechtsformen und Erbschaftsteuerrecht, RdNr. 14.

Ausdruck[176]. Die Leistungsfähigkeit folgt aus der in einer Verfügung über einen Gegenstand zum Ausdruck kommenden wirtschaftlichen Verfügungsfähigkeit und Verfügungswilligkeit[177]. Sie zeigt sich nicht in einer tatbestandlich festgestellten individuellen Leistungsfähigkeit, sondern in Form einer typisierenden Vermutung darin, dass der Verwender des Vermögens in der Lage ist, den Aufwand für den Erwerb von Gütern oder Dienstleistungen zu tragen[178]. Die wirtschaftliche Leistungsfähigkeit des Verwendenden wird insoweit nach der Art des erworbenen Wirtschaftsgutes vermutet[179]. Die Quelle steuerlicher Leistungsfähigkeit jedenfalls ist das Vermögen des Verwenders[180], der auch das Zuordnungssubjekt der wirtschaftlichen Leistungsfähigkeit ist[181].

b) Indikation wirtschaftlicher Leistungsfähigkeit und wirtschaftlicher Sachverhalt

Bezogen auf den wirtschaftlichen Sachverhalt in dem oben definierten Sinn[182] kommt steuerlich belastbare wirtschaftliche Leistungsfähigkeit vor allem durch den Erwerb des übergehenden Vermögens zum Ausdruck. Der Erwerb des übergehenden Vermögens stellt einen Zufluss in der Gesamtvermögenssphäre des Erwerbers dar, der im Sinne der Reinvermögenszugangstheorie Einkommen darstellt[183] und wirtschaftliche Leistungsfähigkeit bei dem Erwerber entweder begründet oder erhöht[184].

Wirtschaftliche Leistungsfähigkeit wird aber auch durch die Inhaberschaft von Vermögen indiziert. Das kann sowohl die Inhaberschaft des Vermögens bis zu seinem Übergang als auch die des bereits übergegangenen Vermögens sein. Dementsprechend ist das Zurechnungssubjekt der durch die Möglichkeit des Eigentumsgebrauchs und der Verfügung über die Vermögenssubstanz vermittelten wirtschaftlichen Leistungsfähigkeit entweder der Erblasser oder Schenker als Inhaber des später übergehenden Vermögens oder der Erwerber als Inhaber des übergegangenen Vermögens[185].

---

[176] *Reiß*, DStJG 13 (1990), 3, 13.
[177] Vgl. auch *Burmester*, StuW 1993, 221, 224.
[178] *Reiß*, DStJG 13 (1990), 3, 19.
[179] *Kirchhof*, ebd., FN 168, RdNr. 120.
[180] *Tipke*, StRO II, S. 904; *Reiß*, DStJG 13 (1990), 3, 19 f.
[181] In Anlehnung an die von *M. Klein* verwendeten Begriffe der „Vermögenszuwachs-" und der „Vermögenssubstanzleistungsfähigkeit", vgl. FN 172 und 175, kann diese Form wirtschaftlicher Leistungsfähigkeit mit dem Ausdruck „Vermögensverwendungsleistungsfähigkeit" beschrieben werden; *M. Klein*, a.a.O., verwendet diesen Ausdruck jedoch nicht.
[182] S. erster Teil B. I. 2.
[183] Ausführlicher hierzu sowie zur Reinvermögenszugangstheorie unten erster Teil B II. 2. a) aa) (5) (a).
[184] Vgl. anstatt vieler *Seer*, DStJG 22 (1999), 191, 193 f., und *Crezelius*, DStJG 22 (1999), 73, 103, jew.m.w.N.
[185] *Burmester*, StuW 1993, 221, 224; *Kirchhof*, Besteuerungsgewalt und Grundgesetz, 1973, S. 31 ff., 41 ff.

Sie wird jedoch nicht durch die Verwendung von Vermögen indiziert[186]. Weder der Vermögensübergang auf Grund einer Verfügung von Todes wegen noch die freigebige Zuwendung dokumentiert insoweit wirtschaftliche Leistungsfähigkeit des Erblassers oder Schenkers. Der Erblasser errichtet die Verfügung von Todes wegen zur Gestaltung des Vermögensüberganges im Erbfall, da mit ihm seine Rechtspersönlichkeit erlischt und daher auch seine Vermögensinhaberschaft endet. Dieser Sachverhalt indiziert keine wirtschaftliche Leistungsfähigkeit, sondern die Wahl des Erblassers zwischen den vom Gesetz vorgesehenen Möglichkeiten bei der Gestaltung der erbrechtlichen Vermögensnachfolge. Hinzu kommt, dass sich der Vermögensübergang durch einen Vonselbsterwerb im Wege der unmittelbaren Gesamtrechtsnachfolge kraft Gesetzes vollzieht, ohne dass die Auslösung des Vermögensüberganges einen Willensakt des Erblassers erfordert[187]. Der Erbe wird Gesamtrechtsnachfolger des Erblassers ohne besondere Übertragung der Einzelrechte. Diese Universalsukzession ist ein im Wesentlichen rechtstechnischer Vorgang, da der Erblasser einen Gesamtrechtsnachfolger haben muss[188]. Die Verfügung von Todes wegen wird auch nicht als eine Verfügung im rechtstechnischen Sinn verstanden, sondern lediglich als eine Anordnung zur Gestaltung der Weitergabe des Vermögens im Rahmen der erbrechtlichen Gesamtrechtsnachfolge[189]. In ihr kommt jedenfalls eine wirtschaftliche Leistungsfähigkeit indizierende Verwendung von Vermögen nicht zum Ausdruck[190]. Die gleichen Grundsätze gelten

---

[186] Die Vermögensverwendung bringt *J. Lang* in Tipke/ Lang, Steuerrecht, § 8 RdNr. 38, mit der Besteuerung durch ein Nachlasssteuergesetz in Verbindung: „Eine Erbschaftsteuer kann technisch ... auch an den Nachlaß anknüpfen ... In diesem Falle wäre die Erbschaftsteuer aus der Sicht des Erblassers zu klassifizieren. Sie wäre Steuer auf die Verwendung von bereits versteuerten Einkommen des Erblassers." Außerdem in Bezug auf das ErbStG *Burmester*, Internationale Regelungskumulation und -kollision, S. 208 („In ähnlicher Weise besteht auch bei der Erbschaft- bzw. Schenkungsteuer die Möglichkeit mehrfacher Quellenzuordnung, denn während der technischen Anknüpfung nach der Einkommenserwerb des bereicherten Empfängers oder die Einkommensverwendung des entreicherten Gebers von entscheidender Bedeutung ist, ..." Nach *Burmester* bezweckt das ErbStG aber die Belastung des zuwachsenden Vermögenstransfers, ebd.), und *Meincke*, ErbStG, § 1 RdNr. 10 („Dass nicht vom schenkweisen Erwerb unter Lebenden, sondern von Schenkungen unter Lebenden die Rede ist, dürfte damit zusammenhängen, dass im Fall der Schenkung unter Lebenden nicht nur der schenkweise Erwerb, sondern (sinnwidrig) auch die schenkweise Fortgabe des Vermögens der Besteuerung unterliegen soll, wie sich daran zeigt, dass § 20 I auch den Schenker als StSchuldner nennt"). Unklar bei *Hiller*, StuW 2001, S. 57 ff., 60: Erbschaften werden „als Konsumäquivalente des Erblassers betrachtet", „Erbschaften und Schenkungen stellen demzufolge lediglich einen Transfer von Konsumpotential dar, jedoch noch keine Vermögensverwendung zum Zwecke der Bedürfnisbefriedigung.", S. 61: „daß allenfalls solche Erbschaften, die einer Vertragskonstellation ebenbürtig erscheinen, eine Besteuerung auf Ebene des Erblassers rechtfertigen".

[187] *Edenhofer* in Palandt, § 1922 BGB, RdNr. 1 und 6, § 1942 BGB, RdNr. 1.

[188] *Kipp/ Coing*, Erbrecht, S. 4.

[189] *Edenhofer*, a.a.O., § 1937 BGB, RdNr. 2.

[190] Im britischen Erbschaftsteuerrecht scheint dies genauso gesehen zu werden, *BTR* § 425-000; Simon's Direct Tax Service, I 4.102, anderenfalls bedürfte es keiner Fiktion (dazu bereits oben erster Teil B. I. 2. e)): "Death, however, is not a disposition, but an event. It is therefore provided that on a persons's death IHT is chargeable as if immediately before his death he had made a transfer of value", s. Foster's Inheritance Tax, D 1.01.

erst recht für die gesetzliche Erbfolge, bei der sich der Vermögensübergang allein auf Grund Gesetzes vollzieht, ohne dass es hierfür eines Willensaktes des Erblassers bedarf[191]. Weder bestimmt der Erblasser an wen, noch in welchem Umfang sein Vermögen auf seine Rechtsnachfolger übergeht[192]. In jedem Fall ist eine Verwendung von Vermögen dort ausgeschlossen, wo die Testierfreiheit bei der Errichtung einer Verfügung von Todes wegen durch das Pflichtteilsrecht begrenzt wird.

Im Gegensatz zum Erbfall kann bei der unentgeltlichen Übertragung von Vermögen zwar eher von seiner Verwendung gesprochen werden. In dieser Form der Vermögensverwendung zeigt sich jedoch ebenso wenig eine steuerlich belastbare wirtschaftliche Leistungsfähigkeit. Durch die unentgeltliche Hingabe von Vermögen vermindert sich vielmehr die wirtschaftliche Leistungsfähigkeit des Zuwendenden und entzieht im Umfang dieser Minderung der Besteuerung die Rechtfertigung. Im Hinblick auf die Indikation wirtschaftlicher Leistungsfähigkeit ist eine derartige Vermögensverwendung auch nicht mit der durch die Umsatzsteuer belasteten Verwendung von Vermögen zum Bezug von Gütern und Dienstleistungen durch den Verbraucher vergleichbar. Die Art und Weise der Vermögensverwendung unterscheidet sich durch die Gegenleistungsabhängigkeit. Bei dem Steuersubjekt wird der Vermögensabfluss durch ein wirtschaftliches Äquivalent ausgeglichen, so dass er wirtschaftlich betrachtet im Gegensatz zur unentgeltlichen Zuwendung von Vermögen seine wirtschaftliche Leistungsfähigkeit beibehält. Bereits oben ist darauf hingewiesen worden, dass die wirtschaftliche Leistungsfähigkeit des Verwendenden nach der Art des erworbenen Wirtschaftsgutes vermutet wird[193]. Inwieweit jedoch steuerlich belastbare wirtschaftliche Leistungsfähigkeit nach einer unentgeltlichen Vermögensübertragung bei dem Zuwendenden überhaupt noch vorhanden ist, ist anhand einer derartigen Übertragung nicht feststellbar. Steuerliche Leistungsfähigkeit besteht insbesondere in den Fällen nicht mehr, in denen nach der Hingabe eines Teils des Vermögens das dem Zuwendenden verbliebene Vermögen zur Zahlung der Steuer nicht mehr ausreicht. Orientiert man sich beispielsweise an dem Fall, in dem der Unternehmer im Wege der vorweggenommenen Erbfolge sein Unternehmen, das den ganz überwiegenden Teil seines Gesamtvermögens darstellt, auf seinen späteren Erben überträgt, kann darin kein wirtschaftliche Leistungsfähigkeit in Form der Verwendung von Vermögen repräsentierender und besteuerungswürdiger Sachverhalt gesehen werden. Wie der Vermögensübergang durch Erbfolge dokumentiert auch die unentgeltliche Zuwendung im Wege der vorweggenommenen Erbfolge keine wirtschaftliche Leistungsfähigkeit, sondern die Wahl des Hingebenden zwischen

---

[191] *Edenhofer* in Palandt, § 1922 BGB, RdNr. 1 und 6, § 1942 BGB, RdNr. 1.

[192] Die Willensbildung erfolgt vielmehr auf der Ebene des Gesetzgebers. Dieser nach dem Grundsatz des Familienerbrechts zu Gunsten der Familie des Erblassers erfolgende Vermögensübergang beruht auch nicht auf dem hypothetischen Willen des Erblassers, sondern auf einer davon unabhängigen allgemeinen Gerechtigkeitsüberzeugung, *Leipold* in MünchKomm, § 1922 BGB, RdNr. 10; *Edenhofer* in Palandt, § 1922 BGB, RdNr. 3; auch wenn die Regelung der gesetzlichen Erbfolge am Interesse des Erblassers ausgerichtet sein muss, vgl. BVerfG, Beschluss v. 14.12.1994, 1 BvR 720/90, BVerfGE 91, 346, 358.

[193] *Kirchhof*, ebd., FN 168, RdNr. 120.

den gesetzlich vorgesehenen Möglichkeiten bei der Gestaltung der ohnehin zwangsläufigen Vermögensnachfolge. *Meincke* wirft daher zu Recht die Frage auf, warum die schenkweise Hingabe von Vermögen eine Steuerpflicht begründen soll[194].

II. Die Systematik der Besteuerung

Ausgehend von dem wirtschaftlichen Sachverhalt ist im weiteren zu untersuchen, welcher Systematik die einzelnen Steuergesetze bei der Besteuerung folgen. Maßgeblich ist die Ausgestaltung ihres Steuertatbestandes.

1. Vergleichsmerkmale der Besteuerungssystematik

Als Vergleichsmerkmale der Besteuerungssystematik werden im Rahmen der sachlichen Normenkonzeption schwerpunktmäßig der Steuergegenstand und das Besteuerungsgut herangezogen. Im Hinblick auf die Übereinstimmung der Steuertatbestände werden im Rahmen der persönlichen Normenkonzeption sowohl das Steuersubjekt als auch die Steuerträgereigenschaft in die Betrachtungen mit einbezogen.

a) Bedeutung der Vergleichsmerkmale

aa) Sachliche Normenkonzeption

(1) Bedeutung des Steuergegenstandes und des Besteuerungsgutes

Der Begriff des Steuergegenstandes wird in der Terminologie verschiedener Steuergesetze verwendet[195]. Ihm kommt zwar für den Steuerartenvergleich nicht die gewichtige Bedeutung zu, die ihm verschiedentlich beigemessen wird[196]. Vielmehr handelt es sich um ein formales Tatbestandselement, dem für die materiale Tatbestandslehre nur untergeordnete Bedeutung zukommt[197]. Vom Steuergegenstand kann jedoch auf das der Besteuerung zu Grunde liegende Besteuerungsgut geschlossen werden[198]. Aus diesem Grund wird er als Gegenstand der Betrachtung in die Erörterungen mit einbezogen.

---

[194] *Meincke*, DStJG 22 (1999), 39, 55.
[195] Vgl. *J. Lang* in Tipke/ Lang, Steuerrecht, § 7 RdNr. 23 f.: Überschriften zu §§ 1 ff. UStG, § 2 GewStG, § 2 GrStG, §§ 1 und 2 GrEStG, § 1 KraftStG.
[196] *Tipke*, StuW 1993, 105, 107, zitiert *Höhn*, demzufolge der Steuergegenstand das zentrale Element des Steuerrechtsverhältnisses darstellt und durch Charakterisierung der Steuer deren Steuerart bestimmt. *Tipke* weist auch auf *Locher* hin, nach dem der Steuergegenstand den besonderen Charakter einer bestimmten Steuer und deren Steuerart kennzeichnet.
[197] *Tipke*, StuW 1993, 105, 107; *ders.*, StuW 1975, 242, 245 f.; *ders.*, StRO I, S. 529; *ders.*, FS Höhn, S. 401, 408 f., 412; *Söhn*, StuW 1975, 1, 9.
[198] *Jesse*, Einkommensteuer/ Erbschaftsteuer, S. 34 f.

Dem Besteuerungsgut kommt für die Steuertypologie und dem damit einhergehenden Vergleich verschiedener Steuerarten zentrale Bedeutung zu[199]. Das Besteuerungsgut ist der Maßstab für die Vergleichbarkeit der Steuern. Nach *Wendt* reduziert sich die Vielzahl der möglichen Ansatzpunkte für den Steuervergleich auf das Besteuerungsgut[200]. Aus ihm geht hervor, wer und was der steuerlichen Belastung unterliegt[201]. In dieser Erkenntnis liegt der Zweck der Ermittlung des einem Steuergesetz zu Grunde liegenden Besteuerungsgutes. Hierdurch soll im Rahmen eines steuertypologischen Vergleiches die Feststellung ermöglicht werden, ob mehrere, an denselben wirtschaftlichen Sachverhalt anknüpfende Steuergesetze die gleichen Besteuerungswirkungen haben. So wird nicht nur sichtbar, worin die internationale Doppelbesteuerung im Erbschaft- und Schenkungsteuerrecht besteht, sondern auch, ob sich die Steuern beispielsweise im Sinne der kollisionsauflösenden Norm des § 21 Abs. 1 Satz 1 ErbStG „entsprechen" und hierdurch die dort vorgesehene Anrechnung die mit der Doppelbesteuerung verbundenen Folgen vermieden oder gemildert werden können. Daher erfolgt im Rahmen der vorliegenden Untersuchung der Vergleich der Besteuerungssystematik der einzelnen Steuergesetze schwerpunktmäßig anhand ihrer Besteuerungsgüter[202]. Die Erörterungen zum Besteuerungsgut enthalten unter anderem Ausführungen über den von dem jeweiligen Steuergesetz erfassten Indikator wirtschaftlicher Leistungsfähigkeit, den Steuergegenstand, die Steuerbemessungsgrundlage[203], soweit sie steuerartbestimmend ist[204], sowie den wirtschaftliche Leistungsfähigkeit vermittelnden Wert[205].

---

[199] *Reiß* in Tipke/ Lang, Steuerrecht, § 14 RdNr. 1; *Kruse* in Tipke/ Kruse, AO/ FGO, § 3 AO RdNr. 58 und 59, s. auch RdNr. 56, wo der Bezug zum Internationalen Steuerrecht hergestellt wird; *Tipke*, StuW 1993, 105, 107, 112; *ders.*, StuW 1975, 242, 245 f.; *Wendt*, HStR IV, § 104 RdNr. 36; *Söhn*, StuW 1975, 1, 9 f.; auch das FG Niedersachsen, Beschluss v. 28.05.1997, III 90/91, EFG 1997, 1526, 1532 f., scheint die systematische Einordnung einer Steuer von dem Besteuerungsgut abhängig zu machen.

[200] Vgl. *Wendt*, HStR IV, § 104 RdNr. 36; im Ergebnis ebenso *Kruse* in Tipke/ Kruse, AO/ FGO, § 3 AO RdNr. 58, 59, auch RdNr. 56.

[201] *Kruse* in Tipke/ Kruse, AO/ FGO, § 3 AO RdNr. 59; *Söhn*, StuW 1975, 1, 9 f.

[202] *J. Lang* in Tipke/ Lang, Steuerrecht, § 7 RdNr. 42: „Die Krux der Untersuchungen über die Frage, ob eine Doppelbesteuerung vorliegt, besteht darin, daß unter Vernachlässigung des Vergleichszwecks bloße Steuertechniken hauptsächlich ins Auge gefaßt, die Steuerwirkungen aber vernachlässigt oder nur sekundär berücksichtigt wurden ... Auf formaljuristische oder tatbestandstechnische Übereinstimmungen (auf die Steuerobjekte) kann es aber nicht ankommen. Da die Belastungswirkungen sich aus dem Steuergut ergeben, sind die Steuergüter zu vergleichen.".

[203] Zu ihrer eingeschränkten Bedeutung als Vergleichsmerkmal der Besteuerungssystematik s. jedoch unten erster Teil B. II. 1. b); s. hierzu auch *Flick*, StuW 1961, 679 ff.

[204] *Tipke*, StRO III, S. 1100: „auf die Bemessungsgrundlage kommt es nur an, wenn sie steuerartbestimmend ist".

[205] Zur ähnlichen Vorgehensweise des BVerfG bei einem nach Art. 105 Abs. 2 GG vorzunehmenden Gleichartigkeitsvergleich s. unten zweiter Teil E. VI. 3.

(2) Begriff des Steuergegenstandes

Lang leitet den Begriff des Steuergegenstandes[206] aus dem des Besteuerungsgutes ab. Der Ansatzpunkt für die Besteuerung fuße auf einem Schöpfungsakt der Steuerfindung, die einen bestimmten Sachverhalt als besteuerungswürdig erkenne. Der als besteuerungswürdig erkannte und eine bestimmte Steuerkraft repräsentierende Sachverhalt werde durch das Besteuerungsgut verkörpert. Zur Erfassung der Wirtschaftskraft eines Besteuerungsgutes in einer bestimmten Weise sei die Transformation der rechtspolitischen Entscheidung, der Steuerfindung, in einen Rechtsbegriff, den Steuergegenstand, erforderlich[207]. Infolge dieser differenzierenden Betrachtung seien Besteuerungsgut einerseits und Steuergegenstand andererseits voneinander zu unterscheiden[208]. Ausgehend hiervon definiert *Lang* den Steuergegenstand als „das Steuergut mit dem Inhalt und Umfang der Tatbestandsverwirklichung"[209]. Nach *Jesse*, der sich dieser Definition angeschlossen hat[210], hat der Steuergegenstand die Funktion, „die Größe zu bezeichnen, die durch ihre Subsumtion unter das Steuergesetz bei Vorliegen der weiteren Besteuerungsvoraussetzungen zur Entstehung der Steuerschuld führt"[211]. Beide zitieren[212] *Schmölders/ Hansmeyer*, denen zufolge der Steuergegenstand eine Zwischenstufe auf dem Wege von der abstrakten „Steueridee" zur konkreten Bemessungsgrundlage ist[213]. Ausgehend von dieser Entwicklung des Begriffs des Steuergegenstandes lässt sich ohne inhaltliche Abweichung feststellen: Zur Erfassung einer bestimmten wirtschaftlichen Leistungsfähigkeit, die mittels Zugriff durch ein Steuergesetz der steuerlichen Belastung unterliegen soll, bedarf es der tatbestandlichen Normierung eines Zugriffsobjektes. Das ist das Steuerobjekt oder auch der Steuergegenstand[214]. Der Steuergegenstand ist demnach das steuertatbestandliche Zugriffsobjekt[215] zur Belastung einer bestimmten wirtschaftlichen Leistungsfähigkeit[216].

Das steuertatbestandliche Zugriffsobjekt – der Steuergegenstand – muss diese bestimmte wirtschaftliche Leistungsfähigkeit – das Besteuerungsgut oder die Steuerwürdigkeitsentscheidung des Gesetzgebers – jedoch weder in ihrer Vollständigkeit erfassen, noch muss es überhaupt an ein Merkmal dieser bestimmten wirtschaftlichen Leis-

---

[206] Zur Entwicklung des Begriffsinhaltes des Steuergegenstandes im Wandel der Anschauungen verschiedener älterer und jüngerer finanz- wie rechtswissenschaftlicher Theorien vgl. *J. Lang*, Systematisierung, S. 33 f., und *Jesse*, Einkommensteuer/ Erbschaftsteuer, S. 33 f., jew.m.w.N.
[207] *J. Lang*, Systematisierung, S. 33.
[208] *J. Lang*, Systematisierung, S. 34 f.; *J. Lang* in Tipke/ Lang, Steuerrecht, § 7 RdNr. 25; ebenso *Jesse*, Einkommensteuer/ Erbschaftsteuer, S. 34, und *Reiß* in Tipke/ Lang, Steuerrecht, § 14 RdNr. 1; *Tipke*, StuW 1975, 242, 245 f.; im Ergebnis auch *Söhn*, StuW 1975, 1, 9.
[209] *J. Lang* in Tipke/ Lang, Steuerrecht, § 7 RdNr. 23; vgl. auch *ders.*, Systematisierung, S. 35.
[210] *Jesse*, Einkommensteuer/ Erbschaftsteuer, S. 34.
[211] *Jesse*, ebd., FN 210, S. 33 f.
[212] *J. Lang*, Systematisierung, S. 34; *Jesse*, Einkommensteuer/ Erbschaftsteuer, S. 34.
[213] *Schmölders/ Hansmeyer*, Steuerlehre, S. 77.
[214] *J. Lang* in Tipke/ Lang, Steuerrecht, § 7 RdNr. 23.
[215] Zur Verwendnung dieses Begriffs s. *Kirchhof*, HStR IV, § 88 RdNr. 107.
[216] Vgl. auch *Kirchhof*, HStR IV, § 88 RdNr. 68 ff.

tungsfähigkeit anknüpfen[217]. Eine vollumfängliche oder auch nur partielle Deckung zwischen steuertatbestandlichem Zugriffsobjekt und dieser bestimmten wirtschaftlichen Leistungsfähigkeit – dem Steuergegenstand und dem Besteuerungsgut – ist nicht erforderlich[218]. Steuergegenstand und Besteuerungsgut können daher auch vollständig auseinander fallen[219]. Beispielhaft für den ersten Fall ist die steuertatbestandliche Ausgestaltung des EStG. Die Summe der Einkünfte eines Steuerpflichtigen umfasst nicht dessen gesamtes Einkommen. Die Summe der Einkünfte als der Steuergegenstand des EStG[220] bleibt vielmehr hinter dem Besteuerungsgut Einkommen[221] zurück[222]. Beispielhaft für den zweiten Fall ist die steuertechnische Ausgestaltung des UStG[223]. Der Steuergegenstand der Umsatzsteuer sind die entgeltlichen Leistungen der Unternehmer[224]. Besteuerungsgut des UStG sind jedoch die Aufwendungen oder Einkommensverwendungen der Nichtunternehmer[225]. Auf Grund dieser nicht notwendigen Übereinstimmung zwischen Steuergegenstand und Besteuerungsgut ist der Steuergegenstand nicht allein maßgeblich für die Bestimmung des Besteuerungsgutes. Er stellt jedoch einen maßgeblichen Anhaltspunkt für die Bestimmung des Besteuerungsgutes dar.

(3) Begriff des Besteuerungsgutes

Anders als der Begriff des Steuergegenstandes wird der Begriff des Besteuerungsgutes von den Steuergesetzen nicht verwendet[226]. Auch wenn das Besteuerungsgut nicht funktionaler Bestandteil des Steuertatbestandes ist[227], kommt ihm doch im Rahmen der steuerlichen Gestaltungsordnung grundlegende Bedeutung zu[228]. Im Besteuerungsgut verkörpert sich der gesetzgeberische Entschluss, einen bestimmten Tatbestand als besteuerungswürdig anzusehen[229]. *Burmester* zählt das Steuergut zu den grundlegenden Instrumenten der staatlichen Steuerordnungen gezählt[230].

---

[217] Davon, dass der Steuergegenstand und das Besteuerungsgut auseinander fallen können, gehen auch *Tipke*, StRO II, S. 527, und *Söhn*, StuW 1975, 1, 9, aus.

[218] *J. Lang* in Tipke/ Lang, Steuerrecht, § 7 RdNr. 25.

[219] *J. Lang*, Systematisierung, S. 34 f.; *J. Lang* in Tipke/ Lang, Steuerrecht, § 7 RdNr. 25; ebenso *Jesse*, Einkommensteuer/ Erbschaftsteuer, S. 34, und *Reiß* in Tipke/ Lang, Steuerrecht, § 14 RdNr. 1; *Tipke*, StuW 1975, 242, 245 f.; *Montag* in Tipke/ Lang, Steuerrecht, § 12 RdNr. 3.

[220] *J. Lang* in Tipke/ Lang, Steuerrecht, § 9 RdNr. 49.

[221] *J. Lang*, ebd., s. FN 220.

[222] *J. Lang*, ebd., FN 220, § 7 RdNr. 25.

[223] Das UStG ist kein Ausnahmebeispiel dafür, dass der Steuergegenstand und das Besteuerungsgut auseinander fallen: Steuergegenstand des GewStG ist der Gewerbebetrieb selbst, vgl. *Kruse* in Tipke/ Kruse, AO/ FGO, § 3 AO RdNr. 56, Besteuerungsgut sind die Erträge von gewerblichen Unternehmern, vgl. *Montag* in Tipke/ Lang, Steuerrecht, § 12 RdNr. 3.

[224] *Reiß* in Tipke/ Lang, Steuerrecht, § 14 RdNr. 1, 39 ff.; *J. Lang* in Tipke/ Lang, Steuerrecht, § 7 RdNr. 25.

[225] *Reiß* in Tipke/ Lang, Steuerrecht, § 14 RdNr. 1; *J. Lang* in Tipke/ Lang, Steuerrecht, § 7 RdNr. 25.

[226] S. dazu oben FN 195.

[227] *Jesse*, Einkommensteuer/ Erbschaftsteuer, S. 33 f.

[228] *Burmester*, StuW 1993, 221 f.; *Söhn*, StuW 1975, 1, 9 f.

[229] *J. Lang*, Systematisierung, S. 33.

[230] *Burmester*, a.a.O., FN 228.

Bei dem Besteuerungsgut handelt es sich *Lang* zufolge um „den besteuerungswürdigen, eine bestimmte Steuerkraft repräsentierenden Sachverhalt, die Quelle der Leistungsfähigkeit"[231]. Das ist derjenige Sachverhalt, der eine bestimmte wirtschaftliche Leistungsfähigkeit widerspiegelt und dem Gesetzgeber den Zugriff durch die Besteuerung ermöglicht[232]. Nach *Wendt* kommt es zur Bestimmung des Besteuerungsgutes auf die Äußerungsform wirtschaftlicher Leistungsfähigkeit an, die von einer Steuer erfasst wird[233]. Für ihn ist entscheidend, „welche wirtschaftlichen Vorgänge oder Zustände vom Gesetzgeber als Indikatoren einer bestimmten Steuerkraft bzw. wirtschaftlichen und steuerlichen Leistungsfähigkeit angesehen und zum Anknüpfungspunkt der steuerlichen Belastungsentscheidung gemacht worden sind"[234].

Wirft man den Blick zurück auf den oben dargestellten wirtschaftlichen Sachverhalt, kann sich der Steuergesetzgeber für die steuerliche Belastung entweder der Vermögensinhaberschaft oder des Vermögenszuwachses, in Ausnahmefällen mitunter sogar für die Erfassung beider dieser Indikatoren steuerlicher Leistungsfähigkeit entscheiden[235]. Dadurch, dass der als Besteuerungsgut verstandene Sachverhalt nur eine *bestimmte* wirtschaftliche Leistungsfähigkeit widerspiegelt, unterscheidet er sich von dem oben beschriebenen wirtschaftlichen Sachverhalt, innerhalb dessen wirtschaftliche Leistungsfähigkeit in *verschiedenen* Ausprägungen zum Ausdruck kommt[236]. Das Besteuerungsgut repräsentiert eine die steuersystematische Einordnung ermöglichende bestimmte wirtschaftliche Leistungsfähigkeit[237] und verkörpert so den von der steuerlichen Belastung erfassten, diese wirtschaftliche Leistungsfähigkeit vermittelnden Wert[238]. Folglich erfasst es in der Regel[239] auch nur einen einzigen Indikator wirtschaftlicher Leistungsfähigkeit[240], entweder die Vermögensinhaberschaft oder den Vermö-

---

[231] *J. Lang* in Tipke/ Lang, Steuerrecht, § 7 RdNr. 42; die Steuerquelle und das Besteuerungsgut hält auch für identisch *Kruse* in Tipke/ Kruse, AO/ FGO, § 3 AO RdNr. 59.

[232] Vgl. *Burmester*, StuW 1993, 221, 223; *Jesse*, Einkommensteuer/ Erbschaftsteuer, S. 102 f.; *J. Lang*, Systematisierung, S. 38.

[233] *Wendt*, HStR IV, § 104 RdNr. 36.

[234] *Wendt*, a.a.O.

[235] Zu diesem Abwägungsprozess hinsichtlich der Ausgestaltung des ErbStG als Erbanfall- oder Nachlasssteuer vgl. Steuerreformkommission 1971, Schriftenreihe BMF, Heft 17, S. 658 f., sowie Wissenschaftlicher Beirat, Reform der direkten Steuern, S. 372.

[236] Das BVerfG, Beschluss v. 15.05.1984, 1 BvR 464, 605/81 u.a., BVerfGE 67, 70, 84 ff., spricht ebenfalls von der Anknüpfung von Steuergesetzen an bestimmte wirtschaftliche Lebenssachverhalte.

[237] Insoweit kann man von einer rechtlichen Komponente des Besteuerungsgutes sprechen, s. auch nachfolgende FN. Der Begriffsinhalt des Besteuerungsgutes ist i.Ü. nicht identisch mit dem des Belastungsgrundes, wie er als Begriff von *Kirchhof*, HStR IV, § 88 RdNr. 136, verwendet wird. Auch *Kirchhof* unterscheidet zwischen dem Belastungsgrund und dem Besteuerungsgut, ebd. Für *Kirchhof* hat der Begriff des Belastungsgrundes den gleichen Inhalt wie der hier verwendete Begriff des Indikators wirtschaftlicher Leistungsfähigkeit, ebd. Was unter einem Besteuerungsgut zu verstehen ist, wird von *Kirchhof* in HStR IV, § 88, allerdings nicht erklärt.

[238] Insoweit kann man von einer wirtschaftlichen Komponente des Besteuerungsgutes sprechen, s. auch vorangehende FN.

[239] S. FN 235.

[240] *J. Lang* in Tipke/ Lang, Steuerrecht, § 7 RdNr. 24 und 26; ähnlich *Tipke*, StuW 1975, 242, 245.

genszuwachs[241]. Das bedeutet jedoch nicht, dass das Besteuerungsgut mit dem Indikator wirtschaftlicher Leistungsfähigkeit gleichzusetzen ist und sich die Besteuerungsgüter auf verschiedene, voneinander abgrenzbare und jeweils für sich wirtschaftliche Leistungsfähigkeit indizierende Sachverhalte des Vermögenszuwachses oder der Inhaberschaft von Vermögen beschränken. Auch innerhalb dieser Sachverhalte bedarf es einer weiteren konkretisierenden Zuordnung[242]. Geht man beispielsweise vom Vermögenszuwachs aus, ist auch innerhalb dieses Sachverhaltes eine konkretisierende Zuordnung verschiedener, jeweils eine andere *bestimmte* wirtschaftliche Leistungsfähigkeit repräsentierender Sachverhalte zu verschiedenen Besteuerungsgütern möglich: Der Vermögenszuwachs kann auf dem unentgeltlichen Anfall einer Erbschaft beruhen oder auf der entgeltlichen Marktteilnahme und dem daraus folgenden Bezug von Markteinkommen. Beide Sachverhalte indizieren entsprechend ihrer Grundfunktion[243] wirtschaftliche Leistungsfähigkeit in Form des Vermögenszuwachses. Die Besteuerungsgüter sind jedoch verschieden, weil der Besteuerung in dem ersten Fall der unentgeltliche und in dem zweiten Fall der entgeltliche Vermögenszuwachs unterworfen ist. Es handelt sich hier auch um zwei verschiedene von der Besteuerung erfasste, wirtschaftliche Leistungsfähigkeit vermittelnde Werte, nämlich das durch einen Erbfall angefallene Vermögen einerseits und das Markteinkommen andererseits, die nur im Hinblick auf die Indikation wirtschaftlicher Leistungsfähigkeit übereinstimmen.

Demgegenüber ist das Verständnis von *Jesse* von einem Sachverhalt als Lebensvorgang, der den Steuerzugriff ermöglicht[244], aus den oben genannten Gründen zu weit. Ein derartiger Lebensvorgang, wie beispielsweise der Vermögensübergang infolge Erbfalles, bietet unter dem Gesichtspunkt der steuerlich belastbaren wirtschaftlichen Leistungsfähigkeit verschiedene Möglichkeiten des Steuerzugriffs. Diese kann, wie oben bereits dargelegt[245], zum einen in der Inhaberschaft von Vermögen oder auch im Vermögenszuwachs liegen. Der Sachverhalt in dem hier verstandenen Sinn des Besteuerungsgutes ist aber beispielsweise nur der aus dem Vermögensübergang hervorgehende Vermögenszuwachs.

Die steuertatbestandliche Ausgestaltung der einzelnen Steuergesetze hängt davon ab, welche bestimmte wirtschaftliche Leistungsfähigkeit vom Gesetzgeber als besteue-

---

[241] Zu ergänzen wäre die Vermögensverwendung als dritter Indikator wirtschaftlicher Leistungsfähigkeit. Ihr kommt in Bezug auf den unentgeltlichen Vermögensübergang jedoch keine Bedeutung zu, s. o. erster Teil B. I. 3. b).

[242] Die Differenzierung zwischen verschiedenen Erscheinungsformen wirtschaftlicher Leistungsfähigkeit als Anknüpfungspunkte für unterschiedlich geartete Zugriffe durch die Besteuerung hält auch *Wendt*, HStR IV, § 104 RdNr. 36, für geboten; für ihn kommt es darauf an, welche Form der wirtschaftlichen Leistungsfähigkeit sich der Staat durch die Wahl der steuerbegründenden Merkmale zunutze macht und welchen „Sektor“ wirtschaftlicher Leistungsfähigkeit er konkret belastet, ebd.; vgl. auch die Darstellung bei *Burmester*, Internationale Regelungskumulation und -kollision, S. 203 ff.

[243] *Burmester*, StuW 1993, 221, 222 ff., 230.

[244] *Jesse*, Einkommensteuer/ Erbschaftsteuer, S. 103.

[245] Erster Teil, A. III.

rungswürdig anerkannt und mit einer Steuer belastet wird[246]. Es kommt daher zunächst auf die Erkenntnis an, welcher Indikator wirtschaftlicher Leistungsfähigkeit von einem Steuergesetz erfasst wird. Der ermittelte Indikator wirtschaftlicher Leistungsfähigkeit ist anschließend zu dem der Besteuerung zu Grunde liegenden wirtschaftlichen Sachverhalt in Beziehung zu setzen, um so die Feststellung des Besteuerungsgutes zu ermöglichen. Maßgeblich für die Bestimmung des Besteuerungsgutes sind daher einerseits die äußere technische Anknüpfung und andererseits die innere sachliche Beschaffenheit eines Steuergesetzes[247]. Die äußere technische Anknüpfung kommt vor allem in der sachlichen Normenkonzeption eines Steuergesetzes Ausdruck, wohingegen für die innere sachliche Beschaffenheit entscheidend ist, welcher wirtschaftliche Leistungsfähigkeit vermittelnde Wert durch die Besteuerung belastet wird. Die sachliche Normenkonzeption ist zur Bestimmung des Besteuerungsgutes entscheidend, weil die wirtschaftliche Leistungsfähigkeit in sachlicher Hinsicht in der Fähigkeit zum Ausdruck kommt, Steuern zahlen zu können. Die steuerliche Erfassung einer bestimmten wirtschaftlichen Leistungsfähigkeit bedarf demnach in sachlicher Hinsicht der gesetzlichen Normierung im Entstehungstatbestand eines Steuergesetzes[248]. So wird ersichtlich, welche bestimmte wirtschaftliche Leistungsfähigkeit und damit welches Besteuerungsgut von den einzelnen Steuergesetzen erfasst wird. Für die sachliche Normenkonzeption eines Steuergesetzes sind vor allem die systembildenden Normen seines Entstehungstatbestandes maßgeblich, die sachbezogene Tatbestandsmerkmale enthalten. Sie wird vor allem durch die Bestimmungen über den Steuergegenstand, aber auch die der Bemessungsgrundlage geprägt. Im Rahmen der sachlichen Normenkonzeption ist daher zunächst vom Steuergegenstand auszugehen. Gemäß seiner zur Bestimmung des Besteuerungsgutes eingeschränkten Bedeutung sind außer ihm jedoch auch die übrigen an sachliche Elemente anknüpfende und zur Entstehung der Steuerschuld führende Bestimmungen des Entstehungstatbestandes in die Betrachtung mit einzubeziehen[249]. Zur Bestimmung des Besteuerungsgutes bedarf es schließlich auch der Untersuchung, welcher wirtschaftliche Leistungsfähigkeit vermittelnde Wert von der Steuer erfasst wird[250]. Diese Frage ist eng mit der verbunden, aus welcher Steuerquelle die Steuer gezahlt wird[251].

---

[246] *Jesse*, Einkommensteuer/ Erbschaftsteuer, S. 34.

[247] Vgl. *Burmester*, Internationale Regelungskumulation und -kollision, S. 208.

[248] Vgl. auch *J. Lang* in Tipke/ Lang, Steuerrecht, § 4 RdNr. 89.

[249] Zur Ermittlung der Wesensstruktur des ErbStG stellt auch *Kobor*, Auslegung im ErbStG, S. 45, auf einzelne zentrale Normen des ErbStG wie auch auf das Gesamtbild seiner Regelungen ab.

[250] Allgemein halten die wirtschaftliche Belastungswirkung für einen Vergleich der Steuern für das entscheidende Kriterium bzw. für erforderlich: *Tipke*, StuW 1975, 242, 245 f., 250; *ders.*, StRO III, S. 1099 ff.; *Söhn*, StuW 1975, 1, 9: „Das rechtliche Wesen einer Steuer erschließt sich aus deren wirtschaftlicher Wirkung."; BVerfG, Beschluss v. 04.02.1958, 2 BvL 31, 33/56, BVerfGE 7, 244, 264; BVerfG, Beschluss v. 07.05.1963, 2 BvL 8, 10/61, BVerfGE 16, 64, 76; vgl. auch BVerfG, Beschluss v. 04.06.1975, 2 BvR 824/74, BVerfGE 40, 56, 62 f.; BVerfG, Beschluss v. 12.10.1978, 2 BvR 154/74, BVerfGE 49, 343, 355; BVerfG, Beschluss v. 06.12.1983, 2 BvR 1275/79, BVerfGE 65, 325, 350 f.

[251] *Kruse* in Tipke/ Kruse, AO/ FGO, § 3 AO RdNr. 59; *Tipke*, StRO I, S. 529; *Söhn*, StuW 1975, 1, 9; einen ausdrücklichen Zusammenhang zwischen Besteuerungsgut und Quelle wirtschaftlicher Leis-

bb) Persönliche Normenkonzeption

Aus der persönlichen Normenkonzeption geht hervor, wer zur Besteuerung herangezogen wird und wen das Steuergesetz im Ergebnis wirtschaftlich belastet[252]. Die persönliche Normenkonzeption besteht aus den systemprägenden Bestimmungen, die personenbezogene Merkmale enthalten. Das sind vor allem die Regelungen betreffend die persönliche Steuerpflicht und die Steuerschuldnerschaft. Ihnen ist zu entnehmen, wer einerseits das Steuersubjekt in seiner Eigenschaft als Zurechnungssubjekt wirtschaftlicher Leistungsfähigkeit und als Steuerschuldner und wer der Steuerträger ist. Denn die wirtschaftliche Leistungsfähigkeit, die in sachlicher Hinsicht in der Fähigkeit zum Ausdruck kommt, Steuern zahlen zu können, wird in persönlicher Hinsicht einem bestimmten Steuersubjekt, dem Zurechnungssubjekt wirtschaftlicher Leistungsfähigkeit, zugeordnet[253]. Grundsätzlich wird diese daher durch Anknüpfung der Steuerpflicht an die persönlichen Verhältnisse des Zurechnungssubjektes dieser wirtschaftlichen Leistungsfähigkeit sowie dessen Erklärung zum Steuerschuldner erfasst. Aus der wirtschaftlichen Belastungswirkung, die mit der Besteuerung durch das jeweilige Steuergesetz verbunden ist, wird schließlich erkennbar, wer die Steuer wirtschaftlich zu tragen hat und damit als Steuerträger anzusehen ist. Die wirtschaftliche Belastungswirkung ist danach zu beurteilen, wer als Steuerschuldner in Anspruch genommen und aus welcher Steuerquelle[254] die Steuer gezahlt wird. Zurechnungssubjekt wirtschaftlicher Leistungsfähigkeit, Steuerschuldner und Steuerträger können jedoch abhängig von der jeweiligen entstehungstatbestandlichen Ausgestaltung eines Steuergesetzes in einer Person, so wie beispielsweise im ErbStG[255], zusammen, oder auch, so wie beispielsweise bei der Federal Estate Tax[256], völlig auseinander fallen. Bei der Frage, wer der Besteuerung unterworfen ist und diese wirtschaftlich zu tragen hat, ist also grundsätzlich zwischen dem Steuersubjekt in seiner Eigenschaft als Zurechnungssubjekt wirtschaftlicher Leistungsfähigkeit und als Steuerschuldner sowie dem Steuerträger zu unterscheiden.

b) Abgrenzung gegenüber anderen Vergleichsmerkmalen

Die Steuerbemessungsgrundlage wird in die Betrachtungen nur einbezogen, soweit von ihr auf den Steuergegenstand geschlossen werden kann. Als „quantifiziertes Steuerob-

---

tungsfähigkeit stellt *J. Lang*, Systematisierung, S. 33 ff.; *ders.* in Tipke/ Lang, Steuerrecht, § 7 RdNr. 42; *Tipke*, StuW 1975, 242, 245 f.; eher unklar jedoch in *Tipke*, StRO III, S. 1099 ff.; den Zusammenhang eher verneinend *Wendt*, HStR IV, § 104 RdNr. 36.

[252] S. FN 250.

[253] Vgl. auch *J. Lang* in Tipke/ Lang, Steuerrecht, § 4 RdNr. 89.

[254] Für das ErbStG bspw. *Oberhauser*, Erbschaft-/ Schenkungsteuern, S. 488: „Im Gegensatz zu den Vermögensertragsteuern ist also bei der Erbschaftsteuer die Vermögenssubstanz nicht nur Bemessungsgrundlage, sondern auch – bezogen auf den Zeitpunkt der Steuerbelastung – Steuerquelle."; zum Begriff der Steuerquelle vgl. auch *Vogel*, StuW 1971, 308, 310 f.; zur Problematik der Bestimmung der „Steuerquelle" vgl. *Tipke*, DÖV 1995, S. 1027, 1029, 1032.

[255] S. erster Teil B II. 2. a) aa) (3) und (4).

[256] S. erster Teil B II. 2. b) aa) (1) (c) und (d).

jekt"[257] transformiert sie gemäß ihrer funktionalen Bestimmung den Rechtsbegriff des Steuergegenstandes in eine numerische Größe[258]. Nur insoweit kann sie als aussagekräftig für die Besteuerungssystematik herangezogen werden[259]. Die übrige Ausgestaltung der Steuerbemessungsgrundlage hängt ansonsten von den steuer-, wirtschafts- und sozialpolitischen Zielsetzungen des jeweiligen Gesetzgebers ab. Für einen Vergleich der Besteuerungssystematik kann sie im Übrigen nicht nutzbar gemacht werden[260]. Im Hinblick darauf werden auch die Steuersätze nicht in die Betrachtungen mit einbezogen[261].

2. *Besteuerungssystematik ausgewählter Steuergesetze*

Die als Erbanfallsteuern ausgestalteten Steuergesetze folgen gegenüber den als Nachlasssteuern ausgestalteten einer anderen Besteuerungssystematik.

a) Erbanfallsteuern

aa) ErbStG

(1) Steuergegenstand

Das ErbStG bestimmt – im Gegensatz zu anderen deutschen Steuergesetzen[262] und zu seinen früheren Fassungen[263] – nicht ausdrücklich seinen Steuergegenstand.

(a) Bestimmung durch § 2 Abs. 1 Nr. 1 Satz 1 ErbStG

Eindeutiger als § 1 Abs. 1 Nr. 1 und Nr. 2 ErbStG i.V.m. §§ 3 und 7 ErbStG[264] lässt sich der Steuergegenstand als Rechtsbegriff § 2 Abs. 1 Nr. 1 Satz 1 ErbStG entnehmen. Diese Vorschrift fasst gegenüber der abschließenden Aufzählung durch § 1 Abs. 1 Nr. 1 und Nr. 2 i.V.m. §§ 3 und 7 ErbStG in einem unbestimmten Rechtsbegriff zusammen, was als steuertatbestandliches Zugriffsobjekt vom Eintritt der Steuerpflicht erfasst wird. Das ist der gesamte Vermögensanfall. Zutreffend wird verschiedentlich daher der Vermögensanfall als Steuergegenstand des ErbStG bezeichnet[265]. Die Ausle-

---

[257] *J. Lang* in Tipke/ Lang, Steuerrecht, § 7 RdNr. 27, 31.
[258] BVerfG, Beschluss v. 22.06.1995, 2 BvL 37/91, BVerfGE 93, 121, 136.
[259] *Tipke*, StRO III, S. 1100: „auf die Bemessungsgrundlage kommt es nur an, wenn sie steuerartbestimmend ist".
[260] *Tipke*, StuW 1975, 242, 246 f.; *Kruse* in Tipke/ Kruse, AO/ FGO, § 3 AO RdNr. 58.
[261] Vgl. *Tipke*, StRO III, S. 1100; *Kruse* in Tipke/ Kruse, AO/ FGO, § 3 AO RdNr. 58.
[262] S. FN 195.
[263] Vgl. die Überschriften des Teil I des ErbStG 1959, BStBl. I 1959, 159, sowie die der diesem vorangehenden älteren ErbStG.
[264] Anhand dieser Vorschriften wurde der Steuergegenstand in früheren Fassungen des ErbStG bestimmt, s. vorherige FN.
[265] *Meincke*, ErbStG, Einführung, RdNr. 1; *Mellinghoff*, DStJG 22 (1999), 127, 137; *Jesse*, Einkommensteuer/ Erbschaftsteuer, S. 45; *Schaumburg*, Internationales Steuerrecht, RdNr. 7.5; *Gebel* in

gung dieses Begriffes ergibt, dass der Vermögensanfall nur den Anfall von Vermögen, genauer: den Anfall von Vermögensvorteilen, umfasst[266]. Er umfasst damit nicht das angefallene Vermögen selbst, sondern den Erwerb von Vermögen. Das folgt aus den Vorschriften des § 3 Abs. 1 Nr. 1 bis 3 ErbStG sowie § 7 Nr. 4 ErbStG, die vom „*Erwerb* durch Erbanfall“, „*Erwerb* durch Schenkung auf den Todesfall“, „sonstigen *Erwerbe*[*n*]“ [267] oder der „Bereicherung“ sprechen. § 3 Abs. 1 Nr. 4 ErbStG verwendet selbst den Begriff des „Vermögensvorteil[s]“, § 14 Abs. 1 Satz 1 ErbStG spricht ausdrücklich von „anfallende[n] Vermögensvorteile[n]“. Maßgeblich für die Frage, was tatbestandlich im Einzelnen unter einem Vermögensanfall zu verstehen ist, bleibt jedoch immer die abschließende Aufzählung in § 1 Abs. 1 Nr. 1 und Nr. 2 i.V.m. §§ 3 und 7 ErbStG.

Bei dem Vermögensanfall im Sinne des § 2 Abs. 1 Nr. 1 Satz 1 ErbStG handelt es sich daher um den Anfall von Bruttovermögen[268]. Dies widerspricht nicht dem im Erbschaft- und Schenkungsteuerrecht geltenden objektiven Nettoprinzip[269]. Das Nettoprinzip wird vielmehr erst auf der Ebene der Bemessungsgrundlage als auf der des Steuergegenstandes verwirklicht[270]. Beides folgt aus der Definition des Begriffs der Bereicherung[271] in § 10 Abs. 1 Satz 2 ErbStG. Danach „gilt als Bereicherung der Betrag, der sich ergibt, wenn von dem ... Wert des gesamten Vermögensanfalls ... die ... abzugsfähigen Nachlassverbindlichkeiten ... abgezogen werden“. Die abzugsfähigen Nachlaßverbindlichkeiten werden demnach erst bei der Ermittlung des steuerpflichtigen Erwerbes berücksichtigt. Ihr Abzug wäre daher nicht mehr möglich, wenn sie bereits der Ermittlung des Wertes des Vermögensanfalls zu Grunde gelegt worden wären[272].

(b) Abgrenzung gegenüber anderen Begriffsbestimmungen

Zuzustimmen ist *Jesse*, der den Begriff der Bereicherung zur Bezeichnung des Steuergegenstandes[273] ablehnt. Problematisch ist allerdings die Begründung, dass der Begriff der Bereicherung auf den Begriffsinhalt des Vermögensanfalls abziele und darüber

---

Troll/ Gebel/ Jülicher, ErbStG, Einführung, RdNr. 1: „Vermögenszuwachs“; a. A. der überwiegende Teil der Rechtsprechung, der die „Bereicherung“ für den Steuergegenstand hält, s. näher dazu auch im nachfolgenden Abschnitt; ebenso *Degenhard*, IFSt-Schrift Nr. 344/ 1996, S. 7; a. A. wohl auch *Kruse* in Tipke/ Kruse, AO/ FGO, § 3 AO RdNr. 85, der die Steuern nach dem „Gegenstand der Besteuerung“ klassifiziert und die Erbschaftsteuer zu den „Besitzsteuern“ „vom Vermögen“ zählt.

266 *Meincke*, ErbStG, § 10 RdNr. 12; vgl. auch die Formulierung in § 14 Abs. 1 Satz 1 ErbStG: „anfallende Vermögensvorteile“.

267 Hervorhebung jeweils durch den Verfasser.

268 Vgl. *Meincke*, ErbStG, § 10 RdNr. 1 f.

269 Zur Geltung dieses Prinzips im Erbschaft- und Schenkungsteuerrecht vgl. *Seer* in Tipke/ Lang, Steuerrecht, § 13 RdNr. 159.

270 Vgl. Meincke, a.a.O., sowie RdNr. 5 und 6.

271 Bereicherung ist der „für den Erwerber positive Zufluss*saldo*“, *Meincke*, ErbStG, § 10 RdNr. 8, Hervorhebung durch den Verfasser.

272 Vgl. *Meincke*, ErbStG, § 10 RdNr. 1 f., 11.

273 So bspw. BFH, Urteil v. 30.09.1987, II R 99/86, BStBl. II 1987, 867, und BFH, Urteil v. 07.12.1990, X R 72/89, BStBl. II 1991, 350, 352.

hinaus in der Gesetzesterminologie bereits zur Bezeichnung der Steuerbemessungsgrundlage diene[274]. Der Begriff der Bereicherung bildet nur dann den Begriffsinhalt des Vermögensanfalles ab, wenn von dem Wert des Vermögensanfalles keine im Sinne des § 10 Abs.1 Satz 2 ErbStG abzugsfähigen Nachlassverbindlichkeiten abgezogen werden können. Existieren hingegen abzugsfähige Nachlassverbindlichkeiten, stimmt der Begriff der Bereicherung nicht vollständig mit dem Begriffsinhalt des Vermögensanfalles überein. Ein vollständiges Auseinanderfallen zwischen Vermögensanfall und Bereicherung kommt sogar dann in Betracht, wenn der Wert der abzugsfähigen Nachlassverbindlichkeiten höher als der Wert des Vermögensanfalles ist. Denn dann ergibt sich keine Bereicherung als ein für den Erwerber positiver Zuflusssaldo[275]. Derartige Erwerbe, für die sich kein positiver Wert ergibt, bleiben unberücksichtigt. Das folgt zwar nicht zwangsläufig aus § 10 Abs. 1 Satz 2 ErbStG, demzufolge eine Bereicherung auch dann vorliegt, wenn der Wert der abzugsfähigen Nachlassverbindlichkeiten höher als der Wert des Vermögensanfalls ist. Der Wertung des Begriffs der Bereicherung als einem für den Erwerber positiven Zuflusssaldo sowie der gesetzlichen Wertung, wie sie auch in § 14 Abs. 1 Satz 4 ErbStG zum Ausdruck kommt, ist jedoch nichts anderes zu entnehmen. Zu bedenken ist weiterhin, dass zur Bezeichnung der Steuerbemessungsgrundlage der Begriff des beispielsweise in § 10 Abs. 1 Satz 1 oder § 19 Abs. 1 ErbStG genannten steuerpflichtigen Erwerbes verwendet wird. Das ist nach § 10 Abs. 1 Satz 1 ErbStG nicht die Bereicherung des Erwerbers im Ganzen, sondern nur, soweit sie nicht steuerfrei ist. Zur Bezeichnung der Steuerbemessungsgrundlage wird daher nicht der Begriff der Bereicherung, sondern der des steuerpflichtigen Erwerbes verwendet. Da der Begriff der Bereicherung im ErbStG weder zur Bezeichnung des Steuergegenstandes, noch der Bemessungsgrundlage verwendet wird, kann er zur Bezeichnung des Besteuerungsgutes herangezogen werden.

Nicht gefolgt werden kann *Klarner*, der sich zur Ermittlung des Steuergegenstandes auf die Erwerbstheorie[276] beruft[277]. Nach dieser Theorie ist Steuergegenstand der unentgeltliche Erwerb von Wirtschaftsgütern auf Grund einer steuerbaren Handlung[278]. Entgegen den zutreffenden Vorbehalten von *Jesse* gegenüber der Erwerbstheorie[279] argumentiert *Klarner*[280], dass beim Erwerb kraft gesetzlich angeordneter Gesamtrechtsnachfolge das Vorhandensein der die Besteuerung konstituierenden Erwerbshandlung in dem Unterlassen der Ausschlagung der Erbschaft durch Verstreichenlassen der Ausschlagungsfrist besteht. Es ist zwar einzuräumen, dass erst die tatsächliche oder bei Verstreichen der Ausschlagungsfrist die unterstellte Annahme den Erwerb vollendet[281]. Das Vermögen geht jedoch nicht erst mit tatsächlicher oder unterstellter Annahme auf

---

[274] *Jesse*, Einkommensteuer/ Erbschaftsteuer, S. 45.
[275] S. FN 271.
[276] *Biergans/ Wasmer*, FR 1985, 57; *Bayer*, FR 1985, 337, 340 f.
[277] *Klarner*, Bereicherungsprinzip, S. 6 f., 10 ff.
[278] *Biergans/ Wasmer*, FR 1985, 57, und dortige FN 10; *Klarner*, Bereicherungsprinzip, S. 10 ff.
[279] *Jesse*, Einkommensteuer/ Erbschaftsteuer, S. 45.
[280] *Klarner*, Bereicherungsprinzip, S. 10 ff.
[281] *Edenhofer* in Palandt, § 1942 BGB, RdNr. 2.

den Erben über, sondern bereits unmittelbar mit dem Erbfall, und zwar im Wege des Vonselbsterwerbs ohne Wissen und Willen durch einheitlichen Rechtsakt kraft Gesetzes[282]. Auf die Annahme oder den Antritt der Erbschaft kommt es nicht an[283]. Der Anfall der Erbschaft beruht daher nicht auf einer Erwerbshandlung des Erben. Die tatsächliche oder unterstellte Annahme ist nicht konstitutiv für den Anfall der Erbschaft. Sie ist auch nicht konstitutiv für die Entstehung des Steueranspruchs, da dieser nach § 1 Abs. 1 Nr. 1, § 2 Abs. 1 und § 9 Abs. 1 Nr. 1 ErbStG sowie § 38 AO bei Erwerben von Todes wegen mit dem Tode des Erblassers entsteht. Wäre nach *Klarner* die tatsächliche oder unterstellte Annahme als Erwerbshandlung Bestandteil des Steuergegenstandes, könnte mangels Vorliegen der Tatbestandsvoraussetzungen der Steueranspruch mit dem Tode des Erblassers nicht entstehen.

(2) Besteuerungsgut

Ausgehend Begriff des Vermögensanfalls, wie er in § 2 Abs. 1 Nr. 1 Satz 1 ErbStG verwendet wird, dem Steuergegenstand[284], wird als Indikator steuerlich belastbarer wirtschaftlicher Leistungsfähigkeit der Vermögenszuwachs und nicht der Vermögensbestand erfasst. Bereits oben ist dargelegt worden[285], dass unter dem Begriff des Vermögensanfalls der Anfall und damit der Erwerb von Vermögen und nicht das angefallene Vermögen selbst zu verstehen ist. Das folgt aus denjenigen Normen des ErbStG, in denen es heißt, dass der „*Erwerb* durch Erbanfall", der „*Erwerb* durch Schenkung auf den Todesfall", die „sonstigen *Erwerbe*"[286] oder die „Bereicherung" der Erbschaft- oder Schenkungsteuer unterliegen[287]. Nichts anderes ist auch dem in § 10 Abs. 1 Satz 1 und Satz 2 ErbStG verwendeten Begriff der Bereicherung zu entnehmen. Die Bereicherung erfolgt durch den Vermögenszuwachs, während der Vermögensbestand den Umfang der Bereicherung bestimmt, seiner Natur nach im Gegensatz zum Vermögenszuwachs jedoch keine Bereicherung darstellt. § 9 ErbStG über den Zeitpunkt der Entstehung der Steuer, nach dessen Abs. 1 Nr. 1 die „Steuer ... bei Erwerben von Todes wegen mit dem Tode des Erblassers" und nach Abs. 1 Nr. 2 „bei Schenkungen unter Lebenden mit dem Zeitpunkt der Ausführung der Zuwendung" entsteht, ist zu entnehmen, dass eine Besteuerung in der Phase des Vermögenszuwachses erfolgt, jedenfalls nicht der Vermögensbestand erfasst werden soll.

In der steuerlichen Erfassung des Vermögenszuwachses liegt auch der materiellrechtliche Schwerpunkt der Besteuerung[288]. Den Begriffen des Vermögensanfalls und der

---

[282] *Edenhofer*, ebd., FN 281.
[283] *Edenhofer*, ebd., FN 281, RdNr. 6.
[284] S. o. erster Teil B. II. 2. a) aa) (1)
[285] S. vorherige FN.
[286] Hervorhebung durch den Verfasser.
[287] Vgl. § 3 Abs. 1 Nr. 1 bis Nr. 3 ErbStG i.V.m. § 1 Abs. 1 Nr. 1 ErbStG und § 7 Abs. 1 Nr. 4 ErbStG i.V.m. § 1 Abs. 1 Nr. 2 ErbStG.
[288] Vgl. BVerfG, Beschluss v. 08.03.1983, 2 BvL 27/81, BVerfGE 63, 312, 324; BVerfG, Beschluss v. 22.06.1995, 2 BvR 552/91, BVerfGE 93, 165, 172: Die Erbschaftsteuer belastet „den durch den Erb-

Bereicherung, wie sie in §§ 2 Abs. 1 Nr. 1 Satz 1 und 10 Abs. 1 Satz 1 ErbStG verwendet werden, ist in Gesamtschau mit § 9 Abs. 1 Nr. 1 und Nr. 2 ErbStG zu entnehmen, dass eine Besteuerung ausschließlich in der Phase des Vermögenszuwachses in Betracht kommt[289]. Dieser auf Grund des Vermögensanfalls erfolgende Zuwachs an wirtschaftlicher Leistungsfähigkeit ist es auch, der den Grund für die Besteuerung darstellt. Es ist nicht die Inhaberschaft des erworbenen Vermögen selbst[290]. Das anlässlich des unentgeltlichen Vermögensüberganges angefallene Vermögen selbst, genauer dessen Umfang, stellt nur den Grad der wirtschaftlichen Leistungsfähigkeit dar. Schwerpunktmäßig soll durch das ErbStG jedoch der Vermögenszuwachs als Indikator wirtschaftlicher Leistungsfähigkeit erfasst werden. Das folgt auch aus der Intention des Gesetzgebers[291]:

> „Die auf den Vermögensanfall des einzelnen Erwerbers ausgerichtete Besteuerung bedeutet im Grundsatz, daß hier der Zuwachs an wirtschaftlicher Leistungsfähigkeit, die der Erwerber erfährt, Ziel und Rechtfertigung der Steuer ist." [292]

> „Grundziel der Erbschaftsteuer ist also weiterhin die Erfassung der Bereicherung, die jemand von Todes wegen oder durch Schenkung unter Lebenden erfährt."[293]

Aus einem nicht unbedeutenden Teil der Bestimmungen des ErbStG kann zwar geschlossen werden, dass der Bestand des übergegangenen Vermögens als Indikator wirtschaftlicher Leistungsfähigkeit erfasst wird. So ist beispielsweise in den §§ 3 und 7 ErbStG bestimmt, dass das, „was" jemand erwirbt, erlangt, herausgibt oder ihm gewährt wird, der Erbschaft- bzw. Schenkungsteuer unterliegt[294]. § 10 Abs. 6 Satz 2 ErbStG etwa geht in seinen Anwendungsvoraussetzungen von der Beschränkung der „Besteuerung auf einzelne Vermögensgegenstände" aus, nach § 19 Abs. 2 muss „ein Teil des Vermögens der inländischen Besteuerung" entzogen sein. In § 21 Abs. 1 Satz 1 ErbStG heißt es, dass eine ausländische Steuer insoweit auf die deutsche Erbschaftsteuer anzurechnen sei, „als das Auslandsvermögen auch der deutschen Erbschaftsteuer unterliegt", nach Satz 4 der zitierten Vorschrift ist die Entstehung der deutschen Erbschaftsteuer „für das Auslandsvermögen" maßgeblich. Dabei ist zum einen jedoch zu beachten, dass die entsprechenden Bestimmungen der §§ 3 und 7 ErbStG[295] nur bestimmte Arten von Vermögenszuwächsen erfassen, die einer speziellen Regelung unterworfen werden. Zum anderen gehören die übrigen zuvor genannten Vorschriften

---

fall beim Erben anfallenden Vermögenszuwachs und die dadurch vermittelte finanzielle Leistungsfähigkeit".

[289] *Mellinghoff*, DStJG 22 (1999), 127, 135.

[290] So schon *Stölzle*, Erbschaftsteuergesetz 1925, § 23 RdNr. 1.

[291] Vgl. auch BVerfG, Beschluss v. 22.06.1995, 2 BvR 552/91, BVerfGE 93, 165, 172 f.

[292] Begründung des Entwurfs des Zweiten Steuerreformgesetzes, BT-Drucks. VI/3418, S. 44, 59 unter Art. 2 A. II. 1.

[293] Begründung des Entwurfs des Zweiten Steuerreformgesetzes, BT-Drucks. VI/3418, S. 44, 59 unter Art. 2 A. II. 2. a).

[294] Vgl. § 3 Abs. 2 Nr. 2 bis Nr. 7 ErbStG i.V.m. § 1 Abs. 1 Nr. 1 ErbStG und § 7 Abs. 1 Nr. 2 und Nr. 3, Nr. 5 bis Nr. 7 sowie Nr. 9 und Nr. 10 ErbStG i.V.m. § 1 Abs. 1 Nr. 2 ErbStG.

[295] S. vorherige FN.

nicht zu den systemprägenden Normen des ErbStG. Insgesamt können die genannten Vorschriften daher nicht zur Bestimmung des Indikators wirtschaftlicher Leistungsfähigkeit herangezogen werden.

Der so ermittelte vom ErbStG erfasste Indikator wirtschaftlicher Leistungsfähigkeit des Vermögenszuwachses ist zu dem der Besteuerung zu Grunde liegenden wirtschaftlichen Sachverhalt in Beziehung zu setzen. Es wird nun deutlich, dass das Besteuerungsgut des ErbStG der aus einem unentgeltlichen Vermögensübergang hervorgehende Vermögenszuwachs, die Bereicherung infolge Erbschaft oder Schenkung[296], ist. Das infolge einer Erbschaft oder Schenkung angefallene Vermögen verkörpert dabei den wirtschaftliche Leistungsfähigkeit vermittelnden Wert. Es wird so der Erwerber auf Grund seiner aus einem unentgeltlichen Vermögensübergang folgenden Bereicherung besteuert, durch die er einen Zuwachs an wirtschaftlicher Leistungsfähigkeit erfährt.

(3) Steuersubjekt

Das Steuersubjekt des ErbStG in seiner Eigenschaft als Zurechnungssubjekt wirtschaftlicher Leistungsfähigkeit ist der Erwerber des angefallenen Vermögens. Das ist entweder der Erbe oder der Beschenkte. Dieser erfährt infolge der Bereicherung einen Zuwachs an wirtschaftlicher Leistungsfähigkeit, der seine steuerliche Inanspruchnahme rechtfertigt. Dem entspricht die persönliche Normenkonzeption des ErbStG, nach der die Steuerpflicht gemäß § 2 Abs. 1 Nr. 1 Satz 1 ErbStG an die persönlichen Verhältnisse des Erwerbers anknüpft und der Erwerber gemäß § 20 Abs. 1 Satz 1 ErbStG zum Steuerschuldner erklärt wird. Zurechnungssubjekte wirtschaftlicher Leistungsfähigkeit sind jedenfalls nicht der Erblasser oder Schenker. Zwar knüpft § 2 Abs. 1 Nr. 1 Satz 1 ErbStG den Eintritt der Steuerpflicht auch an die persönlichen Verhältnisse des Erblassers sowie des Schenkers[297] und § 20 Abs. 1 Satz 1 ErbStG erklärt den Schenker zum Steuerschuldner. Bei ihnen vollzieht sich jedoch gerade kein Zuwachs an wirtschaftlicher Leistungsfähigkeit. Weder dem Erblasser, noch dem Schenker kann daher wirtschaftliche Leistungsfähigkeit in Form des vom ErbStG erfassten Vermögenszuwachses zugerechnet werden.

Steuersubjekt im Sinne von Steuerschuldner ist wie gesagt nach § 20 Abs. 1 Satz 1 ErbStG der Erwerber. Steuerschuldner ist jedoch auch der Schenker. Die Erklärung des Erwerbers zum Steuerschuldner entspricht dabei der sachlichen Normenkonzeption des ErbStG, steuerlich den bei ihm eintretenden Zuwachs an wirtschaftlicher Leistungsfähigkeit zu erfassen. Er ist infolge der Steigerung seiner Leistungsfähigkeit wirtschaftlich in der Lage, die ihm auferlegte Steuerschuld zu tragen. Das gilt jedoch nicht für den Schenker, bei dem sich gerade kein Zuwachs an wirtschaftlicher Leistungsfähigkeit vollzieht, sondern der um das schenkweise übertragene Vermögen vielmehr entreichert und damit in seiner wirtschaftlichen Leistungsfähigkeit gemindert ist. Die

[296] *Meincke*, FS Tipke, S. 391, 394.

[297] Zur Systemwidrigkeit der Anknüpfung der Steuerpflicht an die persönlichen Verhältnisse des Erblassers und Schenkers in § 2 Abs. 1 Nr. 1 Satz 1 ErbStG s. zweiter Teil C.

Erklärung des Schenkers zum Steuerschuldner ist insoweit mit der sachlichen Normenkonzeption des ErbStG nicht zu vereinbaren und entbehrt vor dem Hintergrund der Besteuerung nach der wirtschaftlichen Leistungsfähigkeit jeder Rechtfertigung[298]. Die Eigenschaften des Steuersubjekts sowohl als Zurechnungssubjekt wirtschaftlicher Leistungsfähigkeit als auch als Steuerschuldner fallen damit in der Person des Erwerbers zusammen, in der Person des Schenkers jedoch auseinander.

Im Hinblick auf die Ausgestaltung der Erbschaft- und Schenkungsteuer als Bereicherungssteuer entspricht es der Konzeption des ErbStG vielmehr, wenn der Schenker nicht zum Steuerschuldner, sondern zum Haftungsschuldner erklärt wird[299]. Vergleicht man die gesetzgebungshistorische Entwicklung der die Steuerschuldnerschaft des Schenkers regelnden Bestimmungen, zeigt sich, dass die Heranziehung des Schenkers als Steuerschuldner ihren Ursprung in den unter besteuerungssystematischen Gesichtspunkten noch unvollkommen ausgestalteten preußischen Stempelsteuergesetzen hat und vom jeweiligen Steuergesetzgeber in späteren Gesetzesfassungen einfach aufgenommen wurde. Dem preußischen Stempelsteuergesetz von 1822[300], das noch auf Erbschaften und Schenkungen anwendbar war[301], wurde aus den in § 22 dieses Gesetzes enthaltenen Strafbestimmungen entnommen, dass die Stempelsteuer bei einseitigen Verträgen der Aussteller, bei mehrseitigen alle Teilnehmer zu entrichten hatten[302]. Die Verpflichtung zur Zahlung der Stempelsteuer normierte erstmals § 12[303] des dem preußischen Stempelsteuergesetz 1822 nachfolgenden und auf Erbschaften nicht mehr anwendbaren preußischen Stempelsteuergesetzes 1895[304]. Nach dieser Bestimmung waren der Schenker und der Beschenkte zur Zahlung der Stempelsteuer verpflichtet, wenn die Schenkung durch einen von beiden unterzeichneten Vertrag beurkundet wurde, dagegen nur der Schenker, wenn es zu einer Beurkundung der einseitigen Erklärung des Schenkers kam[305]. Allerdings bestimmte das Reichserbschaftssteuergesetz 1906[306], mit dem im Zuge der Reichsfinanzreform das zersplitterte Erbschaft- und Schenkungsteuerrecht vereinheitlicht wurde, in § 55 i.V.m. § 31 RErbStG 1906, dass nur der Erwerber zur Entrichtung der Steuer verpflichtet sei. Es ist jedoch anzunehmen, dass es sich hierbei um einen technischen Mangel handelte, da das RErbStG 1906

---

[298] *Seer* in Tipke/ Lang, Steuerrecht, § 13 RdNr. 134, der in der dortigen FN 62 außerdem zutreffend darauf hinweist, dass es nicht zur Steuerschuldnerschaft des Schenkers passt, wenn gemäß § 10 Abs. 2 ErbStG die Übernahme der Schenkungsteuer durch den Schenker als eine zusätzliche freigebige Zuwendung an den Beschenkten gewertet wird.

[299] *Oswald*, DVR 1982, 18 f.

[300] Gesetz-Sammlung für die Königlichen Preußischen Staaten 1822, S. 57 ff.

[301] Vgl. die Positionen „Erbschaften" und „Schenkungen" des Stempeltarifs, Gesetz-Sammlung für die Königlichen Preußischen Staaten 1822, S. 76 und 85.

[302] *Heinitz*, Stempelsteuer, S. 58.

[303] I.V.m. § 4 preußErbStG 1891, Gesetz-Sammlung für die Königlichen Preußischen Staaten 1891, S. 78 ff.

[304] Gesetz-Sammlung für die Königlichen Preußischen Staaten 1895, S. 413 ff.

[305] *Heinitz*, Stempelsteuer, S. 364.

[306] RGBl. 1906, 654 ff.

die Schenkungsteuer in nur zwei Bestimmungen[307] regelte und im Wesentlichen pauschal auf die Bestimmungen betreffend die Erbschaftsteuer verwies[308]. Das ErbStG 1919[309] erklärte dann den Schenker in § 41 Abs. 1 zwar zunächst zum Haftungsschuldner. Hierbei ist jedoch zu berücksichtigen, dass das ErbStG 1919 den Begriff des Steuerschuldners oder der Steuerschuld noch nicht verwendete und keine klare Unterscheidung zwischen Steuer- und Haftungsschuldner[310] traf. Haftungsschuldner und Steuerschuldner wurden vielmehr gleich behandelt[311]. Erst das ErbStG 1919 in der Fassung des ErbStÄndG 1922[312] unterschied zwischen Steuer- und Haftungsschuldner und erklärte in § 18 Abs. 2 auch den Schenker zum Steuerschuldner. Diese gesetzgebungsgeschichtliche Entwicklung zeigt, dass es sich bei der Erklärung des Schenkers zum Steuerschuldner um die von *Tipke* so bezeichnete „Verkehrsteuer-Reminiszenz" handelt[313]. Denn die Heranziehung des Schenkers zum Steuerschuldner ist auf die Übernahme der tatbestandlichen Ausgestaltung aus den preußischen Stempelsteuergesetzen zurückzuführen, die ihrerseits auch Vorläufer der Verkehrsteuern gewesen sind[314] und zu denen teilweise auch die Erbschaft- und Schenkungsteuer gezählt wird[315]. Im Ergebnis kann vor dem Hintergrund der Ausgestaltung der Erbschaft- und Schenkungsteuer als Erbanfallsteuer der Schenker allein auf Grund der Anknüpfung der Steuerpflicht an seine persönlichen Verhältnisse[316] und seine Erklärung zum Steuerschuldner jedoch nicht als Steuersubjekt im Sinne eines Zurechnungssubjektes wirtschaftlicher Leistungsfähigkeit angesehen werden.

Vor dem Hintergrund der systematischen Ausgestaltung der Erbschaft- und Schenkungsteuer legt der BFH die insoweit identische Vorgängervorschrift zu § 20 Abs. 1 Satz 1 ErbStG[317] jedoch systemkonform aus[318]. Er entnimmt dem Wortlaut dieser Vorschrift[319], dass vorrangig der Beschenkte als Steuerschuldner in Anspruch zu nehmen ist[320]. Steuerschuldner sei in erster Linie der Beschenkte als derjenige, der bereichert ist, der Schenker komme als Steuerschuldner erst in zweiter Linie in Betracht[321]. Es sei daher ermessensfehlerhaft, wenn die Finanzbehörde die Schenkungsteuer von dem erst

---

[307] §§ 55 und 56 RErbStG 1906.
[308] § 55 Abs. 1 RErbStG 1906.
[309] RGBl. 1919, 1543 ff.
[310] Zu dieser Unterscheidung *J. Lang* in Tipke/ Lang, Steuerrecht, § 6 RdNr. 7 und 9.
[311] Vgl. *Ehm*, ErbStG, S. 104, 106, 156, mit Zitierung der Gesetzesmaterialien.
[312] RGBl. I 1922, 695 ff.
[313] *Tipke*, StRO II, S. 753, 767.
[314] *Tipke*, StRO II, S. 932.
[315] Zur steuersystematischen Einordnung der Erbschaft- und Schenkungsteuer als Verkehrsteuer s. erster Teil B. II. 2. a) aa) (5) (b).
[316] Hierzu ausführlicher unten unter zweiter Teil C.
[317] § 15 Abs. 1 ErbStG 1951.
[318] BFH, Urteil v. 29.11.1961, II 282/58 U, BStBl. III 1962, 323, 324.
[319] „Steuerschuldner ist … *auch* der Schenker", Hervorhebung durch den Verfasser.
[320] BFH, a.a.O., FN 318; zustimmend *Seer* in Tipke/ Lang, Steuerrecht, § 13 RdNr. 133, dortige FN 64; *Meincke*, ErbStG, § 20 RdNr. 6.
[321] BFH, a.a.O., FN 318; zustimmend *Oswald*, DVR 1982, 18.

nachrangig als Steuerschuldner in Betracht kommenden Schenker anfordere[322], ohne zuvor den Beschenkten erfolglos zur Zahlung der Steuer herangezogen zu haben[323]. Ausgehend von der Rechtsprechung des BFH und dieser systemkonformen Auslegung ist der Beschenkte als Primärschuldner anzusehen. Dem gegenüber kommt dem Schenker nur noch die Funktion eines Sekundärschuldners zu[324], der nur dann zur Zahlung der Steuer herangezogen werden darf, wenn der Primärschuldner ausfällt. Seine Heranziehung zur Steuerzahlung ist damit nur noch im Sinne einer Haftungsfunktion gerechtfertigt. Im Ergebnis ist damit die Funktion des Schenkers als Steuerschuldner auf die eines Haftungsschuldners beschränkt[325]. Die Heranziehung als Sekundärschuldner entspricht damit im Grundsatz der gesetzlichen Wertung des § 219 Satz 1 AO, nach der der Haftungsschuldner in der Regel nur subsidiär in Anspruch genommen werden darf[326].

(4) Steuerträger

Ist der Erwerber der Steuerschuldner, ist nach der inneren sachlichen Beschaffenheit des ErbStG das angefallene Vermögen mit der Steuer belastet. Erfasst wird so der die wirtschaftliche Leistungsfähigkeit vermittelnde Wert. Durch die Besteuerung wird insoweit der transferierte Vermögensbestand abgeschöpft[327]. Das bedeutet zwar nicht zwingend, dass die Steuer aus dem angefallenen Vermögen entrichtet werden muss. Sie kann auch aus dem Vermögen entrichtet werden, das der Erwerber bereits vor dem Erwerb besaß oder das er erst nach dem Vermögensanfall erwirbt. Entsprechend der Grundkonzeption des ErbStG muss sie jedoch dann aus dem erworbenen Vermögen entrichtet werden, wenn der Erwerber kein sonstiges Vermögen hat, aus dem die Steuer gezahlt werden kann. Dann ist dieses dem Erwerber angefallene Vermögen die Quelle, aus der die Steuer gezahlt wird. Steuerträger ist jedenfalls der Erwerber.

Wird der Schenker als Steuerschuldner in Anspruch genommen, kann er die Steuer nur aus dem ihm nach der Vermögensübertragung verbliebenen Vermögen entrichten. Dieses ihm nach der Vermögensübertragung verbliebene Vermögen ist die Steuerquelle, aus der die Steuer gezahlt wird. Er wird hierdurch zum Steuerträger. Hier zeigt sich jedoch, dass die Erklärung des Schenkers zum Steuerschuldner in § 20 Abs. 1 Satz 1 ErbStG konzeptionell verfehlt ist. Denn Grund für die Inanspruchnahme als Steuerschuldners ist seine Steuerzahlungsfähigkeit infolge des Zuwachses an wirtschaftlicher Leistungsfähigkeit[328]. Diese ist bei dem Schenker jedoch gerade gemindert. Sie fehlt

---

[322] BFH und *Seer*, jeweils a.a.O., s. FN 318 und 320.
[323] A. A. *Gebel* in Troll/ Gebel/ Jülicher, ErbStG, § 20 RdNr. 26.
[324] *Megow/ Michel*, ErbStG, § 20 RdNr. 3: „Ersatzsteuerschuldner"; ebenso *Meincke*, ErbStG, § 20 RdNr. 6: „Die Inanspruchnahme des Schenkers ist nur ersatzweise möglich, insbesondere dann, wenn ... die Einziehung der St vom Beschenkten unmöglich ... ist."
[325] Für *Oswald*, DVR 1982, 18 f., kommt der Schenker ebenfalls nur als Haftungsschuldner in Frage.
[326] *J. Lang* in Tipke/ Lang, Steuerrecht, § 7 RdNr. 46 und 67.
[327] *Oberhauser*, Erbschaft-/ Schenkungsteuern, S. 487 ff.; *J. Lang* in Tipke/ Lang, Steuerrecht, § 8 RdNr. 40 f.
[328] BFH, Urteil v. 29.11.1961, II 282/58 U, BStBl. III 1962, 323, 324.

sogar vollständig, wenn der Schenker beispielsweise im Wege der vorweggenommenen Erbfolge den Großteil seines Vermögens auf seinen späteren Erben überträgt und das von ihm zurückbehaltene Vermögen zur Schenkungsteuerzahlung nicht ausreicht.

(5) Steuertypologische Einordnung

Über die Einordnung der Erbschaft- und Schenkungsteuer im System der Steuerarten besteht keine Einigkeit. Es wird vertreten, die Erbschaft- und Schenkungsteuer als Einkommensteuer, als Vermögenssubstanzsteuer oder als Verkehrsteuer einzuordnen oder als eine Steuer zwischen den Steuern auf das Einkommen und den Steuern auf das Vermögen anzusehen[329]; nach weiteren Ansichten soll es sich um eine Verkehr- und Besitzsteuer handeln[330], nach anderer, vereinzelt gebliebener, um eine Sollertragsteuer[331]. Ob die Erbschaft- und Schenkungsteuer einer der vorgenannten Steuerarten zugeordnet werden kann, hängt überwiegend von ihrer systematischen Ausgestaltung ab. Maßgeblich für die steuertypologische Einordnung ist das dem ErbStG zu Grunde liegende Besteuerungsgut. Auf die steuertechnische Form der Erfassung des Besteuerungsgutes durch den Steuergegenstand kommt es nicht entscheidend an[332], denn diese beruht überwiegend auf Zweckmäßigkeitserwägungen. Das zeigen bereits die Vorschriften der §§ 3 und 7 ErbStG sowie des § 2 Abs. 1 Nr. 1 Satz 1 ErbStG in ihren unterschiedlichen Ausgestaltungen betreffend den Steuergegenstand. Würde es auf den Steuergegenstand ankommen, könnte sich durch eine einfache Änderung der Steuertechnik die steuersystematische Zuordnung ändern. Die steuersystematische Zuordnung hängt vielmehr davon ab, was das ErbStG belasten will[333].

(a) Einkommensteuer

Die Erbschaft- und Schenkungsteuer wird verschiedentlich als Einkommensteuer[334] im weiteren Sinn[335] angesehen[336] oder als in Ergänzungsfunktion steuersystematisch neben

---

[329] Vgl. den Überblick bei *Kruse* in Tipke/ Kruse, AO/ FGO, § 3 AO RdNr. 85; zu weiteren Einzelheiten s. nachfolgend; im wesentlichen unumstritten im Rahmen der steuersystematischen Zuordnung ist die Klassifizierung als direkte im Gegensatz zu den indirekten Steuern, als Real- im Gegensatz zu den Personalsteuern und als nicht periodische im Gegensatz zu den periodisch anfallenden Steuern, vgl. *Meincke*, ErbStG, Einf., RdNr. 1.

[330] *Leisner*, Verfassungsrechtliche Grenzen der Erbschaftsbesteuerung, S. 32 f.; s. auch die w.N. bei *Jesse*, Einkommensteuer/ Erbschaftsteuer, S. 108, FN 448.

[331] *Zitzelsberger*, FS Ritter, S. 661, 665.

[332] *Kruse* in Tipke/ Kruse, AO/ FGO, § 3 AO RdNr. 58; a. A. *J. Lang*, Systematisierung, S. 35.

[333] *Söhn*, StuW 1975, 1, 9 f.

[334] *Crezelius*, DStJG 22 (1999), 73, 106; *Schaumburg*, Internationales Steuerrecht, RdNr. 7.1; *Seer*, Harzburger Steuerprotokoll 1998, S. 159, 162; *Kruse*, BB 1996, 717, 719, ihre Erhebung im Ergebnis jedoch ablehnend; *M. Klein*, Ausländische Zivilrechtsformen im deutschen Erbschaftsteuerrecht, RdNr. 13, 21 ff.; einschränkend *P. Haas*, ErbStR und gesellschaftsrechtliche Nachfolge, S. 10; ablehnend *Kirchhof* in Kirchhof/ Söhn, EStG, § 2 RdNr. A 27; a. A. auch *Reiß*, *Trzaskalik* und *J. Lang*, Diskussionsbeiträge, DStJG 17 (1996), 187 ff.

dieser stehend betrachtet[337]. Diese Ansichten gehen bei der steuersystematischen Einordnung der Erbschaft- und Schenkungsteuer entweder auf die von *Schanz* Ende des 19. Jahrhunderts begründete „Reinvermögenszugangstheorie"[338] oder auf die steuerliche Erfassung des Vermögenszuwachses innerhalb des dreigeteilten Besteuerungssystems[339] zurück. Nach der Reinvermögenszugangstheorie ist Einkommen der „Reinvermögenszugang eines bestimmten Zeitabschnitts inkl. der Nutzungen und geldwerten Leistungen Dritter", zudem „alle Reinerträge ..., alle Geschenke, Erbschaften, Legate, Lotteriegewinne, Versicherungskapitalien, Versicherungsrenten, Konjunkturgewinne jeder Art ..." einschließlich der unrealisierten Wertsteigerungen gehören[340]. Das Einkommen umfasst nach dieser Theorie damit den gesamten realisierten und unrealisierten Vermögenszuwachs, der sich in der Vermögenssphäre einer Person vollzieht[341]. Ausgehend von der Reinvermögenszugangstheorie besteuert das ErbStG also genauso Einkommen, wie, losgelöst von den Bemühungen um die konkrete Abgrenzung des Begriffsinhaltes des Einkommens im Sinne des EStG[342], das EStG[343]. Schon dieser Umstand begründet die Einordnung der Erbschaft- und Schenkungsteuer als Einkommensteuer.

Jesse weist zutreffend darauf hin, dass auch ein Vergleich der den beiden Steuern zu Grunde liegenden Besteuerungsgüter die systematische Nähe der Einkommen- sowie der Erbschaft- und Schenkungsteuer zeige[344]. Das dem ErbStG zu Grunde liegende Besteuerungsgut ist die Bereicherung infolge eines unentgeltlichen Vermögensüberganges, Besteuerungsgut des EStG der erzielte Vermögenszuwachs infolge erwirtschafteten Einkommens. Die beiden Besteuerungsgüter repräsentieren so den gleichen Indika-

---

[335] *Seer* in Tipke/ Lang, Steuerrecht, § 13 RdNr. 103; *ders.*, GmbHR 1999, 64, 65; *ders.*, DStJG 22 (1999), 191, 192, 199; *Jesse*, Einkommensteuer/ Erbschaftsteuer, S. 107 f.; *Moench* in Moench, ErbStG, Einführung, RdNr. 3.

[336] In dieser Richtung wohl auch *Meincke*, DStJG 22 (1999), 39, 40 f.; *Tipke*, StRO II, S. 747, 767; *Moench* in Moench, ErbStG, Einführung, RdNr. 3; Ritter, BB 1994, 2285, 2286; Wissenschaftlicher Beirat, Reform der direkten Steuern, S. 372; *Schneider*, StuW 1979, 38, 39 f.; *Gebel* in Troll/ Gebel/ Jülicher, ErbStG, Einführung, RdNr. 15: „Form der Einkommensteuer".

[337] *Mellinghoff*, DStJG 22 (1999), 127, 136; *Gebel* in Troll/ Gebel/ Jülicher, ErbStG, Einführung, RdNr. 15; vgl. auch *Meincke*, a.a.O., FN 336; *Tipke*, FS Höhn, 401, 418: „Annexsteuer"; zurückhaltender *Crezelius*, DStJG 17 (1994), 135, 139, 187: Einkommen- sowie Erbschaft- und Schenkungsteuer sind im finanzwissenschaftlichen Sinne Einkommensteuern.

[338] So z.B. *Seer* und *Crezelius*, s. FN 334 f.; *Schneider*, DStR 1998, 1287, 1288; *Gebel* in Troll/ Gebel/ Jülicher, ErbStG, Einführung, RdNr. 15. Zu dieser Theorie *Schanz*, Finanz-Archiv, 13. Jahrg. (1896), Bd. I, S. 6 f., 23 f.

[339] *Mellinghoff*, DStJG 22 (1999), 127, 135, 136.

[340] *Schanz*, Finanz-Archiv, 13. Jahrg. (1896), Bd. I, S. 6 f., 23 f.; *J. Lang* in Tipke/ Lang, Steuerrecht, § 8 RdNr. 32.

[341] *J. Lang* in Tipke/ Lang, Steuerrecht, § 4 RdNr. 107.

[342] Als entgeltlich oder unentgeltlich, Erwerbs- oder zugewendetes Einkommen, Markteinkommen oder Wertzuwachs, realisiert erwirtschaftetes Einkommen oder nicht realisierte Wertsteigerung etc.

[343] Den Erwerb auf Grund eines Erbfalles oder durch Schenkung zählen *Tipke*, StRO II, S. 745 ff.; *ders.*, FS Höhn, 401, 413; *Crezelius*, FS Tipke, 403, 406 f., ebenfalls zum Einkommen.

[344] Hierzu insbesondere *Jesse*, Einkommensteuer/ Erbschaftsteuer, S. 102 ff.

tor wirtschaftlicher Leistungsfähigkeit und unterscheiden sich lediglich in der unterschiedlichen Art des Vermögenszuwachses. Dieser Unterschied bewirkt jedoch keine andere steuersystematische Einordnung, da die Art und Weise des Entstehens wirtschaftlicher Leistungsfähigkeit unerheblich ist[345]. In ihren Wesensmerkmalen weisen beide Besteuerungsgüter übereinstimmend die durch den jeweiligen Vermögenszuwachs vermittelte Zunahme an wirtschaftlicher Leistungsfähigkeit auf. Der für die steuerliche Belastung jeweils entscheidende Sachverhalt besteht in der Steigerung der wirtschaftlichen Leistungsfähigkeit[346]. Die Erbschaft- und Schenkungsteuer stellt damit im System der Steuerarten eine Einkommensteuer dar. Dabei erfasst sie im Gegensatz zum EStG nicht das wenn auch auf die sieben Einkunftarten beschränkte Einkommen im allgemeinen, sondern ein ganz bestimmtes Einkommen, nämlich den Vermögenszuwachs infolge eines unentgeltlichen Vermögensüberganges. Sie ist im Gegensatz zur allgemeinen Einkommensteuer im Sinne des EStG eine besondere Einkommensteuer[347].

Soweit der BFH und das BVerfG teilweise die Erbschaft- und Schenkungsteuer als Bereicherungsteuer[348] oder Erbanfallsteuer[349] bezeichnen, ist nicht eindeutig erkennbar, ob dieser terminologische Unterschied auch inhaltlicher Art in der Weise sein soll, dass er eine andere steuersystematische Qualifizierung bewirkt. Der BFH stellt zwischen der Erbschaft- und Schenkungsteuer sowie der Einkommensteuer lediglich einen Bezug durch die Feststellungen her, dass beide Steuern auf verschiedenen Ebenen liegen[350] und wegen unterschiedlicher Besteuerungsgegenstände grundsätzlich kumulativ nebeneinander erhoben werden können[351].

(b) Vermögenssubstanzsteuer

Nach anderer Ansicht handelt es sich bei der Erbschaft- und Schenkungsteuer steuersystematisch um eine Vermögenssubstanzsteuer[352]. Diese Einordnung wird damit begründet, dass sie „einen Teil des Vermögensüberganges … abschöpft und im allgemeinen aus der Vermögenssubstanz getragen werden muß“[353]. Bei dieser Begründung han-

---

[345] So *Fischer*, StuW 1978, 345, 346.

[346] *Jesse*, Einkommensteuer/ Erbschaftsteuer, S. 143 f.

[347] Ablehnend: *Kirchhof* in Kirchhof/ Söhn, EStG, § 2 RdNr. A 27.

[348] BFH, Urteil v. 29.11.1961, II 282/58 U, BStBl. III 1962, 323, 324; BFH, Beschluss v. 18.12.1972, II R 87-89/70, BStBl. II 1973, 329, 349; BFH, Urteil v. 09.08.1983, VIII R 35/80, BStBl. II 1984, 27, 28.

[349] BVerfG, Beschluss v. 22.06.1995, 2 BvR 552/91, BVerfGE 93, 165, 167.

[350] BFH, Urteil v. 22.10.1986, II R 113/84, BStBl. II 1987, 174, 177; ausführlich hierzu *Jesse*, Einkommensteuer/ Erbschaftsteuer.

[351] BFH, Urteil v. 07.12.1990, X R 72/89, BStBl. II 1991, 350, 352.

[352] *Oberhauser*, Erbschaft-/ Schenkungsteuern, S. 488; insoweit nicht eindeutig BVerfG, Beschluss v. 15.05.1984, 1 BvR 464, 605/81 u.a., BVerfGE 67, 70, 86: „So werden Erbschaft- und Schenkungsteuer von dem Vermögen erhoben, das bei dem Tod einer natürlichen Person oder bei einer Schenkung auf einen Dritten übergeht“.

[353] *Oberhauser*, a.a.O.

delt es sich allerdings weniger um eine steuersystematisch klassifizierende Zuordnung, sondern vielmehr um eine Beschreibung ihrer wirtschaftlichen Belastungswirkung. Zutreffend ist zwar, dass wegen der wirtschaftlichen Belastungswirkung die Vermögenssubstanz steuerlich belastet wird und hierdurch ein Substanzsteuereffekt entsteht[354]. Der aus der Besteuerung des Vermögenszuwachses folgende Substanzsteuereffekt ändert jedoch nicht die Einordnung der Erbschaft- und Schenkungsteuer innerhalb des Systems der Steuerarten. Auch wenn die Erbschaft- und Schenkungsteuer wie eine Vermögenssubstanzsteuer wirkt, ist sie steuersystematisch gleichwohl als eine besondere Einkommensteuer anzusehen[355]. Der Substanzsteuereffekt ist der zwangsläufige Nebeneffekt der Besteuerung des Vermögenszuwachses. Der materielle Schwerpunkt des ErbStG liegt dennoch in der steuerlichen Erfassung des Vermögenszuwachses. Belastungsgrund der Erbschaft- und Schenkungsteuer ist nicht die Inhaberschaft von Vermögen. Gegen ihre Einordnung als Vermögensteuer sprechen außerdem die vom Verwandtschaftsgrad zwischen Erblasser oder Schenker einerseits und Erwerber andererseits abhängige unterschiedliche Tarifprogression und die ebenfalls hiervon abhängigen unterschiedlich hohen Freibeträge. Die Erbschaft- und Schenkungsteuer ist daher nicht als eine auf das Vermögen gelegte Objektsteuer[356], sondern als eine Personensteuer anzusehen[357]. Dementsprechend spricht auch die steuertatbestandliche Ausgestaltung des ErbStG für eine besondere Einkommensteuer und nicht für eine Vermögensteuer[358]. Auf Grund dieser steuersystematischen Einordnung handelt es sich auch nicht um eine Steuer zwischen einer Steuer auf das Einkommen und einer Steuer auf das Vermögen[359].

(c) Verkehrsteuer

In einem Urteil vom 22.09.1982 hat der II. Senat des BFH die Erbschaft- und Schenkungsteuer den Verkehrsteuern zugeordnet[360]. Dem haben sich das FG Düsseldorf[361]

---

[354] *J. Lang* in Tipke/ Lang, Steuerrecht, § 8 RdNr. 39; *Seer*, ebd., § 13 RdNr. 104; s. hierzu auch *Seer*, StuW 1997, 283, 285; Steuerreformkommission 1971, Schriftenreihe BMF, Heft 17, S. 660; zum Substanzsteuercharakter *M. Klein*, Ausländische Zivilrechtsformen im deutschen Erbschaftsteuerrecht, RdNr. 15 ff.

[355] So schon *Schanz*, Finanz-Archiv, 13. Jahrgang (1896), Bd. I, S. 1, 73.

[356] *Mellinghoff*, DStJG 22 (1999), 127, 135 f.; *Seer*, DStJG 22 (1999), 191, 192; *ders.*, Harzburger Steuerprotokoll 1998, S. 159, 162.

[357] *Meincke*, ErbStG, Einführung, RdNr. 1.

[358] Ähnlich FG Hamburg, Urteil v. 15.01.1993, II 54/89, EFG 1993, 586, 587: „Im übrigen unterscheiden sich VSt und ErbSt in ihren materiellen und persönlichen Besteuerungstatbeständen, nach dem Steuerzweck und vor allem auch in der Belastung für den Steuerpflichtigen ... nachhaltig".

[359] So aber *J. Lang* in Tipke/ Lang, Steuerrecht, § 8 RdNr. 41.

[360] BFH, Urteil v. 22.09.1982, II R 61/81, BStBl. II 1983, 179, 180; in dieser Richtung BVerfG, Beschluss v. 15.05.1984, 1 BvR 464, 605/81 u.a., BVerfGE 67, 70, 86: „Der Gesetzgeber, der den wirtschaftlichen Vorgang des Substanzüberganges besteuern will, ...".

[361] FG Düsseldorf, Urteil v. 29.08.1995, 4 K 253/90 Erb, EFG 1996, 992, 994; vgl. auch Jahresbericht 1983 über den BFH, StuW 1984, 112, 122 f.

und ein Teil der Literaturauffassungen[362] angeschlossen. Auf Grund welcher Erwägungen der BFH die Erbschaft- und Schenkungsteuer den herkömmlich als Verkehrsteuern[363] bezeichneten Steuern zuordnet, kann der zitierten Entscheidung[364] nicht entnommen werden. Bereits in einem früheren Beschluss vom 18.12.1972 hatte derselbe Senat die Zuordnung der Erbschaft- und Schenkungsteuer zu den Verkehrsteuern noch ausdrücklich abgelehnt[365]. In dem Urteil des BFH wird auf die Ausführungen zur steuersystematischen Einordnung in dem Beschluss jedoch weder Bezug genommen noch setzt sich der BFH mit der in diesem Beschluss eingeleiteten Praxis auseinander[366]. Auch der Entscheidung des FG Düsseldorf ist eine Begründung hierfür nicht zu entnehmen. Der Beschluss des BFH vom 18.12.1972[367] bleibt dort ebenso unerwähnt. Soweit in der Rechtswissenschaft die Meinung vertreten wird, dass es sich bei der Erbschaft- und Schenkungsteuer um eine Verkehrsteuer handelt, wird dies damit begründet, dass sie an den unentgeltlichen Vermögenstransfer vom Erblasser auf den Erben anknüpft[368].

Aus mehreren Gründen ist die Erbschaft- und Schenkungsteuer jedoch nicht als eine Verkehrsteuer anzusehen. Sie besteuert nicht einen Vorgang des Rechtsverkehrs selbst, sondern den Erwerber, der einen aus einem unentgeltlichen Vermögensübergang hervorgehenden Vermögenszuwachs erfährt, der bei ihm zu einem Zuwachs an wirtschaftlicher Leistungsfähigkeit führt[369]. Die Qualifikation der Erbschaft- und Schenkungsteuer als Verkehrsteuer trifft damit nicht ihren materiellen Gehalt als besondere Einkommensteuer, sondern berücksichtigt durch die Anknüpfung an einen Vermögensübergang nur ihre formale Ausgestaltung[370]. Darüber hinaus lässt sich aus der Beteiligung

---

[362] *Zitzelsberger*, FS Ritter, S. 661, 664; *Wacker*, StKongrRep 1989, S. 439, 444; *Rose*, Substanzsteuern, 17 ff., 97 ff.; *ders.*, Erbschaftsteuer, S. 13; einschränkend *Leisner*, Verfassungsrechtliche Grenzen der Erbschaftsbesteuerung, S. 32 f.; *Kipp*, Erbschaftsteuergesetz, Einl. Anm. I 1 e; ablehnend *Mellinghoff*, DStJG 22 (1999), 127, 135.

[363] Zur berechtigten Kritik an dem im Hinblick auf die Steuertypologie inhaltlosen Begriff der Verkehrsteuer *Reiß*, DStJG 13 (1990), 3, 14 ff.

[364] BFH, a.a.O., FN 360.

[365] BFH, Beschluss v. 18.12.1972, II R 87-89/70, BStBl. II 1973, 329, 349; bestätigt durch BFH, Urteil v. 09.08.1983, VIII R 35/80, BStBl. II 1984, 27, 28.

[366] Hierzu kehrte er in BFH, Urteil v. 30.09.1987, II R 99/86, BStBl. II 1987, 867, jedoch wieder zurück.

[367] BFH, a.a.O., FN 365.

[368] *Rose*, Substanzsteuern, 17 ff., 97 ff.; *ders.*, Erbschaftsteuer, S. 13; *Zitzelsberger*, FS Ritter, S. 661, 664.

[369] BFH, Urteil v. 09.08.1983, VIII R 85/80, BStBl. II 1984, 27, 28: „Die Schenkungsteuer selbst ist durch die beim Kläger eingetretene Bereicherung ausgelöst. Denn die Schenkungsteuer ist eine Bereicherungssteuer und keine Verkehrsteuer, obwohl sie mit dem ‚Erwerb' einen Verkehrsvorgang voraussetzt." sowie BFH, Urteil v. 30.09.1987, II R 99/86, BStBl. II 1987, 867: „die Schenkungsteuer [beruht] jedoch nicht auf diesen Rechtsakten, sondern sie erfasst allein die infolge der Ausführung der Schenkung beim Kläger eintretende Bereicherung" und die Erbschaft- und Schenkungsteuern „knüpfen zwar an den Erfolg von Erwerbsvorgängen an, besteuern sie jedoch nicht um ihres Zustandekommens willen"; *Gebel* in Troll/ Gebel/ Jülicher, ErbStG, Einführung, RdNr. 3.

[370] *Seer* in Tipke/ Lang, Steuerrecht, § 13 RdNr. 104; *Tipke*, StRO II, S. 751 f.

an einem Akt des Rechtsverkehrs nicht auf eine bestimmte wirtschaftliche Leistungsfähigkeit schließen[371]. Gerade diese will das ErbStG aber durch die steuerliche Belastung des aus einem unentgeltlichen Vermögensübergang hervorgehenden Vermögensanfalls erfassen. Der BFH in seinem Beschluss vom 18.12.1972[372] und *Crezelius*[373] haben weiter darauf hingewiesen, dass sich die Erbschaft- und Schenkungsteuer von den als Verkehrsteuern bezeichneten Steuern durch die Verrechnung der Aktiven mit den Passiven bei Ermittlung des Wertes der Steuerbemessungsgrundlage sowie die Tarifprogression unterscheidet[374]. Dem ist zuzustimmen. Das ErbStG berücksichtigt hierdurch die subjektive Leistungsfähigkeit des Erwerbers, während bei den als Verkehrsteuern bezeichneten Steuern typisierend auf eine vermutete Leistungsfähigkeit abgestellt wird[375]. Darüber hinaus finden bei den Verkehrsteuern die im Erbschaft- und Schenkungsteuerrecht nach der Leistungsfähigkeit und dem Verwandschaftsverhältnis unterscheidenden Steuersätze sowie die ihnen zu Grunde liegenden sozialpolitischen Erwägungen keine Beachtung. Zu ergänzen ist schließlich, dass bei den Verkehrsteuern auch keine nach dem verwandschaftlichen Verhältnis der an dem Verkehrsvorgang Beteiligten unterscheidende Freibeträge existieren[376].

bb) österrErbStG

Wegen der ähnlichen steuertatbestandlichen Ausgestaltung des ErbStG und des österrErbStG auf Grund ihrer gemeinsamen Wurzeln[377] liegt auch dem österrErbStG als Besteuerungsgut die aus einem unentgeltlichen Vermögensübergang hervorgehende Bereicherung des Erwerbers zu Grunde. Auch die österreichische Erbschaft- und Schenkungsteuer ist als eine besondere Einkommensteuer anzusehen[378]. Die nachfolgenden Ausführungen beschränken sich daher auf die Hervorhebung einer Besonderheit. Sie betrifft die mit der Besteuerung nach dem österrErStG verbundene wirtschaftlichen Belastungswirkung. Da sich im österreichischen Erbrecht der Vermögensübergang infolge eines Erbfalles im Wege eines rechtlich wie temporär mehrstufigen Erwerbes durch den Erbanfall, die Annahme der Erbschaft und die Einantwortung des Nachlasses vollzieht, erfolgt im österreichischen Erbrecht der Eigentumserwerb an dem Vermögen des Erblassers durch den Erben nicht mit dem Erbanfall, sondern erst mit der Einantwortung[379]. Durch den Erbanfall erwirbt der Erbe nur das dingliche Recht, die Erbschaft durch Antretung und Einantwortung zu erwerben[380]. Er ist also durch den

---

[371] *Tipke*, StRO II, S. 746, 751 f.
[372] BFH, Beschluss v. 18.12.1972, II R 87-89/70, BStBl. II 1973, 329, 349.
[373] *Crezelius*, Erbschaft- und Schenkungsteuer in zivilrechtlicher Sicht, § 4 D.
[374] Zustimmend *P. Haas*, ErbStR und gesellschaftsrechtliche Nachfolge, S. 10.
[375] *Kirchhof*, HStR IV, § 88 RdNr. 157.
[376] Das gilt insoweit jedoch nicht für die den Steuerbefreiungen gleichzusetzenden Ausnahmen von der Besteuerung, vgl. § 3 Nr. 4 und Nr. 6 GrEStG.
[377] S. erster Teil B. I. 2. b).
[378] Zur besteuerungssystematischen Beurteilung des österrErbStG ausführlicher *Dorazil*, Erbschafts-/Schenkungssteuergesetz, S. 3 ff.; *Fellner*, RdW 1994, 412 ff.
[379] S. FN 128 f. und *Taucher*, NZ 1991, 212, 213.
[380] §§ 536 und 532 ABGB.

Erbanfall nur Inhaber eines dinglichen Rechtes, im Wege der Gesamtrechtsnachfolge jedoch noch nicht Eigentümer des vom Erblasser hinterlassenen Vermögens geworden, das für ihn bis zur Einantwortung fremdes Vermögen bleibt. Nach § 12 Abs. 1 Z. 1 österrErbStG entsteht die Steuerschuld mit dem Tode des Erblassers, also zu einem Zeitpunkt, zu dem der Erbe noch nicht Eigentümer des übergehenden Nachlasses geworden ist. Wirtschaftlich mit der Steuer belastet ist demzufolge schon das nach dem Tod des Erblassers entstehende dingliche Erbrecht. Nach der Rechtsprechung des VwGH stellt dieses einen echten Vermögensvorteil dar[381]. Das ergibt sich aus der Möglichkeit, die Erbschaft oder einen Teil derselben auf Grund des erworbenen Erbrechtes bereits vor Abgabe einer Erbserklärung entgeltlich oder unentgeltlich veräußern zu können[382]. Dieser wenn auch nicht im österrErbStG, sondern im österreichischen Erbrecht begründete Unterschied zeigt jedoch, dass vielmehr bereits der Vermögenszuwachs und nicht erst der Bestand des übergegangenen Vermögens von der Steuer erfasst wird. Das gilt auch vor dem Hintergrund, dass grundsätzlich das dingliche Erbrecht als ein Vermögensgegenstand zu betrachten ist.

cc) LISD

Die Systematik der Besteuerung anlässlich unentgeltlicher Vermögensübergänge zwischen zwei Personen ist durch Art. 1 LISD vorgegeben. Diese Regelung bestimmt die Rechtsnatur und den Steuergegenstand des LISD. Nach Art. 1 LISD handelt es sich bei dem Impuesto sobre Sucesiones y Donaciones um eine direkte Personensteuer, die die aus unentgeltlichem Rechtsgrund erlangten Vermögenszuwächse natürlicher Personen besteuert[383]. Nach spanischem Steuerrechtsverständnis werden als direkte Steuern diejenigen bezeichnet, die eine Einnahme erfassen[384].

Art. 3 LISD konkretisiert den Steuertatbestand und bestimmt, was als Zugriffsobjekt von der Besteuerung erfasst wird[385]. Das ist nach Art. 3 pár. 1 let. a) LISD der Erwerb von Gütern und Rechten auf Grund einer Erbschaft, eines Vermächtnisses oder eines anderen Nachfolgegrundes. Zu den Erwerben auf Grund anderer Nachfolgegründe zählen die dem Erwerb durch Erbschaft oder Vermächtnis gleichgestellten[386]. Hierzu gehören die Erwerbe, die ihren Rechtsgrund in den Schenkungen von Todes wegen, in Erbverträgen und erbrechtlichen Vereinbarungen haben sowie unter bestimmten weiteren Voraussetzungen die aus testamentarisch dem Testamentsvollstrecker übertragenen Vermögensgegenstände und der Bezug von Vermögensvorteilen von Arbeitgebern verstorbener Arbeitnehmer[387]. Nach Art. 3 pár. 1 let. b) LISD ist das weiterhin der Erwerb

---

[381] VwGH, Erkenntnis v. 02.07.1992, Geschäftszahl 90/16/0167, Slg. 6690 F/1992.
[382] VwGH, a.a.O.
[383] Lefebvre (Hrsg.), Fiscal 2000, cap. VIII, S. 814, RdNr. 5326.
[384] *Hellwege*, Deutsch-spanische Erbfälle, RdNr. 220; Steuern, die eine Ausgabe erfassen, werden als indirekte angesehen, *Hellwege*, ebd.
[385] Vgl. *Hellwege*, Deutsch-spanische Erbfälle, RdNr. 256 ff.
[386] Lefebvre (Hrsg.), ebd., FN 383.
[387] Lefebvre (Hrsg.), ebd., FN 383, RdNr. 5335.

von Gütern und Rechten auf Grund einer Schenkung oder eines anderen Rechtsgeschäftes unter Lebenden. Zu den der Schenkung gleichgestellten[388] Rechtsgeschäften unter Lebenden gehören der Rechtsverzicht zu Gunsten einer bestimmten Person und unter bestimmten weiteren Voraussetzungen Verträge über Lebensversicherungen, die von Art. 3 pár. 1 lit. c) LISD nicht erfasst werden[389]. Nach der letztgenannten Vorschrift wird schließlich auch der Bezug von Versicherungssummen aus Lebensversicherungsverträgen bei Personenverschiedenheit von Versicherungsnehmer und Bezugsberechtigtem steuerlich erfasst. Art. 4 pár. 1 und pár. 2 LISD ergänzt Art. 3 LISD, indem er in zwei Einzelfällen die Voraussetzungen nennt, unter denen außerdem ein steuerbarer Tatbestand angenommen wird[390].

Auch dem LISD liegt als Besteuerungsgut die aus einem unentgeltlichen Vermögensübergang hervorgehende Bereicherung des Erwerbers zu Grunde. Wie im Fall des ErbStG und des österrErbStG stellt das infolge dieses Überganges angefallene Vermögen den die wirtschaftliche Leistungsfähigkeit vermittelnden Wert dar. Das folgt nicht nur aus den den Steuergegenstand betreffenden Vorschriften der Art. 1 und 3 LISD, sondern auch aus seiner übrigen sachlichen Normenkonzeption. Die übrigen den Steuertatbestand bildenden und sachbezogene Merkmale enthaltenden Vorschriften folgen ganz der durch LISD Art. 1 und Art. 3 pár. 1 vorgegebenen Besteuerungssystematik. Sie ist vollständig darauf ausgerichtet, den aus einem Erbfall, einer Schenkung oder einem diesen gleichgestellten unentgeltlichen Vermögensübergang hervorgehenden Vermögenszuwachs zu erfassen[391]. Anhaltspunkte dafür, dass das zugewachsene Vermögen selbst von der Besteuerung durch das LISD erfasst werden soll, sind der sachlichen Normenkonzeption des Steuertatbestandes nicht zu entnehmen. Entsprechend der Ausgestaltung der sachlichen Normenkonzeption knüpft das LISD im Rahmen der persönlichen Normenkonzeption den Eintritt der unbeschränkten wie der beschränkten Steuerpflicht nach LISD Art. 6 pár. 1 und Art. 7 i.V.m. Art. 5 lit. a) und b) nur an die persönlichen Verhältnisse des Erben, des Beschenkten oder des Begünstigten als den Zurechnungssubjekten wirtschaftlicher Leistungsfähigkeit an[392]. Entsprechend dieser steuertatbestandlichen Ausgestaltung erklärt Art. 5 lit. a) und b) LISD den Rechtsnachfolger bei den Erwerben von Todes wegen und den Beschenkten oder den Begünstigten im Fall einer Schenkung oder einer ihr gleichgestellten Vermögensübertragung zum Steuerschuldner[393]. Die wirtschaftliche Belastungswirkung besteht nach der konzeptionellen Ausgestaltung des LISD ausschließlich in der Belastung des zugewachsenen Vermögens mit der Steuerschuld[394]. Steuerträger ist somit der jeweilige Erwerber des Vermögens. Die Steuerträgereigenschaft weicht damit nicht von der sachlichen und persönlichen Normenkonzeption ab. Die Steuer hat ebenfalls einen das erworbene

---

[388] Lefebvre (Hrsg.), ebd., FN 383, RdNr. 5326.

[389] Lefebvre (Hrsg.), ebd., FN 383, RdNr. 5335.

[390] Vgl. im Einzelnen Lefebvre (Hrsg.), ebd., FN 383, RdNr. 5343.

[391] *Sánchez Jiménez*, Doble imposición international/ Sucesiones y donaciones, S. 23 ff.

[392] *Hellwege*, Deutsch-spanische Erbfälle, RdNr. 684 ff.

[393] *Hellwege*, Deutsch-spanische Erbfälle, RdNr. 617.

[394] Lefebvre (Hrsg.), Fiscal 2000, cap. VIII, S. 814, RdNr. 5326.

Vermögen betreffenden Substanzsteuereffekt. Das erworbene Vermögen wird so zur Steuerquelle.

Insoweit handelt es sich bei dem Impuesto sobre Sucesiones y Donaciones ebenso wie bei der deutschen und österreichischen um eine besondere Einkommensteuer, da ihr materiellrechtlicher Schwerpunkt in der Besteuerung des aus einem unentgeltlichen Vermögensübergang hervorgehenden Vermögenszuwachses liegt. Die steuertatbestandliche Ausgestaltung lässt eine andere steuersystematische Einordnung nicht zu. Das bestätigen auch Art. 3 pár. 2 LISD und Art. 6 Nr. 4 LISD. Nach der erstgenannten Vorschrift unterliegen die unentgeltlichen Vermögenszuwächse, die von einer juristischen Person erzielt werden, nicht der spanischen Erbschaft- und Schenkungsteuer, sondern der spanischen Körperschaftsteuer. Nach der letztgenannten Bestimmung unterliegen Einkünfte, die von der Besteuerung durch das LISD erfasst werden, nicht der Einkommensteuer[395]. Aus Art. 4 RD[396] kann schließlich entnommen werden, dass sie eine die Einkommensteuer ergänzende Steuer ist[397].

b) Nachlasssteuern

aa) IRC

(1) Federal Estate Tax

(a) Steuergegenstand

Nach Sec. 2001 (a) IRC unterliegt der Nachlassbesteuerung die Übertragung des steuerbaren Nachlasses. Es liegt daher nahe, dass die Übertragung des steuerbaren Nachlasses den Steuergegenstand darstellt. Die Ansichten darüber, was als steuertatbestandliches Zugriffsobjekt vom IRC erfasst wird, gehen jedoch auseinander. Verschiedentlich wird angenommen, dass entweder die Übertragung des steuerbaren Nachlasses[398] oder der steuerbare Nachlass selbst den Steuergegenstand der Nachlasssteuer darstellt[399]. Die Übertragungen eines steuerbaren Nachlasses sind allerdings nur anstatt der

---

[395] *Hellwege*, Deutsch-spanische Erbfälle, RdNr. 228.

[396] Art. 4 RD bestimmt, dass ein Vermögenszuwachs entweder durch das LISD oder das Einkommensteuergesetz erfasst wird; hinsichtlich desselben Vorganges schließen sich damit die Erbschaft- und Schenkungsteuer einerseits und die Einkommensteuer andererseits aus, *Hellwege*, Deutsch-spanische Erbfälle, RdNr. 258.

[397] *Hellwege*, Deutsch-spanische Erbfälle, RdNr. 220.

[398] *Stephens/ Maxfield/ Lind/ Calfee*, Estate and Gift Taxation, S. 1-3, 1-18 ff., 2-1 f., 9-6 f.; *Rasch*, Estate and Gift Taxes, § 1:2; *Lewis*, Estate Tax, S. 4 f.; *Committee on Ways and Means*, Federal Estate and Gift Taxation, S. 3; New York Trust Co. v. Eisner, 256 U.S. 345 (1921); Reinicke v. Northern Trust Co., 278 U.S. 339 (1929); Chase Nat'l Bank v. United States, 278 U.S. 327 (1929).

[399] *Bittker/ Lokken*, Taxation of Income, Estates and Gifts, S. 120-10 ff.; *W. Wassermeyer*, Erbschaft- und Schenkungsteuerrecht USA, RdNr. 148; *Committee on Ways and Means*, Federal Estate and Gift Taxation, S. 3. Uneinheitlich insoweit *Rabkin/ Johnson*, Federal Tax Guidebook, S. 51-29 f., und RIA Tax Guide §§ 40400 und 40401 f., jedoch tendenziell eher auf die Übertragung abstellend.

testamentarischen Verfügungen als Steuergegenstand normiert, um Steuerumgehungen zu vermeiden[400]. Eingeräumt wird im Hinblick auf die Übertragung des steuerbaren Nachlasses außerdem, dass dem Begriff der Übertragung eine geringere Bedeutung zukommt, als man zunächst annehmen könnte[401]. Bedenken werden daraus abgeleitet, dass bei der Ermittlung des steuerbaren Nachlasses eine Übertragung von Vermögen bereits vorausgesetzt ist[402]. Zur Ermittlung des steuerbaren Nachlasses ist nach Sec. 2031 ff. IRC der Bruttonachlass zu Grunde zu legen. Der Bruttonachlass – ein Nachlass überhaupt – entsteht jedoch nur durch einen Vermögensübergang auf Grund eines Erbfalles. Der Vermögensübergang infolge eines Erbfalles ist einem Nachlass insoweit technisch immanent. Ohne den Vermögensübergang infolge eines Erbfalles kann daher auch ein Bruttonachlass nicht entstehen. Hinzu kommt, dass der Erblasser im Erbfall kein Vermögen überträgt. Auch nach dem Recht der US-amerikanischem Einzelstaaten vollzieht sich die Rechtsnachfolge von Todes wegen durch Vonselbsterwerb, ohne dass es zu einem Übertragungsakt durch den Erblasser kommt[403]. Die Fiktion einer Vermögensübertragung unmittelbar vor dem Erbfall ist im IRC nicht enthalten[404]. Die von Sec. 2001 (a) IRC vorausgesetzte *Übertragung* des steuerbaren Nachlasses findet rechtlich gar nicht statt. Vorzugswürdig ist es daher, als Steuergegenstand nicht die Übertragung des steuerbaren Nachlasses, sondern den steuerbaren Nachlass selbst anzusehen[405].

Eine gesetzliche Definition des steuerbaren Nachlasses enthält Sec. 2051 IRC. Die Vorschrift hat eine zweifache Funktion. Einerseits dient sie zur Bestimmung dessen, was als steuerbarer Nachlass der Besteuerung nach Sec. 2001 (a) IRC unterliegt. Andererseits gehört sie zu den Bestimmungen, die einen Teil der Bemessungsgrundlage der nach Sec. 2001 (b) IRC zu berechnenden Nachlasssteuer definieren. Nach Sec. 2051 IRC ist der Wert des steuerbaren Nachlasses der Wert des nach Sec. 2031 ff. IRC zu bestimmenden Bruttonachlasses abzüglich der in Sec. 2052 ff. IRC genannten Steuerabzüge. Der Bruttonachlass des Erblassers besteht nach Sec. 2031 (a) IRC[406] aus dem gesamten Vermögen, welches er nach Sec. 2033 IRC zum Zeitpunkt seines Todes tatsächlich innegehabt hat zuzüglich des in den Sec. 2034 ff. IRC im Einzelnen benannten fiktiven Vermögens[407]. Zu dem weit zu verstehenden Vermögensbegriff nach Sec.

---

[400] RIA USTR § 20,009.
[401] *Stephens/ Maxfield/ Lind/ Calfee*, Estate and Gift Taxation, S. 2-1 f.
[402] *Stephens/ Maxfield/ Lind/ Calfee*, a.a.O., FN 401.
[403] *Dörner/ Hausmann*, Internationales Erbrecht, Bd. VII, US Grdz. B III RdNr. 21, US Grdz. D II RdNr. 68 ff., US Grdz. D IV RdNr. 85.
[404] Anders im britischen Erbschaftsteuerrecht in Sec. 4 (1) IHTA in Form der Fiktion einer Vermögensübertragung, vgl. dazu ausführlicher unten erster Teil B. II. 2. b) bb).
[405] *Bittker/ Lokken*, Taxation of Income, Estates and Gifts, S. 120-10; *W. Wassermeyer*, Erbschaft- und Schenkungsteuerrecht USA, RdNr. 148; *Committee on Ways and Means*, Federal Estate and Gift Taxation, S. 3.
[406] Die Vorschrift ist denjenigen zur Bestimmung der Bemessungsgrundlage der nach Sec. 2001 (b) IRC zu berechnenden Steuer zuzurechnen, vgl. *Stephens/ Maxfield/ Lind/ Calfee*, Estate and Gift Taxation, S. 4-8 f.
[407] *W. Wassermeyer*, Erbschaft- und Schenkungsteuerrecht USA, RdNr. 149.

2033 IRC gehört umfänglich jedes Recht, dem ein Vermögenswert zukommt[408]. Dem fiktiven Vermögen werden wertentsprechend beispielsweise[409] bestimmte Nutzungsrechte des Ehegatten an dem Nachlassvermögen des Erblassers, bestimmte innerhalb von drei Jahren vor dem Erbfall vorgenommene Schenkungen des Erblassers, Hinterbliebenenrenten oder ausgezahlte Lebensversicherungen zugerechnet[410]. Zu den Steuerabzügen gehören beispielsweise[411] der Abzug für Nachlassausgaben, -schulden und bestimmte -steuern, die Übertragungen an gemeinnützige Organisationen oder der Ehegattenabzug[412].

(b) Besteuerungsgut

Die sachliche Normenkonzeption des IRC im Bereich des Nachlasssteuerrechts ist darauf ausgerichtet, als Indikator wirtschaftlicher Leistungsfähigkeit die Vermögensinhaberschaft zu erfassen. Wie bereits dargelegt wurde[413], kommt dem in Sec. 2001 (a) IRC[414] verwendeten Begriff der Übertragung jedoch keine maßgebliche Bedeutung zu. Ausgehend vom steuerbaren Nachlass als Steuergegenstand der Federal Estate Tax wird als Indikator wirtschaftlicher Leistungsfähigkeit daher nicht, wie Sec. 2001 (a) IRC zunächst vermuten ließe, die Verwendung von Vermögen erfasst[415], sondern vielmehr der Vermögensbestand. Auch die übrigen Bestimmungen des IRC sind nicht darauf ausgerichtet, die Übertragung des steuerbaren Nachlasses zu erfassen, sondern den steuerbaren Nachlass selbst. Die Umsetzung des Rechtsbegriffes des Steuergegenstandes in die Bemessungsgrundlage durch Sec. 2051 (a) IRC in eine numerische Größe hat ihren Ausgangspunkt in dem steuerbaren Nachlass und nicht dessen Übertragung und die Bestimmungen der Sec. 2052 ff. IRC über die Steuerabzüge gehen vom Wert des steuerbaren Nachlasses anstatt dessen Übertragung aus. Ebenso stellt hinsichtlich bestimmter Vermögensübergänge von Todes wegen, anlässlich derer ein Steuerabzug in Betracht kommt, der IRC auf den Wert des übergegangenen Vermögens und nicht den Wert der Übertragung ab[416]. Eine Ausnahme bildet insoweit nur Sec. 2055 (a) IRC. Sie stellt bei Berechnung des steuerbaren Nachlasses hinsichtlich des Steuerabzuges für die Übertragungen an gemeinnützige Organisationen auf die Übertragung selbst ab, indem sie als abzugsfähigen Betrag an den Wert der Übertragung anknüpft. Zwar

---

[408] *Bittker/ Lokken*, Taxation of Income, Estates and Gifts, S. 125-1 ff.; *Stephens/ Maxfield/ Lind/ Calfee*, Estate and Gift Taxation, S. 4-100 ff.; hierzu und zu Einzelheiten vgl. *W. Wassermeyer*, Erbschaft- und Schenkungsteuerrecht USA, RdNr. 150 ff., m.w.N.

[409] Aufzählung nicht abschließend, vgl. die detaillierten Ausführungen bei *W. Wassermeyer*, Erbschaft- und Schenkungsteuerrecht USA, RdNr. 154 ff., m.w.N.

[410] Sec. 2034, 2035, 2039 und 2042 IRC

[411] Aufzählung nicht abschliessend, vgl. die detaillierten Ausführungen bei *W. Wassermeyer*, Erbschaft- und Schenkungsteuerrecht USA, RdNr. 219 ff., m.w.N.

[412] Sec. 2053, 2055 und 2056 IRC.

[413] S. erster Teil B. II. 2. b) bb) (1) (a).

[414] Vgl. auch die mit den Vorschriften der Sec. 2001 IRC ff. über die unbeschränkte Steuerpflicht korrespondierenden Vorschriften der Sec. 2101 IRC ff. über die beschränkte Steuerpflicht.

[415] S. erster Teil B. I. 3. b) und insbesondere FN 186.

[416] Vgl. Sec. 2056 (a), 2057 (a) (1), (b) IRC.

knüpfen im Rahmen der Berechnung des Bruttonachlasses verschiedene Vorschriften des IRC[417] an die vom Erblasser vorgenommenen Vermögensübertragungen an; bei diesen handelt es sich jedoch um lebzeitige Vermögensübertragungen, die insoweit nicht mit dem Vermögensübergang von Todes wegen im Zeitpunkt des Erbfalles in Zusammenhang stehen. Gleiches gilt für die steuerliche Behandlung eines qualified domestic trust[418]. Nach Sec. 2056 A (b) (1) (A) IRC unterliegt die Ausschüttung aus einem solchen QDT[419] unter bestimmten weiteren Voraussetzungen der Nachlassbesteuerung. Insofern wird eine Übertragung von Vermögen von der Besteuerung erfasst. Voraussetzung ist jedoch, dass diese Ausschüttung vor dem Tod des überlebenden Ehegatten stattgefunden hat. Diese Übertragung steht daher ebenfalls nicht in Zusammenhang mit dem Vermögensübergang von Todes wegen im Zeitpunkt des Erbfalles.

Ausgehend von dem durch die Federal Estate Tax erfassten Indikator wirtschaftlicher Leistungsfähigkeit des Vermögensbestandes und dem der Besteuerung zu Grunde liegenden wirtschaftlichen Sachverhalt wird deutlich, dass das Besteuerungsgut der Federal Estate Tax das Vermögen ist, dessen Inhaber der Erblasser bis zum Erbfall gewesen ist. Dieses Vermögen verkörpert den die wirtschaftliche Leistungsfähigkeit vermittelnden Wert. Es wird so der Erblasser letztmalig auf Grund seiner aus der Inhaberschaft von Vermögen folgenden wirtschaftlichen Leistungsfähigkeit besteuert[420].

In den Vereinigten Staaten wird die Nachlasssteuer dagegen als eine auf die Vermögensübertragung gelegte Steuer angesehen[421]. Die Ansichten gehen zurück auf die Entscheidung des Supreme Courts in der Sache New York Trust Company v. Eisner von 1921[422]. Der Supreme Court unterstellte in seiner Entscheidung, dass die Federal Estate Tax nicht das Vermögen besteuert, sondern das Recht, im Erbfall Vermögen zu übertragen[423]. Diese Theorie wurde vielfach übernommen und blieb weitestgehend unwidersprochen[424]. Es ist jedoch nicht richtig, die Federal Estate Tax als eine auf das Recht, im Erbfall Vermögen zu übertragen gelegte Steuer anzusehen. Denn dies widerspricht dem Prinzip der Besteuerung nach der wirtschaftlichen Leistungsfähigkeit.

---

[417] Vgl. Sec. 2035 (a) (1), (c) (1), 2036 (a), 2037 (a), 2038 (a) und 2041 (a) (1) (B) IRC.
[418] QDT, Einzelheiten hierzu bei *W. Wassermeyer*, Erbschaft- und Schenkungsteuerrecht USA, RdNr. 266 ff.
[419] S. FN 418.
[420] *Seer*, RIW 2001, 664, 673.
[421] *Stephens/ Maxfield/ Lind/ Calfee*, Estate and Gift Taxation, S. 1-19; 9-6 f.; *Rasch*, Estate and Gift Taxes, § 1:2; *Lewis*, Estate Tax, S. 4 f.; New York Trust Co. v. Eisner, 256 U.S. 345 (1921); in dieser Richtung 26 CFR 20.0-2 (a).
[422] S. FN 421.
[423] " ... if it is a Tax on the right to transmit, or the transmission at its beginning, obviously it attaches to the whole Estate ... ", New York Trust Co. v. Eisner, 256 U.S. 345 (1921).
[424] *Rabkin/ Johnson*, Federal Tax Guidebook, S. 51-29 f.; *Rasch*, Estate and Gift Taxes, § 1:2; *Lewis*, Estate Tax, S. 4 f.; *Committee on Ways and Means*, Federal Estate and Gift Taxation, S. 3; United States v. Manufacturers Nat'l Bank, 363 U.S. 194 (1960); Stebbins v. Riley, 268 U.S. 137 (1925); Jameson v. Commissioner, T.C. Memo 1999-43 (1999); Estate of Chenoweth v. CIR, 88 T.C. 1577 (1987); Estate of Freeman v. CIR, 67 T.C. 202 (1976).

Zwar kann der Erblasser durch Verfügung von Todes wegen bestimmen, an wen und in welchem Umfang im Wege der erbrechtlichen Gesamtrechtsnachfolge sein Vermögen übergehen soll. Zu bedenken ist aber, dass eine derartige Verfügung nicht als eine Verfügung im rechtstechnischen Sinn zu verstehen, sondern als eine Anordnung zur Gestaltung der Weitergabe des Vermögens im Rahmen der erbrechtlichen Gesamtrechtsnachfolge anzusehen ist. In ihr kommt jedenfalls eine wirtschaftliche Leistungsfähigkeit indizierende Übertragung von Vermögen nicht zum Ausdruck. Das gilt vor allem dann, wenn der Erblasser keine Verfügung von Todes wegen errichtet hat und sich die erbrechtliche Gesamtrechtsnachfolge nach dem Gesetz richtet[425]. Die Begründung, den Erblasser wegen des Rechts zu besteuern, im Erbfall Vermögen zu übertragen, widerspricht auch der Tatsache, dass derjenige Erblasser, der zwar Inhaber dieses Rechts, jedoch nicht Inhaber von Vermögen ist, nicht besteuert wird. Die Indikation steuerlich belastbarer wirtschaftlicher Leistungsfähigkeit kommt vielmehr in der Inhaberschaft von Vermögen durch den Erblasser bis zum Eintritt des Erbfalles zum Ausdruck.

(c) Steuersubjekt

Das Steuersubjekt als Zurechnungssubjekt wirtschaftlicher Leistungsfähigkeit ist der Erblasser als Inhaber des mit dem Erbfall übergehenden Vermögens. Dem entspricht die Ausgestaltung der persönlichen Normenkonzeption, die den Eintritt der unbeschränkten Steuerpflicht ausschließlich an die persönlichen Verhältnisse des Erblassers anknüpft. Der unbeschränkten Steuerpflicht unterliegt nach Sec. 2001 (a) IRC der steuerbare Nachlass jedes Erblassers, der entweder Staatsangehöriger der Vereinigten Staaten oder in ihnen ansässig war. Auf die persönlichen Verhältnisse der Erben, Legatare oder sonst durch einen Erbfall Begünstigten kommt es dagegen nicht an. Für die Besteuerung ist es daher grundsätzlich unerheblich, wer der Erwerber des übergehenden Vermögens ist[426]. Dementsprechend entsteht die Federal Estate Tax unabhängig von dem Erwerb des Nachlassvermögens und noch vor dem Erbanfall[427].

Steuersubjekt im Sinne von Steuerschuldner ist der jeweilige Vermögensinhaber, auf den das Vermögen oder ein Teil des Vermögens übergegangen ist. Hierzu wird in Sec. 2002 IRC der executor zum Steuerschuldner erklärt. Der Begriff des executors beschränkt sich jedoch nicht auf die Person des executors selbst, also den vom Erblasser bestimmten Testamentsvollstrecker[428], sondern ist weit zu verstehen[429]. Nach Sec. 2203

---

[425] Erster Teil B. I. 3. b).

[426] *W. Wassermeyer*, Erbschaft- und Schenkungsteuerrecht USA, RdNr. 3.

[427] *Rasch*, Estate and Gift Taxes, § 1:2.

[428] Im US-amerikanischen Erbrecht ist die Testamentsvollstreckung obligatorisch; der vom Erblasser eingesetzte Testamentsvollstrecker heißt executor, der gerichtlich bestellte Nachlaßverwalter wird administrator genannt, *Flick/ Piltz*, Internationaler Erbfall, RdNr. 993; *W. Wassermeyer*, Erbschaft- und Schenkungsteuerrecht USA, RdNr. 6. Aufgabe dieser sog. personal representatives ist die Sammlung und Sicherung des Nachlasses, die Tilgung der Verbindlichkeiten und Zahlung der Steuern sowie die anschließende Verteilung und Übereignung des Restnachlasses an die Erben, *Flick/ Piltz*, Internationaler Erbfall, RdNr. 1011; *W. Wassermeyer*, Erbschaft- und Schenkungsteuerrecht USA, RdNr. 7. Zur Art und Weise der Vermögensnachfolge im Erbfall s. FN 432.

IRC fallen hierunter auch der administrator, also der gerichtlich eingesetzte Nachlaßverwalter[430], sowie jede andere Person, die ein Verfügungsrecht an dem Vermögen des Erblassers erworben hat[431]. Zu diesen Personen gehören daher auch die Erben, Legatare oder sonstige durch den Erbfall Begünstigte, sofern sie durch den Erbfall unmittelbar legal owner des Nachlasses oder eines Teils des Nachlasses geworden sind, ohne dass dieser zunächst auf den executor oder den administrator übergegangen ist[432]. Steuerschuldner ist damit jeder, der als legal owner mit dem Erbfall über den Nachlass oder einen Teil dessen unmittelbar verfügungsberechtigt wird. Die Steuerschuldnerschaft des in diesem weiten Umfang verstandenen executors entspricht damit der sachlichen Normenkonzeption, steuerlich das infolge eines Erbfalles übergehende Vermögen zu erfassen.

(d) Steuerträger

Entsprechend Secs. 2002 und 2203 IRC, die den jeweiligen Inhaber des infolge Erbfalles übergegangenen Nachlassvermögens zum Steuerschuldner erklären, ist der Nachlass des Erblassers mit der Federal Estate Tax belastet[433]. Durch die Besteuerung wird mit dem Vermögensübergang der Vermögensbestand abgeschöpft. Die Steuer kann zwar auch aus dem Vermögen entrichtet werden, das der Inhaber des infolge Erbfalles übergegangenen Nachlassvermögens schon vor dem Erbfall besaß oder erst nach dem Erbfall hinzu erworben hat. Entsprechend der Normenkonzeption der Federal Estate Tax ist sie jedoch dann aus dem Nachlass zu entrichten, wenn der jeweilige Inhaber nicht über sonstiges Vermögen verfügt, aus dem die Steuer gezahlt werden kann. Dass mit der Steuer der Nachlass wirtschaftlich belastet ist, folgt letztlich auch aus Sec.

---

429 *Stephens/ Maxfield/ Lind/ Calfee*, Estate and Gift Taxation, S. 2-10 f.

430 S. FN 428.

431 *Stephens/ Maxfield/ Lind/ Calfee*, ebd., S. 8-5 f; zur Art und Weise des Überganges des Nachlasses im Erbfall s. nachfolgende FN.

432 Die Vermögensnachfolge von Todes wegen ist in den einzelnen Bundesstaaten unterschiedlich geregelt. In der Mehrzahl der Bundesstaaten beruht das Erbrecht auf dem englischen common law. Das unbewegliche Vermögen des Erblassers geht mit dem Erbfall unmittelbar auf den oder die testamentarisch eingesetzten oder gesetzlichen Erben über. Sie werden hierdurch unmittelbar sog. legal und beneficial owner dieses Vermögens. Das bewegliche Vermögen hingegen geht mit dem Todeszeitpunkt zunächst auf den personal representative, s. FN 428, über. Dieser ist bis zur Beendigung der Nachlassabwicklung durch Auskehrung des verbleibenden Vermögens an die Erben, s. FN 428, als sog. legal owner der formelle und fiduziarische Eigentümer des Vermögens. Die Erben werden zunächst nur sog. beneficial owner, die in Form des sog. equitable interest nur einen Anspruch auf das bewegliche Nachlassvermögen erhalten. In der Person des Erben fallen beneficial und legal ownership erst mit Auskehrung dieses Vermögens an ihn durch den personal representative zusammen. In den übrigen Bundesstaaten gilt dem gegenüber das Prinzip der Universalsukzession, nach dem das gesamte Vermögen des Erblassers als Ganzes unmittelbar auf den oder die Erben übergeht. *Dörner/ Hausmann*, Internationales Erbrecht, Bd. VII, US Grdz. B II RdNr. 20, US Grdz. D II RdNr. 68 ff., US Grdz. D IV RdNr. 85 f.; *W. Wassermeyer*, Erbschaft- und Schenkungsteuerrecht USA, RdNr. 7.

433 *W. Wassermeyer*, Erbschaft- und Schenkungsteuerrecht USA, RdNr. 591, dort auch zu den Einzelheiten der Verteilung der Nachlasssteuerschuld; *Committee on Ways and Means*, Federal Estate and Gift Taxation, S. 3; Leach v. Nichols, 285 U.S. 165 (1932).

2205 IRC. Diese Bestimmung gewährt demjenigen, der zur Zahlung der Federal Estate Tax nicht verpflichtet war, einen Ausgleichsanspruch gegen den ungeteilten Nachlass oder gegen die Erben, deren Erbschaftsanteile sich vermindert haben würden oder diejenigen, aus deren Erbschaftsanteilen die Nachlasssteuer vorrangig zu entrichten gewesen wäre. Die Quelle, aus der die Steuer gezahlt wird, ist daher regelmäßig der Nachlass.

Steuerschuldner und Steuerträger sind allerdings nicht in jedem Fall identisch. Steuerträger sind ausschließlich die diejenigen, denen das Nachlassvermögen oder ein Teil dessen angefallen ist oder anfallen soll[434]. Das sind grundsätzlich die Erben, da sie durch den Erbfall mindestens equitable owner des Nachlassvermögens werden[435]. Der executor oder administrator[436] ist, soweit er legal owner des Nachlassvermögens geworden ist[437], als Steuerschuldner[438] indessen nicht der Steuerträger. Sie haben an dem Nachlass kein equitable interest[439]. Ihre Aufgabe beschränkt sich darauf, die Nachlassverbindlichkeiten einschließlich der Federal Estate Tax aus dem Nachlassvermögen zu tilgen und das um die Nachlassverbindlichkeiten geminderte Vermögen des Erblassers gemäß der gewillkürten oder gesetzlichen Erbfolge an die equitable owner auszukehren[440]. Durch die Zahlung der Federal Estate Tax aus dem Nachlassvermögen mindert sich auch equitable interest der Erben, die mit der Auskehrung durch den personal representative die legal owner des um die Federal Estate Tax verringerten Nachlasses werden.

(e) Bestimmung der Steuerart

Ausgehend von ihrem Besteuerungsgut handelt es sich bei der Federal Estate Tax um eine Vermögensteuer, die den Erblasser im Zeitpunkt des Erbfalles auf Grund seiner Inhaberschaft von Vermögen besteuert[441]. Es handelt sich somit um eine letzte Vermögensteuer des Erblassers, die dessen Vermögen nach seiner wirtschaftlichen Leistungsfähigkeit zu einer letzten Besteuerung heranzieht. Das folgt aus der Ausgestaltung dieser Steuer. Entsprechend ihrer Zielsetzung wird bei der Besteuerung nicht berücksichtigt, wem das Vermögen im Einzelnen anfällt[442]. Die Federal Estate Tax entsteht vielmehr unabhängig von dem Erwerb des Nachlassvermögens und noch vor dem Erbanfall[443]. Die Steuersätze sind nach Sec. 2001 (b) und (c) sowie Sec. 2051 IRC auf den Gesamtwert des Nachlasses bezogen, ohne dass zwischen den einzelnen Erwerben un-

---

[434] Zur Frage, wie sich der Vermögensübergang im Erbfall vollzieht s. FN 432.
[435] S. FN 432.
[436] Zu beiden Begriffen s. FN 428.
[437] S. FN 432.
[438] Erster Teil B. II. 2. b) aa) (1) (c).
[439] S. FN 432.
[440] S. FN 428.
[441] *Seer*, RIW 2001, 664, 673; *Dodge*, Federal Taxation of Estates, Trusts, and Gifts, S. 12 f., vgl. aber auch S. 78.
[442] *Nudelman*, Taxation of Estates, § 2.02.
[443] *Rasch*, Estate and Gift Taxes, § 1:2.

terschieden wird. Folglich ist jeder Erwerb unabhängig von seiner Höhe mit dem für den Nachlass maßgebenden Steuersatz belastet[444]. Die Nachlasssteuer ist damit im Ergebnis als eine auf den Nachlass gelegte Objektsteuer anzusehen. Dieser Objektsteuercharakter wird schließlich auch dadurch unterstrichen, dass eine nach dem Verwandschaftsverhältnis des Erwerbers zum Schenker unterscheidende Differenzierung der Steuersätze[445] ebenso wenig wie eine nach dem Verwandschaftsgrad abgestufte Staffelung der persönlichen Freibeträge erfolgt[446].

Diese Zuordnung im System der Steuerarten wird aus US-amerikanischer Sicht jedoch abgelehnt[447]. Die Nachlasssteuer wird vielfach als eine auf die Vermögensübertragung gelegte Steuer angesehen[448] und als "excise tax" bezeichnet[449], wobei unklar ist, ob unter dem Begriff der "excise tax" die steuertypologische Einordnung als Verkehrsteuer oder Vermögensverwendungssteuer[450] zu verstehen ist. *Rasch* formuliert:

> "The federal estate tax is not, as that title would imply, a tax on the property of a decedent, but is a tax on the exercise of the privilege of directing the course of one's property at one's death. It is a tax which is imposed on the privilege of transferring property at death, as distinguished from a succession or inheritance tax which is imposed on the beneficiary's or distributee's right to receive the property ... The estate tax is not a direct tax within the meaning of the federal Constitution, but is a duty or excise, the tax imposed being the fund excised from the decedent's property, and appropriated at the instant of death by the sovereign as its toll for the privilege of transferring property at death, and which never passes into the ownership of the beneficiary."[451].

Soweit die steuersystematische Einordnung damit begründet wird, das Recht zu besteuern, Vermögen im Erbfall übertragen zu dürfen, ist dies unzutreffend. Denn der Erblasser wird eben nicht auf Grund seines Rechts, Vermögen übertragen zu dürfen, besteuert. Das widerspricht dem Prinzip der Besteuerung nach der wirtschaftlichen

---

[444] S. hierzu die Darstellung über die Ausgestaltung einer Nachlasssteuer im Allgemeinen Steuerreformkommission 1971, Schriftenreihe BMF, Heft 17, S. 658.

[445] *Seer*, RIW 2001, 664, 673

[446] *Seer*, ebd.

[447] RIA USTR §§ 20,009 und 20,014: "It is not a tax on property."; RIA Tax Guide § 40401; 26 CFR 20.0-2 (a); s. auch die Nachweise in FN 448 f.

[448] *Stephens/ Maxfield/ Lind/ Calfee*, Estate and Gift Taxation, S. 1-19; 9-6 f.; *Rasch*, Estate and Gift Taxes, § 1:2; *Hellerstein/ Hellerstein*, State Taxation, § 21.2; *Lewis*, Estate Tax, S. 4 f.; *Nudelman*, Taxation of Estates, § 2.02; New York Trust Co. v. Eisner, 256 U.S. 345 (1921); in dieser Richtung 26 CFR 20.0-2 (a).

[449] RIA USTR § 20,009: "The federal estate tax is in the nature of an excise tax on the transfer of property at death.", s. auch ebd. § 20,014; *Rasch*, Estate and Gift Taxes, § 1:2; *Stephens/ Maxfield/ Lind/ Calfee*, Estate and Gift Taxation, S. 1-18; s. hierzu auch *Bittker/ Lokken*, Taxation of Income, Estates and Gifts, S. 120-6, m.w.N.; New York Trust Co. v. Eisner, 256 U.S. 345 (1921).

[450] In dieser Richtung s. das Zitat *J. Lang* in Tipke/ Lang, Steuerrecht, § 8 RdNr. 38, in FN 186; den Begriff der Vermögensverwendungssteuer – allerdings in Bezug auf die Umsatzsteuer – verwendet *Reiß*, DStJG 13 (1990), 3, 14, 19 ff.

[451] *Rasch*, Estate and Gift Taxes, § 1:2, m.w.N. zur ständigen Rechtsprechung der US-Gerichte in den dortigen FN 1 und 8; s. auch *Rasch*, a.a.O., §§ 2:1 und 2:46.

Leistungsfähigkeit. Die Erbrechtsgarantie gilt in der Regel zwar uneingeschränkt für jedermann. Eine Besteuerung erfolgt jedoch nicht wegen dieser Erbrechtsgewährleistung, sondern allein auf Grund der steuerlich belastbaren wirtschaftlichen Leistungsfähigkeit, die in der Inhaberschaft von Vermögen, das der Erblasser bis zum Eintritt des Erbfalles innehat, zum Ausdruck kommt. Schließlich wird derjenige, der über kein zu vererbendes Vermögen verfügt, auch keiner Besteuerung unterworfen, obwohl ihm die Erbrechtsgarantie ebenso zugute kommt, wie demjenigen Vermögensinhaber, dessen Vermögen vom steuerlichen Zugriff erfasst wird. Der Erblasser wird daher allein auf Grund dieser wirtschaftlichen Leistungsfähigkeit besteuert.

Es handelt sich auch weder um eine Steuer auf die Verwendung von Vermögen, noch um einer Verkehrsteuer. Aus den oben bereits dargelegten Gründen kommt bei einem Vermögensübergang keine wirtschaftliche Leistungsfähigkeit indizierende Verwendung von Vermögen zum Ausdruck[452]. Um eine Verkehrsteuer handelt es sich deswegen nicht, weil die Federal Estate Tax nicht einen Vorgang des Rechtsverkehrs selbst besteuert, sondern den Erblasser auf Grund seiner Inhaberschaft von Vermögen. Die Qualifikation als Verkehrsteuer berücksichtigt durch die Anknüpfung an einen Vermögensübergang insoweit nur die formale Ausgestaltung. Es ist bereits darauf hingewiesen worden, dass aus der Beteiligung an einem Akt des Rechtsverkehrs nicht auf eine bestimmte wirtschaftliche Leistungsfähigkeit geschlossen werden kann[453]. Demnach ist die Einordnung der Federal Estate Tax als eine Steuer, die den Erblasser auf Grund seiner Übertragung von Vermögen besteuert, unzutreffend.

(2) Federal Gift Tax

(a) Steuergegenstand

Der IRC verwendet zur Bezeichnung des Steuergegenstandes der Schenkungsteuer keinen einheitlichen Rechtsbegriff. Nach dem in Sec. 2501 (a) (1) IRC geregelten Grundtatbestand der Federal Gift Tax ist jede Übertragung von Vermögen durch Schenkung schenkungsteuerpflichtig[454]. Zur näheren Bestimmung des Steuergegenstandes zählt der IRC an verschiedenen Stellen einerseits im Einzelnen auf, welche sowohl tatsächlichen als auch fingierten Vermögensübertragungen als Steuergegenstand vom Eintritt der Steuerpflicht erfasst und andererseits welche nach dem Grundtatbe-

---

[452] S. erster Teil B. I. 3. b).

[453] S. erster Teil B. II. 2. a) aa) (5) (c).

[454] Sec. 2503 (a) IRC spricht insoweit von steuerpflichtigen Geschenken. Die Vorschrift ist ihrem materiellrechtlich-sachlichen Gehalt allerdings den Vorschriften betreffend die Bemessungsgrundlage zuzuordnen, vgl. hierzu auch die Verwendung des Begriffs "Taxable Gifts" in Sec. 2502 (a) IRC betreffend die Steuersätze und die Berechnung der Steuer, a. A. wohl *W. Wassermeyer*, Erbschaft- und Schenkungsteuerrecht USA, RdNr. 33.

stand an sich ebenso steuerpflichtigen Vermögensübertragungen auf Grund von Ausgrenzungsbefreiungen hiervon nicht erfasst werden[455].

Zu den steuerpflichtigen tatsächlichen Vermögensübertragungen gehören nach Sec. 2501 (a) (1), 2511 (a) IRC zunächst alle Wertübertragungen in Form einer Schenkung. Der Begriff der Schenkung ist im Gesetz nicht definiert. Der IRC geht in Sec. 2512 (b)[456] jedoch von einer unentgeltlichen Vermögensübertragung aus. Nach dieser Vorschrift wird eine Vermögensübertragung ohne eine gleichwertige Gegenleistung insoweit als Schenkung behandelt, als ihr Wert den Wert der Gegenleistung übersteigt. Weitere Voraussetzung für eine steuerpflichtige Übertragung ist im Grundsatz ihre Vornahme in Schenkungsabsicht[457]. Das tatsächliche Vorliegen einer Schenkungsabsicht ist hierfür jedoch nicht in allen Fällen Voraussetzung[458]. Sie ist ausreichende, aber nicht notwendige Bedingung für die Annahme einer schenkungsteuerpflichtigen Übertragung[459]. Bei Fehlen einer Gegenleistung wird die Schenkungsabsicht unterstellt, weil es vorrangig auf die objektiven und nicht auf die subjektiven Merkmale einer Vermögensübertragung ankommt[460]. Auf das tatsächliche Vorliegen einer Schenkungsabsicht kommt es in den Fällen an, in denen der Übertragung eine nicht gleichwertige Gegenleistung gegenübersteht. Das sind vor allem die Fälle des Leistungsaustausches auf geschäftlicher Basis. Derartige Übertragungen werden, soweit es an der Schenkungsabsicht fehlt, auch bei fehlender gleichwertiger Gegenleistung nicht als steuerpflichtige Übertragungen behandelt[461].

Die Hauptanwendungsfälle, in denen eine schenkungsteuerpflichtige Vermögensübertragung fingiert wird, sind nach Sec. 2514 (b) und (e) IRC die Ausübung, der Verzicht

[455] 26 CFR 25.0-1 (b) und 25.2511-2 (a); RIA Tax Guide § 40001; *Committee on Ways and Means*, Federal Estate and Gift Taxation, S. 33 f.; *Rasch*, Estate and Gift Taxes, § 15:1 ff.; Landreth v. United States, 963 F. 2d 84 (1992); Quarty v. United States, 170 F. 3d 961 (1999); Shepherd v. Commissioner, 115 T.C. No. 30 (2000); vgl. i.Ü. *W. Wassermeyer*, Erbschaft- und Schenkungsteuerrecht USA, RdNr. 34 ff.

[456] Die Vorschrift gehört zu den Bewertungsregeln, wird jedoch zur Definition der Schenkung herangezogen, vgl. *Bittker/ Lokken*, Taxation of Income, Estates and Gifts, S. 120-8, 121-24 ff.; *Stephens/ Maxfield/ Lind/ Calfee*, Estate and Gift Taxation, S. 10-45; Goetchius' Est. v. CIR,17 T.C. 495, 503 (1951).

[457] Bradford v. CIR, 34 T.C. 1059,1064 (1960); Richardson v. CIR, 126 F. 2d 562 (1942); Audigier v. CIR, 21 T.C. 655 (1954); *Bittker/ Lokken*, Taxation of Income, Estates and Gifts, S. 121-24.

[458] CIR v. Wemyss, 324 U.S. 303, 306 (1945); CIR v. Bristol, 121 F. 2d 129, 133; 26 CFR §§ 25.2511-1 (g) (1), 25.2512-8.

[459] *Bittker/ Lokken*, Taxation of Income, Estates and Gifts, S. 121-24.

[460] CIR v. Wemyss, 324 U.S. 303, 306 (1945); CIR v. Bristol, 121 F. 2d 129,133; Duberstein v. CIR, 5 AFTR 2d 1626 (1960); 26 CFR § 25.2511-1 (g) (1), 25.2512-8.

[461] *Bittker/ Lokken*, Taxation of Income, Estates and Gifts, S. 121-31 ff.; *Stephens/ Maxfield/ Lind/ Calfee*, Estate and Gift Taxation, 10-52 f.; Weller v. CIR, 38 T.C. 790 (1962); vgl. zu den weiteren Voraussetzungen einer Schenkung *W. Wassermeyer*, Erbschaft- und Schenkungsteuerrecht USA, RdNr. 35 ff.

oder das Erlöschen einer general power of appointment[462] und nach Sec. 2519 (a) IRC die Übertragung eines qualified terminable interest property[463].

Verschiedene unentgeltliche Vermögensübertragungen werden durch Ausgrenzungsbefreiungen von der Schenkungsbesteuerung nicht erfasst. Das sind nach Sec. 2501 (a) (5) IRC die Vermögensübertragungen an bestimmte politische Organisationen, zu denen vor allem Parteien gehören, nach Sec. 2503 (e) IRC bestimmte Ausgaben für Ausbildungs- oder medizinische Zwecke, der Verzicht auf bestimmte Pensionsrechte nach Sec. 2503 (f) IRC, bestimmte Leihgaben bestimmter Kunstwerke nach Sec. 2503 (g) IRC sowie nach Sec. 2516 IRC[464] Vermögensübertragungen anlässlich von Scheidungsurteilen oder -vereinbarungen.

(b) Besteuerungsgut

Zunächst ungeachtet der sachlichen Normenkonzeption der Federal Gift Tax ist bei der Untersuchung, welches Besteuerungsgut ihr zu Grunde liegt, die Ergänzungsfunktion

---

[462] Die general power of appointment ist das vom Schenker an den trustee vorbehaltlos übertragene Recht, entweder sich selbst oder die in Sec. 2514 (c) IRC genannten Dritten abweichend von den Bestimmungen des Schenkers als Begünstigte des Trustvermögens zu bestimmen, *Bittker/ Lokken*, Taxation of Income, Estates and Gifts, S. 121-64 f.; *W. Wassermeyer*, Erbschaft- und Schenkungsteuerrecht USA, RdNr. 62. Die Ausübung, der Verzicht oder das Erlöschen der general power of appointment zu Gunsten eines Dritten wird bei Vorliegen der weiteren Schenkungsvoraussetzungen als eine steuerpflichtige Übertragung behandelt, da der Inhaber der general power of appointment diese auch zu seinen Gunsten hätte ausüben können, *Stephens/ Maxfield/ Lind/ Calfee*, Estate and Gift Taxation, S. 10-77 ff.; zu weiteren Einzelheiten s. *W. Wassermeyer*, Erbschaft- und Schenkungsteuerrecht USA, RdNr. 62 ff.

[463] QTIP – qualifiziertes lebenslängliches Nutzungsrecht an einem Vermögen, das den Anspruch auf mindestens jährliche Auszahlung der Erträge, die Nutzung des Vermögens oder die Rentenzahlung aus dem Vermögen enthält. Eine QTIP-Übertragung ist eine Vermögensübertragung durch den Schenker oder Erblasser an einen Dritten unter Einräumung eines QTIP an dem übertragenen Vermögen zu Gunsten des Ehepartners des Schenkers oder Erblassers. Zu Zwecken des Ehepartnerabzugs wird trotz Einräumung lediglich eines QTIP die Übertragung des gesamten Vermögens an den anderen Ehepartner unterstellt, so dass bei Berechnung der Nachlass- oder Schenkungsteuer dem übertragenden Ehepartner der Ehepartnerabzug in größerem Umfang erhalten bleibt. Hierdurch bleiben die an den Dritten übertragenen Vermögensrechte an dem Vermögen der QTIP-Übertragung der Schenkungs- oder Nachlassbesteuerung zunächst entzogen. Überträgt der QTIP-berechtigte Ehepartner lebzeitig das QTIP oder einen Teil dessen – ohne lebzeitige Verfügung des QTIP-berechtigten Ehepartners über das QTIP wird das gesamte Vermögen der QTIP-Übertragung dessen Nachlass zugerechnet –, wird diese Übertragung hinsichtlich der Vermögensrechte an dem Vermögen der durch seinen Ehepartner erfolgten QTIP-Übertragung außer dem QTIP selbst als schenkungsteuerpflichtige Übertragung behandelt. Die Übertragung des QTIP selbst ist nur dann schenkungsteuerpflichtig, wenn die Voraussetzung einer Schenkung vorliegen, vgl. Secs. 2056 (a) und (b) (7) (A) (i) sowie (B) (i) (II) und (ii), 2523 (a), (f) (1) (A), (2) und (3), 2044, 2519 (a) IRC, *Stephens/ Maxfield/ Lind/ Calfee*, Estate and Gift Taxation, S. 10-91, 10-102 f. Zu Einzelheiten s. *W. Wassermeyer*, Erbschaft- und Schenkungsteuerrecht USA, RdNr. 91 ff. und 143 ff.

[464] Vgl. zum Ganzen *W. Wassermeyer*, Erbschaft- und Schenkungsteuerrecht USA, RdNr. 95 ff. m.w.N.

der Federal Gift Tax zu berücksichtigen. Im System der Steuerarten dient die Schenkungsbesteuerung – unabhängig von der Beurteilung ihrer steuersystematischen Einordnung oder Rechtfertigung – grundsätzlich dazu, zur Vermeidung von Steuerumgehungen die anlässlich eines Vermögensüberganges infolge Erbfalles erhobene Steuer zu ergänzen. Hierdurch soll ein Ausweichen von steuerpflichtigen Vermögensübergängen von Todes wegen auf steuerfreie Vermögensübertragungen unter Lebenden verhindert werden[465]. Diese Funktion hat auch die Federal Gift Tax[466]. Sieht man vor diesem Hintergrund die schenkweise Übertragung von Vermögen als einen Akt der vorweggenommenen Erbfolge an, handelt es sich bei der Federal Gift Tax lediglich um eine vorweggenommene Federal Estate Tax[467]. Die Bedeutung der Federal Gift Tax reduziert sich damit allein auf eine Komplementärfunktion zur Federal Estate Tax, ohne dass ihr unter besteuerungssystematischen Gesichtspunkten ein eigenständiges Besteuerungsgut zu Grunde liegt. Von ihr wird weder ein anderer Indikator wirtschaftlicher Leistungsfähigkeit erfasst, noch liegt ihr ein seinem Wesen nach anderes Besteuerungsgut als das der Federal Estate Tax zu Grunde. Welches Besteuerungsgut der Federal Gift Tax zu Grunde liegt, ergibt sich daher aus einem Rückschluss aus ihrer Ergänzungsfunktion. Ihr Besteuerungsgut ist ähnlich wie bei der Federal Estate Tax die Inhaberschaft des unentgeltlich übertragenen Vermögens bei dem Schenker. Die Besteuerungsgüter sind daher insoweit gleichartig, als es jeweils um die Vermögensinhaberschaft des Entäußerers von unentgeltlich übertragenem bzw. übergehendem Vermögen geht. Die Federal Gift Tax ist ihrem Belastungsgrund demnach darauf ausgerichtet, als Indikator wirtschaftlicher Leistungsfähigkeit die Vermögensinhaberschaft des Schenkers zu erfassen.

(c) Steuersubjekt

Die persönliche Normenkonzeption der Federal Gift Tax ist entsprechend ihrer Ergänzungsfunktion zur Federal Estate Tax darauf ausgerichtet, die wirtschaftliche Leistungsfähigkeit des Schenkers als Inhaber des unentgeltlich zu übertragenden Vermögens zu erfassen. Er ist das Steuersubjekt als Zurechnungssubjekt wirtschaftlicher Leistungsfähigkeit, an dessen persönliche Verhältnisse hinsichtlich jeder nach Sec. 2501 (a) (1) IRC maßgeblichen Vermögensübertragung die Steuerpflicht anknüpft. Nach Sec. 2502 (c) IRC ist die Schenkungsteuer vom Schenker zu tragen, der hierdurch zum Steuerschuldner wird[468].

Die persönliche Normenkonzeption korrespondiert insoweit mit der sachlichen Normenkonzeption, als Indikator wirtschaftlicher Leistungsfähigkeit bei dem Schenker die Vermögensinhaberschaft zu erfassen. Bezüge zum Beschenkten enthält das Schenkungsteuerrecht nur dort, wo es um die Bestimmung einzelner Vermögensübertragun-

---

[465] Vgl. für das deutsche Erbschaft- und Schenkungsteuerrecht *Meincke*, ErbStG, § 1 RdNr. 10.

[466] *Seer*, RIW 2001, 664, 674; *Stephens/ Maxfield/ Lind/ Calfee*, Estate and Gift Taxation, S. 1-18 f.; *Nudelman*, Taxation of Estates, § 18.01; Bromley v. McCaughn, 280 U.S. 124 (1929).

[467] *Seer*, RIW 2001, 664, 674.

[468] *Seer*, RIW 2001, 664, 674.

gen geht, die auf Grund von Ausgrenzungsbefreiungen von der Steuerpflicht nicht erfasst oder für die bestimmte Steuerbefreiungen oder Freibeträge gewährt werden[469]. Weder der Eintritt der Steuerpflicht, noch die Steuerschuldnerschaft knüpft an den Beschenkten an.

(d) Steuerträger

Ein Unterschied zwischen der Federal Gift und der Federal Estate Tax besteht in ihrer verschiedenen wirtschaftlichen Belastungswirkung. Während bei der Federal Estate Tax das übergegangene Vermögen selbst mit der Steuer belastet ist und aus diesem Vermögen gezahlt wird, wird die Federal Gift Tax nicht aus dem übertragenen Vermögen, sondern aus dem dem Schenker nach der Übertragung verbliebenem Vermögen gezahlt. Damit ist mit der Schenkungsteuer das um den übertragenen Vermögensgegenstand geminderte Vermögen des Schenkers belastet. Steuerträger ist der Schenker selbst. Das dem Schenker insoweit verbliebene Vermögen stellt die Quelle dar, aus der die Schenkungsteuer gezahlt wird.

(e) Einordnung in das System der Steuerarten

Ebenso wie die Federal Estate Tax wird auch die Federal Gift Tax als eine auf die Übertragung von Vermögen gelegte Steuer[470] angesehen und als "excise tax" bezeichnet[471]. Die Einordnung als Vermögensteuer wird abgelehnt[472]. Ihre Beschreibung als eine "tax on the transmission of property"[473] "based upon the use made of property"[474] lässt den Schluss darauf zu, dass es sich nach US-amerikanischer Auffassung steuersystematisch um eine Vermögensverwendungssteuer handelt.

---

[469] *Stephens/ Maxfield/ Lind/ Calfee*, Estate and Gift Taxation, S. 1-18.

[470] *Stephens/ Maxfield/ Lind/ Calfee*, Estate and Gift Taxation, S. 1-18: "As in the case of the estate tax, the gift tax is an excise, a tax on the transmission of property."; ebd., S. 9-6 f.: "in contrast with a Tax on ‚income' it may aptly be viewed as a Tax on ‚outgo'"; 26 CFR 25.0-1 (b): "a tax imposed upon the transfer of property by individuals"; 26 CFR 25.2511-1 (a) und 2 (a); RIA USTR § 25,014: "The gift tax is not a tax on property as such but is an excise tax imposed on the exercise of the donor's right during life to transfer property to others in the form of gifts."; ebenso *Rasch*, Estate and Gift Taxes, § 14:1; *Committee on Ways and Means*, Federal Estate and Gift Taxation, S. 33 f.; United States v. Manufacturers Nat'l Bank, 363 U.S. 194 (1960).

[471] RIA USTR § 25,009: "The gift tax is an excise tax on the donor's act of making a transfer, ..."; *Rasch*, Estate and Gift Taxes, § 14:1: "Its imposition does not rest upon general ownership, but is an excise tax based upon the use made of property, or the privilege of transmitting property.", m.w.N. in den dortigen FN 4 und 5 zur Rechtsprechung der US-Gerichte, und ebd.: "is an excise upon his act of making the transfer"; s. außerdem RIA USTR § 25,014 in FN 470; vgl. auch Bromley v. McCaughn, 280 U.S. 124 (1929): "The tax upon transfers of property by gift is not a direct tax but an excise.".

[472] 26 CFR 25.0-1 (b): "The gift tax is not a property tax."; s. auch RIA USTR § 25,014 in FN 470; *Rasch*, Estate and Gift Taxes, § 14:1.

[473] S. FN 470.

[474] S. FN 471.

Vor dem Hintergrund der Besteuerung nach der wirtschaftlichen Leistungsfähigkeit ist es jedoch fragwürdig, die Federal Gift Tax als eine Steuer auf die Verwendung von Einkommen und Vermögen anzusehen. Denn die Verwendung von Vermögen zur unentgeltlichen Übertragung ohne den Ausgleich durch ein wirtschaftliches Äquivalent mindert gerade die wirtschaftliche Leistungsfähigkeit. Es ist bereits dargelegt worden, dass hierdurch eben keine steuerlich belastbare wirtschaftliche Leistungsfähigkeit indiziert wird, die von einer Vermögensverwendungssteuer erfasst werden kann[475]. Im Umfang der Minderung der wirtschaftlichen Leistungsfähigkeit auf Grund einer unentgeltlichen Vermögensübertragung nimmt auch die Steuerzahlungsfähigkeit des Schenkers ab. Diese ist sogar ausgeschlossen, wenn das dem Übertragenden nach der Schenkung verbliebene Vermögen nicht ausreicht, die Schenkungsteuer zu zahlen.

Angesichts der Ergänzungsfunktion der Federal Gift zur Federal Estate Tax ist es vielmehr zutreffend, dass der Federal Gift Tax steuertypologisch keine eigenständige Bedeutung zukommt. Außer den bereits dargelegten Gründen kommt ihre Ergänzungsfunktion vor allem dadurch zum Ausdruck, dass nach Sec. 2001 (b) (1) (B) IRC sämtliche Schenkungen, die der Erblasser nach 1976 vorgenommen hat, in die Bemessungsgrundlage der Federal Estate Tax einbezogen werden[476]. Damit werden die Schenkungen auch von der Erbschaftsteuer erfasst[477]. Im Übrigen stimmt die Federal Gift Tax in ihren Wesensmerkmalen mit der Federal Estate Tax überein. Das zeigt der Objektsteuercharakter der Schenkungsteuer. Ebenso wie bei der Federal Estate Tax wird bei der Besteuerung nicht berücksichtigt, wem das Vermögen anfällt. Auch sie entsteht unabhängig von dem Erwerb des schenkweise übertragenen Vermögens. Eine Differenzierung der Steuersätze nach dem Verwandschaftsverhältnis zwischen Schenker und Beschenktem erfolgt nicht, ebenso wenig wie eine nach dem Verwandschaftsgrad abgestufte Staffelung der Freibeträge. Sie ist daher eine die Federal Estate Tax ergänzende Vermögensteuer, die den Schenker anlässlich der unentgeltlichen Übertragung von Vermögen einer letztmaligen Besteuerung im Hinblick auf dieses Vermögen unterwirft.

bb) IHTA

Bei der Auseinandersetzung mit der Besteuerungssystematik des IHTA ist zu berücksichtigen, dass die damalige britische Regierung seit 1972 die Reform der ihrerzeit noch Capital Transfer Tax genannten Steuer durch Umgestaltung von einer Nachlass- zu einer Erbanfallsteuer anstrebte. Diese Reform wurde 1979 eingeleitet und erreichte 1986 ihren vorläufigen, allerdings nicht abschließenden Höhepunkt[478]. Die Änderung der Rechtsnatur dieser Steuer sollte auch in ihrer Umbenennung in Inheritance Tax[479]

---

[475] S. erster Teil B. I. 3. b).
[476] *Seer*, RIW 2001, 664, 674.
[477] *Seer*, ebd.; die Doppelbesteuerung wird nach Sec. 2001 (b) (2) IRC vermieden.
[478] *Chapman*, Chapman's Inheritance Tax, 1.3.
[479] Durch Sec. 100 (1) (a) FA 1986.

zum Ausdruck kommen[480]. Ziel des britischen Gesetzgebers war außerdem, lebzeitige unentgeltliche Vermögensübertragungen weitestgehend nicht zu besteuern[481]. Ihrer Grundkonzeption nach ist die Inheritance Tax jedoch eine Schenkungsteuer, die Erbschaftsteuer heißt und im Ergebnis im Zeitpunkt des Todes den Nachlass besteuert[482].

(1) Steuergegenstand

Dem IHTA ist nicht ohne weiteres sein steuertatbestandliches Zugriffsobjekt zu entnehmen. Der Steuergegenstand wird nicht ausdrücklich bestimmt. Weder zählt der IHTA einzeln oder in Tatbestandsgruppen verschiedene Steuergegenstände auf, noch verwendet er zu dessen Bestimmung einen einheitlichen Rechtsbegriff.

Grundvoraussetzung für die Besteuerung ist nach Sec. 1, 2 (1) und (2) sowie 3 (1) IHTA das Vorliegen einer sog. Wertübertragung[483]. Aus der steuertatbestandlichen Konkretisierung dieses Begriffs durch Ausgrenzungsbefreiungen und Fiktionen ergibt sich der Steuergegenstand des IHTA. Eine Wertübertragung ist nach der gesetzlichen Definition der Sec. 3 (1) IHTA die von einer natürlichen Person vorgenommene Verfügung, als deren Folge der Wert ihres Gesamtvermögens unmittelbar nach der Verfügung geringer ist, als er es ohne die Verfügung wäre[484]. Hauptanwendungsfall der vom Gesetz so definierten Wertübertragung ist somit die lebzeitige Vermögensübertragung.

Es unterliegen jedoch keineswegs alle lebzeitigen Vermögensübertragungen der Besteuerung nach dem IHTA. Die Sec. 10 IHTA ff. enthalten verschiedene Ausgrenzungsbefreiungen. Der wohl wichtigste Fall ist in Sec. 10 (1) IHTA normiert, nach der keine Vermögensübertragung im Sinne des IHTA vorliegt, wenn sie ohne Bereicherungsabsicht erfolgt. Das sind nicht nur alle Veräußerungsgeschäfte, denen eine wirtschaftlich äquivalente Gegenleistung gegenübersteht, sondern auch die, denen eine wirtschaftlich inäquivalente Gegenleistung[485] gegenübersteht, sofern die Absicht einer

---

480 Haushaltsrede des Finanzministers, Hansard, Parliamentary Debates, House of Commons, 18 March 1986, col 175: "In recognition of the radically changed nature of Tax, I have decided to rename it the inheritance Tax."; vgl. auch Simon's Direct Tax Service, I 1.401; Foster's Inheritance Tax, A 1.401; *BTR* § 413-150.

481 Das wurde mit dem sog. effect of locking in assets begründet, der nach der Auffassung des Gesetzgebers in der Zurückbehaltung von Vermögenswerten angesichts einer Besteuerung bestehen und sich vor allem negativ im Hinblick auf Familienunternehmen auswirken würde, Haushaltsrede des Finanzministers, Hansard, Parliamentary Debates, House of Commons, 18 March 1986, col 175. Es ist jedoch zu beachten, dass Schenkungen unter Lebenden seit 1989 auch als einkommensteuerlicher Kapitalgewinn nach dem Capital Gains Tax Act 1989 besteuert werden können, *Flick/ Piltz*, Internationaler Erbfall, RdNr. 1704 und 1712.

482 Vgl. auch *Tiley*, Multiple inheritance Taxation, National Reports, United Kingdom, S. 133 f.

483 *Albrecht*, Deutsch-englische Erbfälle, S. 11, 14 f.; *Chapman*, Chapman's Inheritance Tax, 2.1; *Coombes/ Channon*, Inheritance Tax, S. 2-01 ff., 3-01 ff.

484 Vgl. auch *Tiley*, Multiple inheritance Taxation, National Reports, United Kingdom, S. 133 f.; *Albrecht*, Deutsch-englische Erbfälle, S. 11, 14 f.

485 Verkäufe unter oder Käufe über Wert, Notverkäufe oder -käufe.

unentgeltlichen Zuwendung fehlt[486]. Zu den Ausgrenzungsbefreiungen gehören neben bestimmten anderen von der Besteuerung ausgenommenen Vermögensübertragungen[487] auch solche wie Unterhaltszahlungen an Ehegatten, Kinder oder Verwandte. Auf diese Art werden im Grundsatz steuerlich alle Schenkungen erfasst.

In Fällen, in denen es zwar zu einem unentgeltlichen Vermögensübergang kommt, es jedoch an einer lebzeitigen Vermögensübertragung im Sinne des IHTA fehlt, werden die unentgeltlichen Vermögensübergänge durch Fiktion den lebzeitgen Vermögensübertragungen nach Sec. 3 (4) IHTA gleichgestellt. Hauptanwendungsfall sind die Vermögensübergänge von Todes wegen[488]. Um hier im Falle der gesetzlichen oder gewillkürten Erbfolge, bei der sich auch nach britischem Recht die Gesamtrechtsnachfolge in das Vermögen einer Person unmittelbar auf Grund des Gesetzes selbst vollzieht[489], ohne dass es eines Willensaktes bedürfte, zu einer Steuerpflicht zu gelangen, wird die Vermögensnachfolge von Todes wegen der lebzeitigen Vermögensübertragung gleichstellt[490]. Sec. 4 (1) IHTA bestimmt, dass im Todesfall eine Steuer so erhoben wird, als habe die verstorbene Person unmittelbar vor ihrem Tod eine Vermögensübertragung vorgenommen. Hierdurch wird erreicht, dass der Vermögensübergang, der

---

486 *Tiley*, Multiple inheritance Taxation, National Reports, United Kingdom, S. 133, 134; *Albrecht*, Deutsch-englische Erbfälle, S. 16.

487 Dazu gehören jeweils unter bestimmten weiteren Voraussetzungen bspw. die im Rahmen der Einkommenbesteuerung zu berücksichtigenden Verfügungen, Beitragszahlungen an Rentenunterstützungskassen und Hinterbliebenenversorgungseinrichtungen, Verfügungen bestimmter Gesellschaften zu Gunsten bestimmter Arbeitnehmertrusts oder der Verzicht auf Arbeitsentgelt oder Dividenden – Aufzählung nicht abschließend – vgl. i.Ü. Sec. 10 ff. IHTA; zu Einzelheiten s. die Übersichten bei *Albrecht*, Deutsch-englische Erbfälle, S. 16 ff. und 20, sowie Foster's Inheritance Tax, C 1. 41 ff.

488 Die übrigen Anwendungsfälle betreffen hauptsächlich die lebzeitige Beendigung eines interest in possession und die Zurechnung unentgeltlicher Vermögensübertragungen durch bestimmte Gesellschaften an Dritte zu den jeweiligen Gesellschaftern.
Behält sich der settlor, also der Trusterrichter, ein interest in possession, ein dem Nießbrauch vergleichbares Recht, an dem in den trust eingebrachten Vermögen vor, wird nach Sec. 49 (1) IHTA der settlor so behandelt, als sei er nach wie vor Inhaber dieses Vermögens; infolge der fehlenden Wertminderung des Vermögens des settlors kommt es trotz einer Vermögensübertragung nicht zum Eintritt der Steuerpflicht nach Sec. 3 (1) IHTA; die Steuerpflicht tritt erst bei Beendigung des vom settlor innegehabten interest in possession ein; soweit die Beendigung zu dessen Lebzeiten erfolgt, wird nach Sec. 52 (1) IHTA die Beendigung als Vermögensübertragung des settlors der mit dem interest in possession verbundenen Vermögensgegenstände behandelt; zu den Einzelheiten vgl. *Albrecht*, Deutsch-englische Erbfälle, S. 30 ff., insbesondere S. 39, und Foster's Inheritance Tax, E 2.22-24.
Nach Sec. 2 (1) IHTA ist bei Vorliegen der weiteren Voraussetzungen nur eine von einer natürlichen Person vorgenommene Vermögensübertragung steuerpflichtig; aus diesem Grunde wird nach Sec. 94 IHTA die Vermögensübertragung durch bestimmte Gesellschaften zur Vermeidung von Steuerumgehungen als anteilmäßige Vermögensübertragung ihrer Gesellschafter behandelt, zu den Einzelheiten s. *Albrecht*, Deutsch-englische Erbfälle, S. 27 ff., und Foster's Inheritance Tax, F 1.21 ff.

489 *v. Bernstorff*, Einführung in das englische Recht, S. 108; *Albrecht*, Deutsch-englische Erbfälle, S. 283 ff., 318 ff., 320 m.w.N.

490 *Tiley*, Multiple inheritance Taxation, National Reports, United Kingdom, S. 133 f.

sich im Erbfall durch Gesetz selbst vollzieht, der Verfügung einer Person über ihr gesamtes Vermögen unmittelbar vor ihrem Tod gleichgestellt wird[491].

Aus dieser tatbestandlichen Konkretisierung ergibt sich, dass der Steuergegenstand des IHTA die lebzeitige unentgeltliche Vermögensübertragung ist.

(2) Besteuerungsgut

Den Bestimmungen der Sec. 1, Sec. 2 (1) und (2) sowie Sec. 3 (1) IHTA und den diese ergänzenden Vorschriften der Sec. 4 (1) und 10 ff. IHTA kommt bei der konzeptionellen Ausgestaltung des IHTA die entscheidende Bedeutung zu. In ihnen kommt die Struktur der Besteuerungssystematik des IHTA zum Ausdruck. Steuersystematisch liegt ausgehend von diesen Bestimmungen und dem Steuergegenstand der Schwerpunkt der Besteuerung bei den lebzeitigen unentgeltlichen Vermögensübertragungen[492]. Das gilt auch für die Vermögensübergänge auf Grund erbrechtlicher Gesamtrechtsnachfolge, da diese durch gesetzliche Fiktion den lebzeitigen unentgeltlichen Vermögensübertragungen gleichgestellt sind. Ausgehend hiervon scheint vom IHTA in den Fällen der freigebigen Zuwendung wie im Erbfall als Indikator wirtschaftlicher Leistungsfähigkeit die Vermögensverwendung erfasst zu werden.

Bei der Bestimmung des Besteuerungsgutes kommt jedoch der durch den Finance Act 1986 in den IHTA eingefügten Sec. 3 A IHTA maßgebliches Gewicht zu[493]. Sie enthält die Regelungen über die potentiell steuerfreien Vermögensübertragungen[494]. Mit der Einfügung dieser Vorschrift wurde das gesetzgeberische Ziel verwirklicht, lebzeitige unentgeltliche Vermögensübertragungen weitestgehend nicht zu besteuern[495]. Bei den potentiell steuerfreien Vermögensübertragungen handelt es sich um lebzeitige unentgeltliche Vermögensübertragungen, die zunächst von der Besteuerung befreit sind. Sie werden nachträglich nur dann einer Besteuerung unterworfen, wenn sich herausstellt, dass sie innerhalb eines Zeitraumes von sieben Jahren vor dem Erbfall erfolgten. Mit dem Erbfall entfällt die Steuerfreiheit der bis dahin als steuerfrei behandelten Übertra-

---

[491] Vgl. dazu auch Simon's Direct Tax Service, I 4.101.

[492] Vgl. auch *Albrecht*, Deutsch-englische Erbfälle, S. 60; Simon's Direct Tax Service, I 1.401.

[493] Bemerkenswert ist, dass diese Vorschrift nicht in Part II des IHTA bei den Vorschriften betreffend die steuerfreien Vermögensübertragungen, sondern in Part I des IHTA bei den generellen Vorschriften über die steuerpflichtigen Vorgänge und noch vor denjenigen über die Ausgrenzungsbefreiungen eingefügt wurde.

[494] Die potentiell steuerfreien sind von den grundsätzlich steuerfreien Vermögensübertragungen zu unterscheiden. Die grundsätzlich steuerfreien Vermögensübertragungen sind den Steuerbefreiungen nach § 13 ErbStG vergleichbar. Sie regeln in den Sec. 18 ff. IHTA bspw. – Aufzählung nicht abschließend, hierzu ausführlicher: *Albrecht*, Deutsch-englische Erbfälle, S. 45 ff. – die Befreiung von Vermögensübertragungen zwischen Ehegatten, an gemeinnützige Einrichtungen, an politische Parteien oder bestimmte gemeinnützige Einrichtungen. Zu den steuerfreien Vermögensübertragungen zählen auch die in Sec. 30 ff. IHTA normierten bedingt steuerfreien Vermögensübertragungen. Sie betreffen vor allem die Übertragung kulturell bedeutender Vermögensgegenstände.

[495] S. FN 481 einschließlich des dortigen Hinweises auf die Besteuerung nach dem Capital Gains Tax Act 1989.

gungen rückwirkend[496]. Wurden sie mehr als sieben Jahre vor dem Erbfall vorgenommen, gelten sie als grundsätzlich steuerfrei, die Steuerpflicht im Hinblick auf diese Übertragungen lebt mit dem Erbfall nicht mehr auf. Im Grundsatz sind daher lebzeitige unentgeltliche Vermögensübertragungen steuerfrei[497], wenn sie vom Schenker sieben Jahre überlebt werden[498].

Damit bewirkt Sec. 3 A IHTA im Ergebnis, dass eine an einen unentgeltlichen Vermögensübergang anknüpfende Besteuerung tatsächlich nicht zu Lebzeiten des späteren Erblassers, sondern erst im Erbfall erfolgt. Der überwiegende Teil der freigebigen Zuwendungen unter Lebenden bleibt so von der Besteuerung durch den IHTA befreit[499]. Sec. 3 A IHTA macht damit den Vermögensübergang infolge Erbfalles zum Hauptanwendungsfall des IHTA[500]. Durch diese Vorschrift wird der Schwerpunkt der Besteuerung abweichend von der Grundstruktur der sachlichen Normenkonzeption von den lebzeitigen unentgeltlichen Vermögensübertragungen hin zu den Vermögensübergängen auf Grund eines Erbfalles verschoben[501]. Die Vermögensverwendung als Indikator wirtschaftlicher Leistungsfähigkeit wird hierdurch abweichend von der tatbestandlichen Grundstruktur von der Besteuerung praktisch nicht erfasst.

Zur Bestimmung des Besteuerungsgutes des IHTA bedarf es daher der abgrenzenden Zuordnung anhand des materiellen Schwergewichts. Nach der Grundstruktur des IHTA scheint zwar der Vermögensinhaber auf Grund der Verwendung von Vermögen zur unentgeltlichen Übertragung besteuert zu werden. Dabei wird in den Fällen, in denen es an einer solchen Verwendung von Vermögen auf Grund eines Vermögensüberganges durch erbrechtliche Gesamtrechtsnachfolge fehlt, eine solche gesetzlich fingiert. Faktisch erfolgt auf Grund der Sec. 3 A IHTA eine Besteuerung jedoch erst im Zeitpunkt des Erbfalles, die nicht wie eine Besteuerung des Erblassers auf Grund seiner

---

[496] Zur Zeit der Vornahme der lebzeitigen unentgeltlichen Vermögensübertragungen sind keine Steuern zu zahlen. Die Steuern werden erst anlässlich des Erbfalles hinsichtlich jeder einzelnen innerhalb der letzten sieben Jahre vorgenommenen unentgeltlichen Vermögensübertragung erhoben. Steuerschuldner sind nach Sec. 199 (1) (b)-(d) IHTA die Begünstigten des übertragenen Vermögens, vgl. *Chapman*, Chapman's Inheritance Tax, 1.9; *Albrecht*, Deutsch-englische Erbfälle, S. 188, 190; *Flick/ Piltz*, Internationaler Erbfall, RdNr. 575.

[497] Eine Ausnahme gilt für die sog. sofort steuerpflichtigen Übertragungen. Bestimmte Vermögensübertragungen sind weder grundsätzlich, noch bedingt, s. hierzu jeweils FN 494, noch potentiell steuerbefreit. Zu diesen sofort steuerpflichtigen Übertragungen gehören vor allem diejenigen an discretionary trusts oder andere trusts, an denen kein interest in possession besteht, sowie die an bestimmte Gesellschaften, Aufzählung nicht abschließend, vgl. i.Ü. *BTR* § 413-250, und Simon's Direct Tax Service, I 3.319; *Albrecht*, Deutsch-englische Erbfälle, S. 61, 63 ff., auch S. 39; Foster's Inheritance Tax, C 1.13.

[498] S. zum Ganzen *Albrecht*, Deutsch-englische Erbfälle, S. 59 ff., 188 und 190.

[499] Freigebige Zuwendungen unter Lebenden können allerdings einkommensteuerrechtlich als Gewinnrealisierung von der Besteuerung nach dem Capital Gains Tax Act erfasst werden, vgl. *Flick/ Piltz*, Internationaler Erbfall, RdNr. 1704 und 1712.

[500] Simon's Direct Tax Service, IHT Guide 1.

[501] *Coombes/ Shannon*, Inheritance Tax, S. 1-02 ff.; *Chapman*, Chapman's Inheritance Tax, 1.3, 1.5 f.; *BTR* § 401-650.

Vermögensverwendung, sondern wie eine letztmalige Besteuerung seiner bis zum Eintritt des Erbfalles andauernden Inhaberschaft von Vermögen wirkt. Als Vorschrift betreffend Steuerbefreiungen berührt Sec. 3 A IHTA zwar nicht die steuersystematische Grundstruktur des IHTA[502]. Die Vorschrift hat jedoch auf Grund ihres Regelungsinhaltes und ihrer praktischen Bedeutung maßgeblichen Einfluss auf die Rechtsnatur der Inheritance Tax[503]. Die Besteuerung im Zeitpunkt des Erbfalles wirkt daher letztlich nicht wie die nachträgliche Besteuerung der Verwendung von Einkommen und Vermögen zur unentgeltlichen Übertragung, sondern wie die Ausdehnung des Umfanges der Steuerpflicht anlässlich des Vermögensüberganges von Todes wegen auf die vor dem Erbfall innerhalb der letzten sieben Jahre erfolgten unentgeltlichen Vermögensübertragungen[504]. Dadurch, dass Sec. 3 A IHTA den Vermögensübergang infolge Erbfalles zum Hauptanwendungsfall des IHTA macht[505], rückt die Inheritance Tax in die Nähe einer Steuer auf den Vermögensbestand, die den Erblasser anlässlich des unentgeltlichen Vermögensüberganges infolge Erbfalles letztmalig zu einer Besteuerung auf Grund seiner Inhaberschaft von Vermögen heranzieht[506].

Bedenkenswert bleibt, ob die nachträglich eingefügte Vorschrift der Sec. 3 A IHTA als Regelung betreffend Steuerbefreiungen ein solches Gewicht haben kann, dass sich abweichend von der steuertatbestandlichen Grundstruktur das dem IHTA zu Grunde liegende Besteuerungsgut ändert. Denn einerseits lässt diese Regelung die besteuerungssystematische Grundstruktur des IHTA unberührt. Doch andererseits tritt nach dieser Vorschrift – trotz der in Sec. 4 (1) IHTA normierten Fiktion der Vermögensübergänge von Todes wegen als lebzeitige unentgeltliche Vermögensübertragungen – die steuerliche Belastung der Vermögensverwendung de facto völlig in den Hintergrund. Gerade dies entspricht jedoch der gesetzgeberischen Intention. Ziel des britischen Gesetzgebers war es, lebzeitige unentgeltliche Vermögensübertragungen weitestgehend nicht zu besteuern[507]. Dass sich durch die Steuerbefreiung dieser Vermögensübertragungen die Rechtsnatur der Steuer grundlegend ändern würde[508], war dem Gesetzgeber bekannt[509]. Ausgehend hiervon ist das der Besteuerung nach dem IHTA zu Grunde liegende Besteuerungsgut die Inhaberschaft von Vermögen durch den Erblasser bis zum Eintritt

---

[502] *BTR* § 402-500.
[503] Vgl. *Chapman*, Chapman's Inheritance Tax, 1.3; *BTR* § 413-150.
[504] *Chapman*, Chapman's Inheritance Tax, 1.5.
[505] S. FN 500.
[506] Vgl. auch *BTR* § 401-650; *Chapman*, Chapman's Inheritance Tax, 1.5.
[507] Haushaltsrede des Finanzministers, Hansard, 18 March 1986, col 175.
[508] *BTR* §§ 407-100, 413-150.
[509] Haushaltsrede des Finanzministers, a.a.O., s FN 507: "In recognition of the radically changed nature of Tax, I have decided to rename it the inheritance Tax." Diese grundlegende Änderung der Rechtsnatur der Steuer sollt auch in der Umbenennung der bis dahin Capital transfer Tax genannten Steuer zum Ausdruck kommen, Simon's Direct Tax Service, I 1.401; Foster's Inheritance Tax, A 1.401; vgl. i.Ü. *BTR* § 413-150. Es ist jedoch anzumerken, dass diese Änderung nur eine Fortsetzung der 1979 begonnenen Reformen des IHTA darstellte. Eine ähnliche Regelung hatte zwischen 1981 und 1986 gegolten, derzufolge die endgültige Steuerbefreiung lebzeitiger Wertübertragungen nicht nach sieben, sondern erst nach zehn Jahren erfolgte.

des Erbfalles. Dieses Vermögen verkörpert den die wirtschaftliche Leistungsfähigkeit vermittelnden Wert. Es wird so der Erblasser letztmalig auf Grund seiner aus der Inhaberschaft von Vermögen folgenden wirtschaftlichen Leistungsfähigkeit besteuert.

(3) Steuersubjekt

Das Zurechnungssubjekt wirtschaftlicher Leistungsfähigkeit ist der Erblasser. Zur steuerlichen Erfassung dieser Leistungsfähigkeit knüpft der Eintritt der Steuerpflicht nach Sec. 3 (1), 5 (1) und 6 (1) IHTA zunächst an die Belegenheit des Vermögens und erst dann an die persönlichen Verhältnisse des Übertragenden oder des Erblassers an. Die Inheritance Tax entsteht anlässlich des unentgeltlich Überganges von Vermögen im Hinblick auf das gesamte Vermögen unabhängig von seiner Belegenheit, wenn der Übertragende oder der Erblasser im Vereinigten Königreich domiziliert[510] ist, und im Hinblick auf das nur im Vereinigten Königreich belegene Vermögen, wenn der Übertragende oder der Erblasser dort nicht domiziliert ist[511]. Auf die persönlichen Verhältnisse des Erwerbers kommt es im Hinblick auf den Eintritt der Steuerpflicht nicht an[512]. Auf die Person des Erwerbers kommt es nur in den Fällen an, in denen Vermögensübertragungen an bestimmte Erwerber steuerfrei erfolgen können[513].

Steuerschuldner im Fall der Vermögensübergänge von Todes wegen ist nach Sec. 200 (1) (a) IHTA in erster Linie der personal representative, also der executor, d. h. der vom Erblasser eingesetzte Testamentsvollstrecker, oder der administrator, d. h. der gerichtlich bestellte Nachlassverwalter[514], als legal owner des Nachlassvermögens und insoweit Rechtsnachfolger des Erblassers. Dieser hat nach Secs. 200 (1) (a), 211 (1), (2) IHTA die Steuer aus dem Nachlass zu entrichten. Steuerschuldner sind jedoch auch die übrigen durch den auf Grund des Erbfalles erfolgenden Vermögensübergang Begünstigten. Sie schulden die Steuer nach Sec. 200 (1) (b) bis (d) und 204 (3) IHTA jedoch nur in Höhe des Anteils, der auf das an sie tatsächlich übergegangene Vermögen entfällt[515].

Im Fall der vom Erblasser nicht sieben Jahre überlebten ursprünglich potentiell steuerfreien Vermögensübertragungen, die erst nachträglich der Besteuerung unterworfenen werden, ist jedoch nicht der personal representative der Steuerschuldner[516], sondern die in Sec. 199 (1) (b) bis (d) IHTA genannten Begünstigten des übertragenen Vermögens[517]. Der Erwerber schuldet die Steuer, weil das an ihn übergegangene Vermögen

---

510 Zu den Voraussetzungen, unter denen ein Domizil begründet wird, s. zweiter Teil C. II. 1. a).
511 Entsprechend der beschränkten Steuerpflicht in § 2 Abs. 1 Nr. 3 ErbStG.
512 Simon's Direct Tax Service, IHT Guide 1; *BTR* § 401-650; *Chapman*, Chapman's Inheritance Tax, 1.5.
513 Ebd., FN 512.
514 *Flick/ Piltz*, Internationaler Erbfall, RdNr. 575.
515 Foster's Inheritance Tax, K 1.12.
516 Der personal representative haftet nach Sec. 199 (1) (a) und (2) IHTA zwar für die Steuer, wegen Sec. 204 (8) IHTA jedoch nur nachrangig, Foster's Inheritance Tax, K 1.11.
517 Vgl. *Chapman*, Chapman's Inheritance Tax, 1.9.

sonst steuerfrei zwischen dem späteren Erblasser und dem Erwerber übertragen werden kann, wenn der personal representative der Steuerschuldner ist.

(4) Steuerträger

Die wirtschaftliche Belastungswirkung der Inheritance Tax ist abhängig von der Art des Vermögensüberganges – als potentiell steuerfreie Vermögensübertragung oder als Vermögensübergang von Todes wegen – und den Regeln betreffend die Steuerschuldnerschaft unterschiedlich. Im Hinblick auf die wirtschaftliche Belastungswirkung bei den Vermögensübergängen infolge eines Erbfalles enthält der IHTA einen eigenen Regelungsabschnitt. Sec. 211 (1) und (2) IHTA bestimmen, dass der personal representative die Steuer als Teil der Nachlassverwaltungskosten zu behandeln hat[518], soweit der Wille des Erblassers nicht entgegensteht. Soweit die Inheritance Tax zwar von dem personal representative gezahlt wurde, die Inheritance Tax jedoch nicht als zu den Nachlassverwaltungskosten gehörig angesehen wird, gibt Sec. 211 (3) IHTA dem personal representative einen Erstattungsanspruch gegen diejenigen, an die das dem Steuerbetrag umfänglich entsprechende Vermögen übergegangen ist. In allen Fällen ist damit jeweils gewährleistet, dass die Steuer aus dem übertragenen Vermögen gezahlt wird[519]. Das Nachlassvermögen ist daher die Quelle, aus der die Inheritance Tax gezahlt wird. Steuerträger sind damit die Erben oder sonstwie durch den Erbfall Begünstigten. Die im Hinblick auf potentiell steuerfreie Vermögensübertragungen entstehende Steuer ist der konzeptionellen Ausgestaltung nach aus dem übertragenen Vermögen von dem Erwerber zu entrichten[520], das so wirtschaftlich mit der Steuer belastet ist[521]. Steuerträger sind daher nicht die Erben, sondern diejenigen, die auf Grund potentiell steuerfreier Übertragungen Vermögen erworben haben.

(5) Steuertypologische Qualifizierung

Nach der konzeptionellen Ausgestaltung und der wirtschaftlichen Belastungswirkung des IHTA handelt es sich bei der Inheritance Tax um eine Vermögensteuer, die den Erblasser anlässlich eines Erbfalles auf Grund seiner Inhaberschaft des übergehenden Vermögen besteuert. Es ist eine einmalige und finale Besteuerung des Vermögens des Erblassers[522]. Die Inheritance Tax enthält zwar im Hinblick auf ihre sachliche Normenkonzeption, gerade was die lebzeitigen unentgeltlichen Vermögensübertragungen als Steuergegenstand der Inheritance Tax anbelangt, Elemente einer Vermögensverwendungssteuer. Diese Elemente, obwohl sie die steuersystematische Grundstruktur des

---

518 *Chapman*, Chapman's Inheritance Tax, 23.2.2 f.
519 *Coombes/ Shannon*, Inheritance Tax, S. 11-18, 11-21.
520 *Chapman*, Chapman's Inheritance Tax, 23.3.2.
521 *Chapman*, Chapman's Inheritance Tax, 23.3.2; ob das in allen Fällen tatsächlich zutrifft, ist zweifelhaft, da die Steuer anlässlich einer möglicherweise schon vor sieben Jahren erfolgten Vermögensübertragung erhoben werden kann und das übertragene Vermögen möglicherweise nicht mehr vorhanden ist.
522 *BTR* § 401-650; Simon's Direct Tax Service, IHT Guide 1, I 3.101.

IHTA prägen, führen jedoch nicht zu einer entsprechenden steuertypologischen Qualifizierung der Inheritance Tax. Die praktischen Auswirkungen der Änderungen des IHTA, die er durch Einführung der potentiell steuerfreien Vermögensübertragungen mit dem Finance Act 1986 erfahren hat, sind so gewichtig, dass eine Einordnung der Inheritance Tax bei den Vermögensteuern geboten ist.

Die Inheritance Tax trägt ebenfalls die Merkmale einer auf das Vermögen des Erblassers gelegten Objektsteuer. Sie entsteht unabhängig von dem Erwerb des Nachlassvermögens und berücksichtigt daher nicht, wem das Vermögen im Einzelnen anfällt. Die Steuersätze beziehen sich nach Sec. 7 IHTA auf den Gesamtwert, der Gegenstand der Vermögensübertragung gewesen ist, ohne dass eine Unterscheidung nach einzelnen Erwerben vorgenommen wird. Schließlich erfolgt weder eine nach dem Verwandschaftsverhältnis des Erwerbers zum Schenker unterscheidende Differenzierung der Steuersätze, noch eine nach dem Verwandschaftsgrad abgestufte Staffelung der persönlichen Freibeträge[523].

III. Übereinstimmungen der Steuertatbestände und Gleichartigkeit

Die vorhergehenden Abschnitte haben gezeigt, dass die Steuertatbestände sowohl Übereinstimmungen als auch Unterschiede aufweisen.

Die Steuergegenstände der als Erbanfallsteuern ausgestalteten Steuergesetze stimmen weitgehend überein. Steuersystematisch besteht jedenfalls kein Unterschied zwischen dem Vermögensanfall, wie er als tatbestandliches Zugriffsobjekt vom ErbStG erfasst wird[524], und dem vom LISD erfassten Vermögenszuwachs[525]. Allenfalls in Randbereichen bestehen Unterschiede im Hinblick auf den Umfang ihrer Erfassungsbreite, wenn einerseits wie im ErbStG die Steuergegenstände abschließend aufgezählt werden[526] und andererseits wie im LISD der Steuergegenstand in einem sehr weit gefassten Tatbestand normiert wird, der einer Konkretisierung durch Ausgrenzungsbefreiungen bedarf[527]. Sie unterscheiden sich jedoch grundsätzlich von den Steuergegenständen der als Nachlasssteuern ausgestalteten Steuergesetze wie beispielsweise dem steuerbaren Nachlass nach dem IRC oder der lebzeitigen unentgeltlichen Vermögensübertragung nach dem IHTA[528]. Insoweit sind sogar Unterschiede zwischen den Steuergegenständen der als Nachlasssteuern ausgestalteten Steuergesetze feststellbar. Diese sind jedoch eher formaler Art und betreffen die steuertechnische Ausgestaltung.

---

523 *Flick/ Piltz*, Internationaler Erbfall, 1708 f.
524 Erster Teil B. II. 2. a) aa) (1) (a).
525 Erster Teil B. II. 2. a) cc).
526 S. FN 524.
527 FN 525.
528 Erster Teil B. II. 2. b) aa) (1) (a) und erster Teil B. II. 2. b) bb) (1).

Auch die den Erbanfallsteuern zu Grunde liegenden Besteuerungsgüter unterscheiden sich nicht. Besteuerungsgut ist jeweils der aus einem unentgeltlichen Vermögensübergang hervorgehende Vermögenszuwachs[529]. Das infolge dieses Überganges angefallene Vermögen verkörpert den wirtschaftliche Leistungsfähigkeit vermittelnden Wert. Hierin stimmen sie mindestens partiell mit den den Nachlasssteuern zu Grunde liegenden Besteuerungsgütern überein. Denn bei den Nachlasssteuern stellt das Vermögen des Erblassers oder Schenkers den wirtschaftliche Leistungsfähigkeit vermittelnden Wert dar[530]. Insoweit kommt es hinsichtlich dieses die wirtschaftliche Leistungsfähigkeit vermittelnden Wertes nicht nur zu einer partiellen, sondern zu einer vollständigen Übereinstimmung, wenn an dem Vermögensübergang nur zwei Personen beteiligt sind. Die auch bei den Nachlasssteuern untereinander übereinstimmenden Besteuerungsgüter unterscheiden sich jedoch von den den Erbanfallsteuern zu Grunde liegenden dadurch, dass sie die Vermögensinhaberschaft des Erblassers oder Schenkers umfassen[531].

Identität wiederum besteht im Grundsatz bei den Steuersubjekten in ihrer Eigenschaft als Zuordnungssubjekte wirtschaftlicher Leistungsfähigkeit, soweit es sich entweder um Erbanfallsteuern oder um Nachlasssteuern handelt. Bei den Erbanfallsteuern ist es jeweils der Erwerber, bei den Nachlasssteuern der Erblasser oder Schenker[532]. Im Fall der Erbanfallsteuern kann es wie im ErbStG oder österrErbStG jedoch vorkommen, dass die Steuertatbestände den Eintritt der Steuerpflicht auch an den Erblasser oder Schenker anknüpfen[533]. Bei den Erbanfallsteuern ist Steuerschuldner dementsprechend der Erwerber, wobei der Kreis der Steuerschuldner teilweise, so im deutschen und österreichischen Erbschaft- und Schenkungsteuerrecht, auf den Schenker erweitert wird[534]. Bei den Nachlasssteuern ist Steuerschuldner der jeweilige Vermögensinhaber, der nicht zwangsläufig mit dem endgültigen Erwerber identisch sein muss[535]. Nur im Fall der Schenkungsteuern ist Steuerschuldner der Schenker.

Die Steuerträger stimmen dagegen bei den Erbanfall- und bei den Nachlasssteuern in der Regel immer überein. Steuerträger sind im Grundsatz diejenigen, denen das Vermögen letztlich anfallen soll[536]. Ausnahme ergeben sich in den Fällen, in denen bei einer unentgeltlichen Vermögensübertragung auf der einen Seite der Schenker und auf der anderen Seite der Erwerber zur Entrichtung der Steuer herangezogen wird.

Ausgehend von den so ermittelten Unterschieden und Übereinstimmungen in den Steuertatbeständen handelt es sich nicht nur bei jeweils zwei Erbanfall- und zwei Nachlasssteuern, sondern auch bei einer Erbanfall- und einer Nachlasssteuer um

---

[529] Erster Teil B. II. 2. a) aa) (2), bb), cc).
[530] Erster Teil B. II. 2. b) aa) (1) (b), bb) (2).
[531] S. FN 530.
[532] Erster Teil B. II. 2. a) aa) (3), bb), cc); erster Teil B. II. 2. b) aa) (1) (c), (2) (c), bb) (3) (a).
[533] S. FN 532.
[534] S. FN 532.
[535] S. FN 532.
[536] Erster Teil B. II. 2. a) aa) (4), bb), cc); erster Teil B. II. 2. b) aa) (1) (d), (2) (d), bb) (4).

gleichartige Steuern im Sinne des oben bereits erläuterten[537] Begriffsmerkmals der internationalen Doppelbesteuerung. Danach wird vor dem Hintergrund einer wirtschaftlichen Betrachtungsweise keine völlige Übereinstimmung verlangt. Ausreichend ist insoweit vielmehr, wenn jeweils der gleiche wirtschaftliche Leistungsfähigkeit vermittelnde Wert, wenn auch nur partiell, von der Besteuerung erfasst wird und die Steuerträger jeweils identisch sind. Soweit Ausnahmen beispielsweise bei den Erbanfallsteuern hinsichtlich der Identität des Steuerträgers bestehen, beruhen sie auf Besonderheiten in der Ausgestaltung des jeweiligen Steuergesetzes, die nicht zu einer anderen Beurteilung führen können. Auch bei der Federal Gift Tax handelt es sich um eine mit einer Erbanfallsteuer gleichartige Steuer im Sinne dieses zur Definition der Doppelbesteuerung verwendeten Begriffsmerkmals, weil sie gegenüber der Federal Estate Tax nur eine Ergänzungsfunktion hat und steuersystematisch ohne eigenständige Bedeutung ist[538]. Stellt man abgesehen davon wie *Grotherr* hinsichtlich dieses Vergleichsmerkmals darauf ab, dass von den Steuern derselbe „Verkehrsvorgang" erfasst wird[539], ergibt sich die Gleichartigkeit auch daraus, dass die Steuern anlässlich desselben unentgeltlichen Vermögensüberganges erhoben werden.

C. Ursache und Formen internationaler Doppelbesteuerung im Erbschaft- und Schenkungsteuerrecht

I. Ursache internationaler Doppelbesteuerung

Eine der Ursachen der Doppelbesteuerung[540] liegt in dem Nebeneinander des Fehlens eines völkerrechtlichen Verbotes der Doppelbesteuerung[541] und des aus dem weltweit anerkannten[542] Leistungsfähigkeitsprinzip folgenden Totalitätsprinzips[543]. Völkerrechtlich ist eine Besteuerung nur dort unzulässig, wo der der Besteuerung zu Grunde liegende wirtschaftliche Sachverhalt keine Bezüge zu dem besteuernden Staat aufweist

---

[537] Erster Teil A. III. 1.

[538] Erster Teil B. II. 2. b) aa) (2) (e).

[539] Erster Teil B. I. 2.

[540] Ausführlicher zu Ursache und Erscheinungsformen der internationalen Doppelbesteuerung allgemein s. *Knechtle*, Grundfragen des Internationalen Steuerrechts, S. 37 ff.

[541] BFH, Urteil v. 14.02.1975, VI R 210/72, BStBl. II 1975, 497 f.; *Korn/ Debatin*, Doppelbesteuerung, Systematik I, RdNr. 10; *Vogel*, DBA, Einl. RdNr. 8; *ders.*, Anwendungsbereich der Verwaltungsrechtsnorm, S. 351 f.

[542] *J. Lang* in Tipke/ Lang, Steuerrecht, § 4 RdNr. 83.

[543] *J. Lang* in Tipke/ Lang, Steuerrecht, § 2 RdNr. 37; *Schaumburg*, Internationales Steuerrecht, RdNr. 2.6.

und damit das Verbot steuerrechtlicher Willkür verletzt wird[544]. Weist dagegen der wirtschaftliche Sachverhalt Bezüge zu mehr als einem Staat auf, kommt eine Doppelbesteuerung dann in Betracht, wenn die Steuergesetze dieser Staaten den Eintritt der Steuerpflicht an verschiedene oder gleiche Merkmale dieses Sachverhaltes anknüpfen[545]. Die Anknüpfung an verschiedene oder gleiche Merkmale dieses Sachverhaltes führt dazu, dass sich die Steuertatbestände der jeweiligen Steuergesetze überschneiden. Ausgangspunkt der Doppelbesteuerung ist so das auf einen wirtschaftlichen Sachverhalt anwendbare jeweilige nationale Steuerrecht der verschiedenen Staaten[546].

Zu einer Überschneidung der Steuerpflichten kann es beispielsweise kommen, wenn die an dem Vorgang Beteiligten in einem jeweils anderen Staat ansässig sind, wenn einer der Beteiligten in mehr als einem Staat ansässig ist[547] oder wenn zwar beide an dem Vorgang Beteiligten in dem gleichen Staat ansässig sind, jedoch eine Person eine andere oder eine weitere Staatsangehörigkeit als die des Ansässigkeitsstaates hat und die steuererhebenden Staaten den Eintritt der Steuerpflicht an die Ansässigkeit[548] und die Staatsangehörigkeit[549] knüpfen[550]. Es handelt sich hier um Fälle der Überschneidung jeweils unbeschränkter Steuerpflicht[551]. Eine Überschneidung von Steuerpflichten erfolgt auch dann[552], wenn die Beteiligten zwar in einem Staat ansässig sind, das überge-

---

[544] *Korn/ Debatin*, Doppelbesteuerung, Systematik I, RdNr. 3; BFH, Urteil v. 18.12.1963, I 230/61 S, BStBl. III 1964, 253, 256 f.; BFH, Urteil v. 16.12.1964, II 154/61 U, BStBl. III 1965, 134, 135; BFH, Urteil v. 01.04.1969, II R 75/67, BFHE 95, 345, 349; *Schaumburg*, Internationales Steuerrecht, RdNr. 2.6, 3.14, 14.4; *F. Wassermeyer*, DStJG 8 (1985), 49, 52; *Ritter*, BB 1984, 1109, 1112; *Vogel*, Anwendungsbereich der Verwaltungsrechtsnorm, S. 142 ff.; *ders.*, CDFI LIIIb (1968), S. 143, 145 f.; *Croxatto*, StuW 1964, 879, 880 f.; *Schindhelm*, ZEV 1997, 8, 9; *Burmester*, JZ 1993, 698, 702; nach der Rechtsprechung des BVerfG bedarf es für die Auferlegung von Abgaben gegenüber einen im Ausland lebenden nicht deutschen Staatsangehörigen bei Sachverhalten, die sich ausschließlich im Ausland ereignen, hinreichender sachlicher Anknüpfungspunkte für die Abgabenerhebung im Inland, BVerfG, Beschluss v. 22.03.1983, 2 BvR 475/78, BVerfGE 63, 343, 369; sog. "genuine link", vgl. *Vogel*, DStZ 1997, 269, 272; zu den völkerrechtlichen Grenzen der Erbschaftsteuer auf Auslandserwerbe vgl. *M. Klein*, IWB Nr. 2 vom 23.01.2002, Fach 3, Gruppe 9, S. 145 ff.

[545] *Schaumburg*, Internationales Steuerrecht, RdNr. 12.4 m.w.N.; *Jülicher* in Troll/ Gebel/ Jülicher, ErbStG, § 2 RdNr. 136; *Debatin*, Internationale Doppelbesteuerung, S. 269, 280.

[546] *Korn/ Debatin*, Doppelbesteuerung, Systematik I, RdNr. 21 und 25.

[547] Der Fall unterscheidet sich nur dann von dem zuvor genannten, wenn es nicht zu einem Eintritt der Steuerpflicht im Hinblick auf den anderen Beteiligten in dessen Ansässigkeitsstaat kommt. Denkbar wäre der Fall des in Spanien ansässigen Erblassers und des in Spanien sowie in der Bundesrepublik ansässigen Erben, da Art. 5 und Art. 6 pár. 1 LISD den Eintritt der Steuerpflicht nicht an den Erblasser, sondern im Gegensatz zu § 2 Abs. 1 Nr. 1 Satz 1 ErbStG ausschließlich an den Erwerber knüpft.

[548] So zum Beispiel § 2 Abs. 1 Nr. 1 Satz 1 und Satz 2 lit. a) ErbStG, § 6 Abs. 1 Z. 1 und Abs. 2 Z. 1 und Z. 2 österrErbStG, Art. 6 pár. 1 LISD, Sec. 2001 (a) IRC (Domizil), Sec. 5 (1) und Sec. 6 (1) IHTA (Domizil).

[549] So zum Beispiel § 2 Abs. 1 Nr. 1 Satz 2 lit. b) ErbStG, § 6 Abs. 2 Z. 1 österrErbStG, Sec. 2001 (a) IRC.

[550] Zu den unterschiedlichen Fallgestaltungen vgl. auch *Boochs*, UVR 1994, 264, 267 f.

[551] *Piltz*, StKongrRep 1999, S. 79, 82 ff.

[552] Zu den verschiedenen Möglichkeiten bei der Kollision von Steuerrechtsnormen *vgl. Goodman*, CDFI LXXb (1985), S. 115, 151.

gangene Vermögen jedoch teilweise oder ganz in einem anderen Staat als dem Ansässigkeitsstaat belegen ist und der Ansässigkeitsstaat den Umfang der Steuerpflicht auf das außerhalb seines Staatsgebietes belegene Vermögen erstreckt[553] und der Belegenheitsstaat den Umfang der Steuerpflicht auf das in seinem Staatsgebiet belegene Vermögen beschränkt[554]. Dann liegt ein Fall der Überschneidung unbeschränkter mit beschränkter Steuerpflicht vor[555]. Allerdings führt nicht zwingend jeder grenzüberschreitende wirtschaftliche Sachverhalt zu einer Überschneidung der Erbschaft- und Schenkungsteuerpflicht. Es kann auch sein, dass ein Vermögensübergang, dessen Beteiligte in verschiedenen Staaten ansässig sind, in keinem der Staaten zum Eintritt der Erbschaft- oder Schenkungsteuerpflicht führt[556]. Das ist dann der Fall, wenn ein Staat den Eintritt der Steuerpflicht an die Ansässigkeit des nicht in seinem Staat ansässigen Beteiligten knüpft und der andere Staat genauso verfährt[557].

II. Formen internationaler Doppelbesteuerung

Zur Feststellung, welche Formen internationaler Doppelbesteuerung es gibt, werden die bereits dargelegten Begriffsmerkmale der rechtlichen und der wirtschaftlichen Doppelbesteuerung[558] herangezogen. Als wichtigstes Kriterium wird jedoch auf Grund seiner Bedeutung für die Besteuerungssystematik das Besteuerungsgut[559] herangezogen.

1. Erbschaftsteuerrecht

Im Bereich des Erbschaftsteuerrechts kann es entweder zu einer rechtlichen oder wirtschaftlichen Doppelbesteuerung kommen.

---

553 So zum Beispiel § 2 Abs. 1 Nr. 1 Satz 1 ErbStG, § 6 Abs. 1 Z. 1 und § 1 Abs. 2 österrErbStG, Art. 3 und Art. 6 pár. 1 LISD, Sec. 2001 (a), Sec. 2031 (a) und Sec. 2051 IRC, Sec. 3 (1), Sec. 5 (1) und Sec. 6 (1) IHTA.

554 So zum Beispiel § 2 Abs. 1 Nr. 3 Satz 1 ErbStG, § 6 Abs. 1 Z. 2 und § 1 Abs. 2 österrErbStG, Art. 7 LISD, Sec. 2101 (a), 2106 (a) und Sec. 2103 IRC, Sec. 3 (1), Sec. 5 (1) und Sec. 6 (1) IHTA.

555 *Piltz*, StKongrRep 1999, S. 79, 82 ff.

556 Der fehlende Eintritt der Erbschaft- und Schenkungsteuerpflicht berührt allerdings nicht den Eintritt der Steuerpflicht nach anderen Steuergesetzen, vgl. *Flick/ Piltz*, Internationaler Erbfall, für Spanien RdNr. 1824 und für die Vereinigten Staaten RdNr. 1844.

557 So zum Beispiel, wenn der Erblasser in Spanien ansässig ist und der Erbe in den Vereinigten Staaten, denn Art. 5 und Art. 6 pár. 1 LISD knüpft den Eintritt der Steuerpflicht nicht an die persönlichen Verhältnisse des Erblassers, sondern des Erben, s. erster Teil B. II. 2. a) cc), und Sec. 2001 (a) IRC nicht an die des Erben, sondern des Erblassers, s. erster Teil B. II. 2. b) aa) (1) (c).

558 S. erster Teil A. III.

559 S. erster Teil B. II. 1. a) aa) (3).

a) Erbanfallsteuern

In den Fällen, in denen eine Besteuerung durch zwei als Erbanfallsteuern ausgestaltete Steuergesetze erfolgt, kommt es angesichts der weitgehenden Übereinstimmung der Steuertatbestände[560] regelmäßig zu einer rechtlichen Doppelbesteuerung. Der Besteuerung liegen nicht nur die gleichen Besteuerungsgüter zu Grunde, auch die jeweils erfassten Steuergegenstände ebenso wie die Steuersubjekte in ihrer Eigenschaft als Zurechnungssubjekte wirtschaftlicher Leistungsfähigkeit und als Steuerschuldner sind identisch. Schließlich stimmen auch die Steuerträger überein. Um eine rechtliche Doppelbesteuerung handelt es sich auch noch dann, wenn der Eintritt der Steuerpflicht bei der einen Erbanfallsteuer an den Erblasser und bei der anderen an den Erben anknüpft[561]. Denn auch in diesem Fall wird bei beiden Steuern der Erbe auf Grund seines Vermögenszuwachses besteuert[562]. Die Steuern sind auch als gleichartig anzusehen, da von ihnen jeweils der aus einem unentgeltlichen Vermögensübergang hervorgehende Vermögenszuwachs bei dem Erben als Besteuerungsgut erfasst wird[563]. Schließlich ist die wirtschaftliche Belastungswirkung dieselbe, da in allen Fällen der Erbe als Steuerträger mit dem ihm angefallenen Vermögen, das die Steuerquelle darstellt, der Besteuerung unterworfen ist[564].

b) Nachlass- und Erbanfallsteuern

Erfolgt eine Besteuerung durch ein als Nachlass- und ein als Erbanfallsteuer ausgestaltetes Steuergesetz, liegt keine rechtliche, sondern eine wirtschaftliche Doppelbesteuerung vor. Grundsätzlich stimmen die Besteuerungsgüter ausgehend von einer wirtschaftlichen Betrachtungsweise mindestens partiell überein[565], da zumindest teilweise derselbe wirtschaftliche Leistungsfähigkeit vermittelnde Wert[566] und so derselbe Vermögenswert[567] von der Besteuerung erfasst wird. Das reicht vor dem Hintergrund, dass es sich bei dem Steuergegenstand nur um ein formales Tatbestandselement handelt[568], aus, so dass es auf eine Identität der Steuergegenstände im Übrigen nicht ankommt und die Übereinstimmung der Steuertatbestände im Hinblick auf die mindestens partielle Identität der Besteuerungsgüter sowie die Erfassung desselben „Wirtschaftsvorganges"[569] in Gestalt des unentgeltlichen Vermögensüberganges grundsätzlich ausreicht. Da es bei der wirtschaftlichen Doppelbesteuerung auf eine Identität des Steuersubjekts

---

[560] Erster Teil B. III.

[561] Das wäre bspw. bei der Besteuerung nach dem ErbStG, österrErbStG und dem LISD möglich, s. o. erster Teil B. III.

[562] S. erster Teil B. III und die dortigen Nachweise.

[563] S. FN 562.

[564] S. FN 562.

[565] S. FN 562.

[566] S. FN 562.

[567] S. erster Teil A. III. 2.

[568] S. erster Teil B. II. 1. a) aa) (2).

[569] S. FN 567.

nicht ankommt[570], ist es unschädlich, dass weder die Zurechnungssubjekte wirtschaftlicher Leistungsfähigkeit noch die Steuerschuldner identisch sind, auch wenn sich Übereinstimmungen bei den Steuerschuldnern ergeben können[571]. Unabhängig davon ist jedoch bereits festgestellt worden, dass die Steuerträger übereinstimmend die Erben sind[572] und die Steuern in ihrer wirtschaftlichen Belastungswirkung übereinstimmen[573].

2. *Schenkungsteuerrecht*

Auch im Bereich des Schenkungsteuerrechts kann es entweder zu einer rechtlichen oder wirtschaftlichen Doppelbesteuerung kommen.

a) Bereicherungssteuern

Bei den Bereicherungssteuern ist zu differenzieren. Eine rechtliche Doppelbesteuerung liegt in den Fällen vor, in denen jeweils der Erwerber besteuert wird. Insoweit kann auf die Erörterungen zu den Erbanfallsteuern verwiesen werden[574]. Eine rechtliche, mindestens aber eine wirtschaftliche Doppelbesteuerung liegt vor, wenn durch beide Steuern nicht der Erwerber, sondern der Zuwendende einer Besteuerung unterworfen wird. Obwohl in diesem Ausnahmefall der Zuwendende der Besteuerung unterworfen ist, bleiben die den Steuergesetzen zu Grunde liegenden Besteuerungsgüter ebenso wie die Steuergegenstände identisch. Der Zuwendende ist nach der konzeptionellen Ausgestaltung zwar nicht das Zurechnungssubjekt wirtschaftlicher Leistungsfähigkeit, er ist jedoch der Steuerschuldner und der Steuerträger[575]. Insoweit stimmt auch die wirtschaftliche Belastungswirkung überein, der der Zuwendende als Steuerträger mit seinem ihm nach der Zuwendung verbliebenen Vermögen als Steuerquelle unterliegt[576]. Schließlich handelt es sich grundsätzlich auch um gleichartige Steuern[577]. Ob eine wirtschaftliche Doppelbesteuerung auch dann in Betracht kommt, wenn durch die eine Bereicherungssteuer der Erwerber und die andere der Zuwendende besteuert wird, ist fraglich, im Ergebnis aber zu bejahen. Zwar stimmen hier die Besteuerungsgüter und die Steuergegenstände überein, es fallen jedoch Steuerschuldner und Steuerträger jeweils auseinander[578]. Die wirtschaftliche Belastungswirkung ist daher im Gegensatz zu den bisher erörterten Fällen eine andere, weil auf der einen Seite der Zuwendende mit dem ihm verbliebenen Vermögen und auf der anderen Seite der Erwerber mit dem erworbenen Vermögen mit der Steuer belastet ist[579]. Dadurch kommt es weder zu einer Doppelbe-

---

[570] S. FN 567.
[571] S. FN 562.
[572] S. FN 562.
[573] S. FN 562.
[574] S. erster Teil C. II. 1. a).
[575] S. FN 562.
[576] S. FN 562.
[577] S. FN 562.
[578] S. FN 562.
[579] S. FN 562.

lastung des Zuwendenden, noch des Erwerbers, noch des die wirtschaftliche Leistungsfähigkeit vermittelnden Wertes. Im Hinblick auf die Gleichartigkeit der Steuern[580] und der Erfassung desselben „Wirtschaftsvorganges"[581] sind die Voraussetzungen einer wirtschaftlichen Doppelbesteuerung jedoch erfüllt[582].

b) Bereicherungs- und Nachlasssteuern ergänzende Schenkungsteuern

Bei der Besteuerung durch Bereicherungs- und Nachlasssteuern ergänzende Schenkungsteuern kommt grundsätzlich nur eine wirtschaftliche Doppelbesteuerung in Betracht. Diese kann auch nur vor dem Hintergrund angenommen werden, dass durch beide Steuern derselbe Wirtschaftsvorgang erfasst wird[583]. Denn zu einer Doppelbelastung kommt es dann nicht, wenn durch die eine Steuer der Erwerber und die andere der Zuwendende besteuert wird, da es bereits an der Identität der Steuerschuldner und der Steuerträger fehlt[584]. Die wirtschaftliche Belastungswirkung ist daher unterschiedlich, weil weder der Zuwendende, noch der Erwerber, noch der die wirtschaftliche Leistungsfähigkeit vermittelnde Wert mit der Steuer doppelt belastet sind und die Steuer daher auch aus einer anderen Quelle gezahlt wird[585]. Eine Doppelbelastung und damit auch eine identische wirtschaftliche Belastungswirkung besteht nur dann, wenn durch die Bereicherungssteuer und die eine Nachlasssteuer ergänzende Schenkungsteuer jeweils der Zuwendende einer Besteuerung unterworfen wird.

III. Doppelbesteuerung und DBA

Schließlich ist auch den DBA ist zu entnehmen, in welchen Fällen von einer Doppelbesteuerung auszugehen ist und welche unterschiedlichen Formen diese haben kann. Aus ihnen kann außerdem abgeleitet werden, inwieweit die Steuertatbestände der einzelnen Steuergesetze mindestens übereinstimmen müssen, um von einer aufzulösenden Doppelbesteuerung auszugehen. Es wird so bestätigt, dass dem Besteuerungsgut entscheidende Bedeutung bei der Frage des Vorliegens internationaler Doppelbesteuerung zukommt. Dabei ist zu beachten, dass die DBA sowohl Fälle rechtlicher als auch wirtschaftlicher Doppelbesteuerung[586] erfassen, sich im Kern jedoch an einer wirtschaftlichen Doppelbesteuerung orientieren. Das gilt beispielsweise für das DBA Österreich, das nur die Fälle rechtlicher Doppelbesteuerung erfasst. Das hat seinen Grund allerdings nicht in einer Beschränkung der Anwendungsvoraussetzungen des DBA Öster-

[580] S. FN 562.
[581] S. FN 567.
[582] S. FN 567.
[583] S. FN 567.
[584] S. FN 562.
[585] S. FN 562.
[586] Zu ihren Voraussetzungen erster Teil A. III.

reich auf Tatbestandsmerkmale, die den Begriffsmerkmalen der rechtlichen Doppelbesteuerung entsprechen. Nach dessen Präambel und Art. 1 Abs. 1 sowie Art. 2 Abs. 1 und Abs. 2 DBA Österreich gilt das DBA vielmehr nur im Bereich der Erbschaftsteuern[587], die jedoch regelmäßig eine rechtliche Doppelbesteuerung zur Folge haben[588]. Das DBA Österreich stellt jedoch nicht auf eine rechtliche Doppelbesteuerung ab, sondern, wie es vor allem Art. 1 Abs. 1 DBA Österreich und auch Art. 3 bis 5 DBA Österreich zu entnehmen ist, ausschließlich darauf, dass auf Grund der beiden Steuergesetze jeweils dasselbe Nachlassvermögen einer Besteuerung unterworfen wird. Aus diesem Tatbestandsmerkmal der kollisionsauflösenden Normen des DBA Österreich ist im Umkehrschluss zu entnehmen, inwieweit die kollisionsbegründenden Normen der jeweiligen Steuergesetze übereinstimmen müssen, um von einer aufzulösenden Doppelbesteuerung auszugehen. Entscheidend ist danach, dass den Steuergesetzen der jeweils gleiche wirtschaftliche Sachverhalt oder „Wirtschaftsvorgang"[589] zu Grunde liegt und von der Besteuerung derselbe, wirtschaftliche Leistungsfähigkeit vermittelnde Wert erfasst wird, oder, ausgehend von den oben definierten Begriffsmerkmalen der wirtschaftlichen Doppelbesteuerung[590], derselbe Vermögenswert. Es reicht damit grundsätzlich aus, dass jeweils dasselbe Besteuerungsgut, jedoch nur im Hinblick auf den durch dieses verkörperten, wirtschaftliche Leistungsfähigkeit vermittelnden Wert, der Besteuerung unterliegt.

Dasselbe gilt für das DBA USA. Von ihm werden zwar keine Fälle der rechtlichen, sondern nur der wirtschaftlichen Doppelbesteuerung erfasst. Auch hier folgt das nicht aus einer entsprechenden Normierung der Anwendungsvoraussetzungen, sondern aus der Anwendbarkeit des DBA USA nach Art. 1 und Art. 2 Abs. 1 DBA USA für die Erbschaft- und Schenkungsteuer sowie die Federal Estate und Gift Tax. Trotz der steuertypologischen Unterschiede zwischen der Federal Estate und Gift Tax einerseits sowie der österreichischen Erbschafts- und Schenkungssteuer andererseits hat das DBA USA mit dem DBA Österreich jedoch gemein, dass es in den kollisionsauflösenden Normen der Art. 5 bis 9 sowie Art. 11 Abs. 2, 3 und 5 DBA USA ausschließlich darauf abstellt, dass auf Grund der beiden Steuergesetze, also der Federal Estate und Gift Tax sowie der deutschen Erbschaft- und Schenkungsteuer, jeweils dasselbe Nachlassvermögen einer Besteuerung unterworfen wird. Angesichts der Unterschiede der den jeweiligen Steuergesetzen, also der Federal Estate und Gift Tax einerseits sowie der deutschen Erbschaft- und Schenkungsteuer andererseits, zu Grunde liegenden Besteuerungsgüter lässt sich dem DBA USA jedoch noch deutlicher als dem DBA Österreich entnehmen, dass es hinsichtlich des Bestehens einer aufzulösenden Doppelbesteuerung allein auf den durch das Besteuerungsgut verkörperten, wirtschaftliche Leistungsfähigkeit vermittelnden Wert der Besteuerung ankommt, der durch beide Steuergesetze erfasst sein muss[591]. In diesem Umfang kommt es auf die Identität des Besteuerungsgu-

[587] Es gilt nicht für Schenkungsteuern.
[588] S. erster Teil C. II. 1. a).
[589] S. erster Teil B. I. 2. und A. III. 2.
[590] S. erster Teil A. III. 2.
[591] S. auch FN 92.

tes an. Es kommt jedoch nicht darauf an, ob von dem jeweiligen Besteuerungsgut übereinstimmend die Vermögensinhaberschaft des Erblassers bis zum Erbfall oder der Vermögenszuwachs des Erben im Hinblick auf dieses Vermögen erfasst wird. Aus den kollisionsauflösenden Normen des DBA USA geht außerdem hervor, dass es hinsichtlich des die wirtschaftliche Leistungsfähigkeit vermittelnden Wertes auch nur auf eine partielle Übereinstimmung ankommt. Das folgt beispielsweise aus Art 5 Abs. 1, 6 Abs. 1 und Art. 7 bis 9 DBA USA, die jeweils nur auf Teile des Nachlassvermögens abstellen.

D. Ergebnisse des ersten Teils

Der Besteuerung durch Erbschaft- und Schenkungsteuergesetze liegt jeweils derselbe wirtschaftliche Sachverhalt zu Grunde. Dieser Sachverhalt umfasst jeden unentgeltlichen Vermögensübergang von einer Person auf eine andere.

Der wirtschaftliche Sachverhalt enthält nur zwei von grundsätzlich drei möglichen Indikatoren steuerlich belastbarer wirtschaftlicher Leistungsfähigkeit. Diese zwei Indikatoren sind der Vermögensbestand und der Vermögenszuwachs.

Die Erbschaft- und Schenkungsteuergesetze sind steuersystematisch unterschiedlich ausgestaltet. Von ihnen werden verschiedene Besteuerungsgüter erfasst. Die Nachlasssteuern besteuern den Erblasser anlässlich des Erbfalles auf Grund seiner bis dahin andauernden Inhaberschaft von Vermögen. Durch die Erbanfallsteuern wird der Erbe auf Grund seines aus dem Erbfall hervorgehenden Vermögenszuwachses besteuert. Die Schenkungsteuern haben nur eine Ergänzungsfunktion gegenüber den Erbschaftsteuern. Den die Nachlasssteuern ergänzenden Schenkungsteuern liegt als Besteuerungsgut die Inhaberschaft von Vermögen bis zu seiner unentgeltlichen Übertragung und den Bereicherungssteuern der aus einer unentgeltlichen Vermögensübertragung hervorgehende Vermögenszuwachs zu Grunde.

Bei den Nachlass- und Erbanfallsteuern handelt es sich auf Grund der Erfassung eines jeweils anderen Besteuerungsgutes um steuertypologisch unterschiedliche Steuern. Bei einer Nachlasssteuer handelt es sich um eine Vermögensteuer. Eine Erbanfallsteuer ist als besondere Einkommensteuer anzusehen. Die Schenkungsteuern haben auf Grund ihrer Ergänzungsfunktion zu den Erbschaftsteuern steuertypologisch keine eigenständige Bedeutung.

Die Doppelbesteuerung im Internationalen Erbschaft- und Schenkungsteuerrecht beruht im Grundsatz darauf, dass den hinsichtlich desselben wirtschaftlichen Sachverhaltes anwendbaren Erbschaft- und Schenkungsteuergesetzen übereinstimmend das gleiche Besteuerungsgut mindestens im Umfang einer partiellen Identität des durch das Besteuerungsgut verkörperten, wirtschaftliche Leistungsfähigkeit vermittelnden Wertes zu Grunde liegt. Dieser wirtschaftliche Leistungsfähigkeit vermittelnde Wert ist das Vermögen, das Gegenstand des unentgeltlichen Vermögensüberganges ist.

Im Fall einer internationalen Doppelbesteuerung kommt es je nach steuersystematischer Ausgestaltung des Steuergesetzes zu einer rechtlichen oder wirtschaftlichen Doppelbesteuerung. Im Bereich des Erbschaftsteuerrechts kommt es bei einer Besteuerung durch zwei als Erbanfallsteuern ausgestaltete Steuergesetze regelmäßig zu einer rechtlichen Doppelbesteuerung. Die Besteuerungsgüter stimmen hier in vollem Umfang überein. Eine wirtschaftliche Doppelbesteuerung erfolgt in den Fällen der Besteuerung durch eine Erbanfall- und eine Nachlasssteuer, da die Besteuerungsgüter nur hinsichtlich des von der Besteuerung erfassten Vermögens übereinstimmen.

Im Bereich des Schenkungsteuerrechts folgt aus der Besteuerung durch zwei Bereicherungssteuern eine rechtliche Doppelbesteuerung, wenn durch beide Steuergesetze der Erwerber besteuert wird. Eine solche besteht auch dann, wenn auf Grund der steuertatbestandlichen Ausgestaltung einerseits der Zuwendende und andererseits der Erwerber zur Entrichtung der Steuer herangezogen wird, obwohl die Steuerträger auseinanderfallen und auch nicht dasselbe Vermögen doppelt steuerlich belastet ist. Eine wirtschaftliche Doppelbesteuerung liegt dagegen in den Fällen vor, in denen es zu einer Besteuerung durch eine eine Nachlasssteuer ergänzende Steuer und eine Bereicherungssteuer kommt, unabhängig davon, ob der Besteuerung der Zuwendende und der Erwerber oder jeweils der Zuwendende unterworfen ist.

Die DBA auf dem Gebiet des Erbschaft- und Schenkungsteuerrechts erfassen sowohl Fälle der rechtlichen als auch der wirtschaftlichen Doppelbesteuerung. Für die Anwendung der kollisionsauflösenden Normen kommt es jedoch allein darauf an, dass den jeweiligen Erbschaft- und Schenkungsteuergesetzen zu Grunde liegende Besteuerungsgut mindestens im Umfang einer partiellen Identität des durch das Besteuerungsgut verkörperten, wirtschaftliche Leistungsfähigkeit vermittelnden Wertes übereinstimmt. Sie setzen damit allein eine wirtschaftliche Doppelbesteuerung voraus.

Zweiter Teil

Probleme der kollisionsbegründenden und -auflösenden Normen des ErbStG

A. Entwicklungsgeschichte der Diskussion um die Doppelbesteuerungsproblematik

Die Problematik internationaler Doppelbesteuerung im Erbschaftsteuerrecht hat in Deutschland im Gegensatz zum Einkommensteuerrecht eine lange Tradition. Wurden die ersten Einkommensteuergesetze erst 1808 in Preußen, Litauen und Königsberg, 1820 und 1834 in den Königreichen Württemberg und Sachsen sowie später auch in anderen Staaten[592] und damit nach dem Reichsdeputationshauptschluss[593] 1803 eingeführt, wurden die ersten Erbschaftsteuern bereits zu Zeiten des 30-jährigen Krieges erhoben[594]. Damit existierten sie bereits oder kamen im Zeitraum der Einzelstaatlichkeit hinzu, zu dessen Beginn sich nach dem Sieg der fürstlichen Libertät über die kaiserliche Zentralgewalt im Westfälischen Frieden 1648 das Reich in einen Staatenbund bestehend aus rund 300 souveränen Einzelstaaten auflöste[595]. *Wipprecht*[596] war es[597], der 1790 die Frage aufwarf, welchem Staat die Steuerhoheit zustehen solle. Er entschied sich für das Land, in dem der Erblasser sein Domizil hatte, weil da „die Hauptrechnung der Erbmasse gemacht [werde], bei der die außer Landes befindlichen Objekte mitliefen"[598]. Ausgenommen sollte auswärtiges Grundvermögen sein, wenn es „in loco rei sitae" bereits besteuert wurde, da in einem solchen Fall die Rechte des Landesherren des Belegenheitslandes vorgingen, „weil dieser allein den Besitz derselben dem Erben ... gewähren kann"[599]:

> „Klüber, der diese Materie für eine der zweifelhaftesten hält, ist mit diesem Entscheid nicht ganz zufrieden. Wolle man nach Analogie des Gerichtsgebrauchs von der Erbfolge das forum domicilii defuncti entscheiden lassen, dann müsse man auch das ausser Landes befindliche bewegliche und unkörperliche Vermögen dahin ziehen, die etwaige Doppelbesteuerung sei für den einen Landesherrn kein Grund, sich zu beschränken. Klüber ist aber der Ansicht, dass ‚nach der Theorie der Erbschaftssteuer nur von demjenigen Lan-

---

592 *J. Lang* in Tipke/ Lang, Steuerrecht, § 9 RdNr. 5 m.w.N.

593 Im Rahmen der politischen Neuordnung Deutschlands nach dem Frieden von Lunéville (1801): Aufteilung fast aller geistlichen Gebiete, eines Großteils der Reichsstädte sowie aller kleinerer Fürstentümer und Grafschaften durch einen vom Reichstag eingesetzten, an russisch-französische Entschädigungspläne gebundenen Ausschuss (Deputation) mit der Folge der von Napoleon angestrebten Bildung deutscher Mittelstaaten, vgl. *Conze* in Der Grosse Ploetz, S. 738 f.

594 *Meincke*, ErbStG, Einführung, RdNr. 9.

595 *Neuhaus* in Der Grosse Ploetz, S. 649.

596 *Wipprecht*, Erbschaftssteuer/lachende Erben-Gebühr.

597 Vgl. *Schanz*, Finanz-Archiv, 18. Jahrg. (1901), Bd. II, S. 553, 583.

598 Zitierung der Darstellung nach *Schanz*, Finanz-Archiv, 18. Jahrg. (1901), Bd. II, S. 553, 586 f.

599 *Schanz*, Finanz-Archiv, 18. Jahrg. (1901), Bd. II, S. 553, 587.

desherren gefordert werden könne, unter welchem die Erbschaft befindlich ist, sie mag bewegliche oder unbewegliche Stücke betreffen'. ,Das Recht, Erbschaftssteuer zu fordern, meint er, bezieht sich unbedingt auf die Gewähr der Erbfolge. Nur demjenigen Staat, welcher diese dem Erben leistet und zu leisten befugt ist, wird der Erbe Erkenntlichkeit schuldig. Die Erbfolge kann sich aber nach keinem anderen Willen oder Gesetz richten als dem im Lande, wo das Vermögen befindlich ist, geltenden, sie mag bewegliches und unkörperliches oder unbewegliches Vermögen betreffen. Zwar pflegen manche Rechtslehrer, welche dieser Meinung beipflichten, und mit ihnen der Gerichtsgebrauch, das bewegliche Vermögen hiervon auszunehmen. – Allein pflegt nicht die hereditatis petitio in foro rei sitae angestellt zu werden? Und wenn sie auf bewegliches Vermögen oder ausstehende Kapitalien gerichtet ist, wer will den Richter, in dessen Gerichtsbezirk diese sich befinden, zwingen, nach fremden Rechten und nicht nach denen des Landes zu sprechen? Oder sind nicht auch bewegliche Sachen derjenigen Obrigkeit, unter welcher sie angetroffen werden, unterworfen?'"[600].

Bereits dieser Disput berührte 1790 mehrere Fragen, die auch heute noch –teilweise kontrovers und unter verändertem Gesichtspunkt – diskutiert werden. Das betraf zunächst die Frage, an wessen Verhältnisse der Eintritt der Steuerpflicht zu knüpfen sei. Eng hiermit verbunden wurde die Frage der zwischenstaatlichen Verteilungsgerechtigkeit. Das Problem der internationalen Doppelbesteuerung wurde angesprochen, jedoch möglicherweise deswegen nicht eingehender erörtert, weil es bereits an der Übereinstimmung in Grundsatzfragen fehlte. Zu diesen gehörte auch die Rechtfertigung der Erhebung der Erbschaftsteuer, die man hier noch in der – anscheinend jedoch dem Erben und nicht dem Erblasser zu Teil werdenden – „,Gewähr der Erbfolge'" sah[601]. Schließlich ging es sogar um die Frage, ob der Richter in einem zur Entscheidung anstehenden Fall auch ausländisches Erbrecht zu berücksichtigen habe.

Soweit ersichtlich, wurde dieser Disput nicht weiter fortgeführt. Die dort aufgeworfenen Fragen scheinen[602] erst mehr als 200 Jahre später, wenn auch vor anderem Hintergrund, wieder aufgegriffen worden zu sein[603]. Das kann damit zusammenhängen, dass mit dem Reichsdeputationshauptschluss die Einzelstaatlichkeit in ihrem Ausmaß stark zurückging. Folge dürfte gewesen sein, dass die Anzahl wirtschaftlicher Sachverhalte mit Bezügen zu mehr als einem Staat ebenso abnahm. Mit den zunehmenden Internationalisierungstendenzen infolge der wachsenden Mobilität von Personen und Kapital und der Verdichtung internationaler wirtschaftlicher Verflechtungen gegen Ende des letzten Jahrhunderts ist die Diskussion um die Ausgestaltung des Internationalen Erbschaft- und Schenkungsteuerrechts wieder verstärkt in den Vordergrund gerückt. Das

---

600 *Schanz*, Finanz-Archiv, 18. Jahrg. (1901), Bd. II, S. 553, 587, der *Klüber* aus *Wipprecht*, s. FN 596, zitiert.

601 Vgl. die Parallele zur Rechtfertigung der Erbschaftsteuer im US-amerikanischen Rechtssystem oben erster Teil B. II. 2. b) aa) (1) (e).

602 Die Abhandlung von *Meynen* , Die Erbschaftsteuer im internationalen Rechte, S. 20 ff., erläutert nur die Tatbestandsvoraussetzungen des seinerzeit geltenden Internationalen Erbschaftsteuerrechts.

603 *Meincke*, DStJG 22 (1999), 39, 56 ff.; *Seer* in Tipke/ Lang, Steuerrecht, § 13 RdNr. 139; *Schindhelm*, ZEV 1997, 8, 12; *Tipke*, StRO II, S. 767.

erscheint als eine mögliche Erklärung, wie der dieses rechtswissenschaftliche Vakuum[604] überspannende Bogen von mehr als 200 Jahren zustande gekommen sein könnte.

B. Totalitätsprinzip – Widerstreit zwischen Besteuerung nach wirtschaftlicher Leistungsfähigkeit und zwischenstaatlicher Verteilungsgerechtigkeit

Der aus der gesetzlichen Verankerung des Totalitätsprinzips folgende Widerstreit zwischen dem Grundsatz der Besteuerung nach der wirtschaftlichen Leistungsfähigkeit und der zwischenstaatlichen Verteilungsgerechtigkeit beruht darauf, dass die Bundesrepublik das Erbschaft- und Schenkungsteueraufkommen auch aus im Ausland belegenen Steuerquellen schöpft. Dadurch wird eine Steuerquelle nicht nur vom Belegenheitsstaat in Anspruch genommen. Wird eine Steuerquelle jedoch von zwei Staaten erfasst, stellt sich die Frage, welchem Staat vorrangig das aus dieser Quelle nur begrenzt erzielbare Steueraufkommen zusteht. Nachfolgend wird erläutert, was unter dem Totalitätsprinzip zu verstehen ist, wie eng es mit Grundsatz der Besteuerung nach der wirtschaftlichen Leistungsfähigkeit verknüpft und mit der zwischenstaatlichen Verteilungsgerechtigkeit zu vereinbaren ist. Zum Schluss wird ein angemessener Ausgleich zwischen der interstaatlichen Verteilungsgerechtigkeit und dem Leistungsfähigkeitsprinzip gesucht.

I. Konkretisierung des Totalitäts- und des Territorialitätsprinzips im ErbStG

Im Erbschaft- und Schenkungsteuerrecht gilt das Totalitätsprinzip oder Weltvermögensprinzip im Rahmen der sog. unbeschränkten und erweitert unbeschränkten Steuerpflicht. Ist einer der an einem steuerpflichtigen Vorgang Beteiligten im Zeitpunkt der Entstehung der Steuer im Inland ansässig, tritt die Steuerpflicht nach § 2 Abs. 1 Nr. 1 Satz 1 ErbStG für den „gesamten Vermögensanfall" unabhängig von der Belegenheit des Vermögens im In- oder Ausland ein[605]. Zwar ist das Totalitätsprinzip weder in dieser noch einer anderen Vorschrift des ErbStG positiv normiert. § 2 Abs. 1 Nr. 1 Satz 1 ErbStG unterscheidet auch nicht zwischen Inlands- und Auslandsvermögen. Dass aber nicht nur das im Inland, sondern auch das im Ausland belegene Vermögen von dem „gesamten Vermögensanfall" erfasst werden soll, folgt vor allem aus der gesetzlichen Wertung des § 2 Abs. 1 Nr. 3 Satz 1 ErbStG, der nur „für den Vermögensanfall, der in Inlandsvermögen ... besteht" gilt, und der des § 12 Abs. 6 sowie § 21 Abs. 1 bis 3 ErbStG, deren Voraussetzung wie in § 21 Abs. 1 Satz 1 ErbStG es ist, dass „das Aus-

---

[604] Vgl. FN 602.
[605] *Geck*, ZEV 1995, 249, 250 f.

landsvermögen auch der deutschen Erbschaftsteuer unterliegt". Die Ausdehnung des Umfanges der Steuerpflicht auch auf das im Ausland belegene Vermögen ist eine der Ursachen für die Entstehung der internationalen Doppelbesteuerung im Erbschaft- und Schenkungsteuerrecht[606].

Im Gegensatz zum Totalitätsprinzip steht das Territorialitätsprinzip oder Quellenprinzip. Es ist ebenso wenig wie das Totalitätsprinzip ausdrücklich im ErbStG normiert. Das Territorialitätsprinzip wird durch die beschränkte Steuerpflicht im Rahmen des § 2 Abs. 1 Nr. 3 ErbStG verwirklicht. Im Rahmen der beschränkten Steuerpflicht[607] bleibt der Umfang der Steuerpflicht auf das Inlandsvermögen im Sinne des § 121 BewG[608] begrenzt, wenn keiner der an dem steuerpflichtigen Vorgang Beteiligten im Inland ansässig ist. Bestünde diese Begrenzung der Steuerpflicht auf das Inlandsvermögen unabhängig von der Ansässigkeit der an einem steuerpflichtigen Vorgang Beteiligten in jedem Staat, käme es mangels Überschneidung der Steuertatbestände nicht zur Entstehung internationaler Doppelbesteuerung.

II. Rückführung des Totalitätsprinzips auf das Leistungsfähigkeitsprinzip

Das Totalitätsprinzip berücksichtigt die Zunahme wirtschaftlicher Leistungsfähigkeit des Steuerpflichtigen, die sich durch den aus einem unentgeltlichen Vermögensübergang hervorgehenden Vermögenszuwachs vollzogen hat, in ihrer Gesamtheit. Der Grad der Zunahme wirtschaftlicher Leistungsfähigkeit richtet sich dabei nach dem Umfang des angefallenen Vermögens. Zu erfassen ist daher das gesamte angefallene Vermögen. Wird nicht das gesamte angefallene Vermögen, sondern nur ein Teil dessen erfasst, wird auch die wirtschaftliche Leistungsfähigkeit des Steuerpflichtigen nicht in ihrer Gesamtheit erfasst. Das Totalitätsprinzip wird insoweit auf das Prinzip der Besteuerung nach der wirtschaftlichen Leistungsfähigkeit zurückgeführt.

1. Inhalt des Leistungsfähigkeitsprinzips

Das Leistungsfähigkeitsprinzip – das „Prinzip gleichmäßiger Besteuerung nach der Leistungsfähigkeit'"[609] – gilt als das Fundamentalprinzip gerechter Besteuerung[610]. Es

---

[606] S. erster Teil C. I.

[607] Zu den Problemen der beschränkten Steuerpflicht ausführlich *Groß-Bölting*, Beschränkte Steuerpflicht im Erbschaftsteuerrecht.

[608] Nach § 121 BewG gehören zum Inlandsvermögen vor allem – Aufzählung nicht abschließend – inländisches land- und forstwirtschaftliches Vermögen, Grund- und Betriebsvermögen, Beteiligungen i. H. v. mindestens 10 v. H. an inländischen Kapitalgesellschaften, Hypotheken, Grund- und Rentenschulden sowie andere inlandsgesicherte Forderungen oder Rechte.

[609] *Tipke*, StRO I, S. 480, 501.

[610] *J. Lang* in Tipke/ Lang, Steuerrecht, § 4 RdNr. 81 und 83.

ist ausdrücklich allerdings weder in der Verfassung noch einfachgesetzlich statuiert und hat auch selbst unmittelbar keinen Verfassungsrang[611]. Das Leistungsfähigkeitsprinzip ist jedoch eine besondere Ausformung des allgemeinen Gleichheitssatzes des Art. 3 Abs. 1 GG[612]. Insbesondere in ihm findet es seinen verfassungsrechtlichen Geltungsgrund[613]. Aus dem allgemeinen Gleichheitssatz des Art. 3 Abs. 1 GG folgt das Gebot der steuerlichen Belastungsgleichheit[614]. Dieses Gebot wirkt in zwei Richtungen, indem es einerseits die Verteilung der Steuerlasten auf die Steuerpflichtigen nicht in dem Umfang ihrer individuellen Inanspruchnahme staatlicher Leistungen, sondern im Verhältnis ihrer individuellen wirtschaftlichen Leistungsfähigkeit verlangt[615] und andererseits die gleiche steuerliche Belastung gleicher wirtschaftlicher Vorgänge gebietet[616]. Diese Gleichmäßigkeit der Besteuerung ist durch eine „horizontale ... Steuergerechtigkeit", bei der gleich leistungsfähige Steuerpflichtige gleich hohe Steuern zu zahlen haben, und durch eine „vertikale ... Steuergerechtigkeit", bei der unterschiedlich leistungsfähige Steuerpflichtige entsprechend ihrer Leistungsfähigkeit unterschiedlich hohe Steuern zu zahlen haben, zu verwirklichen[617]. Dementsprechend orientiert sich der Belastungsmaßstab der Besteuerung grundsätzlich an der individuellen finanziellen Zahlungsfähigkeit des Steuerpflichtigen[618]. Das Leistungsfähigkeitsprinzip gilt sowohl im Hinblick auf die Gesamtsteuerbelastung des Steuerpflichtigen, der er innerhalb einer nationalen Steuerrechtsordnung auf Grund der Besteuerung durch verschiedene Steuergesetze unterliegt, als auch im Binnenbereich eines einzelnen Steuergesetzes, das mit seinen einzelnen Normen die Gleichmäßigkeit der Besteuerung zu gewährleisten hat[619].

2. Leistungsfähigkeitsprinzip im Binnenbereich des ErbStG und Totalitätsprinzip

Der Eintritt der Steuerpflicht für das gesamte Vermögen unabhängig von seiner Belegenheit im In- oder Ausland entspricht diesem Grundsatz der Gleichmäßigkeit der Besteuerung[620]. Hierdurch wird die wirtschaftliche Leistungsfähigkeit, die dem Erwerber

---

611 *Schaumburg*, Internationales Steuerrecht, RdNr. 14.8.

612 BVerfG, Beschluss v. 22.06.1995, 2 BvL 37/91, BVerfGE 93, 121, 134 ff.

613 *Schaumburg*, Internationales Steuerrecht, RdNr. 14.8; die verfassungsrechtlichen Grundlagen des Leistungsfähigkeitsprinzips sind neben dem allgemeinen Gleichheitssatz weiterhin das in Art. 20 Abs. 1 und 28 Abs. 1 GG normierte Sozialstaatsprinzip, das Rechtsstaatsprinzip des Art. 20 Abs. 3 GG, vor allem das sich daraus ergebende Übermaßverbot, sowie die institutionellen Garantien des Eigentums und des Erbrechts in Art. 14 GG und der Berufsfreiheit in Art. 12 Abs. 1 GG, *Schaumburg*, ebd.

614 *Schaumburg*, Internationales Steuerrecht, RdNr. 4.8; vgl. auch die Nachweise zur st. Rspr. des BVerfG in *J. Lang* in Tipke/ Lang, Steuerrecht, § 4 RdNr. 81, dortige FN 26 und 27.

615 *Kirchhof*, StuW 1985, 319, 320; *Tipke*, StRO I, S. 479 f.

616 *J. Lang* in Tipke/ Lang, Steuerrecht, § 4 RdNr. 84 und dortige FN 42.

617 *Tipke*, StRO I, S. 481; *Vogel*, DStZ/ A 1975, 409, 411.

618 *Kirchhof*, StuW 1985, 319, 320.

619 *Tipke*, StRO I, S. 494, 502 ff.; *Kirchhof*, StuW 1985, 319, 321.

620 BFH, Beschluss v. 14.04.1993, I R 29/92, BStBl. II 1994, 27, 28; *Mössner*, Diskriminierung beschränkt Steuerpflichtiger, S. 110, 114; zu den völkerrechtlichen Schranken bei der Besteuerung vgl. *F. Wassermeyer*, DStJG 8 (1985), 49, 52 ff.

auf Grund des Vermögensanfalls erwächst, im ganzen und nicht nur teilweisen Umfang berücksichtigt[621]. Die Einbeziehung auch des im Ausland belegenen Vermögens in den Umfang der Steuerpflicht entspricht dem verfassungsrechtlichen Gebot und ist die Folge der Besteuerung nach der wirtschaftlichen Leistungsfähigkeit[622]. Im Bereich des Einkommensteuerrechts sieht *Debatin* in der Berücksichtigung auch ausländischer Einkünfte „die entscheidende Weiche für den Weg gestellt, die persönliche Leistungsfähigkeit als zentralen steuerlichen Belastungsmaßstab zu berücksichtigen"[623]. Zutreffend ergänzt er, dass die Einkommensteuer im Gegensatz zu den Objektsteuern als Personensteuer charakterisiert wird und nicht das Einkommen als solches trifft, sondern den Einkommensbezieher und sich nach dessen Leistungsfähigkeit ausrichtet; wesensmäßig entspricht dem die Besteuerung des Gesamteinkommens[624]. Ähnlich sieht es auch *Vogel*, der darauf hinweist, dass es bei Einführung des Territorialitätsprinzips notwendig ist, die Einkommensteuer als Personensteuer, die von der Leistungsfähigkeit ausgeht, aufzugeben[625].

Das im Grundsatz für das gesamte Erbschaft- und Schenkungsteuerrecht geltende Totalitätsprinzip wird allerdings teilweise durchbrochen. Bestimmte DBA sehen zur Vermeidung der Doppelbesteuerung eine Freistellung des in einem der Vertragsstaaten belegenen Vermögens vor. Die Freistellung bewirkt, dass das in einem der Vertragstaaten belegene Vermögen vom Eintritt der Steuerpflicht in dem jeweils anderen Vertragstaat nicht erfasst wird[626]. Zwischen diesen beiden Staaten wird hierdurch in begrenztem Umfang das Totalitätsprinzip auf das Territorialitätsprinzip zurückgeführt. Im Übrigen tritt die Steuerpflicht im Ansässigkeitsstaat jedoch nicht nur für den aus Inlandsvermögen im Sinne des § 121 BewG[627] bestehenden Vermögensanfall ein, was eine der beschränkten Steuerpflicht entsprechende Besteuerung zur Folge hätte, sondern für den gesamten Vermögensanfall unabhängig von der Belegenheit des Vermögens im In- oder Ausland mit Ausnahme des in dem Vertragsstaat belegenen, durch die Freistellung jedoch von der Besteuerung ausgenommenen Vermögens. Allerdings wird im Grundsatz nur in zwei der sechs bestehenden DBA die Doppelbesteuerung durch die Freistellungsmethode, in den übrigen durch die Anrechnungsmethode vermieden[628]. Zu diesen DBA gehören das DBA Österreich und das DBA Schweiz, das wiederum die

---

[621] BFH, Beschluss v. 14.04.1993, I R 29/92, BStBl. II 1994, 27, 28.

[622] *Debatin*, FR 1969, 277, 278; auch *Mössner*, Diskriminierung beschränkt Steuerpflichtiger, S. 110, 114, macht keinen Unterschied zwischen der Vermehrung der Leistungsfähigkeit durch entweder im Ausland oder im Inland erzieltes Einkommen.

[623] *Debatin*, FR 1969, 277.

[624] *Debatin*, ebd., 278.

[625] *Vogel*, DStJG 8 (1985), 3, 19.

[626] In diesem Vertragsstaat wird das Vermögen nicht in die Bemessungsgrundlage einbezogen; vgl. *Schaumburg*, Internationales Steuerrecht, RdNr. 5.98.

[627] S. FN 608.

[628] Ausnahmen können im Einzelnen für bestimmtes Vermögen gelten wie bspw. nach den Bestimmungen des DBA USA, demzufolge zwar grundsätzlich die Anrechnungsmethode als Regelmethode zur Vermeidung der Doppelbesteuerung anzuwenden ist, das bestimmtes Vermögen, z.B. Schiffe und Luftfahrzeuge, von der Besteuerung in dem anderen Staat jedoch freistellt, vgl. z.B. Art. 7 DBA USA.

Freistellungs- mit der Anrechnungsmethode kombiniert. Das Totalitätsprinzip wird außerdem dort durchbrochen, wo Steuerbefreiungen für bestimmte Personengruppen auf Grund völkerrechtlicher Verträge bestehen[629]. Diese Durchbrechungen des Totalitätsprinzips sind insgesamt jedoch nicht so gewichtig, dass – anders als im Einkommensteuerrecht[630] – die Geltung des Totalitätsprinzips grundsätzlich in Frage gestellt wird.

III. Zwischenstaatliche Verteilungsgerechtigkeit und Totalitätsprinzip

Die Rechtfertigung des Totalitätsprinzips und der Einbeziehung des auch im Ausland belegenen Vermögens in den Umfang der Steuerpflicht mit dem Grundsatz der gleichmäßigen Besteuerung nach der wirtschaftlichen Leistungsfähigkeit ist auf die Binnensicht einer nationalen Steuerrechtsordnung beschränkt. Sie lässt die Frage der zwischenstaatlichen Verteilungsgerechtigkeit hinsichtlich des Steueraufkommens unberücksichtigt. Diese Frage betrifft das Problem der Verteilung der Steuerquellen zwischen den Staaten, wenn das übergehende Vermögen in verschiedenen Staaten belegen ist. Es geht darum, ob vorrangig dem die Steuer erhebenden Ansässigkeitsstaat oder dem besteuernden Belegenheitsstaat das Recht der Nutzung dieser Steuerquelle zusteht. Für den Ansässigkeitsstaat ergibt sich in jedem Fall nach völkerrechtlichen Grundsätzen eine Grenze dort, wo der der Besteuerung zu Grunde liegende wirtschaftliche Sachverhalt keine Bezüge mehr zu dem die Steuer erhebenden Staat aufweist[631]. Es ist jedoch eine andere Frage, ob diese erst durch das Willkürverbot gezogene rechtliche Grenze auch der (Verteilungs-)Gerechtigkeit entspricht.

Eine Antwort hierauf kann aus den Theorien zur allgemeinen Rechtfertigung der Steuererhebung abgeleitet werden. Daher ist zunächst zu prüfen, inwieweit aus der allgemeinen Rechtfertigung[632] der Steuererhebung auch eine Begrenzung des Umfanges der Erhebung folgt. Ist die Steuererhebung durch einen Staat allgemein schon nicht mehr gerechtfertigt, wird hierdurch auch die Verteilungsgerechtigkeit des aus dieser Steuererhebung fließenden Steueraufkommens berührt. Es ergibt sich dann die Beantwortung der Frage, welchem Steuergläubiger eine Steuerquelle zur Nutzung zu seinen Gunsten

---

[629] Eine Erbschaftsteuerbefreiung sehen Art. 39 Abs. 4 i.V.m. Art. 34 und 37 WÜD, BGBl. II 1964, 957; II 1965, 147, und Art. 51 WÜK, BGBl. II 1969, 1585; BGBl. II 1971, 1285, für Diplomaten, Konsularbeamte, die Mitglieder des diplomatischen und konsularischen Personals sowie deren Familienanghörige ohne deutsche Staatsangehörigkeit und ständige Ansässigkeit im Steuerinland vor; zu weiteren Einzelheiten und anderen Durchbrechungen des Totalitätsprinzips auf Grund völkerrechtlicher Verträge vgl. *Schaumburg*, Internationales Steuerrecht, RdNr. 5.72 ff.

[630] S. dazu unten zweiter Teil B. IV. 1. a).

[631] S.o. erster Teil C. I.

[632] Im Gegensatz zur besonderen Rechtfertigung der Erhebung einer bestimmten Steuer, vgl. *Tipke*, StRO I, S. 228 ff., StRO II, S. 517 ff., S. 551 ff.

zuzuordnen ist. Anschließend ist zu untersuchen, inwieweit im Hinblick auf die Ausgangsfrage Widersprüche in der konzeptionellen Ausgestaltung des ErbStG bestehen.

1. Begrenzung der Steuererhebung durch ihre allgemeine Rechtfertigung

Den unterschiedlichen Auffassungen zur allgemeinen Rechtfertigung[633] der Steuererhebung liegt übereinstimmend die Ansicht zu Grunde, dass die Steuererhebung durch den Staat zur Deckung seines Finanzbedarfes, der ihm durch die Erfüllung seiner staatlichen Aufgaben entsteht, gerechtfertigt ist[634]. Alle Ansichten stimmen auch darin überein, dass eine Art „Rechtfertigungs-Äquivalenz"[635] zwischen der Verschaffung öffentlicher Mittel durch den Staat und der Erfüllung seiner Aufgaben besteht. Die Ansichten unterscheiden sich im Grad dieser „Rechtfertigungs-Äquivalenz". Aus dem Grad der Rechtfertigungsäquivalenz kann jedoch eine Begrenzung der Steuererhebung abgeleitet werden.

Die überwiegende Meinung führt die Rechtfertigung der Steuererhebung ganz allgemein auf den „verfassungsrechtlich legitimen Finanzbedarf"[636] des Staates zurück[637]. Dieser kann zwar grundsätzlich seinen Finanzbedarf nicht nur durch die Erhebung von Steuern, sondern beispielsweise auch durch die Erträge aus staatseigener Erwerbswirtschaft decken[638]. Der Staat jedoch, der „in einer freiheitlichen Wirtschaftsordnung ... nach der verfassungsrechtlichen ökonomischen Zuständigkeitsordnung das Wirtschaften grundsätzlich den Privaten überläßt und auf eigene produktive Wertschöpfung weitgehend verzichtet, muß ... seinen ... Finanzbedarf zwangsläufig aus dem ökonomischen Erfolg seiner Bürger schöpfen"[639]. Dieser Finanzbedarf entsteht insbesondere durch die Gewährleistung innerer und äußerer Sicherheit, die Aufrechterhaltung und Weiterentwicklung der Rechtsordnung sowie die Schaffung individueller Existenzvoraussetzungen[640]. Die Steuererhebung wird so zur Teilhabe des Staates an der durch ihn ermöglichten Wertschöpfung[641]. Eine Begrenzung der Steuererhebung kann aus dieser Form der allgemeinen Rechtfertigung der Steuererhebung allerdings nicht abgeleitet werden. Ihr sind keine Anhaltspunkte dafür zu entnehmen, dass der Staat nur auf be-

---

[633] S. vorherige FN.
[634] BVerfG, Beschluss v. 08.06.1988, 2 BvL 9/85 und 3/86, BVerfGE 78, 249, 266 f.
[635] *Tipke*, StRO I, S. 232; *Lehner*, DStJG 23 (2000), 263, 276 f.; vgl. auch *Jachmann*, StuW 1996, 97, 102.
[636] *Wendt*, DÖV 1988, 710, 715.
[637] *Lehner*, DStJG 23 (2000), 263, 264 f.; *Tipke*, StRO I, S. 1 ff., 228 ff., StRO II, S. 517 ff., 532 ff.; *Friauf*, DStJG 12 (1989), 3 ff.; *Jachmann*, StuW 1996, 97; BFH, Beschluss v. 14.04.1993, I R 29/92, BStBl. II 1994, 27, 28; *Isensee*, FS Ipsen, S. 409, 433; zu den verfassungsrechtlichen Voraussetzungen der Steuerstaatlichkeit vgl. *Rodi*, Rechtfertigung von Steuern, S. 28 f.; *Vogel*, HStR I, § 27 RdNr. 69 ff.
[638] *Kirchhof*, Rechtfertigung von Steuern, S. 27, 32; vgl. auch *Vogel*, HStR I, § 27 RdNr. 51 ff.
[639] *Wendt*, DÖV 1988, 710, 715.
[640] *Kirchhof*, HStR IV, § 88 RdNr. 28.
[641] *Morgenthaler*, IStR 1993, 258, 260; vgl. auch *Vogel*, FS Fischer, S. 1007, 1014; *Vogel*, HStR I, § 27 RdNr. 51 ff., 59 ff.

stimmte Steuerquellen zugreifen kann und in seinem Recht der Steuererhebung beschränkt ist.

Eine Begrenzung der Steuererhebung durch ihre eigene allgemeine Rechtfertigung kann jedoch aus dem von *von Stein* begründeten[642] und von *Vogel* aufgegriffenen[643] Reproduktivitätsgedanken[644] abgeleitet werden. *Von Stein* führt den Reproduktivitätsgedanken auf das „wirthschaftliche Princip der menschlichen Gemeinschaft" zurück[645]. Es sei nicht möglich, dass die „Gemeinschaft dem Einzelnen auch wirthschaftlich die Bedingungen ihrer Entwickelung bieten könnte, wenn die Einzelnen ihr nicht einen Theil der durch sie gewonnenen wirthschaftlichen Entwickelung zurückgeben"[646]. Wenn der Staat für seine Verwaltung die wirtschaftlichen Mittel durch das Steuerwesen empfangen wolle, so müsse er durch seine Verwaltung die Bedingungen für eine Steuerkraft herstellen, aus der das Steuerwesen fließt. „Die Steuerkraft soll die Steuer, die Steuer die Verwaltung, die Verwaltung aber wieder die Steuerkraft erzeugen."[647]. Jede Steuer müsse ihrer wahren Bestimmung nach eine reproduktive sein und mindestens so viel erzeugen, als sie selber beträgt. Der Kreislauf schließe sich nur dort nicht, wo der Staat die von ihm empfangenen Mittel nicht zur Erzeugung neuer Werte, aus denen weitere Steuern gezahlt werden können, verwendet werden[648]. *Vogel* greift diesen Gedanken der Reproduktivität auf und weist zunächst darauf hin, dass an die Stelle des zweipoligen Verhältnisses zwischen dem Staat und dem Einzelnen ein dreipoliges Verhältnis zwischen Staat, Wirtschaft und Gesellschaft getreten sei[649]. Er ergänzt zutreffend, dass diese Theorie nicht nur die Rechtfertigung der Steuererhebung begründe, sondern auch zu einer Begrenzung des Umfanges bei der Erhebung der Steuer führe[650]. Nach dem Reproduktivitätsgedanken bedeutet das nicht nur, dass die Erhebung von Steuern in ihrer Höhe nicht über das hinausgehen darf, was der Staat zur Deckung seines Finanzbedarfs benötigt, sondern dass Steuern auch nur dort aus Steuerquellen geschöpft werden dürfen, wo staatliche Leistungen erbracht werden. Erbringt der Staat dort, wo er aus einer Steuerquelle schöpft, keine staatlichen Leistungen, verwendet er dort auch keine von ihm empfangenen Mittel und erzeugt somit keine neuen, Steuerkraft generierenden Werte, aus denen die Steuer gezahlt werden kann. Die Steuer reproduziert sich im Hinblick auf diese Steuerquelle wegen des Mangels staatlicher Leistungen des steuererhebenden Staates nicht selbst. Es erfolgt so eine Begrenzung der Steuererhebung auf die Steuerquellen, zu deren Entstehung oder Bestand die durch die

---

642 *Von Stein*, Finanzwissenschaft, S. 356 ff.

643 *Vogel*, Rechtfertigung der Steuern, S. 605 ff., 621; in Zusammenhang mit dem Leistungsfähigkeitsprinzip im Internationalen Steuerrecht *Vogel*, GS Knobbe-Keuk, S. 361, 371 ff.

644 Dieser ist nach *Vogel*, s. vorherige FN, auch von *Kirchhof*, Rechtfertigung von Steuern, S. 27, 29 f., und von *Wendt*, DÖV 1988, 710, 715, aufgegriffen worden.

645 *Von Stein*, ebd., S. 348, 353.

646 *Von Stein*, ebd., S. 348 ff.

647 *Von Stein*, ebd., S. 358 .

648 *Von Stein*, ebd., S. 357.

649 *Vogel*, Rechtfertigung von Steuern, S. 605, 631 f.

650 Vgl. auch *Vogel*, intertax, 1988, S. 393, 394 ff.

Steuern finanzierten staatlichen Leistungen beigetragen haben. Das sind im Grundsatz[651] diejenigen, die innerhalb des Staatsgebietes des die Steuer erhebenden Staates belegen sind.

Ähnlich sieht es *Kirchhof*[652]. Zwar verwirft er zunächst die These, „das Besteuerungsrecht des Staates erkläre sich schlicht aus dem staatlichen Finanzbedarf"[653], weil diese These nicht in der Lage sei zu begründen, warum von der Finanzierungsaufgabe auf die Besteuerungsbefugnis geschlossen werden dürfe[654]. Er erkennt den staatlichen Finanzbedarf lediglich als ergänzenden Rechtfertigungsgrund für die Steuererhebung an[655]. Die Besteuerungsbefugnis leite sich aus der Garantie des Staates für die Freiheit der Berufs- und Eigentumssphäre des Einzelnen vom Staat ab. Eine Besteuerung sei insbesondere dann gerechtfertigt, „wenn der Staat wesentlich zum Entstehen und Bestand des zu besteuernden Wirtschaftsgutes beigetragen hat"[656] und „den Staat durch Teilhabe am individualnützigen Erfolg privaten Wirtschaftens finanziert"[657]. Die Einkommensteuer realisiere typisierend den Anteil der Allgemeinheit, des Staates, an dem individuellen, durch die Gemeinschaft ermöglichten Erwerb[658]. Ausgehend hiervon ist eine Besteuerung daher dann nicht mehr gerechtfertigt, wenn der steuererhebende Staat durch seine staatlichen Leistungen nichts zum Bestand des zu „besteuernden Wirtschaftsgutes" beigetragen hat. Das ist dort der Fall, wo dieses außerhalb der Sphäre belegen ist, innerhalb der staatliche Leistungen erbracht werden. Wo im Hinblick auf ein zu „besteuerndes Wirtschaftsgut" aber keine staatlichen Leistungen erbracht werden, ist auch kein Anteil der Allgemeinheit auf Grund ihrer Erbringung zu realisieren. Die steuerliche Inanspruchnahme von außerhalb der Bundesrepublik belegenem Vermögen ist dann nicht mehr gerechtfertigt[659].

---

[651] Zu einer möglichen, hier jedoch verworfenen Rechtfertigung der Steuererhebung auf Grund von im Ausland erbrachten staatlichen Leistungen s. in anderem Zusammenhang unten zweiter Teil D. II. 2. b).

[652] Vgl. *Kirchhof*, HStR IV, § 88 RdNr. 137.

[653] *Kirchhof*, Rechtfertigung von Steuern, S. 27, 32.

[654] *Kirchhof*, ebd.

[655] „Die staatliche Besteuerungsgewalt ist deshalb nicht allein aus der Existenz des Staates und seines Finanzbedarfs zu rechtfertigen und zu begrenzen, sondern aus der Freiheitlichkeit eines solchen Staates.", *Kirchhof*, ebd.

[656] *Kirchhof*, Rechtfertigung von Steuern, S. 27, 36.

[657] *Kirchhof*, ebd., S. 44.

[658] *Kirchhof*, ebd., S. 38.

[659] Zurückhaltender *Kirchhof*, HStR IV, § 88 RdNr. 137: „Besteuern darf grundsätzlich nur der Staat, in dessen Gebiet sich der Erwerb ereignet, d. h. die Erwerbsgrundlage (Kapital, Arbeit, Fachwissen) genutzt wird. Soweit ein Einkommen nicht auf dem Binnenmarkt eines Staates, sondern auf dem Weltmarkt erzielt worden ist, schwächt sich die Legitimationswirkung des Wohnsitzprinzips für den Zugriff auf individuelle Einkommen wesentlich ab."

2. Zwischenstaatlichen Verteilungsgerechtigkeit und allgemeine Rechtfertigung der Steuererhebung

Der Staat, der zur Deckung seines Finanzbedarfs Steuern erhebt, muss hierzu auf Steuerquellen, aus denen die für die Steuerzahlung erforderliche Zahlungskraft entspringt, zurückgreifen können. Steuerquelle ist in dem Fall des ErbStG das angefallene Vermögen[660]. Von Bedeutung ist dabei die „Rechtfertigungs-Äquivalenz"[661], die zwischen der Verschaffung öffentlicher Mittel durch den Staat und der Erfüllung seiner Aufgaben in Form der Erbringung staatlicher Leistungen besteht. Je enger diese „Rechtfertigungs-Äquivalenz" verstanden wird, desto eher kann sie für das Internationale Steuerrecht fruchtbar gemacht werden. Sind die Steuererhebung und die Deckung des staatlichen Finanzbedarfes nicht vollständig losgelöst voneinander zu betrachten[662], ist die Erhebung von Steuern nur dort gerechtfertigt, wo staatliche Leistungen gegenüber dem Steuerpflichtigen in einem die Steuererhebung rechtfertigendem Umfang angeboten, erbracht werden oder zu erbringen sind. Die Inanspruchnahme einer Steuerquelle dort, wo in Bezug auf diese Steuerquelle hinsichtlich staatlicher Leistungen keine Berührungspunkte zu dem die Steuerquelle in Anspruch nehmenden Staat bestehen, ist sachlich nicht gerechtfertigt. Zwar werden in Bezug auf den Steuerpflichtigen staatliche Leistungen im Ansässigkeitsstaat und im Belegenheitsstaat erbracht. Die staatlichen Leistungen des Ansässigkeitsstaates kommen dem Steuerpflichtigen jedoch nicht im Hinblick auf das nicht im Ansässigkeitsstaat belegene Vermögen zugute. Insoweit profitiert der Steuerpflichtige nur von den staatlichen Leistungen des Belegenheitsstaates. Muss der steuererhebende Staat aber zur Finanzierung seiner staatlichen Aufgaben auf Steuerquellen zurückgreifen, aus denen die für die Steuerzahlung erforderliche Zahlungskraft entspringt, ist es nur folgerichtig, dass vor dem Hintergrund der Verteilungsgerechtigkeit dem Staat, in dem die Steuerquelle belegen ist, das vorrangige Recht zur Inanspruchnahme der Steuerquelle zusteht. Diese Berechtigung setzt nicht nur die Einbindung des Steuerpflichtigen *allein* in die Infrastruktur[663] eines Staatswe-

---

[660] S. erster Teil B. II. 2. a) aa) (4).

[661] *Tipke*, StRO I, S. 232.

[662] Wie aus dem Ansatz der h. M. gefolgert werden kann, vgl. oben zweiter Teil B. III. 1.

[663] Zur „komplexen Natur" der Infrastruktur *Lehner*, DStJG 23 (2000), 263, 265, 276 f.: „Diese Infrastruktur besteht aus der Gesamtheit der erwerbswirtschaftlich relevanten Bedingungen, zu denen nicht nur die Erschließung durch Verkehrs-, Versorgungs- und Kommunikationswege gehört. Vielmehr gehört zu den Marktbedingungen auch die Rechtsordnung des Staates, seine Verpflichtung auf ein soziales Staatsziel, seine Verpflichtung auf den Schutz der natürlichen Lebensgrundlagen und nicht zuletzt seine Verpflichtung auf ein gesamtwirtschaftliches Gleichgewicht."; vgl. außerdem *ders.*, FS Offerhaus, S. 117, 123, sowie *Tipke*, StRO I, S. 523: „Ein Staat darf nur von solchen Bürgern eine Steuer verlangen, die einen Nutzen durch Staatsleistungen haben.", dort aber auch zur schwierigen Abgrenzung bei der Bestimmung dieser Nutzenäquivalenz: Es kann auf den Gesamtnutzen abgestellt werden, den der Staat bspw. durch die Schaffung von Erziehungs- und Bildungseinrichtungen, die Sicherung der Eigentums- und Wirtschaftsordnung oder durch das Bemühen um innere und äußere Sicherheit gewährt, oder denjenigen Nutzen, der in dem Kausalbeitrag des Staates zur Erzielung von Einkommen besteht. Zu diesem Argument vgl. auch *Vogel*, DStJG 8 (1985), 3, 27; ähnlich *Schaumburg*, FS Tipke, S. 125, 146 f.

sens, sondern die Einbindung des Steuerpflichtigen in diese Infrastruktur *mit* der Steuerquelle voraus[664]. Nur so kann der steuererhebende Staat gemäß dem Umfang der durch ihn ermöglichten Wertschöpfung an dieser Wertschöpfung teilhaben[665]. Der die Steuer erhebende Staat darf das Steueraufkommen folglich nicht aus Steuerquellen ableiten, die keine Berührungspunkte zu den staatlichen Leistungen des besteuernden Staates aufweisen und auf Grund ihrer Einbindung in die Infrastruktur eines anderen Staatswesens vielmehr zur Deckung dessen Finanzbedarfes bestimmt sind. Die Ausschöpfung von Steuerquellen steht vielmehr demjenigen Staat zu, in dessen Infrastruktur diese Steuerquellen eingebunden ist und dessen Infrastruktur von dem jeweiligen Vermögensinhaber in Anspruch genommen wird. Aus dieser Verteilungsgerechtigkeit folgt eine – nicht mit der Besteuerung nach dem Territorialitätsprinzip im Sinne des § 2 Abs. 1 Nr. 3 ErbStG gleichzusetzende – territoriale Begrenzung des Steuerrechts. Der steuererhebende Staat kann nur die in seinem Staatsgebiet Ansässigen einschließlich der dort belegenen Steuerquellen oder die ausschließlich in seinem Staatsgebiet belegenen Steuerquellen in Anspruch nehmen[666].

3. Widerspruch zwischen Totalitätsprinzip und zwischenstaatlicher Verteilungsgerechtigkeit

Der Widerspruch zwischen dem Totalitätsprinzip und der zwischenstaatlichen Verteilungsgerechtigkeit rührt daher, dass das dem Totalitätsprinzip zu Grunde liegende Leistungsfähigkeitsprinzip auf eine gleichheitsrechtliche Ausgestaltung einer nationalen Steuerrechtsordnung in ihrem Binnenbereich ausgerichtet ist. Das Totalitätsprinzip lässt jedoch das Nebeneinander verschiedener internationaler Abgabenhoheiten unberücksichtigt und vernachlässigt so die zwischenstaatliche Verteilungsgerechtigkeit[667]. Entspricht die Konkretisierung des Totalitätsprinzips im Rahmen der unbeschränkten Steuerpflicht nach § 2 Abs. 1 Nr. 1 Satz 1 ErbStG dem Leistungsfähigkeitsprinzip, entspricht die Normierung der beschränkten Erbschaft- und Schenkungsteuerpflicht in § 2 Abs. 1 Nr. 3 ErbStG dem Grundsatz der zwischenstaatlichen Verteilungsgerechtigkeit.

---

[664] Ähnlich BFH, Beschluss v. 14.04.1993, I R 29/92, BStBl. II 1994, 27, 28: „Die Legitimation für die Einkommensbesteuerung beschränkt Steuerpflichtiger stützt sich dagegen nicht auf die Überlegung, dass der Steuerausländer entsprechend seiner Leistungsfähigkeit zur Deckung der Kosten des Staates beitragen müsse. Vielmehr steht hier die Erzielung von Einkünften aus einer inländischen Erwerbsgrundlage als Legitimation der Besteuerung im Vordergrund. Der beschränkt Steuerpflichtige soll einerseits nur und andererseits mindestens in dem Umfang Einkommensteuer im Inland entrichten, in dem das von ihm erzielte Einkommen dem inländischen Markt zuzuordnen ist, den der Steuerstaat repräsentiert. Es wird also nicht die Person des Steuerpflichtigen, sondern dessen Handeln dem Inland zugeordnet."; für die Berücksichtigung der Einbindung in die vom ausländischen Staat bereitgestellte Infrastruktur im Hinblick auf das Totalitätsprinzip *Flick*, Münchner Schriften IStR, S. 93, 98.

[665] *Morgenthaler*, IStR 1993, 258, 260.

[666] *Lehner*, DStJG 23 (2000), 263, 276: „Die territoriale Radizierung des Steuerrechts ergibt sich aus dem Inlandsbezug der Steuerpflicht, wie er in den Vorschriften über die unbeschränkte und die beschränkte Steuerpflicht ausgestaltet ist.".

[667] *Vogel*, FS Fischer, S. 1007, 1017; *ders.*, GS Knobbe-Keuk, S. 361, 375.

Nach dieser Bestimmung tritt die Steuerpflicht ein, wenn zwar keiner der an dem steuerpflichtigen Vorgang Beteiligten Steuerinländer ist, der Vermögensanfall jedoch, unabhängig davon, wo er sich vollzieht, aus Inlandsvermögen im Sinne des § 121 BewG[668] besteht. Die Bundesrepublik nimmt mit dem Inlandsvermögen eine Steuerquelle in Anspruch, die in die Infrastruktur ihres Staatswesens eingebunden ist und deren staatliche Leistungen dem jeweiligen Vermögensinhaber in Bezug auf das Inlandsvermögen zugute kommen. Diese Steuerquelle wird in Anspruch genommen, obwohl keiner der an dem steuerpflichtigen Vorgang Beteiligten im Inland ansässig ist und insoweit auch keine staatlichen Leistungen in Anspruch nimmt. Damit erkennt der Steuergesetzgeber grundsätzlich die Zuordnung einer Steuerquelle zu dem Staat, in dessen Infrastruktur sie eingebunden ist, an. Wenn der Steuergesetzgeber aber auf die Nutzung einer im Inland belegenen Steuerquelle nicht verzichtet, muss das auch für jeden anderen Staat gelten[669]. Ein Staat, der für sich die Nutzung inländischer Steuerquellen in Anspruch nimmt, muss auch anderen Staaten deren Steuerquellen zur Nutzung überlassen. Diese Überlassung ist durch die Besteuerung auf Grund des Totalitätsprinzips nicht gewährleistet. Das ErbStG nimmt insoweit Steuerquellen in Anspruch, die nach seiner eigenen aus § 2 Abs. 1 Nr. 3 ErbStG folgenden Wertung dem Belegenheitsstaat zuzuordnen sind. Insbesondere am Beispiel des § 2 Abs. 1 Nr. 3 ErbStG zeigt sich der Widerspruch zwischen der Besteuerung nach dem Totalitätsprinzip und der zwischenstaatlichen Verteilungsgerechtigkeit[670].

Die Begründung jedenfalls, dass die Besteuerung nach dem Totalitätsprinzip durch die Ansässigkeit des Vermögensinhabers in dem besteuernden Staat gerechtfertigt sei[671], weil er dort den Schwerpunkt seiner Lebensführung habe[672] und die staatlichen Leistungen des Ansässigkeitsstaates in Anspruch nehme[673], stimmt jedoch einerseits mit der allgemeinen Rechtfertigung[674] der Steuererhebung und andererseits der zwischenstaatlichen Verteilungsgerechtigkeit[675] nicht überein. Sie ist daher nicht geeignet, die Besteuerung auf Grund des Totalitätsprinzips zu rechtfertigen. Während das aus dem Leistungsfähigkeitsprinzip abgeleitete Totalitätsprinzip auf die Gewährleistung inter*personaler* Steuergerechtigkeit im Binnenbereich einer Steuerrechtsordnung ausgerichtet ist[676], soll die zwischenstaatliche Verteilungsgerechtigkeit inter*nationale* Steuergerechtigkeit verwirklichen. Beide Grundsätze wirken so zwar in unterschiedlichen Richtungen, kollidieren jedoch dort miteinander, wo die Realisierung des Totalitätsprinzips

---

[668] S. FN 608.
[669] *Schaumburg*, Internationales Steuerrecht, RdNr. 5.70, zur gleichgelagerten Problematik im internationalen Einkommensteuerrecht.
[670] *Schaumburg*, ebd.
[671] Vgl. *Schaumburg*, Internationales Steuerrecht, RdNr. 5.66.
[672] *Debatin*, BB 1960, 1015; *ders.* FR 1969, 277 ff.; BFH, Beschluss v. 14.04.1993, I R 29/92, BStBl. II 1994, 27.
[673] BFH, Beschluss v. 14.04.1993, I R 29/92, BStBl. II 1994, 27.
[674] S. zweiter Teil B. III. 1.
[675] S. zweiter Teil B. III. 2.
[676] S. zweiter Teil B. II.

den Binnenbereich der nationalen Steuerrechtsordnung verlässt. Diese Kollision beruht darauf, dass das Leistungsfähigkeitsprinzip im Internationalen Steuerrecht für die Zuordnung von Besteuerungsrechten zu unterschiedlichen Abgabenhoheiten keinen eindeutigen Maßstab bietet[677]. Umgekehrt kommt der zwischenstaatlichen Verteilungsgerechtigkeit keine die Anwendung des Totalitätsprinzips begrenzende Wirkung zu. Es ist allenfalls möglich, der zwischenstaatlichen Verteilungsgerechtigkeit einen höheren Rang als dem Leistungsfähigkeitsprinzip einzuräumen[678]. Ein solches Rangverhältnis ist aus dem geltenden Recht jedoch nicht abzuleiten. In jedem Fall ist jedoch ein angemessener Ausgleich zwischen der interstaatlichen Verteilungsgerechtigkeit und dem Totalitätsprinzip anzustreben, der beiden Grundsätzen weitestgehend entspricht.

IV. Verwirklichung eines angemessenen Ausgleiches

Sowohl der Grundsatz der Verteilungsgerechtigkeit als auch das Leistungsfähigkeitsprinzip gebieten eine sachgerechte Abstimmung der jeweiligen nationalen Erbschaft- und Schenkungsteuerrechtsordnungen bei Anknüpfung ihrer Steuerpflicht an einen wirtschaftlichen Sachverhalt mit Bezügen zu mehr als einem Staat[679]. Hier kommen entweder die Ersetzung des Totalitätsprinzips durch die uneingeschränkte Geltung des Territorialitätsprinzips oder die Beibehaltung des Totalitätsprinzips mit einem sachgerecht ausgestalteten System unilateral wie bilateral kollisionsauflösender Normen, einschließlich der vielfach geforderten[680], hier jedoch nicht weiter erörterten Errichtung eines Netzes von Doppelbesteuerungsabkommen, in Betracht. Die nachfolgende Erörterung beschränkt sich auf grundsätzliche Überlegungen. Die Einzelheiten, wie das ErbStG bei einer Ersetzung des Totalitätsprinzips durch das Territorialitätsprinzip sachgerecht auszugestalten wäre, wird ebenso wenig wie die Abstimmung eines Systems unilateral und bilateral kollisionsauflösender Normen zur Diskussion gestellt[681].

---

[677] *Schön*, IStR 1995, 119, 123.

[678] So wohl *Tipke*, StRO I, S. 521 f.: „Die ... Verteilungsgerechtigkeit ... liegt der Anwendung des Leistungsfähigkeitsprinzips auf das Inlands- und das Auslandseinkommen voraus.".

[679] *Flick*, Finanz-Archiv 21 (1961), S. 86 ff.; *Schaumburg*, Internationales Steuerrecht, RdNr. 5.70; *ders.* in FS Tipke, S. 125, 131 f.

[680] Vgl. bspw. *F. Wassermeyer*, EuZW 1995, 813.

[681] An dieser Stelle sei vorweggenommen, dass die Ersetzung des Totalitätsprinzips im Erbschaft- und Schenkungsteuerrecht durch die uneingeschränkte Geltung des Territorialitätsprinzips hier nicht befürwortet wird. Ausgehend von dieser Sichtweise erübrigt sich damit auch die Diskussion der Frage, wie das ErbStG bei Einführung des Totalitätsprinzips sachgerecht auszugestalten wäre. Die Erörterung, inwieweit es im Erbschaft- und Schenkungsteuerrecht der Ergänzung durch bilateral kollisionsauflösende Normen auch noch dann bedarf, wenn die unilateral kollisionsauflösenden Normen sachgerecht ausgestaltet sind, wie – unabhängig von der vorangehenden Frage – unilateral und bilateral kollisionsauflösende Normen sachgerecht aufeinander abzustimmen sind oder inwieweit der Abschluss eines multilateralen DBA gegenüber der Errichtung eines Netzes von DBA vorzugswürdiger ist, würde über den Gegenstand der vorliegenden Untersuchung hinaus gehen.

Inwieweit jedoch die unilateral kollisionsauflösenden Normen systemgerecht ausgestaltet werden müssen, wird im Einzelnen bei den mit der tatbestandlichen Ausgestaltung des § 21 ErbStG zusammenhängenden Problemen erörtert[682].

1. Totalitätsprinzip oder uneingeschränkte Geltung des Territorialitätsprinzips

Die Diskussion über die Vorzugswürdigkeit des Totalitäts- oder die uneingeschränkte Geltung des Territorialitätsprinzips im Internationalen Steuerrecht wird überwiegend im Internationalen Einkommensteuerrecht geführt[683]. Der einleitende Überblick über den Diskussionsstand soll aufzeigen, welche Gründe für die eine oder andere Lösung sprechen. In einem zweiten Schritt ist zu prüfen, inwieweit die dort genannten Argumente in das Internationale Erbschaft- und Schenkungsteuerrecht übertragen werden können. Schließlich ist zu erörtern, welche Alternativen es im Übrigen zur Verwirklichung eines angemessenen Ausgleichs zwischen der interstaatlichen Verteilungsgerechtigkeit und dem Leistungsfähigkeitsprinzip gibt.

a) Totalitätsprinzips und Territorialitätsprinzips im Internationalen Einkommensteuerrecht

In der Diskussion über die Vorzugswürdigkeit des Totalitätsprinzips oder die uneingeschränkte Geltung des Territorialitätsprinzips im Internationalen Einkommensteuerrecht scheint sich ein Meinungswandel zu vollziehen. Die wohl überwiegende Meinung billigt das Totalitätsprinzip[684], seine ausdrücklichen Befürworter haben in der letzten Zeit jedoch abgenommen. Für die Befürworter des Totalitätsprinzips ist seine Geltung die „Konsequenz der Konzeption,", so *Debatin*, „die Einkommensbesteuerung nach der Leistungsfähigkeit auszurichten"[685]. Ihm zufolge sollen Steuerpflichtige zur Bemessung der Steuerbelastung nach der Leistungsfähigkeit mit ihrem Gesamteinkommen einschließlich der ausländischen Einkünfte zur Besteuerung herangezogen werden. Im Hinblick auf das Ziel leistungsgerechter Besteuerung sei es konsequent, die Steuerpflichtigen mit den zu ihrem Gesamteinkommen gehörenden ausländischen Einkünften zur Steuer heranzuziehen[686]. Nach *Menck* sei der „Grundsatz der Welteinkommenbesteuerung ... die internationale Ausprägung eines in unserer Steuerordnung grundlegenden Wertes, der Gleichmäßigkeit der Besteuerung. Die steuerliche Leis-

---

[682] S. zweiter Teil E.

[683] Für einen Überblick über den Stand der Diskussion vgl. *Vogel*, DStJG 8 (1985), 3, 17 ff.

[684] *Schaumburg*, Internationales Steuerrecht, RdNr. 5.64, 5.66, 5.69; *ders.* in FS Tipke, S. 125, 131; *Flick*, FR 1961, 171, 174; *Ritter*, BB 1984, 1109 ff.; *Liedtke*, DB 1985, 671, 675; *Bachmayr*, StuW 1964, 885 ff.; *J. Lang* in Tipke/ Lang, Steuerrecht, § 2 RdNr. 37, 43 sowie § 9 RdNr. 25 ff.; *Vogel*, FS Klein, S. 361, 371; *Flick*, Münchner Schriften IStR, S. 93, 98; *F. Wassermeyer*, DStJG 8 (1985), 49, 54 f.; wohl auch *Koblenzer*, BB 1996, 933 f.; differenzierend *Schulze-Brachmann*, StuW 1964, 589 ff.; vgl. auch *J. Lang* in Tipke/ Lang, Steuerrecht, § 2 RdNr. 44 mit dortiger FN 54, demzufolge nach der h. M. das Quellenprinzip den Vorrang vor dem Prinzip weltweiter Besteuerung verdient.

[685] *Debatin*, FR 1969, 277, 278.

[686] *Debatin*, ebd.

tungsfähigkeit eines Steuerpflichtigen – und sie allein – soll über seinen Steuerbeitrag entscheiden; dies schließt es aus, inländisches und ausländisches Einkommen ungleich zu behandeln."[687].

Wesentlich stärkeren Zuspruch hat demgegenüber das Territorialitätsprinzip erfahren. Seine Befürworter stützen ihre Argumente vor allem auf den Strukturwandel, der sich im Bereich des Internationalen Einkommensteuerrechts vollzogen hat. Durch das immer dichter werdende Netz bilateraler Doppelbesteuerungsabkommen, in das auch die Bundesrepublik eingebunden ist, haben die Vertragsstaaten ihre Besteuerungsrechte immer mehr zurückgenommen, so dass faktisch keine Besteuerung mehr nach dem Totalitäts-, sondern nach dem Territorialitätsprinzip erfolgt[688]. In der Sache habe die Bundesrepublik das Territorialitätsprinzip dadurch anerkannt, dass durch § 34 c EStG die Anrechnung auf ausländische Einkünfte entfallender ausländischer Steuern gewährt werde und die Anrechnung ausländischer auf die Inlandseinkünfte nach § 49 EStG entfallender Steuern nicht möglich sei[689]. Das Welteinkommenprinzip sei nicht ein an der Gerechtigkeit gegenüber den Steuerpflichtigen[690] und den beteiligten Staaten orientiertes Prinzip, so *Schaumburg*, sondern das Ergebnis fiskalischer Zweckmäßigkeitsüberlegungen. Die das Welteinkommenprinzip tragenden Normen seien auf eine die Gleichmäßigkeit der Besteuerung verletzende Doppelbesteuerung angelegt[691]; die Freistellung der Auslandseinkünfte sei es, die systemgerecht der Vermeidung der Doppelbesteuerung diene[692]. Außerdem eröffne es den Zugriff auf Einkünfte, die nach der aus § 49 EStG folgenden Wertung des Einkommensteuergesetzes den Quellenstaaten zuzuordnen seien. Auch *Vogel* hält die bei der Besteuerung das Territorialitätsprinzip zu Grunde liegende Steuer für die gerechtere[693]. Die einzig denkbare Rechtfertigung für eine Besteuerung sei die nutzentheoretische. Unter diesem Gesichtspunkt sei die Besteuerung von Auslandseinkünften durch den Wohnsitzstaat nicht mehr gerechtfertigt[694]. Letztlich trüge normalerweise überwiegend, wenn nicht ausschließlich, der Quellenstaat zur Erzeugung des Einkommens bei, so dass auch die zwischenstaatliche Gerechtigkeit eher für eine Besteuerung ausschließlich im Quellenstaat spräche[695]. Ohnehin nähme auf Grund der zahlreichen Beschränkungen und Durchbrechungen der

---

687 *Menck*, Welteinkommen und Territorialität, S. 28, 33.

688 *Morgenthaler*, IStR 1993, 258, 260; vgl. auch *Vogel*, FS Fischer, S. 1007; *Vogel*, DStJG 8 (1985), 3, 4 f.; *Flick*, Münchner Schriften IStR, S. 93, 98 f.

689 *Morgenthaler*, IStR 1993, 258, 260.

690 So auch *Endriss*, FR 1968, 338, 340.

691 *Schaumburg*, Internationales Steuerrecht, RdNr. 5.70; *ders.* in FS Tipke, S. 125, 131 f.; *Flick*, Münchner Schriften IStR, S. 93, 98 f.

692 *Vogel*, DStJG 8 (1985), 3, 6 f.; *Flick*, Münchner Schriften IStR, S. 93, 96, 98 f., 104; ähnlich *Ritter* BB 1984, 1109, 1112.

693 *Vogel*, FS Klein, S. 361, 375; *ders.*, DStZ 1997, 269, 273; so auch *Morgenthaler*, IStR 1993, 258, 261; *Flick*, FR 1961, 171, 172 ff.

694 Ähnlich *Morgenthaler*, IStR 1993, 258, 260 f.

695 *Flick*, Münchner Schriften IStR, S. 93, 98; *Vogel*, FS Klein, S. 361, 373 f., 376, zustimmend *Schön*, IStR 1995, 119, 122.

Welteinkommenbesteuerung, insbesondere im Abkommensrecht, das Totalitätsprinzip praktisch keinen Vorrang mehr vor dem Territorialitätsprinzip ein[696].

b) Vorzugswürdigkeit des Totalitätsprinzips

aa) Vergleich zwischen der Einkommen- sowie der Erbschaft- und Schenkungbesteuerung

Ungeachtet der im Einkommen- einerseits sowie im Erbschaft- und Schenkungsteuerrecht andererseits geführten und bereits erörterten Diskussion über die steuersystematische Vergleichbarkeit zwischen der Einkommen- sowie der Erbschaft- und Schenkungsteuer[697] gibt es vor dem Hintergrund der hier zu erörternden Problematik zwei grundlegende Unterschiede zwischen den beiden Steuern: Erstens ist die Einkommensteuer eine periodische Steuer, die Erbschaft- und Schenkungsteuer ist hingegen eine aperiodische Steuer. Zweitens sind die der Einkommen- sowie der Erbschaft- und Schenkungbesteuerung zu Grunde liegenden Steuerquellen – der Einkommensbezug einerseits und das angefallene Vermögen andererseits – bei der Erbschaft- und Schenkungsteuer leichter austauschbar und zu verlagern als bei der Einkommensteuer. So entspricht es beispielsweise nicht der zwischenstaatlichen Verteilungsgerechtigkeit, wenn in einem niedrig besteuernden Drittstaat das gesamte Kapitalvermögen von der Erbschaftbesteuerung erfasst wird, das zuvor vom Erblasser aus Grundvermögen, das er über seine gesamte Lebensdauer in seinem Ansässigkeitsstaat mit Territorialitätsprinzip aufgebaut hat, umgewandelt und anschließend in den Drittstaat übertragen wurde, um es so der Erbschaftbesteuerung im Ansässigkeitsstaat zu entziehen. Dagegen unterliegt es vor gleichem Hintergrund und bei gleicher Sachverhaltsgestaltung keinen Bedenken, wenn die Einkünfte aus Vermietung und Verpachtung zunächst im Ansässigkeitsstaat und die aus Kapitalvermögen anschließend im Drittstaat einkommenbesteuert werden. Aus tatsächlichen Gründen zweifelhaft ist jedoch, ob ein Steuerpflichtiger zur Minderung der Einkommensteuerbelastung genauso einfach beispielsweise seinen Gewerbebetrieb aus seinem Ansässigkeitsstaat in den niedrig besteuernden Drittstaat verlegen oder sich dort einen Arbeitsplatz suchen kann, wie er zur Erbschaftsteuerminderung sein Vermögen umwandeln und übertragen kann.

Vor diesem Hintergrund wird deutlich, dass im Internationalen Einkommen- sowie Erbschaft- und Schenkungsteuerrecht im Hinblick auf die Frage, ob das Totalitätsprinzip oder das Territorialitätsprinzip gelten soll, unterschiedliche Maßstäbe gelten müssen und diese Frage nicht einheitlich für beide Rechtsgebiete beantwortet werden kann. Die periodenbegrenzte Einkommensteuer legt für die Besteuerung nur einen bestimmten Zeitraum zu Grunde, die aperiodische Erbschaft- und Schenkungsteuer erfolgt ohne

[696] *Vogel*, DStJG 8 (1985), 3, 5, 9; *Flick*, Münchner Schriften IStR, S. 93, 98; *Morgenthaler*, IStR 1993, 258, 260 f.; *Endriss*, FR 1968, 338 f.; *Koblenzer*, BB 1996, 933, 934; *Schulze-Brachmann*, StuW 1964, 589, 615 f.; nach *Menck*, Welteinkommen und Territorialität, S. 28, 33, sei dies ein „konstitutives Element" des Einkommensteuerrechts.
[697] S. erster Teil B. II. 2. a) aa) (5) (a).

Berücksichtigung von Zeiträumen anlassbezogen. Im Rahmen der Einkommenbesteuerung ist der Austausch der Steuerquelle – eine Ausnahme gilt insoweit für die Einkünfte aus Kapitalvermögen – tatsächlich mit größeren Schwierigkeiten verbunden als im Rahmen der Erbschaft- und Schenkungbesteuerung. In der Regel erzielt jeder Einkommen, doch er kann nicht aus Steuerumgehungsgründen ohne weiteres zwischen einer Einkommenbesteuerung der Einkünfte aus Land- und Forstwirtschaft, aus Gewerbebetrieb, selbständiger oder nicht selbständiger Arbeit oder aus Vermietung oder Verpachtung wählen und so die Einkommen- und damit die Steuerquelle ändern. Das ist im Rahmen der Einkommenbesteuerung, nicht nur was den Wechsel einer Einkunftsart im innerstaatlichen Bereich, sondern auch was den grenzüberschreitenden Wechsel unter Beibehaltung einer Einkunftsart betrifft, bereits aus rein tatsächlichen Gründen schwieriger als im Rahmen der Erbschaft- und Schenkungbesteuerung. Denn das aus diesen Steuerquellen fließende Einkommen sichert schließlich die wirtschaftliche Existenz des Steuerpflichtigen, so dass jeder Steuerpflichtige bemüht ist, diese Einkunftquelle zu erhalten. Die Steuerquelle Vermögen ist dagegen – Ausnahmen gelten im Hinblick auf das Betriebsvermögen – nicht nur in sich leichter austauschbar, sondern auch leichter transferierbar[698]. Die Steuerquelle im Erbschaft- und Schenkungsteuerrecht ist nicht so stark personen- und ortsbezogen wie im Einkommensteuerrecht. Sie steht im Einkommensteuerrecht – Ausnahmen gelten wiederum für die Einkünfte aus Kapitalvermögen – in engerer Verbindung mit der Ansässigkeit des Steuerpflichtigen als im Erbschaft- und Schenkungsteuerrecht. Die Einbeziehung einer Steuerquelle in die Infrastruktur eines Staatswesens ist im Einkommensteuerrecht deswegen enger als im Erbschaft- und Schenkungsteuerrecht. Diese Unterschiede zwischen der Einkommen- sowie der Erbschaft- und Schenkungbesteuerung verdeutlichen, wie zweifelhaft es ist, die im Internationalen Einkommensteuerrecht angeführten Argumente vor allem für die uneingeschränkte Geltung des Territorialitätsprinzips in das Internationale Erbschaft- und Schenkungsteuerrecht zu übertragen. Sie zeigen, dass die uneingeschränkte Geltung des Territorialitätsprinzips im Internationalen Einkommensteuerrecht eher in Betracht kommen kann als im Internationalen Erbschaft- und Schenkungsteuerrecht.

bb) Notwendigkeit eigener erbschaft- und schenkungsteuerrechtlicher Beurteilung

Die in der im Internationalen Einkommensteuerrecht geführten Diskussion genannten Gründe für die Geltung des Totalitätsprinzips sind hingegen in das Internationale Erbschaft- und Schenkungsteuerrecht übertragbar. Sie stützen sich allein auf das Leistungsfähigkeitsprinzip. Dieses gilt als Fundamentalprinzip gerechter Besteuerung für das gesamte Steuerrecht, also nicht nur für das Einkommensteuerrecht, sondern auch für das Erbschaft- und Schenkungsteuerrecht. Im Hinblick auf die Geltung des Totalitätsprinzips und des Leistungsfähigkeitsprinzips kommt es auch auf eine Vergleichbarkeit zwischen Einkommen- sowie Erbschaft- und Schenkungsteuerrecht nicht an. Der

[698] Auf die Verbringung mobilen Vermögens in das Ausland in Anbetracht hoher Erbschaftsteuern weist auch *J. Lang*, DStJG 22 (1999), 6, hin.

unentgeltliche Erwerb von Vermögen bewirkt in jedem Fall einen Zuwachs an wirtschaftlicher Leistungsfähigkeit, unabhängig davon, ob das Vermögen im Ausland oder in der Bundesrepublik belegen ist[699]. Eine Unterscheidung nach ausländischer und inländischer Leistungsfähigkeit ist hier, anders, als das im Internationalen Einkommensteuerrecht auf Grund der dargelegten Unterschiede zwischen Einkommensteuerrecht und Erbschaft- und Schenkungsteuerrecht geboten sein könnte, nicht zu treffen. Das von den Befürwortern der Differenzierung von ausländischer und inländischer Leistungsfähigkeit in der im Internationalen Einkommensteuerrecht geführten Diskussion genannte Argument, dass ausländische Einkünfte unter anderen Bedingungen, mit anderem, meist höherem Einsatz und unter anderem Risiko als entsprechende inländische Einkünfte erzielt worden seien[700], ist in das Erbschaft- und Schenkungsteuerrecht auf Grund des anders gearteten Vollzugs des Zuwachses an wirtschaftlicher Leistungsfähigkeit sowie der im Verhältnis zum Einkommensteuerrecht wesentlich leichteren und risikoneutraleren Austauschbarkeit und Verlagerung von Steuerquellen nicht übertragbar. Das von *Vogel* angeführte Argument, dass die Definition des Einkommens nichts darüber aussage, ob auch ausländische Einkünfte in den Begriff des Einkommens einzubeziehen seien[701], gilt jedenfalls nicht für das Erbschaft- und Schenkungsteuerrecht. Denn dort heißt es in § 2 Abs. 1 Nr. 1 Satz 1 ErbStG ausdrücklich, dass die Steuerpflicht „für den gesamten Vermögensanfall" eintritt. Schon aus dieser Formulierung selbst folgt, dass hierunter auch das im Ausland belegene Vermögen fällt[702]. Das Argument, dass das ErbStG beispielsweise in § 2 Abs. 1 Nr. 3 ErbStG und in § 21 Abs. 1 Satz 1 ErbStG hinsichtlich des Vermögensanfalles zwischen Inlands- und Auslandsvermögen unterscheidet, hat demgegenüber nur noch nachrangige Bedeutung.

Die Gründe für die uneingeschränkte Geltung des Territorialitätsprinzip sind dagegen nicht ohne weiteres übertragbar. Zunächst existieren im Internationalen Erbschaft- und Schenkungsteuerrecht nicht so viele Beschränkungen und Durchbrechungen des Totalitätsprinzips wie im Internationalen Einkommensteuerrecht[703]. Von den nur sechs bestehenden DBA's sieht lediglich das mit Österreich die Freistellungsmethode vor, das mit der Schweiz kombiniert die Anrechnungs- mit der Freistellungsmethode[704]. Ebenso wenig kennt das Erbschaft- und Schenkungsteuerrecht die im Internationalen Einkommensteuerrecht als Durchbrechungen des Totalitätsprinzips geltenden Verlustausgleichsbeschränkungen und Steuerfreistellungen nach innerstaatlichem Recht[705]. Bei diesen Beschränkungen und Durchbrechungen des Totalitätsprinzips kann im Internationalen Erbschaft- und Schenkungsteuerrecht jedoch noch nicht von einem „konstitu-

---

[699] FG Rheinland-Pfalz, Urteil v. 06.06.2002, 4 K 2643/00 – nrkr., IStR 2002, 530.

[700] *Vogel*, DStJG 8 (1985), 3, 26.

[701] *Vogel*, DStJG 8 (1985), 3, 26; insoweit ist *Vogel* entgegen zu halten, dass das Einkommen i.S.d. § 2 EStG nach der aus § 34 c EStG folgenden gesetzlichen Wertung auch ausländische Einkünfte erfasst.

[702] S. hierzu bereits oben zweiter Teil B. I.

[703] S. hierzu bereits oben zweiter Teil B. IV. 1. a).

[704] S. oben zweiter Teil B. II. 2.

[705] Vgl. hierzu *Schaumburg*, Internationales Steuerrecht, RdNr. 5.80 ff. und 5.110 ff.

tiven Element"[706] gesprochen werden. Deswegen ist auch die Aussage nicht vertretbar, dass im Internationalen Erbschaft- und Schenkungsteuerrecht das Totalitätsprinzip praktisch keinen Vorrang mehr vor dem Territorialitätsprinzip hat. Auch das Argument, dass es der Quellenstaat sei, der zur Erzeugung des Einkommens – in diesem Fall Vermögen – beiträgt, ist unzutreffend. Vermögen kann ohne weiteres in einem Staat gebildet werden und anschließend in einen oder mehrere andere Staaten – Ausnahmen gelten insoweit für das Betriebsvermögen – transferiert werden. Unter diesem Gesichtspunkt spricht mehr für die Geltung des Totalitäts- als des Territorialitätsprinzips, damit das Vermögen, das im Ansässigkeitsstaat gebildet worden ist, nicht durch einen Auslandstransfer dem erbschaft- und schenkungsteuerlichen Zugriff durch den Ansässigkeitsstaat entzogen werden kann. Denn dass nach einem derartigen Auslandstransfer diese Vermögenswerte im Hinblick auf die zwischenstaatliche Verteilungsgerechtigkeit dem neuen Belegenheitsstaat zuzuordnen sind und dort periodenunbegrenzt einer Erbschaft- und Schenkungbesteuerung unterworfen werden können, ist nicht sachgerecht. Zutreffend ist zwar, dass das Territorialitätsprinzip systemgerecht eine Doppelbesteuerung vermeidet, unzutreffend ist jedoch die daraus gezogene Schlussfolgerung, dass eine Doppelbesteuerung automatisch das Leistungsfähigkeitsprinzip verletzt[707]. Das ist nur dann richtig, wenn die mit der Doppelbesteuerung verbundene Doppelbelastung nicht oder nicht ausreichend beseitigt wird[708]. Das Leistungsfähigkeitsprinzip ist somit nur in dem Umfang verletzt, in dem eine Doppelbelastung nicht vermieden wird. Als weiteres Argument für die uneingeschränkte Geltung des Territorialitätsprinzips wird angeführt, dass die Besteuerung der Auslandseinkünfte nicht gerechtfertigt sei, weil das Kapital, durch dessen Einsatz die Einkünfte erwirtschaftet worden seien, im Wohnsitzstaat verdient und dort auch ordnungsgemäß besteuert worden sei. Aus äquivalenztheoretischen Gründen seien damit die Staatsleistungen, die zur Entstehung dieser Einkünfte beigetragen haben, abgegolten, so dass der nach der Besteuerung verbleibende Rest des Kapitals im Ausland eingesetzt werden könne[709]. Diese Argumentation ist aus Sicht des Erbschaft- und Schenkungsteuerrechts in zweifacher Hinsicht allerdings nur schwer mit dem Leistungsfähigkeitsprinzip zu vereinbaren. Da das Leistungsfähigkeitsprinzip gebietet, die staatlichen Lasten auf jeden einzelnen Steuerpflichtigen nur gemäß seiner wirtschaftlichen Leistungsfähigkeit zu verteilen[710], widerspräche es diesem Prinzip, bei der Verteilung des staatlichen Finanzbedarfes durch Fokussierung allein auf die „inländische" wirtschaftliche Leistungsfähigkeit die „ausländische" außer Betracht zu lassen und dadurch nicht die individuelle wirtschaftliche Leistungsfähigkeit in ihrem gesamten Umfang zu berücksichtigen. Vielmehr wirkt es zwischen den einzelnen Steuerpflichtigen mit der Maßgabe, jeden Steuerpflichtigen gemäß seiner wirtschaftlichen Leistungsfähigkeit verhältnismäßig

---

[706] So *Menck*, Welteinkommen und Territorialität, S. 28, 33, angesichts der Beschränkungen und Durchbrechungen im Internationalen Einkommensteuerrecht, s. auch oben erster Teil B. IV. 1. a).

[707] *Schaumburg*, Internationales Steuerrecht, RdNr. 5.70.

[708] Vgl. *Schaumburg*, Internationales Steuerrecht, RdNr. 5.70

[709] *Vogel*, DStJG 8 (1985), 3, 28 f.

[710] S. o. zweiter Teil B. II. 1.

gleich zu belasten[711] und verstößt gegen den Gleichbehandlungsgrundsatz, wenn der Steuerpflichtige mit Inlandsvermögen stärker besteuert wird als der mit Auslandsvermögen. Hinzu kommt, dass der staatliche Finanzbedarf durch die Erhebung mehrerer Steuern gedeckt wird und auch unter äquivalenztheoretischen Gesichtspunkten allein durch die Besteuerung bei der Entstehung des Vermögens nicht gänzlich abgegolten wird. Immerhin nimmt der mit dem Einkommensteuerpflichtigen identische Erbschaft- und Schenkungsteuerpflichtige auch noch nach Beendigung des Bezuges von versteuertem Einkommen staatliche Leistungen in Anspruch und hat sie auch, noch bevor der Bezug zu versteuernden Einkommens begonnen hat, in Anspruch genommen. Schließlich tritt die zwar zutreffend befürchtete Abkappselung von offener Staatlichkeit und internationaler Zusammenarbeit auf Grund des in Form einer Besteuerung nach dem Totalitätsprinzip zu Tage tretenden sowie Verfassungszielen des GG zuwiderlaufenden Staatsegoismus[712] nur dann ein, wenn die mit der Doppelbesteuerung auf Grund des Totalitätsprinzips verbundenen steuerlichen Belastungswirkungen nicht oder nur unzureichend ausgeglichen werden.

Grundsätzlich ist zwar einzuräumen, dass ein angemessener Ausgleich im Hinblick auf die Verteilungsgerechtigkeit und die gleichmäßige Besteuerung nach der wirtschaftlichen Leistungsfähigkeit dadurch herbeigeführt werden kann, dass die uneingeschränkte Geltung des Territorialitätsprinzips in den verschiedenen nationalen Erbschaft- und Schenkungsteuerrechtsordnungen verankert wird. Die Abschaffung des Totalitätsprinzips setzt jedoch eine Harmonisierung dieser unterschiedlichen Erbschaft- und Schenkungsteuersysteme nicht nur mit dem Ziel einer annähernd gleichen und einfachen, d. h. nicht mehrfachen, Steuerbelastung anlässlich steuerpflichtiger Vorgänge voraus, sondern auch die Normierung gleicher oder vergleichbarer territorialer Anknüpfungspunkte[713]. Erst dann würden grenzüberschreitende Vermögensverschiebungen zur Nutzung des internationalen Steuergefälles nicht mehr erfolgen. Eine derartige Steuerharmonisierung gewährleistet so eine gleichmäßige Besteuerung nach der wirtschaftlichen Leistungsfähigkeit. Nicht nur dem Grundsatz der zwischenstaatlichen Verteilungsgerechtigkeit wird hierdurch entsprochen, es wird auch eine steuerliche Doppelbelastung vermieden, da es bereits im Ansatz an einer kollisionsbegründenden Doppelbesteuerung fehlt. Angesichts der Unterschiedlichkeit in der Ausgestaltung der Erbschaft- und Schenkungsteuersysteme, soweit ein solches überhaupt besteht, ist eine derartige Steuerharmonisierung jedoch noch nicht realistisch. Im Ergebnis erscheint es derzeit daher nicht vorzugswürdig, das Totalitätsprinzip durch die uneingeschränkte Geltung des Territorialitätsprinzips zu ersetzen.

---

[711] Ebd.
[712] *Vogel*, DStJG 8 (1985), 3, 29; *ders.*, FS Klein, S. 361, 375.
[713] *Schaumburg*, Internationales Steuerrecht, RdNr. 5.70.

2. Totalitätsprinzip und Anrechnungsverfahren

Bei der derzeitigen unterschiedlichen Ausgestaltung der verschiedenen Erbschaft- und Schenkungsteuersysteme im Internationalen Erbschaft- und Schenkungsteuerrecht kommt im Hinblick auf das deutsche ErbStG nur die Beibehaltung des Totalitätsprinzips in Betracht. Nur das Totalitätsprinzip in Kombination mit dem Territorialitätsprinzip gewährleistet gegenüber einem ausschließlich geltenden Territorialitätsprinzip eine gleichmäßige Besteuerung nach der wirtschaftlichen Leistungsfähigkeit. Durch die Einbeziehung im Ausland belegenen Vermögens in den Umfang der Steuerpflicht wird jedoch in der Regel eine Doppelbesteuerung herbeigeführt, die die doppelte steuerliche Belastung dieses Vermögens und seine doppelte Inanspruchnahme als Steuerquelle zur Folge hat[714]. Diese doppelte Beanspruchung ist nicht nur unter dem Gesichtspunkt der Besteuerung nach der wirtschaftlichen Leistungsfähigkeit, sondern auch vor dem Hintergrund der zwischenstaatlichen Verteilungsgerechtigkeit auszugleichen.

Das geschieht durch das Anrechnungsverfahren. Es erfüllt eine zweifache Funktion. Einerseits wird die aus der Doppelbesteuerung folgende wirtschaftliche Doppelbelastung auf die wirtschaftliche Belastung einer einfachen Besteuerung zurückgeführt, indem, seine sachgerechte Ausgestaltung vorausgesetzt[715], das steuerliche Belastungsniveau je nach Höhe der Belastung durch den ausländischen Staat auf das Belastungsniveau des ErbStG hochgeschleust oder auf das Belastungsniveau der ausländischen Steuer zurückgeführt wird. Es stellt so die gleichmäßige steuerliche Belastung gegenüber den anderen der Besteuerung nach dem ErbStG unterworfenen Steuerpflichtigen her und gewährleistet hierdurch die Besteuerung nach der wirtschaftlichen Leistungsfähigkeit.

Andererseits verzichtet die Bundesrepublik im Umfang der Anrechnung praktisch auf ihr Besteuerungsrecht zu Gunsten des steuererhebenden ausländischen Belegenheitsstaates. Das ist unter dem Gesichtspunkt der zwischenstaatlichen Verteilungsgerechtigkeit jedoch deswegen sachgerecht, weil jedem Staat das Recht vorbehalten sein muss, zur Erhebung von Steuern die in seine Infrastruktur eingebundenen wirtschaftlichen Quellen uneingeschränkt zu nutzen. Nichts anderes folgt wertungsgemäß aus den Bestimmungen betreffend die beschränkte Steuerpflicht und aus den kollisionsauflösenden Normen der einzelnen DBA. § 2 Abs. 1 Nr. 3 ErbStG beschränkt die Steuerpflicht allein auf das Inlandsvermögen im Sinne des § 121 BewG[716]. Das DBA USA bestimmt in seinem Art. 11, inwieweit die Vereinigten Staaten oder die Bundesrepublik im Hinblick auf bestimmtes Vermögen[717] die jeweilige ausländische Steuer anzurechnen haben, und in seinen Art. 7 und 9, unter welchen Voraussetzungen das übrige Vermögen von der Besteuerung im jeweils anderen Staat freizustellen ist. Nach Art. 3

---

[714] S. erster Teil C. II.

[715] Hierzu s. o. zweiter Teil B. IV. 2. sowie unten zweiter Teil E.

[716] S. FN 608.

[717] Unbewegliches Vermögen, Vermögen einer Betriebsstätte und solches einer der Ausübung einer selbständigen Arbeit dienenden festen Einrichtung und Beteiligungen an Personengesellschaften.

bis 5 DBA Österreich wird das Nachlassvermögen grundsätzlich im Belegenheitsstaat besteuert und so in dem hiervon abweichenden Ansässigkeitsstaat von der Besteuerung freigestellt. Durch die abkommensrechtlichen Bestimmungen ist demnach gewährleistet, dass hinsichtlich jedes Vermögensbestandteils, der Gegenstand eines unentgeltlichen Vermögensüberganges ist, die Doppelbesteuerung durch Rücknahme des Besteuerungsrechts vermieden wird. Den Bestimmungen betreffend die beschränkte Steuerpflicht und den kollisionsauflösenden Normen der einzelnen DBA ist dabei gemein, dass die steuerliche Erfassung des unentgeltlich übergehenden Vermögens nicht über den der zwischenstaatlichen Verteilungsgerechtigkeit entsprechenden Umfang hinaus geht und damit auf ihren sachlichen Legitimationsgrund beschränkt ist. Gerade im Fall der abkommensrechtlichen Bestimmungen zeigt sich, wie die nach dem ErbStG im Hinblick auf die zwischenstaatliche Verteilungsgerechtigkeit zu weit reichenden Steueransprüche auf ihren sachlichen Legitimationsgrund zurückgeführt werden[718]. Dabei widerspricht es allerdings nicht der zwischenstaatlichen Verteilungsgerechtigkeit, wenn die Bundesrepublik hinsichtlich des in einem anderen Staat belegenen Vermögens in dem Umfang von ihrem Besteuerungsrecht Gebrauch macht, in dem der ausländische Belegenheitsstaat dieses nicht oder in geringerem Umfang als die Bundesrepublik zur Steuererhebung heranzieht. Denn insoweit hat der ausländische Staat, soweit er Erbschaft- oder Schenkungsteuern erhebt, von seinem Recht der Steuererhebung Gebrauch gemacht und die Steuerquelle in dem für ihn angemessenen Umfang genutzt. Eine darüber hinaus gehende Nutzung durch die Bundesrepublik widerspricht daher nicht der zwischenstaatlichen Verteilungsgerechtigkeit, so dass ein Verzicht auf das Besteuerungsrecht nicht geboten ist. Unter dem Gesichtspunkt der zwischenstaatlichen Verteilungsgerechtigkeit ist daher die Bundesrepublik im Ergebnis zur Anrechnung der im Belegenheitsstaat erhobenen ausländischen Steuern in allen Fällen verpflichtet, in denen der Erbschaft- und Schenkungbesteuerung jeweils das gleiche in dem ausländischen Staat belegene Vermögen zu Grunde liegt.

Insgesamt entspricht das Anrechnungsverfahren damit einerseits dem Grundsatz der gleichmäßigen Besteuerung nach der wirtschaftlichen Leistungsfähigkeit und andererseits dem der zwischenstaatlichen Verteilungsgerechtigkeit. Je sachgerechter also das Anrechnungsverfahren ausgestaltet ist und je weniger konzeptionelle Mängel es aufweist, desto näher rückt es an die Verwirklichung des Leistungsfähigkeitsprinzips und des Grundsatzes der zwischenstaatlichen Verteilungsgerechtigkeit heran. Die Qualität des Anrechnungsverfahrens korrespondiert demnach mit der Angemessenheit des Ausgleiches zwischen dem Totalitätsprinzip und der zwischenstaatlichen Verteilungsgerechtigkeit.

[718] So *Kirchhof*, HStR IV, § 88 RdNr. 137, allgemein zur Wirkungsweise der DBA.

C. Die Anknüpfung der Steuerpflicht an die persönlichen Verhältnisse des Erblassers und Schenkers

Vor dem Hintergrund der Ausgestaltung der Erbschaft- und Schenkungsteuer als Erbanfallsteuer ist es nicht ohne weiteres einsichtig, dass die Erbschaft- und Schenkungssteuerpflicht nicht nur an die persönlichen Verhältnisse des Erwerbers, sondern auch an die des Erblassers und des Schenkers anknüpft. Denn die Erbschaft- und Schenkungsteuer will den bei dem Erwerber infolge eines steuerpflichtigen Vorganges eintretenden Zuwachs an wirtschaftlicher Leistungsfähigkeit erfassen[719]. Die Anknüpfung der Steuerpflicht auch an die persönlichen Verhältnisse des Erblassers und Schenkers, auf dessen Verhältnisse es bei der Besteuerung deswegen nicht ankommen kann, weil er keinen infolge eines steuerpflichtigen Vorganges eintretenden Zuwachs an wirtschaftlicher Leistungsfähigkeit erfährt, wirft die Frage nach der System- und Verfassungskonformität dieser gesetzlichen Regelung auf[720].

I. Gesetzliche Ausgangslage und gesetzgebungshistorische Entwicklung

Nach § 2 Abs. 1 Nr. 1 Satz 1 i.V.m. Satz 2 lit. a) ErbStG tritt die Steuerpflicht in den Fällen des § 1 Abs. 1 Nr. 1 und Nr. 3 ErbStG für den gesamten Vermögensanfall unter anderem dann ein, wenn der Erblasser zur Zeit seines Todes oder der Schenker zur Zeit der Ausführung der Schenkung Steuerinländer mit Wohnsitz oder gewöhnlichem Aufenthalt im Inland ist[721]. Das Gesetz knüpft damit den Eintritt der Steuerpflicht an zwei persönliche Merkmale des Erblassers und Schenkers an, nämlich die Beteiligung an einem steuerpflichtigen Vorgang im Sinne des § 1 Abs. 1 Nr. 1 und Nr. 2 ErbStG und die Inländereigenschaft im Sinne des § 2 Abs. 1 Nr. 1 Satz 2 lit. a) ErbStG. Auf die Staatsangehörigkeit kommt es insoweit nicht an. Sind der Erblasser oder der Schenker steuerpflichtig im Sinne dieser Vorschrift, tritt die Steuerpflicht hinsichtlich des gesamten Anfalls des von ihnen übergehenden oder übertragenen Vermögens ein, das bei dem Erwerber anfällt und zwar unabhängig davon, ob der Erwerber seinerseits die Steuerinländereigenschaft erfüllt oder sich das angefallene Vermögen im Inland oder Ausland befindet. Hierdurch wird der Umfang der Steuerpflicht in nicht unerheblichem Maß ausgedehnt. Die gleiche Rechtsfolge tritt nach § 2 Abs. 1 Nr. 1 Satz 1 und Satz 2

---

[719] S. o. erster Teil B II. 2. a) aa) (2).

[720] Vgl. *Seer* in Tipke/ Lang, Steuerrecht, § 13 RdNr. 139; *Mellinghoff*, DStJG 22 (1999), 127, 153 f.; *Meincke*, DStJG 22 (1999), 39, 41 f., 55 ff.; *Tipke*, MDR 1995, 1177, 1180; *Kluge*, Internationales Steuerrecht, RdNr. U 2; *Schindhelm*, ZEV 1997, 8, 10.

[721] Vgl. auch *Noll*, DStZ 1995, 713 ff.

lit. b) ErbStG ein. Voraussetzung ist hier jedoch, dass sich der Erblasser oder der Schenker nicht länger als fünf Jahre dauernd im Ausland aufgehalten haben ohne in der Bundesrepublik ansässig zu sein und außerdem die deutsche Staatsangehörigkeit besitzen[722].

Die Bestimmung des § 2 Abs. 1 Nr. 1 Satz 1 i.V.m. Satz 2 lit. a) ErbStG geht in ihren wesentlichen Zügen unverändert auf § 24 ErbStG 1919[723] zurück, allerdings erst in der Fassung, die sie durch das ErbStÄndG 1922[724] erhalten hat. Wenn auch die dem § 24 ErbStG 1919 entsprechenden und ihm in früheren Gesetzen vorangehenden Bestimmungen nicht wortähnlich waren, stimmten sie doch inhaltlich überein. Bereits §§ 5, 9 und 10 des preußErbStG 1873[725], durch das das Reichserbschaftssteuergesetz 1906[726] nachhaltig beeinflusst wurde[727], bestimmten zwar, dass die Erbschaftsteuer[728] von der durch den Anfall eintretenden Bereicherung zu entrichten ist[729], stellten jedoch hinsichtlich des Eintritts der Steuerpflicht ebenfalls auch auf die Verhältnisse des Erblassers und des Schenkers[730] ab[731].

Das preußErbStG 1873[732] stammt noch aus einem Zeitraum, innerhalb dessen das Erbschaft- und Schenkungsteuerrecht auf Grund der ab der ersten Hälfte des 17. Jahrhundert in den einzelnen Nationalstaaten geltenden verschiedenen Erbschaft- und Stem-

---

722 Zu den hiermit zusammenhängenden Problemen vgl. unten zweiter Teil D.

723 RGBl. 1919, 1543 ff.

724 RGBl. I 1922, 610 ff.

725 Gesetz-Sammlung für die Königlichen Preußischen Staaten 1873, S. 329 ff.; ebenso §§ 4, 9 bis 11 des preußErbStG 1891, Gesetz-Sammlung für die Königlichen Preußischen Staaten 1891, S. 78 ff.

726 RGBl. 1906, 654 ff.

727 *Gebel* in Troll/ Gebel/ Jülicher, ErbStG, Einführung, RdNr. 63.

728 Die Erbschaftssteuer war nach dem ganzen Anteil jedes einzelnen Erwerbers eines Erbanfalls für diesen gesondert zu berechnen, vgl. § 26 preußErbStG 1873 und § 28 preußErbStG 1891.

729 § 5 preußErbStG 1873, mit der Randbemerkung „Erbschaftssteuerpflichtige Masse": „Die Erbschaftssteuer wird von dem Betrag entrichtet, um welchen diejenigen, denen der Anfall zukommt, durch denselben reicher werden."; vgl. auch § 1 preußErbStG: „Der Erbschaftssteuer sind ... unterworfen, ohne Unterschied, ob der Anfall Inländern oder Ausländern zukommt: ...", § 26 preußErbStG 1873: „Die Erbschaftssteuer wird nach dem ganzen Antheile jedes einzelnen Erwerbers eines Anfalles für diesen besonders berechnet." sowie § 27 preußErbStG: „Die Erbschaftssteuer trifft den Erwerber des steuerpflichtigen Anfalles."; vgl. auch §§ 1, 5, 28 und 29 preußErbStG 1891.

730 Hinsichtlich des Schenkers folgt das aus § 4 preußErbStG 1873; vg. auch § 4 preußErbStG 1891.

731 Vgl. § 9 preußErbStG 1873: „Grundstücke und Grundgerechtigkeiten, welche außerhalb Landes liegen, gehören nicht zur steuerpflichtigen Masse. Anderes im Auslande befindliches Vermögen eines Erblassers, welcher bei seinem Ableben Inländer war, unterliegt der Versteuerung, ... " und § 10 preußErbStG 1873: „Von dem Anfall inländischer Grundstücke, Grundgerechtigkeiten oder deren Nutzungen ist die Erbschaftssteuer zu erheben ohne Unterschied, ob der Erblasser Inländer oder Ausländer war, und ob derselbe seinen Wohnsitz im Inlande hatte oder nicht. Anderes im Inlande befindliches Vermögen eines Erblassers, welcher bei seinem Ableben Ausländer war, unterliegt der Versteuerung nicht, wenn in dem Staate, wohin dasselbe verabfolgt werden soll, die gleiche Rücksicht hinsichtlich des Nachlasses diesseitiger Angehöriger beobachtet wird."; vgl. auch §§ 9 bis 11 preußErbStG 1891.

732 Ebenso das preußErbStG 1891.

pelsteuergesetze sehr zersplittert war[733]. Die innerhalb dieses Zeitraumes bis zur Vereinheitlichung des Erbschaft- und Schenkungsteuerrechts durch das Reichserbschaftssteuergesetz 1906 in den verschiedenen Nationalstaaten geltenden Erbschaftsteuergesetze waren teilweise als Erbanfallsteuern ausgestaltet[734], teilweise aber auch als Nachlasssteuern[735]. Die in der gesetzgebungsgeschichtlichen Entwicklung bedeutsamen Fälle stellen jedoch die Einführung der Stempeltaxen im Kurfürstentum Brandenburg 1685 und in Preußen 1766 dar[736]. Dieser Umstand ist deswegen von Bedeutung, weil Stempelsteuern als Vorgängerinnen der Verkehrsteuern angesehen werden[737] und es sich, wie noch dargelegt wird, bei der Anknüpfung der Steuerpflicht, ebenso wie im Fall der Erklärung des Schenkers zum Steuerschuldner[738], um eine sog. „Verkehrsteuer-Reminiszenz" handelt.

II. Die System- und Verfassungskonformität

1. Systemwidrigkeit

a) Ausgestaltung der Erbschaft- und Schenkungsteuer als aperiodische Bereicherungssteuer

Bei der Erbschaft- und Schenkungsteuer handelt es sich um eine besondere Einkommensteuer, die den Erwerber auf Grund seines aus einem steuerpflichtigen Vorgang hervorgehenden Zuwachses an wirtschaftlicher Leistungsfähigkeit besteuert[739]. An die-

---

733 Diese Zersplitterung bestand auch noch nach dem Reichsdeputationshauptschluss, wenn auch in wesentlich geringerem Umfang, weiter fort; einer Angleichung der Erbschaftsteuergesetze und damit einer Vereinheitlichung des Erbschaftsteuerrechts standen nicht nur die unterschiedlichen finanziellen Interessen der Bundesstaaten, sondern auch die Zersplitterung des bürgerlichen Rechts entgegen; die Zersplitterung des bürgerlichen Rechts endete erst mit Einführung des BGB, so dass im Zuge der Reichsfinanzreform 1906 das Erbschaftsteuerrecht durch das Reichserbschaftssteuergesetz 1906 in Deutschland vereinheitlicht werden konnte.

734 So bspw. die ab 1624 im Fürstentum Braunschweig-Lüneburg erhobene Kollateralsteuer oder die in Hamburg ab dem gleichen Zeitpunkt geltende Erbschaftsteuer, *Schanz*, Finanz-Archiv, 17. Jahrg. (1900), Bd. I, S. 1, 55 ff., 58 f.; das galt wohl auch für den überwiegenden Teil der in den anderen Staaten erhobenen Steuern, vgl. *Schanz*, Finanz-Archiv, 18. Jahrg. (1901), Bd. II, S. 553, 569 ff., auch wenn sie, bspw. in Sachsen-Altenburg, die Steuerpflicht an die Verhältnisse des Erblassers knüpften, vgl. *v. Schanz*, Finanz-Archiv, 18. Jahrg. (1901), Bd. II, S. 553, 575.

735 So bspw. die von 1829 bis 1906 in Rostock erhobene Kollateralsteuer, *v. Schanz*, Finanz-Archiv, 17. Jahrg. (1900), Bd. I, S. 1, 59 f., dort FN 2; auch in Hessen, im Hochstift Speier und anfangs in Bayern war die Erbschaftsteuer als Nachlasssteuer ausgestaltet, *Schanz*, Finanz-Archiv, 18. Jahrg. (1901), Bd. II, S. 553, 576 ff., 581.

736 Zur Entwicklung der Erbschaften und Schenkungen erfassenden Stempelsteuern zwischen 1822 und 1906 s. bereits erster Teil B. II. 2. a) aa) (3) sowie nachfolgend zweiter Teil C. II. 1. c).

737 *Tipke*, StRO II, S. 932.

738 Erster Teil B. II. 2. a) aa) (3).

739 S. erster Teil B. II. 2. a) aa) (2).

sem Vorgang sind zwar neben dem Erwerber auch der Erblasser oder Schenker beteiligt, die die steuerliche Belastung in Form der Zunahme an wirtschaftlicher Leistungsfähigkeit rechtfertigenden Umstände treten jedoch ausschließlich in der Person des Erwerbers ein. Die persönlichen Verhältnisse des Erblassers oder Schenkers sind insoweit unbeachtlich. Auf diese kommt es deswegen nicht an, weil nach der gesetzgeberischen Intention, weder der Erblasser, noch der Schenker auf Grund ihrer vormaligen Vermögensinhaberschaft oder der Schenker wegen der Verwendung von Vermögen besteuert werden[740]. Außerdem vollzieht sich weder bei dem Erblasser noch bei dem Schenker der vom ErbStG erfasste Zuwachs an wirtschaftlicher Leistungsfähigkeit. Die Anknüpfung der Steuerpflicht im Rahmen des steuerbegründenden Tatbestandes an die persönlichen Verhältnisse des Erblassers oder Schenkers ist daher systemwidrig[741].

Im Hinblick auf die Person des Erblassers ist die Anknüpfung auch deswegen problematisch, weil wegen des Eintritts der Steuerpflicht für den gesamten Vermögensanfall das ganze, über die Lebensdauer aufgebaute Vermögen des Erblassers steuerlich erfasst wird[742]. Im Gegensatz zur Einkommensteuer kommt es hier nicht zu einer Begrenzung des Umfanges der Steuerpflicht durch das Periodizitätsprinzip[743]. Hierdurch können von der Steuerpflicht auch Vermögensanfälle von Erben erfasst werden, die sonst nicht der Besteuerung unterliegen, weil weder der Erbe in der Bundesrepublik ansässig noch das erworbene Vermögen hier belegen ist. Das wirkt umso bedenklicher, je kürzer die Dauer der Ansässigkeit des Erblassers in der Bundesrepublik ist. Eine Mindestdauer der Ansässigkeit ist auch nicht Voraussetzung für den Eintritt der Steuerpflicht. Eine Bedingung für ihren Eintritt ist bereits allein durch die Wohnsitznahme unabhängig von der Dauer der Inlandsansässigkeit erfüllt[744].

Ein Vergleich des Internationalen Erbschaft- und Schenkungsteuerrechts zeigt, dass andere Steuergesetze in dieser Hinsicht systemkonformer ausgestaltet sind. Nachlasssteuergesetze wie der IRC oder der IHTA, die den Erblasser auf Grund der Inhaberschaft von Vermögen besteuern und demzufolge den Eintritt der Steuerpflicht ausschließlich an dessen persönliche Verhältnisse knüpfen[745], gehen in der Annahme einer die Steuerpflicht begründenden Ansässigkeit nicht so weit wie das ErbStG. Eine solche ist diesen Gesetzen zu Folge erst dann gegeben, wenn der Erblasser in dem jeweiligen Steuerinland domiziliert war. Die Frage der Domizilierung hängt dabei weniger von einer einfachen Ansässigkeit ab, sondern vielmehr von den persönlichen Bindungen

---

[740] Erster Teil B. II. 2. a) aa).

[741] *Seer* in Tipke/ Lang, Steuerrecht, § 13 RdNr. 139; ebenso Zweifel an der Systemimmanenz äußernd *Meincke*, ErbStG, § 2 RdNr. 5 a; *Schaumburg*, Internationales Steuerrecht, RdNr. 7.4.; vgl. auch *Streck/ Schwedhelm/ Olbing*, DStR 1994, 1441 ff.

[742] *Kluge*, Internationales Steuerrecht, RdNr. U 2.

[743] *Kluge*, ebd.

[744] Vgl. *Meincke*, ErbStG, § 2 RdNr. 6, m.w.N. zur Rechtsprechung.

[745] S. erster Teil B. II. 2. b).

des Steuerpflichtigen zu dem die Steuer erhebenden Staat[746]. Im britischen Erbschaftssteuerrecht[747] kommt es für den Erwerb eines domicile of choice beispielsweise auf die Ansässigkeit und die Absicht zum ständigen Aufenthalt oder Aufenthalt für mindestens unbestimmte Zeit an. An dieser Absicht fehlt es jedoch schon bei dem festen Willen, nach einer bestimmten oder sogar unbestimmten Zeit in ein anderes Land zurückzukehren[748]. Ein deemed domicile wird nach Sec. 267 (1) (b) IHTA sogar erst bei Ansässigkeit von mindestens siebzehn von zwanzig Einkommensteuerjahren angenommen und ist unter anderem für die Fälle gedacht, in denen ein domicile of choice nicht begründet wurde[749]. Der IRC enthält ähnliche Regelungen, die allerdings keine so starke Bindung des Steuerpflichtigen zu den Vereinigten Staaten verlangen[750].

Eine vergleichbare Ausgestaltung des die Steuerpflicht begründenden Tatbestandes ist dem ErbStG fremd und, soweit ersichtlich, vom Gesetzgeber bisher auch noch nicht erörtert worden. Da die Erbschaft- und Schenkungsteuergesetze seit jeher den Eintritt der Steuerpflicht an die persönlichen Verhältnisse des Erblassers oder Schenkers knüpften, ohne eine Mindestdauer der Ansässigkeit vorauszusetzen, schien dieses Tatbestandsmerkmal durch den Gesetzgeber mit jeder Neufassung und jedem neuen Erlass des ErbStG einfach übernommen worden zu sein. Anlass zu einer Änderung wäre jedoch die (Wieder-)Einführung des § 2 Abs. 1 Nr. 1 Satz 2 lit. b) ErbStG über die erweiterte unbeschränkte Steuerpflicht gewesen[751]. Mit ihrer (Wieder-)Einführung hätte umgekehrt zu dieser Bestimmung § 2 Abs. 1 Nr. 1 Satz 1 lit. a) ErbStG entsprechend dadurch ausgestaltet werden können, dass Voraussetzung für den Eintritt der Steuerpflicht eine bestimmte Mindestdauer der Ansässigkeit des Erblassers oder Schenkers in

---

[746] *Goodman*, CDFI LXXb (1985), S. 115, 126; *Flick/ Piltz*, Internationaler Erbfall, RdNr. 1706 für das britische und RdNr. 1846 für das US-amerikanische Erbschaftsteuerrecht. Die Auffassung des britischen Gesetzgebers kommt in dem folgenden Zitat zum Ausdruck: "'I believe that most hon. Gentlemen would accept, that it is right, to link a person's tax liability to (the concept of domicile). One regard's a country as home, one bears its burdens and enjoys its pleasures.'", Hansard, Parliamentary Debates, House of Commons, Standing Committee A, Official Reports, 13 February 1975, col 1617, zitiert nach *Albrecht*, Deutsch-englische Erbfälle, S. 249, dortige FN 67.

[747] Dort wird im Wesentlichen zwischen drei Grundformen des Domizils unterschieden, dem domicile of origin, dem domicile of choice und dem deemed domicile. Ein Kind hat sein domicile of origin in dem Land, in dem sein Vater oder seine Mutter domiziliert ist. Dieses wird beibehalten, bis ein domicile of choice begründet wurde und lebt wieder auf, wenn dieses domicile of choice aufgegeben und ein neues (noch) nicht errichtet wurde. *Albrecht*, Deutsch-englische Erbfälle, S. 241 ff.

[748] Vgl. bspw. den von *Albrecht* geschilderten, 1976 von einem britischen Gericht entschiedenen Fall, in dem die Zurückhaltung bei der Annahme eines domicile of choice zum Ausdruck kommt: Ein Ehemann versuchte seine Frau immer wieder von der Rückkehr nach Kanada zu überzeugen. Seine Absicht zur Rückkehr im Fall des Vorversterbens seiner Frau hielt er auch in seinem Testament fest. Trotz langen Aufenthaltes hatte er die britische Staatsbürgerschaft nicht angenommen, sich nicht an lokalen Wahlen beteiligt, engen Kontakt zu Freunden und Verwandten in Kanada gehalten sowie regelmäßig eine Torontoer Zeitung gelesen. Die Begründung eines domicile of choice wurde vom Gericht verneint. S. *Albrecht*, Deutsch-englische Erbfälle, S. 243, m.w.N.

[749] *Albrecht*, Deutsch-englische Erbfälle, S. 246.

[750] *W. Wassermeyer*, Erbschaft- und Schenkungsteuerrecht USA, RdNr. 25 ff.

[751] Näher hierzu zweiter Teil D. II. 1.

der Bundesrepublik ist. Offensichtlich war der Gesetzgeber bei der (Wieder-) Einführung der erweiterten unbeschränkten Steuerpflicht der Auffassung, dass der Bundesrepublik nach Beendigung der Inlandsansässigkeit und Abwanderung in einen Drittstaat noch ein Besteuerungsrecht über die Dauer von fünf weiteren Jahren zusteht. Für den umgekehrten Fall der Begründung der Inlandsansässigkeit nach Zuwanderung aus einen Drittstaat muss jedoch vor allem unter dem Gesichtspunkt der zwischenstaatlichen Verteilungsgerechtigkeit gelten, dass die Bundesrepublik ihr Recht zur Besteuerung erst dann ausübt, wenn der Erblasser oder Schenker einen bestimmten Zeitraum, in Anlehnung an § 2 Abs. 1 Nr. 1 Satz 2 lit. b) ErbStG fünf Jahre, in der Bundesrepublik ansässig war. Gerade vor dem Hintergrund der Internationalisierungstendenzen und zunehmenden grenzüberschreitenden wirtschaftlichen Verflechtungen gibt es keinen überzeugenden Grund, den Eintritt der Steuerpflicht unabhängig von einer Mindestdauer der Ansässigkeit des Erblassers oder Schenkers – Gleiches muss grundsätzlich auch im Hinblick auf den Erwerber galten – in der Bundesrepublik erfolgen zu lassen und so dessen gesamtes Vermögen zur Besteuerung heranzuziehen. Diese steuertatbestandliche Ausgestaltung ist allein fiskalisch motiviert und vor dem Hintergrund der zwischenstaatlichen Verteilungsgerechtigkeit nicht zu rechtfertigen.

b) Anknüpfungsmerkmale als Elemente einer Nachlasssteuer

Unabhängig von zeitlichen Anknüpfungsmomenten ist die Frage nach der Systemimmanenz der Anknüpfung der Steuerpflicht an die persönlichen Verhältnisse des Erblassers und Schenkers anders zu beurteilen, wenn die Erbschaft- und Schenkungsteuer als eine Nachlasssteuer ausgestaltet ist – wie sie es nicht nur im Zeitraum von 1919 bis 1922[752], sondern auch in den Steuergesetzen einzelner Partikularstaaten tatsächlich[753] und 1996 Gegenstand politischer Reformdiskussionen[754] gewesen ist – oder wenn das ErbStG noch Relikte eines Nachlasssteuergesetzes enthält. Dann sind für die Besteuerung entweder des Erblassers auf Grund seiner Inhaberschaft von Vermögen oder des Schenkers wegen seiner Vermögensverwendung jeweils die persönlichen Verhältnisse des Schenkers oder Erblassers und nicht nur des Erwerbers maßgeblich[755]. So weist auch *Meincke* darauf hin, dass die Anknüpfung der Steuerpflicht an die persönlichen Verhältnisse des Erblassers oder Schenkers eher der konzeptionellen Ausgestaltung einer Nachlasssteuer entspricht[756].

---

[752] RGBl. 1919, 1543; RGBl. I 1922, 610.

[753] Vgl. FN 735.

[754] *Meincke*, StbJb. 1996/97, S. 161, 167 ff.

[755] Dementsprechend knüpft bspw. der IHTA für den Eintritt der Steuerpflicht ausschließlich an die persönlichen Verhältnisse des Erblassers und Schenkers an und lässt die persönlichen Verhältnisse des Erwerbers insoweit unberücksichtigt. Zur Besteuerung nach dem IHTA kommt es daher dann nicht, wenn zwar der Erwerber, jedoch nicht der Erblasser im Geltungsbereich des IHTA domiziliert ist, vgl. oben erster Teil B. II. 2. b) bb) (3).

[756] *Meincke*, ErbStG, § 2 RdNr. 8.

Bei den Anknüpfungsmerkmalen handelt es sich jedoch nicht um Elemente einer Nachlasssteuer. Nach der gesetzgeberischen Vorstellung soll die Erbschaft- und Schenkungsteuer die bei dem Erwerber eintretende Bereicherung erfassen[757]. In der Begründung des Gesetzesentwurfes sind keine Anhaltspunkte dafür vorzufinden, dass auch der Erblasser oder der Schenker auf Grund ihrer Inhaberschaft von Vermögen der Besteuerung unterworfen sein sollen[758]. Auch die Einführung und schließlich wieder Abschaffung des als Nachlasssteuer ausgestalteten II. Abschnitts des ErbStG 1919 haben nicht dazu geführt, dass Elemente einer Nachlasssteuer im ErbStG beibehalten wurden. Denn schon das dem ErbStG 1919 vorangehende ErbStG 1906 sowie die preußErbStG 1873 und 1891 knüpften hinsichtlich des Eintritts der Steuerpflicht ebenfalls an die persönlichen Verhältnisse des Erblassers an, obwohl sie als Bereicherungssteuern ausgestaltet waren[759]. Auch die als Nachlasssteuern ausgestalteten Steuergesetze der Stadt Rostock, Hessens, des Hochstifts Speier und Bayerns[760] haben auf die preußische Erbschaftsteuergesetzgebung keinen Einfluss gehabt. Aus diesem Grund fanden auch keine Elemente einer Nachlasssteuer Eingang in die das Reichserbschaftsteuergesetz 1906 beeinflussenden preußErbStG 1873 und 1891.

c) Steuertypologische Einordnung als Verkehrsteuer oder „Verkehrsteuer-Reminiszenz"

Die Anknüpfung der Steuerpflicht an die persönlichen Verhältnisse des Erblassers oder Schenkers stößt auch dann nicht auf Bedenken, wenn es sich bei der Erbschaft- und Schenkungsteuer um eine Verkehrsteuer handelt. Ein Teil der Rechtsprechung[761] und ein Teil der Rechtswissenschaft[762] sieht die Erbschaft- und Schenkungsteuer unzutreffenderweise auch als eine Verkehrsteuer an. Bei der Erbschaft- und Schenkungsteuer handelt es sich jedoch gerade nicht um eine Verkehrsteuer[763], so dass jedenfalls unter diesem Gesichtspunkt eine Anknüpfung der Steuerpflicht an die persönlichen Verhältnisse des Erblassers oder Schenkers nicht gerechtfertigt ist.

Vergleicht man die Anknüpfung der Steuerpflicht an die persönlichen Verhältnisse des Erblassers und des Schenkers mit der Heranziehung des Schenkers als Steuerschuldner in § 20 Abs. 1 Satz 1 ErbStG[764], handelt es sich bei der Anknüpfung ebenso um eine „Verkehrsteuer-Reminiszenz", wie sie *Tipke* in der Erklärung des Schenkers zum Steuerschuldner gesehen hat[765]. Denn Vorläufer der Verkehrsteuern waren die Stem-

[757] S. hierzu ausführlich oben erster Teil B. II. 2. a) aa) (2).
[758] Erster Teil B. II. 2. a) aa) (2).
[759] S. zweiter Teil C. I.
[760] S. FN 735.
[761] BFH, Urteil v. 22.09.1982, II R 61/81, BStBl. II 1983, 179 f.; vgl. auch Jahresbericht 1983 über den BFH, StuW 1984, 112, 122 f.
[762] *Zitzelsberger*, FS Ritter, S. 661, 664; vgl. auch Nachweise bei *Leisner*, Verfassungsrechtliche Grenzen der Erbschaftsbesteuerung, S. 32 ff., 32, dortige FN 58 bis 60.
[763] S. hierzu ausführlich erster Teil B. II. 2. a) aa) (5) (c).
[764] Hierzu ausführlich erster Teil B. II. 2. a) aa) (3).
[765] *Tipke*, StRO II, S. 753, 767.

pelsteuern[766] und diese wiederum waren auch Vorläufer der Erbschaftsteuern[767]. So wurde im Kurfürstentum Brandenburg 1685 eine Stempelsteuer unter anderem für „Testamenta, Erbverträge und Theilungen" eingeführt, die vom Erblasser für den ersten Bogen zu entrichten war[768]. Es ist davon auszugehen, dass wegen der engen Verbindungen zwischen Preußen und Brandenburg[769] Preußen die Stempeltaxe von Brandenburg übernahm, als Preußen eine solche im Zuge der Ausweitung der Steuerpolitik 1766 einführte. 1822 wurde ein neues Stempelgesetz erlassen[770], das hinsichtlich der Erbschaften und Schenkungen wesentlich differenzierter ausgestaltet war[771]. Diesem Gesetz wurde aus den in § 22 enthaltenen Strafbestimmungen entnommen, dass die Stempelsteuer bei einseitig veranlassten Beurkundungen vom Aussteller und bei mehreren Teilnehmern von allen zu entrichten war[772]. Die enge Verbindung zwischen der Stempelsteuer und den Erbschaften wurde 1866 gelöst, blieb im Hinblick auf Schenkungen jedoch erhalten. Ein Jahr später wurde die Erbschaftsteuer durch eine für bestimmte Landesteile geltende Verordnung verselbständigt und 1873 schließlich durch das Erbschaftsteuergesetz für ganz Preußen eingeführt[773]. Beurkundete Schenkungen waren nach § 4 preußErbStG 1873[774] i.V.m. dem preußischen Stempelsteuergesetz 1822 weiterhin einer „Werthstempelabgabe" unterworfen, die sich im Hinblick auf den Eintritt der Steuerpflicht und die Wertermittlung an §§ 9 bis 19 preußErbStG 1873[775] anlehnte. Diese Verbindung zwischen der Stempelsteuer und Schenkungen dauerte über das neu erlassene preußische Stempelsteuergesetz 1895[776], dass sowohl im steuerbegründenden Tatbestand als auch hinsichtlich der Entrichtung der Steuer an den Schenker anknüpfte, bis zum Reichserbschaftsteuergesetz 1906[777] fort[778]. In dem als Bereicherungssteuer ausgestalteten preußErbStG 1873 wurde die Anknüpfung der Steuerpflicht an die persönlichen Verhältnisse des Erblassers und dessen Steuerschuldnerschaft beibehalten. Den nachfolgenden preußischen und deutschen ErbStG hat das preußErbStG 1873 hinsichtlich seiner steuertechnischen Bestimmungen als Muster

[766] *Tipke*, StRO II, S. 932.
[767] S. bereits erster Teil B. II. 2. a) aa) (3) sowie zweiter Teil C. I.
[768] *Schanz*, Finanz-Archiv, 17. Jahrg. (1900), Bd. I, S. 1, 60.
[769] 1685 gehörte das Herzogtum Preußen infolge Erbanfalls 1618 bereits zum Kurfürstentum Brandenburg. Durch die Ernennung Kurfürst Friedrichs III. von Brandenburg, 1688 bis 1700, zum König Friedrich I. in Preußen, 1701 bis 1713, – Nachfolger Friedrich I. waren dessen Sohn Friedrich Wilhelm I., 1713 bis 1740, und dessen Enkel Friedrich II. der Große, 1740 bis 1786 – verschob sich durch Aufwertung des Herzogtums Preußens zum Königreich Preußen das politische Gewicht zu Ungunsten des Kurfürstentums Brandenburg; *Neuhaus* in Der Grosse Ploetz, S. 645, 655.
[770] Gesetz-Sammlung für die Königlichen Preußischen Staaten 1822, S. 57 ff.
[771] *Schanz*, Finanz-Archiv, 18. Jahrg. (1901), Bd. II, S. 553, 600.
[772] *Heinitz*, Stempelsteuer, S. 58.
[773] *Schanz*, Finanz-Archiv, 18. Jahrg. (1901), Bd. II, S. 553, 600 f.
[774] So auch nach § 4 preußErbStG 1891.
[775] §§ 6 bis 25 sowie § 27 Abs. 1 preußErbStG 1891.
[776] Gesetz-Sammlung für die Königlichen Preußischen Staaten 1895, S. 413 ff.
[777] RGBl. 1906, 654 ff.
[778] Ausführlicher hierzu erster Teil B. II. 2. a) aa) (3).

gedient[779]. Damit ist zwar die Entwicklung, die die Anknüpfung der Steuerpflicht an die persönlichen Verhältnisse des Erblassers und des Schenkers im Laufe der Gesetzgebungsgeschichte erfahren hat, nachvollziehbar. Die gesetzgebungsgeschichtliche Entwicklung rechtfertigt allerdings nicht ihre Systemwidrigkeit.

2. *Verfassungskonformität*

Ist im Hinblick auf den Eintritt der Steuerpflicht die Anknüpfung an die persönlichen Verhältnisse des Erblassers und Schenkers systemwidrig, folgt aus ihr nicht zwangsläufig die Verfassungswidrigkeit[780]. So ergeben sich verfassungsrechtliche Bedenken weniger aus der tatbestandlichen Anknüpfung an die persönlichen Verhältnisse des Erblassers, sondern vielmehr aus der an die Verhältnisse des Schenkers.

Grundsätzlich bleibt dem Gesetzgeber für die Auswahl der Tatbestände, für die eine gesetzliche Regelung getroffen wird, im Einzelnen ein weitreichender Entscheidungsspielraum[781]. Dabei kann er selbst diejenigen Sachverhalte auswählen, an die er dieselbe Rechtsfolge knüpfen will. Voraussetzung hierfür ist eine sachgerechte Auswahl[782]. Im Einzelnen kommt es nicht darauf an, ob er die zweckmäßigste, vernünftigste und gerechteste Lösung gefunden hat, solange die Auswahl nicht evident unsachlich ist[783]. Eine Systemwidrigkeit innerhalb des Aufbaus des ErbStG allein reicht für die Annahme einer Verfassungswidrigkeit jedenfalls nicht aus[784]. Es ist im Grundsatz nicht fernliegend, die zum Eintritt der Steuerpflicht führenden Tatbestandsmerkmale an die einzelnen Merkmale des wirtschaftlichen Sachverhaltes anzuknüpfen, der aus dem unentgeltlichen Vermögensübergang zwischen zwei Personen besteht. An einem sachlichen Grund bei der Auswahl der Tatbestandsmerkmale fehlt es erst dann, wenn sie an Merkmale anknüpfen, die nicht mehr Bestandteil dieses wirtschaftlichen Sachverhaltes sind. Solange aber eine Anknüpfung an die Bestandteile dieses wirtschaftlichen Sachverhaltes erfolgt, kann hierin keine sachwidrige Überschreitung der gesetzgeberischen Gestaltungsfreiheit gesehen werden. Allerdings ist auch der Gesetzgeber an die Grenzen gebunden, die sich für die Regelungsbefugnis nach Art. 14 Abs. 1 Satz 2 GG – außer aus dem grundlegenden Gehalt der Garantie des Eigentums und des Erbrechts

---

[779] *Schanz*, Finanz-Archiv, 18. Jahrg. (1901), Bd. II, S. 553, 601.

[780] Die Verfassungskonformität einer Systemwidrigkeit ist zu prüfen, da sie „als eine Verletzung der vom ‚Gesetz selbst statuierten Sachgesetzlichkeit' einen Verstoß gegen den Gleichheitssatz indizieren könne", BVerfG, Beschluss v. 15.05.1984, 1 BvR 464, 605/81 u.a., BVerfGE 67, 70, 84; die Frage einer Systemwidrigkeit innerhalb des Aufbaus eines einzelnen Steuergesetzes und ihrer Vereinbarkeit mit dem Gleichheitssatz wurde in BVerfG, Beschluss v. 21.12.1966, 1 BvR 33/64, BVerfGE 21, 54, 63 f., einer Prüfung unterzogen; vgl. auch *Mellinghoff*, DStJG 22 (1999), 127, 134.

[781] BVerfG, Beschluss v. 28.01.1970, 1 BvL 4/67, BVerfGE 27, 375, 386 f., m.w.N. zur Rechtsprechung; BVerfG, Beschluss v. 22.06.1995, 2 BvL 37/91, BVerfGE 93, 121, 136.

[782] BVerfG, Urteil v. 20.12.1966, 1 BvR 320/57, 70/63, BVerfGE 21, 12 ff.

[783] BVerfG, Beschluss v. 28.01.1970, 1 BvL 4/67, BVerfGE 27, 375, 390.

[784] Nach BVerfG, Beschluss v. 21.12.1966, 1 BvR 33/64, BVerfGE 21, 54, 63 f., kann sie „Anzeichen" einer Verfassungswidrigkeit sein.

selbst – aus dem allgemeinen Gleichheitssatz des Art. 3 Abs. 1 GG ergeben[785]. Eine Verfassungswidrigkeit der Anknüpfung der Steuerpflicht an die Verhältnisse des Erblassers und Schenkers kann daher nur in dem Nachweis einer Verletzung des Gleichheitssatzes liegen. Dieser gebietet im Ausgangspunkt die Ungleichbehandlung von seiner jeweiligen Eigenart nach Ungleichem[786] und verbietet im Grundsatz die willkürliche Gleichbehandlung von wesentlich Ungleichem[787]. Maßstab ist ein gemeinsamer Bezugspunkt, der hier aus der Gruppe der anlässlich eines unentgeltlichen Vermögensüberganges Steuerpflichtigen besteht.

Bei den Vermögensübergängen in Folge Erbfalles kommt es darauf an, ob die Anknüpfung der Steuerpflicht an die persönlichen Verhältnisse des Erblassers und des Erwerbers eine ungerechtfertigte Gleichbehandlung zwischen dem Erblasser und dem Erwerber bewirkt. Das ist jedoch nicht der Fall, weil im Gegensatz zum Erwerber der Erblasser keiner Besteuerung nach dem ErbStG unterworfen wird. Allein durch die Anknüpfung der Steuerpflicht an die Person des Erblassers erfolgt erbschaftsteuerrechtlich noch keine Gleichbehandlung mit dem Erwerber. Bedenken können sich unter dem Gesichtspunkt des Leistungsfähigkeitsprinzips ergeben, da die Erbschaft- und Schenkungsteuer als Bereicherungssteuer ausgestaltet ist und ihre innere Rechtfertigung aus dem Zuwachs an wirtschaftlicher Leistungsfähigkeit bei dem Erwerber erfährt, ein solcher sich jedoch nicht bei dem Erblasser vollzieht[788]. Bei der Anknüpfung an die Verhältnisse des Erblassers ist aber zu berücksichtigen, dass es sich nur um ein Tatbestandsmerkmal für die Begründung der Steuerpflicht handelt. Die Anknüpfung führt nicht zu einer Besteuerung des Erblassers und ändert nichts daran, dass die Erbschaft- und Schenkungsteuer ausschließich den Erwerber einer Besteuerung unterwirft[789]. Zur Verwirklichung der gleichmäßigen Besteuerung von Erwerbern nach ihrer wirtschaftlichen Leistungsfähigkeit kommt daher der Anknüpfung der Steuerpflicht an die persönlichen Verhältnisse des Erblassers keine Bedeutung zu, weil es auf dessen wirtschaftliche Leistungsfähigkeit nicht ankommt. Das Gebot der gleichmäßigen Besteuerung nach der wirtschaftlichen Leistungsfähigkeit ist insoweit nicht verletzt.

Anders ist jedoch die Anknüpfung der Steuerpflicht an die persönlichen Verhältnisse des Schenkers zu beurteilen. Bei den lebzeitigen unentgeltlichen Vermögensübertragungen führt die Anknüpfung der Steuerpflicht an die persönlichen Verhältnisse des Schenkers und des Erwerbers zu einer ungerechtfertigten Gleichbehandlung des Schenkers mit dem Erwerber. Im Gegensatz zum Erblasser handelt es sich bei dieser Anknüpfung nicht nur um ein Tatbestandsmerkmal für die Begründung der Steuerpflicht. Durch die Erklärung zum Steuerschuldner in § 20 Abs. 1 Satz 1 ErbStG wird

---

[785] BVerfG, Beschluss v. 22.06.1995, 2 BvR 552/91, BVerfGE 93, 165, 174; BVerfG, Beschluss v. 16.10.1984, 1 BvR 513/78, BVerfGE 67, 329, 340.
[786] So das BVerfG seit seinem Beschluss v. 09.09.1951, 2 BvQ 1/51, BVerfGE 1, 14, 52.
[787] BVerfG, Beschluss v. 09.08.1978, 2 BvR 831/76, BVerfGE 49, 148, 165; BVerfG, Beschluss v. 12.05.1992, 1 BvR 1467, 1501/91, BVerfGE 86, 81, 87.
[788] Ausführlich hierzu erster Teil B. II. 2. a) aa) (2).
[789] S. vorangehende FN.

der Schenker ebenso wie der Erwerber einer Besteuerung nach dem ErbStG unterworfen. Das widerspricht jedoch dem Grundsatz der gleichen Besteuerung nach der wirtschaftlichen Leistungsfähigkeit, da sich im Gegensatz zum Erwerber bei dem Schenker ein Zuwachs an wirtschaftlicher Leistungsfähigkeit nicht vollzieht. Im Hinblick auf die Erfassung der wirtschaftlichen Leistungsfähigkeit des Erwerbers kommt es zur Verwirklichung des Leistungsfähigkeitsprinzip weder darauf an, den Eintritt der Steuerpflicht an die persönlichen Verhältnisse des Schenkers zu knüpfen, noch ihn zum Steuerschuldner zu erklären, weil er nicht das Zurechnungssubjekt wirtschaftlicher Leistungsfähigkeit ist[790]. Im Gegenteil vollzieht sich bei ihm durch die schenkweise Vermögensübertragung eine Minderung seiner wirtschaftlichen Leistungsfähigkeit. Dabei ist allerdings zu beachten, dass diese dem Leistungsfähigkeitsprinzip zu wider laufende Besteuerung des Schenkers erst aus einer Gesamtschau der §§ 2 Abs. 1 Satz 1 und 20 Abs. 1 Satz 1 ErbStG und nicht aus § 2 Abs. 1 Satz 1 ErbStG allein folgt. Die Bestimmungen kann jedoch verfassungskonform ausgelegt werden[791], wie es aus einem Urteil des BFH hervorgeht[792]. Diese verfassungskonforme Auslegung besteht in der nachrangigen Heranziehung des Schenkers zum Haftungsschuldner anstatt einer Unterwerfung als Steuersubjekt im Sinne eines Zurechnungssubjektes wirtschaftlicher Leistungsfähigkeit und Steuerschuldners des ErbStG[793]. Nur auf Grund dieser verfassungskonformen Auslegung beider Bestimmungen unterbleibt eine rechtfertigungsbedürftige steuerliche Gleichbehandlung des Schenkers mit dem Erwerber.

III. Rechtfertigung durch Umverteilungsfunktion

Gleichwohl bedarf im Hinblick auf die steuersystematische Einordnung der Erbschaft- und Schenkungsteuer als besondere Einkommen- und Bereicherungssteuer die Anknüpfung der Steuerpflicht an die persönlichen Verhältnisse des Erblassers und Schenkers der Rechtfertigung. Diese kann in der Umverteilungsfunktion des ErbStG gesehen werden. Stellt der Umverteilungszweck einen Grund für die besondere Rechtfertigung[794] der Erbschaft- und Schenkungsteuer dar[795], gewährleistet allein die Anknüpfung der Steuerpflicht sowohl an die persönlichen Verhältnisse Erwerber als auch der Erblasser und Schenker eine vollständige und lückenlose Erfassung der unentgeltlichen

[790] S. hierzu ausführlich erster Teil B. II. 2. a) aa) (3).

[791] Zum Gebot verfassungskonformer Auslegung, seinen Voraussetzungen und Folgen, *Larenz*, Methodenlehre, S. 339 ff.

[792] BFH, Urteil v. 29.11.1961, II 282/58 U, BStBl. III 1962, 323, 324.

[793] Näher hierzu erster Teil B. II. 2. a) aa) (3).

[794] Zur besonderen Rechtfertigung einer Steuer vgl. *Tipke*, StRO I, S. 228 ff.

[795] *Moench* in Moench, ErbStG, Einf. RdNr. 4; *Tipke*, StRO II, S. 748 ff.; *Oberhauser*, Erbschaft-/Schenkungsteuern, S. 491, 493 f.; *Neumark*, Grundsätze Steuerpolitik, S. 213 ff.; BT-Drucks. VI/3418, S. 44, 49; kritisch hierzu *Ritter*, BB 1994, 2285, 2287; *Fischer*, StuW 1978, 345, 347 f.

Vermögensübergänge zwischen zwei Personen und damit die gleichmäßige Umverteilung der so übergehenden Vermögen.

Die Erhebung der Erbschaft- und Schenkungsteuer wird, neben ihrer Fiskalzweckfunktion, verschiedentlich auch mit dem aus dem Sozialstaatsprinzip abzuleitenden Umverteilungszweck gerechtfertigt. Allerdings wird der Umverteilungszweck nicht als der Primärzweck der Erbschaft- und Schenkungsteuer angesehen[796]. Vereinzelt wird die Funktion der Erbschaft- und Schenkungsteuer als sozialpolitisches Instrument der Umverteilung allerdings für verfassungswidrig gehalten, da sie insoweit nicht als eine Erbschaft- und Schenkungsteuer im Sinne des GG und damit eine der Einnahmeerzielung eines öffentlich-rechtlichen Gemeinwesens dienenden gegenleistungsunabhängige Geldleistung anzusehen ist[797]. Das Sozialstaatsprinzip ist jedoch als abstraktes Staatsziel weder formell noch materiell ausgeformt, so dass es dem Gesetzgeber freisteht, das Sozialstaatsprinzip auf verschiedene Art und mit unterschiedlichen Mitteln zu verwirklichen[798]. Die Umverteilung verwirklicht insoweit einen „sozialstaatlich fundierten Sozialzweck"[799]. Dieser besteht unter anderem in der Auflösung und der Vermeidung hoher Vermögenskonzentrationen durch den Abbau von Wohlstandsdifferenzen[800]. Bezweckt ist zwar keine Gleichverteilung, jedoch eine gerechte und leistungsgemäße Vermögensverteilung durch den annähernden Ausgleich der bei der personalen Verteilung von Vermögenszuwachs und Vermögensbestand bestehenden Unterschiede[801]. Zur Erreichung dieses Zieles ist es dem Gesetzgeber weder untersagt, hierzu das Mittel der Erbschaft- und Schenkungsteuergesetzgebung zu verwenden, noch ist diese Form der Steuererhebung auf das Ziel der Einnahmeerzielung beschränkt. *Isensee* hat das Verhältnis zwischen Steuerstaat und Sozialstaat so beschrieben: „Der Sozialstaat des Grundgesetzes findet in der Steuer sein gemäßes Instrumentarium zur Herstellung der sozialen Gerechtigkeit. Die Abgabe leistet ihm unmittelbar Dienste dadurch, daß sie die Mittel zur staatlichen Verteilung von Lebensgütern erschließt. Der Steuerstaat entzieht den Einzelnen nach Maßgabe ihrer Leistungsfähigkeit Kaufkraft, während der Sozialstaat diese nach Maßgabe ihrer Bedürftigkeit zurückgibt. Die Steuer

---

[796] Nach *Nohl*, Vermögensredistribution, S. 101, belegt auch die historische Entwicklung der Erbschaft- und Schenkungsteuer, dass sie weniger als Sozialgestaltungsabgabe, sondern als Finanzbedarfsabgabe anzusehen ist.

[797] *Leisner*, Verfassungsrechtliche Grenzen der Erbschaftsbesteuerung, S. 22 f., 97 f.

[798] *Sommermann* in v. Mangoldt/ Klein/ Starck, Bonner Grundgesetz, Art. 20, RdNr. 97; BVerfG, Beschluss v. 13.01.1982, 1 BvR 848, 1047/77 u.a., BVerfGE 59, 231, 263: „Das Sozialstaatsprinzip stellt also dem Staat eine Aufgabe, sagt aber nichts darüber, wie diese Aufgabe im Einzelnen zu verwirklichen ist ... "; *Loritz*, NJW 1986, 1 ff.

[799] Tipke/ Lang, Steuerrecht, § 8 RdNr. 8 ff.

[800] *Zacher*, HStR I, § 25 RdNr. 25 ff.; *Sommermann* in v. Mangoldt/ Klein/ Starck, Bonner Grundgesetz, Art. 20, RdNr. 98, m.w.N.

[801] *Zacher*, DÖV 1970, 3, 4; *Nohl*, Vermögensredistribution, S. 87 f., m.w.N., weist darauf hin, dass die soziale Umverteilung nicht mit dem Begriff der sozialen Umschichtung als einem Vorgang, „bei dem bestimmte Eigentümergruppen oder -schichten zu Gunsten einer neuen Eigentumsverteilung aus ihrer bisherigen Eigentümerposition verdrängt werden" gleichzusetzen ist. Nach *Nohl*, ebd., handelt es sich auch nicht um eine Maßnahme zum Zwecke der Vergesellschaftung nach Art. 15 GG.

löst das Spannungsverhältnis zwischen dem sozialen Staatsziel, das auf den Ausgleich der tatsächlichen Unterschiede angelegt ist, und den rechtsstaatlichen Institutionen, die Individualfreiheit gewährleisten und damit reale Ungleichheit ermöglichen."[802]. Zu Recht wird dem daher entgegengehalten, dass das GG einer grundsätzlichen Zulässigkeit der sozialen Umverteilung nicht entgegensteht und in der sozialpolitischen Funktion der Umverteilung kein Verstoß gegen den vom GG statuierten allgemeinen Steuerbegriff zu sehen ist[803].

Die Umverteilungsfunktion kommt im ErbStG an verschiedenen Stellen zum Ausdruck. Allerdings lässt sich keine klare Abgrenzung treffen, ob insoweit die Umverteilungsfunktion oder der Grundsatz der gleichmäßigen Besteuerung nach der wirtschaftlichen Leistungsfähigkeit seine Verwirklichung erfährt. Denn überall dort, wo im ErbStG Merkmale einer Umverteilungsfunktion erkennbar sind, handelt es sich auch um solche des Leistungsfähigkeitsprinzips. Zu diesen Merkmalen gehören in erster Linie der je nach Höhe des Erwerbs progressiv ausgestaltete Steuersatz. Nach § 19 Abs. 1 reicht dieser abhängig von der Steuerklasse von 7 v. H. bis 50 v. H. Der hierin liegende Substanzsteuereffekt[804] führt zu einer mit der Höhe des Erwerbes zunehmenden umverteilenden Wirkung. Gerade in der progressiven Ausgestaltung der Steuersätze zeigt sich jedoch der Umverteilungszweck der Erbschaft- und Schenkungsteuer. Denn der Grundsatz der gleichmäßigen Besteuerung nach der wirtschaftlichen Leistungsfähigkeit verlangt nicht zwangsläufig eine progressive Ausgestaltung der Steuersätze, sondern nur eine proportional gleichmäßige Besteuerung, die bereits durch einen einheitlichen, auf alle Erwerbe anwendbaren Steuersatz gewährleistet ist. Je größer das erworbene Vermögen jedoch ist, in desto größerem Umfang wird es von der Umverteilungswirkung erfasst. Weiterhin werden nicht nur durch die unterschiedlich ausgestaltete Tarifprogression, sondern auch durch die verschiedenen Freibeträge nach §§ 16 und 17 ErbStG sowie die unterschiedlichen Steuerbefreiungen nach § 13 ErbStG die unteren und mittleren Vermögensschichten steuerlich entlastet. Dort, wo der Wert des angefallenen Vermögens unterhalb der Freibeträge oder des Wertes der Steuerbefreiungen liegt und aus diesem Grund eine Steuerschuld nicht entsteht, wird das übergegangene Vermögen von der Umverteilungswirkung schon nicht erfasst. Untere und mittlere Vermögensschichten bleiben daher bestimmungsgemäß von der Umverteilungswirkung verschont. Schließlich werden auch Möglichkeiten der Steuerumgehung weitgehend ausgeschlossen. Auf Grund der Ergänzungstatbestände der §§ 3 und 7 ErbStG wird nahezu jeder unentgeltliche Vermögensübergang zwischen zwei Personen erfasst. Auf Grund dieser annähernd lückenlosen Erfassung ist gewährleistet, dass fast jedes übergehende Vermögen von der Umverteilungswirkung erfasst wird.

Der Umverteilungszweck der Erbschaft- und Schenkungsteuer gebietet, dass jedes anlässlich eines steuerpflichtigen Vorganges übergehende Vermögen der steuerlichen Belastung unterliegt. Das setzt voraus, dass der Eintritt der Steuerpflicht nicht nur an

---

[802] *Isensee*, FS Ipsen, S. 409, 432 f.
[803] *Nohl*, Vermögensredistribution, S. 102
[804] S. erster Teil B. II. 2. a) aa) (5) (b).

die persönlichen Verhältnisse des Erwerbers anknüpft, sondern auch die des Erblassers oder Schenkers. Zu berücksichtigen ist zwar, dass es in einem Generationenverbund durch entweder lebzeitige Zuwendungen oder die sowohl gesetzliche als auch gewillkürte Erbfolge vielfach zu einer natürlichen Umverteilung des übergehenden Vermögens kommt[805]. Soll die Erbschaft- und Schenkungsteuer jedoch wenn auch nur annähernd zu einem Ausgleich der bei der personalen Verteilung von Vermögenszuwachs und Vermögensbestand bestehenden Unterschiede beitragen, kann die Umverteilung nicht nur auf den Generationenverbund beschränkt bleiben. Der „sozialstaatlich fundierte Sozialzweck" wird so nicht erreicht. Knüpft der Eintritt der Steuerpflicht daher nur an die persönlichen Verhältnisse des Erwerbers an, bleiben die Vermögen bei Übergängen, bei denen nur der Erblasser oder Schenker und nicht der Erwerber Steuerinländer sind, der steuerlichen Belastung entzogen und werden von der Umverteilungswirkung nicht erfasst. Erst die Anknüpfung der Steuerpflicht an die persönlichen Verhältnisse des Erblassers und Schenkers gewährleistet die vollständige Entfaltung der Umverteilungswirkung im Sinne des Sozialstaatsprinzips.

D. Die Anknüpfung der Steuerinländereigenschaft an die Staatsangehörigkeit

I. Gesetzliche Ausgangslage und gesetzgebungshistorische Entwicklung

Nach § 2 Abs. 1 Nr. 1 Satz 1 ErbStG tritt die Steuerpflicht ein, wenn einer der an dem steuerpflichtigen Vorgang Beteiligten Steuerinländer ist. Als Steuerinländer gelten nach Satz 2 lit. b) dieser Bestimmung auch „deutsche Staatsangehörige, die sich nicht länger als fünf Jahre dauernd im Ausland aufgehalten haben, ohne im Inland einen Wohnsitz zu haben". Die Steuerinländereigenschaft, die in der Regel nach § 2 Abs. 1 Nr. 1 Satz 2 lit. a) ErbStG dann vorliegt, wenn der an einem steuerpflichtigen Vorgang Beteiligte im Inland ansässig ist, wird hierdurch fingiert[806]. Weitere Voraussetzung für den Eintritt der Steuerpflicht ist die frühere Inlandsansässigkeit des Beteiligten[807]. Die frühere Inlandsansässigkeit besteht, wenn der Beteiligte einen Wohnsitz oder seinen gewöhnlichen Aufenthalt im Inland hatte und diesen Wohnsitz aufgegeben oder den

---

[805] Wissenschaftlicher Beirat, Reform der direkten Steuern, S. 372.

[806] Auch § 4 Abs. 1 i.V.m. § 2 Abs. 1 Satz 1 AStG knüpft den Eintritt der auf zehn Jahre bemessenen sog. erweiterten beschränkten Steuerpflicht u.a. an eine innerhalb eines Zeitraumes von zehn Jahren vor der Beendigung der Inlandsansässigkeit dauernde mindestens fünf Jahre dauernde Inlandsansässigkeit i.S.d. § 1 Abs. 1 Satz1 EStG.

[807] Die nach § 2 Abs. 1 Nr. 1 Satz 2 lit. b) ErbStG als weiteres Tatbestandsmerkmal der Steuerinländereigenschaft genannte fehlende inländische Wohnsitzinhaberschaft ist überflüssig; bestünde eine solche, wären bereits die Voraussetzungen der Steuerinländereigenschaft nach § 2 Abs. 1 Nr. 1 Satz 2 lit. a) ErbStG erfüllt, ohne dass es auf die weiteren Voraussetzungen des § 2 Abs. 1 Nr. 1 Satz 2 lit. b) ErbStG ankäme.

gewöhnlichen Aufenthalt beendet hat. Entgegen *Noll*[808] ist der gewöhnliche Aufenthalt im Inland vor dem Wegzug in das Ausland ausreichend, ohne dass im Inland ein Wohnsitz bestanden haben muss. Wie § 2 Abs. 1 Nr. 1 Satz 1 und Satz 2 lit. a) ErbStG zeigen, stehen Wohnsitz und gewöhnlicher Aufenthalt gleichrangig nebeneinander, ohne dass es wertungsgemäß einen Unterschied zwischen beiden gibt[809]. Anders wäre auch sonst die Regelung des § 35 Abs. 1 Satz 2 ErbStG nicht zu rechtfertigen, derzufolge im „Fall der Steuerpflicht nach § 2 Abs. 1 Nr. 1 Buchstabe b ... sich die Zuständigkeit nach dem letzten inländischen ... gewöhnlichen Aufenthalt des Erblassers" richtet. Es handelt sich bei § 2 Abs. 1 Nr. 1 Satz 2 lit. a) ErbStG um die Normierung der sog. erweiterten unbeschränkten Steuerpflicht. Dies ist allerdings insoweit missverständlich, weil der Umfang der unbeschränkten Steuerpflicht nicht erweitert wird. Er umfasst ebenso wie im Fall der unbeschränkten Steuerpflicht nach § 2 Abs. 1 Nr. 1 Satz 1 und Satz 2 lit. a) ErbStG den gesamten Vermögensanfall des Erwerbers. Daher handelt es sich weniger um einen Fall der erweiterten, sondern vielmehr um einen der verlängerten unbeschränkten Steuerpflicht[810].

Die Vorschrift des § 2 Abs. 1 Nr. 1 Satz 2 lit. b) ErbStG geht in ihrer wortgleichen Fassung zurück auf § 2 Abs. 1 Nr. 1 Satz 2 lit. b) ErbStG 1974[811]. Die Begründung für die (Wieder-)Einführung dieser Regelung war, den Eintritt der Steuerpflicht auch bei kurzfristiger Begründung der Ansässigkeit im Ausland zur Steuerumgehung aufrecht zu erhalten[812]. Von 1951 bis 1974 bestand eine derartige Regelung nicht. Die Steuerpflicht war nur als unbeschränkte Steuerpflicht durch Anknüpfung an die Inlandsansässigkeit der an einem steuerpflichtigen Vorgang Beteiligten normiert, ohne dass es abgesehen von Sonderfällen darüber hinaus auch auf andere Tatbestandsmerkmale für die Steuerinländereigenschaft ankam. Staatsangehörigkeit und Auslandsansässigkeit waren für den Eintritt der Steuerpflicht unbeachtlich. Das war nicht immer so. Eine mit § 2 Abs. 1 Nr. 1 Satz 2 lit. b) ErbStG vergleichbare Bestimmung über die an verschiedene Fälle der Steuerinländereigenschaft anknüpfende Steuerpflicht fand sich auch in § 24 Ziff. I ErbStG 1919[813]. Diese Bestimmung wurde durch das Erbschaftsteueränderungsgesetz 1921[814] in eine dem § 2 Abs. 1 Nr. 1 Satz 2 lit. b) ErbStG wenn auch nicht wortgleiche, so doch abgesehen von der Dauer der Auslandsansässigkeit[815] inhaltsglei-

---

[808] DStZ 1995, 713; ebenso *Jülicher* in Troll/ Gebel/ Jülicher, ErbStG, § 2 RdNr. 21.

[809] *Schaumburg*, Internationales Steuerrecht, RdNr. 7.24. Dass die frühere Inlandsansässigkeit eine der Voraussetzungen für das Vorliegen der Steuerinländereigenschaft ist, ergibt sich zwar nicht unmittelbar aus § 2 Abs. 1 Nr. 1 Satz 2 lit. b) ErbStG, ist jedoch dessen inhaltlicher Ausgestaltung in Zusammenschau mit § 2 Abs. 1 Nr. 1 Satz 1 ErbStG zu entnehmen. Dass der Gesetzgeber lediglich den früheren inländischen Wohnsitz zur Voraussetzung für den Eintritt der erweiterten unbeschränkten Steuerpflicht machen wollte, hat er so jedenfalls nicht zum Ausdruck gebracht.

[810] *Weinmann* in Moench, ErbStG, § 2 RdNr. 13; vgl. auch *Wacker*, IStR 1998, 33, 38.

[811] BStBl. I 1974, 216 ff.

[812] *Meincke*, ErbStG, Einführung RdNr. 11; BT-Drucks. VI/3418, S. 44, 61 f.

[813] § 24 Ziff. I ErbStG 1919, vgl. dort aber die unterschiedliche Anknüpfung an die Verhältnisse des Erben und des Erblassers.

[814] RGBl. I 1922, 610 ff.

[815] Art. 1 Nr. 7 ErbStÄndG 1921: zwei Jahre.

che Vorschrift abgeändert. In dieser Form blieb sie bis zum Erlass des Erbschaftsteueränderungsgesetzes 1951[816] bestehen. Mit dem Erbschaftsteueränderungsgesetz 1951 wurde die Anknüpfung der Steuerpflicht an die Staatsangehörigkeit und die Auslandsansässigkeit abgeschafft[817]. Zur Begründung wurde unter anderem[818] angeführt, dass in der Mehrzahl der Fälle der Steueranspruch nicht verwirklicht werden könne. Der Gesetzgeber ging davon aus, dass wenn nicht nur der Erblasser, sondern auch der Erbe im Ausland ansässig ist, eine Steuererklärung in der Regel nicht zu erlangen sei. Soweit jedoch der Erwerber im Bundesgebiet ansässig sei oder zum Nachlass Inlandsvermögen gehöre, so trete die Steuerpflicht schon wegen der persönlichen Verhältnisse des Erwerbers oder auf Grund der Vorschriften über die beschränkte Steuerpflicht ein[819]. Dem § 2 Abs. 1 Nr. 1 Satz 2 lit. b) ErbStG ähnliche Vorschriften hat es in den dem Erbschaftsteuergesetz 1919 vorangehenden Erbschaftsteuergesetzen nicht gegeben.

II. System-, Verfassungs- und Europarechtskonformität

1. Systemwidrigkeit

Im Rahmen der Besteuerung nach dem Leistungsfähigkeitsprinzip durch das ErbStG kommt es für eine gleichmäßige Besteuerung auf die steuerliche Belastung des sich bei dem Erwerber vollziehenden Vermögenszuwachses an[820]. Die Staatsangehörigkeit ist jedoch im Hinblick auf die gleichmäßige Besteuerung nach der wirtschaftlichen Leistungsfähigkeit kein sachgerechtes Kriterium[821], den sich bei jedem an einem steuerpflichtigen Vorgang beteiligten Erwerber vollziehenden Vermögenszuwachs steuerlich zu erfassen. Vor dem Hintergrund der Ausgestaltung der Erbschaft- und Schenkungssteuer als Bereicherungssteuer muss es allein auf den Erwerber als Beteiligtem eines steuerpflichtigen Vorganges und dessen Bezug zur Bundesrepublik, jedoch unabhängig von seiner Staatsangehörigkeit ankommen. Das ist durch Anknüpfung der Steuerpflicht an die Staatsangehörigkeit nicht der Fall. Dementsprechend kommt es auch für den Eintritt der unbeschränkten Steuerpflicht nach § 2 Abs. 1 Nr. 1 Satz 1 und Satz 2 lit. a) ErbStG auch lediglich auf die Beteiligung an einem steuerpflichtigen Vorgang und die Inlandsansässigkeit an, so dass vom Eintritt der Steuerpflicht auch nicht deutsche Staatsangehörige erfasst werden. Die Anknüpfung der Steuerpflicht an die Staats-

---

[816] Gesetz zur Änderung des Erbschaftsteuergesetzes v. 30.06.1951, BGBl. I 1951, 759 ff.

[817] Art. I Nr. 1 ErbStÄndG 1951; vgl. auch Bekanntmachung der Neufassung des Erbschaftsteuergesetzes v. 30.06.1951, BGBl. I 1951, 764 ff.

[818] Die Änderung sollte i.Ü. eine Angleichung der erbschaftsteuerrechtlichen Vorschriften an die im Einkommensteuergesetz und Vermögensteuergesetz aufgestellten Grundsätze enthalten.

[819] Lit. b) zu Nr. 1 zu Art. I der Begründung zum ErbStÄndG 1951, BStBl. I 1951, 571 ff.

[820] S. hierzu ausführlich erster Teil B. II. 2. a) aa) (3).

[821] *Seer* in Tipke/ Lang, Steuerrecht, § 13 RdNr. 140.

angehörigkeit ist daher systemwidrig[822]. Ein Vergleich mit dem LISD, dass ebenfalls als Bereicherungssteuer ausgestaltet ist und den Eintritt der Steuerpflicht systemkonform ausschließlich an die persönlichen Verhältnisse des Erwerbers knüpft, zeigt beispielsweise, dass das spanische Erbschaft- und Schenkungsteuerrecht eine erweiterte unbeschränkte Steuerpflicht nicht kennt. Für den Eintritt der Steuerpflicht nach dem LISD ist weder die Staatsangehörigkeit des Erwerbers noch dessen Auslandsansässigkeit maßgeblich[823]. Insoweit ist das LISD systemkonform ausgestaltet[824].

Bedenken ergeben sich schließlich auch daraus, dass es für den Eintritt der erweiterten unbeschränkten Steuerpflicht zwar auf die frühere Inlandsansässigkeit der Beteiligten eines steuerpflichtigen Vorganges ankommt, nicht jedoch auf eine Mindestdauer dieser früheren Inlandsansässigkeit. Auch bei nur sehr kurzer Dauer der Inlandsansässigkeit wird noch innerhalb eines Zeitraumes von fünf Jahren nach ihrer Beendigung jeder aus einem steuerpflichtigen Vorgang hervorgehende Vermögensanfall erfasst[825]. Der Verwirklichung zwischenstaatlicher Verteilungsgerechtigkeit wird diese Form des Besteuerungszugriffs nicht gerecht, da die Bundesrepublik bei nur kurzer Inlandsansässigkeit des jeweiligen an dem steuerpflichtigen Vorgang Beteiligten, insbesondere des Erblassers mit der Folge der steuerlichen Belastung seines gesamten Nachlasses, keinen Anspruch auf das Steueraufkommen hat. Das zeigt auch ein Vergleich mit der tatbestandlichen Ausgestaltung des § 4 Abs. 1 i.V.m. § 2 Abs. 1 Satz 1 AStG, der dasselbe Ziel wie § 2 Abs. 1 Nr. 1 Satz 1 und Satz 2 lit. b) ErbStG verfolgt[826]. Nach diesen Bestimmungen ist Voraussetzung für den Eintritt der erweiterten beschränkten Steuerpflicht unter anderem die insgesamt mindestens fünfjährige Inlandsansässigkeit im Sinne des § 1 Abs. 1 Satz 1 EStG innerhalb eines Zeitraumes von zehn Jahren vor Beendigung dieser Inlandsansässigkeit. Zieht man weiterhin für einen Vergleich das Internationale Erbschaft- und Schenkungsteuerrecht anderer Steuergesetze heran, stellt man fest, dass beispielsweise nach dem IHTA zum einen die unbeschränkte Erbschaftsteuerpflicht des Erblassers erst mit dessen Domizilierung und nicht schon mit der Begründung seiner einfachen Ansässigkeit in Großbritannien eintritt[827] und es zum anderen zum Eintritt der der erweiterten unbeschränkten Steuerpflicht nach dem ErbStG vergleichbaren Steuerpflicht nach dem IHTA bereits nach Ablauf von drei Jahren nach endgültiger Verlegung des Domizils in das Ausland nicht mehr kommt[828].

---

[822] Einen Sonderweg gehen insoweit u.a. die Vereinigten Staaten, die den Eintritt der Steuerpflicht auch an die US-amerikanische Staatsangehörigkeit unabhängig von der Ansässigkeit der an einem unentgeltlichen Vermögensübergang Beteiligten knüpfen.

[823] Allerdings unterbricht eine vorübergehende Abwesenheit von voraussichtlich nicht mehr als drei Jahren die Ansässigkeit des Erwerbers nicht, *Flick/ Piltz*, Internationaler Erbfall, RdNr. 1826.

[824] S. hierzu ausführlich erster Teil B. II. 2. a) cc).

[825] *Piltz*, StKongrRep 1999, S. 79 ff.

[826] Regierungsbegründung zu § 4 AStG, Textziffer 68, abgedruckt in Flick/ Wassermeyer/ Becker, Außensteuerrecht, § 4 AStG Gesetzesmaterialien; Begründung zu den Leitsätzen der Bundesregierung vom 17.12.1970, abgedruckt in Flick/ Wassermeyer/ Becker, Außensteuerrecht, § 4 AStG Gesetzesmaterialien.

[827] S. zweiter Teil C. II. 1. a).

[828] *Flick/ Piltz*, Internationaler Erbfall, RdNr. 1706.

2. *Verfassungswidrigkeit*

Im Hinblick auf die Besteuerung nur deutscher Staatsangehöriger unter den Voraussetzungen des § 2 Abs. 1 Nr. 1 Satz 1 und Satz 2 lit. b) ErbStG wirft diese Bestimmung hinsichtlich des aus dem Gleichheitssatz nach Art. 3 GG folgenden Ungleichbehandlungsverbotes Zweifel an ihrer Verfassungsmäßigkeit hervor.

a) Ungleichbehandlung

Innerhalb der Gruppe der vormals im Steuerinland Ansässigen und nach Aufgabe ihrer Inlandsansässigkeit in das Ausland abgewanderten Auslandsansässigen wird die Gruppe der deutschen Staatsangehörigen gegenüber den nicht deutschen Staatsangehörigen ungleich behandelt. Denn der Eintritt der Steuerpflicht knüpft, liegen die übrigen Voraussetzungen vor, an die deutsche Staatsangehörigkeit an. Nicht deutsche Staatsangehörigen unterliegen, auch wenn alle übrigen Voraussetzungen für den Eintritt der Steuerpflicht vorliegen, nicht der steuerlichen Belastung. Hierdurch werden deutsche Staatsangehörige unter sonst gleichen Umständen stärker besteuert als nicht deutsche Staatsangehörige.

Der Gesetzgeber verfolgte mit dieser Regelung das Ziel, die Steuerumgehung durch kurzfristige Begründung der Ansässigkeit im Ausland zu verhindern[829]. Bis zur Wiedereinführung dieser Regelung war die Steuerumgehung auch durch nur kurzfristige Begründung der Auslandsansässigkeit bei Aufgabe des Wohnsitzes oder Beendigung des gewöhnlichen Aufenthaltes in der Bundesrepublik möglich gewesen, weil der Eintritt der Steuerpflicht lediglich an die Inlandsansässigkeit anknüpfte. Warum die Steuerpflicht allerdings überhaupt und allein an die deutsche Staatsangehörigkeit knüpft, geht aus den Gründen für die Wiedereinführung nicht hervor. Offenbar ging der Gesetzgeber davon aus, dass das Motiv der deutschen Staatsangehörigen bei Aufgabe der Inlandsansässigkeit und Begründung der Auslandsansässigkeit die Steuerumgehung ist und die Abwanderung der nicht deutschen Staatsangehörigen in ihren Heimatstaat oder einen Drittstaat nicht aus Gründen der Steuerumgehung, sondern im Wesentlichen aus anderen Gründen erfolgt. Der Differenzierungsgrund kann demnach nur in der von einer typisierenden Betrachtungsweise ausgehenden unterschiedlichen Einschätzung der Beweggründe für die Abwanderung gelegen haben.

b) Rechtfertigung der Ungleichbehandlung

Der Rechtsprechung des Bundesverfassungsgerichts zufolge ergeben sich aus dem allgemeinen Gleichheitssatz je nach Regelungsgegenstand und Differenzierungsmerkmalen unterschiedliche Grenzen für den Gesetzgeber, die vom bloßen Willkürverbot bis zu einer strengen Bindung an Verhältnismäßigkeitserfordernisse reichen. Diese Abstufung der Anforderungen folgt nach der Rechtsprechung aus dem Wortlaut und Sinn des Art. 3 Abs. 1 GG sowie aus seinem Zusammenhang mit anderen Verfassungsnor-

---

[829] *Meincke*, ErbStG, Einführung RdNr. 11; BT-Drucks. VI/3418, S. 44, 61 f.

men[830]. Bei der Ungleichbehandlung von Personengruppen unterliegt der Gesetzgeber regelmäßig einer strengen Bindung[831]. Bei Regelungen, die Personengruppen verschieden behandeln oder sich auf die Wahrnehmung von Grundrechten nachteilig auswirken, kommt es darauf an, ob für die vorgesehene Differenzierung Gründe von solcher Art und solchem Gewicht bestehen, dass sie die ungleichen Rechtsfolgen rechtfertigen können[832].

Als Grund wird vom Gesetzgeber die Steuerumgehung angeführt. Hier ist jedoch schon fraglich, ob es sich bei dieser aus einer typisierenden Betrachtungsweise folgenden Einschätzung des Gesetzgebers über die unterschiedlichen Beweggründe der Abwanderung um einen sachgerechten Differenzierungsgrund handelt. Zwar darf der Gesetzgeber innerhalb gewisser Grenzen auf Grund des Gesamtbildes, das sich aus den ihm vorliegenden Erkenntnissen und Erfahrungen ergibt, generalisierende, typisierende und pauschalierende Regelungen treffen[833]. Dabei muss er nicht um die vollständige Gleichbehandlung aller denkbaren Fälle innerhalb des ihm zustehenden Gestaltungsspielraumes bemüht sein. Insoweit wäre es verfassungsrechtlich unbedenklich, wenn von der gesetzlichen Regelung auch Sachverhalte erfasst werden, in denen eine Abwanderung nicht zur Steuerumgehung erfolgt. Es ist jedoch sehr zweifelhaft, ob der vom Gesetzgeber typisierend unterstellte Beweggrund für eine Abwanderung tatsächlich die Steuerumgehung ist. Möglicherweise hat sich der Gesetzgeber zum Zeitpunkt der Wiedereinführung dieser Regelung 1974 auf Grund des Gesamtbildes, das sich aus den ihm vorliegenden Erkenntnissen und Erfahrungen ergab, innerhalb der ihm zustehenden Gestaltungsfreiheit befunden. Die tatsächliche Entwicklung gerade innerhalb der letzten Jahrzehnte auf Grund der Internationalisierungstendenzen und der zunehmenden grenzüberschreitenden wirtschaftlichen Verflechtungen hat jedoch der gesetzlichen Regelung die Grundlage entzogen, die sie möglicherweise ursprünglich gerechtfertigt hat. Aus Sicht deutscher Staatsangehöriger sind Abwanderungen in das Ausland zum wahrscheinlich ganz überwiegenden Teil nicht mehr durch die Steuerumgehung motiviert, sondern haben ihre Ursachen in ganz anderen Gründen. Diese können familiärer, beruflicher oder sonstwie privater Natur sein und beispielsweise in einer Eheschließung, einer beruflichen Versetzung, einem Forschungs- oder Studienaufenthalt oder in der Begründung eines Altersruhesitzes liegen. Auf Grund einer typisierenden Betrachtungsweise in der Mehrzahl der Fälle der Abwanderung von einer Steuerumgehung als Motivationsgrund auszugehen, ist sachlich nicht gerechtfertigt. Diese Vorstellung ist im Hinblick auf die zunehmende Internationalisierung überholt. *Thömmes* hat, wenn auch in anderem Zusammenhang[834], zutreffend darauf hingewiesen, dass eine

---

[830] BVerfG, Beschluss v. 08.06.1993, 1 BvL 20/85, BVerfGE 89, 15, 22; BVerfG, Beschluss v. 16.01.1993, 1 BvL 38, 40, 43/92, BVerfGE 88, 87, 96 ff.

[831] Grundlegend BVerfG, Beschluss v. 07.10.1980, 1 BvL 50, 89/79, 1 BvR 240/79, BVerfGE 55, 72, 88.

[832] BVerfG, Beschluss v. 08.06.1993, 1 BvL 20/85, BVerfGE 89, 15, 22 ff.

[833] BVerfG, Beschluss v. 08.10.1991, 1 BvL 50/86, BVerfGE 84, 348, 359; BVerfG, Beschluss v. 31.05.1988, 1 BvR 520/83, BVerfGE 78, 214, 227.

[834] S. unten zweiter Teil D. II. 3. c).

generelle Missbrauchsvermutung, die allein auf den Umstand der Staatsangehörigkeit oder der Ansässigkeit des Steuerpflichtigen in einem anderen Staat abstellt, unzulässig ist[835]. Die Steuerumgehung ist daher kein die unterschiedliche Behandlung der deutschen gegenüber den nicht deutschen Staatsangehörigen rechtfertigender gewichtiger Grund.

Zweifelhaft ist auch die Rechtfertigung der Anknüpfung der Steuerpflicht an die Staatsangehörigkeit mit der zwischenstaatlichen Verteilungsgerechtigkeit. Denkbar ist grundsätzlich zwar eine Rechtfertigung vor dem Hintergrund, dass der an dem steuerpflichtigen Vorgang Beteiligte, an dessen persönliche Verhältnisse der Eintritt der Steuerpflicht knüpft, für eine bestimmte Zeit lang in der Bundesrepublik ansässig gewesen ist und hierdurch in die staatliche Infrastruktur[836] eingebunden war. Im Hinblick auf eine „Rechtfertigungs-Äquivalenz" zwischen der Deckung des staatlichen Finanzbedarfs und der Erfüllung staatlicher Aufgaben ist eine Besteuerung desjenigen, der auf Grund seiner Ansässigkeit in der Bundesrepublik staatliche Leistungen in Anspruch genommen hat, gerechtfertigt[837]. Der Besteuerung müssen dann jedoch alle ehemals Inlandsansässigen unterworfen sein, ohne dass eine Differenzierung nach der Staatsangehörigkeit erfolgt. Stellt man sich hingegen auf den Standpunkt, dass die Anknüpfung der Steuerpflicht an nicht deutsche Staatsangehörige wegen einer in der Regel möglicherweise nur kurzen Inlandsansässigkeit unverhältnismäßig sei, kann dem entgegen gehalten werden, dass man die Anknüpfung mit der Voraussetzung einer Mindestdauer der Inlandsansässigkeit kombinieren kann. Außerdem würde die Annahme einer nur kurzen Inlandsansässigkeit nicht deutscher Staatsangehöriger den integrationspolitischen Konzepten des Gesetzgebers zuwider laufen.

Die Anknüpfung der Steuerpflicht an die deutsche Staatsangehörigkeit ist auch nicht im Sinne eines Äquivalenzsteuergedankens wegen der Gewährung diplomatischen Schutzes gerechtfertigt[838]. Hier kann man die Auffassung vertreten, dass mindestens auf Grund der Möglichkeit der Inanspruchnahme diplomatischen Schutzes die hierdurch entstehenden Kosten von den im Ausland ansässigen deutschen Staatsangehörigen zu tragen sind. Diese Rechtfertigung der Anknüpfung der Steuerpflicht wäre im Internationalen Erbschaft- und Schenkungsteuerrecht nicht ungewöhnlich; beispielsweise begründen die USA diese Anknüpfung damit, dass jeder US-Bürger überall auf der Welt und zu jeder Zeit unter dem Schutz der Vereinigten Staaten steht[839]. Im deutschen Erbschaft- und Schenkungsteuerrecht ist jedoch zu beachten, dass beispielsweise im Gegensatz zu den USA, nach deren IRC der Eintritt der Steuerpflicht bei Anknüpfung an die Staatsangehörigkeit nicht an zeitliche Grenzen gebunden ist, die Steuerpflicht bei Vorliegen der weiteren Voraussetzungen nur innerhalb eines Zeitraumes von fünf Jahren nach Beendigung der Inlandsansässigkeit und Begründung der Aus-

---

835 *Thömmes*, GS Knobbe-Keuk, S. 795, 823.
836 FN 663.
837 S. zweiter Teil B. III.
838 In dieser Richtung *Vogel*, StuW 1980, 206, 211.
839 Sog. "benefit theory", *Schulze-Brachmann*, StuW 1964, 589, 595.

landsansässigkeit eintritt. Die Möglichkeit der Inanspruchnahme diplomatischen Schutzes und seiner Gewährung endet jedoch nicht mit dem Ende dieses Zeitraumes, sondern steht jedem deutschen Staatsangehörigen unabhängig von der Dauer seiner Auslandsansässigkeit zu. Außerdem steht nach Art. 106 Abs. 2 Nr. 2 GG das Steueraufkommen nicht dem Bund, sondern den Ländern zu. Nach Art. 73 Nr. 1 GG hat jedoch der Bund die ausschließliche Gesetzgebung über die auswärtigen Angelegenheiten. Damit fällt der diplomatische Schutz nicht in die Gesetzgebungskompetenz der Länder. Folgt aus der Aufgabenzuweisung die Finanzierungsaufgabe[840], entstehen den Ländern keine Kosten für die Einrichtung und Erhaltung der Möglichkeit der Inanspruchnahme und Gewährung diplomatischen Schutzes, da diese vom Bund zu tragen sind. Unter dem Gesichtspunkt des Äquivalenzsteuergedankens wäre es folglich nicht sachgerecht, die Anknüpfung der Steuerpflicht an die Staatsangehörigkeit mit den Aufwendungen für den diplomatischen Schutz zu begründen. Auch hierin liegt damit kein die unterschiedliche Behandlung rechtfertigender Grund.

Es widerspricht daher dem Gleichbehandlungsgebot, die Inländereigenschaft und damit den Eintritt der Steuerpflicht an die deutsche Staatsangehörigkeit anzuknüpfen, andere an einem steuerpflichtigen Vorgang beteiligte Personen nicht deutscher Staatsangehörigkeit jedoch von der Besteuerung auszunehmen. Das ist, da für diese Ungleichbehandlung ein sachlicher Grund fehlt[841], verfassungswidrig[842]. Die Verschiedenheit der durch den Gesetzgeber ungleich geregelten Fälle ist nicht so bedeutsam, dass ihre Ungleichbehandlung mit einer am Gerechtigkeitsgedanken orientierten Betrachtungsweise[843] geboten wäre.

3. Europarechtswidrigkeit

Die Anknüpfung der Steuerpflicht an die Staatsangehörigkeit ist zudem europarechtlich in Zusammenhang mit dem Gemeinsamen Markt und den dadurch vermittelten Grundfreiheiten zu würdigen. Denn in Folge des Vorranges des Gemeinschaftsrechts vor dem nationalen Recht müssen auch die Bestimmungen des Internationalen Erbschaft- und Schenkungsteuerrechts europarechtlichen Grundsätzen genügen.

---

[840] *Von Arnim*, HStR IV, § 103 RdNr. 7 ff.; *Isensee*, HStR IV, § 98 RdNr. 212.

[841] BVerfG, Beschluss v. 08.10.1963, 2 BvR 108/62, BVerfGE 17, 122, 131: „Mit Rücksicht auf eine Ungleichheit des Sachverhalts erlaubt der Gleichheitssatz nicht jede Differenzierung; auch die Art der gesetzlichen Differenzierung darf nicht sachfremd sein. Das heißt: Es muss sich aus dem Sachverhalt, den die differenzierende Regelung zum Gegenstand hat, gerade für sie ein sachlich vertretbarer Gesichtspunkt anführen lassen."

[842] *Seer* in Tipke/ Lang, Steuerrecht, § 13 RdNr. 140.

[843] BVerfG, Urteil v. 20.12.1966, 1 BvR 320/57, 70/63, BVerfGE 21, 12, 26; BVerfG, Beschluss v. 24.09.1965, 1 BvR 228/65, BVerfGE 19, 119, 125.

a) Gemeinschaftsrechtlich relevanter Sachverhalt

Als für die gemeinschaftsrechtliche Beurteilung relevanter Sachverhalt erweist sich derjenige unentgeltliche Vermögensübergang, dessen Beteiligte zwar ausschließlich außerhalb der Bundesrepublik ansässig sind, dem jedoch innerhalb der letzten fünf Jahre ein Ansässigkeitswechsel eines der Beteiligten mit deutscher Staatsangehörigkeit aus der Bundesrepublik in einen anderen Mitgliedstaat vorausgegangen ist. Dieser Sachverhalt führt zum Eintritt der Erbschaft- oder Schenkungsteuerpflicht nach § 2 Abs. 1 Satz 1 und Satz 2 lit. b) ErbStG und vielfach auch zum Eintritt der Erbschaft- oder Schenkungsteuerpflicht in dem oder den Ansässigkeitsstaaten.

Im Hinblick auf den skizzierten Sachverhalt ist zunächst danach zu fragen, ob dieser möglicherweise europarechtlich vermittelten Maßgaben gänzlich entzogen werden kann. Während das Finanzgericht Rheinland-Pfalz ohne weitere Auseinandersetzung mit der Frage der Maßgeblichkeit des Gemeinschaftsrechts für das Erbschaftsteuerrecht die §§ 13a und 21 ErbStG einer gemeinschaftsrechtlichen Prüfung unterzog[844], entschied das FG Düsseldorf[845], dass bestimmte Vorschriften des ErbStG, unter ihnen § 2 Abs. 1 Nr. 1 Satz 1 ErbStG[846], nicht gegen höherrangiges Gemeinschaftsrecht versto-ßen würden, da der Anwendungsbereich des EWGV durch das Erbschaftsteuerrecht nicht berührt sei[847]. Es begründete seine Auffassung damit, dass „die Erbschaftbesteuerung ... in den hier streitigen Vorschriften keine durch den EWGV geregelte Rechtsmaterie" darstelle[848]. Das FG Düsseldorf stellte zwar fest, dass die Art. 48 ff. EWGV und die Art. 52 ff. EWGV regelmäßig Berührungspunkte mit dem Erbrecht und der daran anknüpfenden Erbschaftbesteuerung haben[849], urteilte jedoch:

> „Die gesetzliche oder testamentarische Erbeinsetzung stellt keine wirtschaftliche Betätigung im Sinne dieser Vorschriften dar, sondern einen davon unabhängigen, von der ErbSt erfaßten Erwerb. ... Eine Verletzung dieser Bestimmungen ist aber bei der hier

---

[844] FG Rheinland-Pfalz, Urteil v. 06.06.2002, 4 K 2643/00 – nrkr., IStR 2002, 530 f.

[845] FG Düsseldorf, Urteil v. 03.07.1996, 4 K 5910/91 Erb – rkr., EFG 1996, 1166, m. Anm. *Dautzenberg/ Brüggemann*, RIW 1997, 882 f.; zu diesem Urteil vgl. auch Diskussionsbeitrag *Alexander*, DStJG 19 (1996), 205 f., 209. Grundlage der erstmals das Verhältnis zwischen dem EG-Vertragsrecht und dem Erbschaftsteuerrecht betreffenden Rechtsprechung war ein Sachverhalt, bei dem der 1983 verstorbene Erblasser in der Schweiz ansässig war und von seinen Enkeln – unter ihnen der beschränkt steuerpflichtige Kläger, die Übrigen waren unbeschränkt steuerpflichtig – zu gleichen Teilen beerbt wurde. Zur Zahlung der Erbschaftsteuer wurde jedoch allein der Kläger herangezogen, da für ihn der Abzug von Nachlassverbindlichkeiten nur begrenzt möglich war und ihm nur ein geringerer Freibetrag zustand. Vgl. auch den Tatbestand der auszugsweisen Abschrift der Entscheidungsbegründung.

[846] Es handelte sich außerdem um § 2 Abs. 1 Nr. 3, § 10 Abs. 6 Satz 2 und § 16 Abs. 2 ErbStG.

[847] A.a.O., FN 845, S. 1167 f.

[848] A.a.O., FN 845, S. 1168.

[849] Ebd.

streitigen Erbschaftbesteuerung mangels Anknüpfung an eine wirtschaftliche Betätigung nicht möglich."[850].

Dieses Urteil ist verschiedentlich kritisiert worden[851]. Die überwiegende Meinung in der Rechtswissenschaft ist insoweit übereinstimmend mit dem FG Rheinland-Pfalz[852] der Auffassung, dass das Erbschaft- und Schenkungsteuerrecht vom Anwendungsbereich des EGV erfasst wird[853]. Zu ihren wichtigsten Argumenten zählen die Pflicht zur Beachtung der gemeinschaftsrechtlichen Grundfreiheiten in allen Rechtsgebieten und die Vergleichbarkeit ihrer Wirkung mit den Grundrechten des deutschen Grundgesetzes[854], die durchaus mögliche Beeinflussung der wirtschaftlichen Aktivitäten und der Wettbewerbsverhältnisse im Europäischen Binnenmarkt durch die Erbschaft- und Schenkungsteuer[855] und schließlich die Aufführung der Erbschaft- und Schenkungsteuer in der Kapitalverkehrsrichtlinie als vom Kapitalverkehr betroffener Bereich[856], in der die Anerkennung des Einflusses des Gemeinschaftsrechts auf das Erbschaft- und Schenkungsteuerrecht durch die Mitgliedstaaten zum Ausdruck kommt[857].

---

[850] Ebd.

[851] *M. Lang*, DStJG 22 (1999), 255, 257; *Dautzenberg*, EWS 1998, 86, 87 f.; *Fraberger*, SWI 1998, 302; *Dautzenberg/ Brüggemann*, RIW 1997, 882 f.; *dies.*, BB 1997, 123 f.

[852] S. FN 844.

[853] *Busch*, IStR, 2002, 448 f.; *Dautzenberg*, EWS 1998, 86 ff.; *ders.*, DStJG 19 (1996), 209 f. (Diskussionsbeitrag); *Dautzenberg/ Brüggemann*, RIW 1997, 882 f.; *dies.*, BB 1997, 123 ff.; *Fraberger*, SWI 1998, 302 ff.; s. hierzu ausführlich auch *Nekola*, Europa- und Erbschaftsteuerrecht, sowie *Kaass*, Grundfreiheiten und Erbschaftsteuer; *Heydt*, DStJG 19 (1996), 213 (Diskussionsbeitrag); *M. Lang*, DStJG 22 (1999), 255, 257; *Schaumburg*, RIW 2001, 161, 164, dortige FN 38, 165; *Staringer*, SWI 1997, 87 f.; *F. Wassermeyer*, DStJG 19 (1996), 151, 159; *ders.*, DStJG 19 (1996), 209 (Diskussionsbeitrag); *ders.*, EuZW 1995, 813; so wohl auch *Hirsch*, DStZ 1998, 489, 491 f.; *Tipke*, StRO I, S. 41, 43; abwägend, im Ergebnis wohl zustimmend *Saß*, FR 1998, 1, 4; ablehnend *Alexander*, s. FN 845.

[854] *Dautzenberg*, RIW 1997, 882.

[855] Vgl. auch *Dautzenberg*, EWS 1998, 86 f.; ähnlich *Saß*, FR 1998, 1, 4, der zwar die Frage aufwirft, ob die Erbschaftsteuer als Einmalsteuer anlässlich des Todes oder der schenkweisen Übertragung des Vermögens vom Schutz der Grundfreiheiten erfasst wird, d. h. für wirtschaftliche Entscheidungen relevant sei kann, ihr im Ergebnis aber wohl zustimmt.

[856] V. 24.06.1988 (88/361/EWG), ABl. EG Nr. L 178 aus 1988, S. 5 ff., Anhang, Titel XI, lit. B, D, F, Titel XIII, lit. A, B; *Dautzenberg/ Brüggemann*, BB 1997, 124.

[857] Allerdings ist dem Urteil des FG Düsseldorf im Ergebnis, ebenso *Dautzenberg/ Brüggemann*, RIW 1997, 882 f., aus zwei Gründen zuzustimmen. Zum einen kam nach der im entscheidungsrelevanten Zeitpunkt geltenden Rechtsprechung des EuGH, Urteil v. 11.11.1981, Rs. 203/80 („Casati"), Slg. 1981, I-2595, RdNr. 10 bis 13, der Kapitalverkehrsfreiheit keine Geltungskraft zu. Die nach Art. 69 EWGV zur Beseitigung sämtlicher Beschränkungen des Kapitalverkehrs erforderliche Richtlinie wurde erst 1988 erlassen, *Dautzenberg*, RIW 1997, 882 f.; *Schön*, GS Knobbe-Keuk, S. 743, 746. Außerdem wurde das in Art. 18 EGV normierte Recht auf der Freizügigkeit erst durch den EUV vom 07.02.1992 – Maastricht-Vertrag – in den in EGV umbenannten EWGV eingeführt. Die Frage der Verletzung der Kapitalverkehrsfreiheit stellte sich für den entscheidungsrelevanten Zeitpunkt daher ebenso wenig, wie die Verletzung des Freizügigkeitsrechtes zu erwägen war. Zum anderen würde sich an der gemeinschaftsrechtlichen Beurteilung des vom FG Düsseldorf festgestellten Tatbestandes gemäß den vom EuGH in den Rechtssachen „Schumacker", Urteil v. 14.02.1995, Rs. C-279/93 („Schumacker"), Slg. 1995, I-225, m. Anm. *Knobbe-Keuk*, EuZW 1995, 167 ff.; *Kaefer/ Saß*, DB 1995, 642 ff., und „Wielockx", Urteil v. 11.08.1995, Rs. C-80/94 („Wielockx"), Slg. 1995, I-2493,

Die vom FG Düsseldorf getroffenen Feststellungen sind bisher noch nicht Gegenstand einer Vorlagefrage an den EuGH gewesen. Eine Entscheidung des EuGH zur Auslegung des Gemeinschaftsrechts im Hinblick auf Normen des Erbschaft- und Schenkungsteuerrechts eines Mitgliedstaates und über das Verhältnis dieser beiden Rechtsordnungen zueinander steht daher noch aus. Bisher hat er sich nur dazu geäußert, wie das grundsätzliche Verhältnis zwischen dem nationalen Rechts der direkten Steuern und dem Gemeinschaftsrecht zu beurteilen ist. In der Rechtssache Schumacker entschied der EuGH, „daß zwar der Bereich der direkten Steuern als solcher beim gegenwärtigen Stand des Gemeinschaftsrechts nicht in die Zuständigkeit der Gemeinschaft fällt, die Mitgliedstaaten die ihnen verbliebenen Befugnisse jedoch unter Wahrung des Gemeinschaftsrechts ausüben müssen"[858]. In seiner Begründung bezog sich der EuGH auf ein Urteil aus dem Jahr 1969[859]. Er entschied dort, dass bestimmte Aufgaben der Wirtschaftspolitik zwar in den Verantwortungsbereich der Mitgliedstaaten fielen, sie jedoch auch dazu verpflichtet seien, zu diesem Zweck ihre Wirtschaftspolitik zu koordinieren und als eine Angelegenheit von gemeinsamen Interesse zu behandeln. Es sei nicht zulässig, wenn die Mitgliedstaaten in Ausübung der ihnen vorbehaltenen Zuständigkeiten einseitig Maßnahmen ergriffen, die dem Vertrag zuwider liefen[860].

Dem Urteil des FG Düsseldorf ist in der Begründung, dass der Anwendungsbereich des EWGV (EGV) durch das Erbschaftsteuerrecht nicht berührt sei, daher zu widersprechen. Auch der EuGH würde ausgehend von seiner Rechtsprechung zum grundsätzlichen Verhältnis zwischen dem nationalen Recht der direkten Steuern und dem Gemeinschaftsrecht zu dem Ergebnis kommen, dass bei gemeinschaftsrechtlich relevanten Sachverhalten das Erbschaft- und Schenkungsteuerrecht der Prüfung europarechtlich vermittelter Maßgaben nicht entzogen werden kann. Aus der Rechtsprechung des EuGH folgt, dass die Geltung des Gemeinschaftsrechts nicht davon abhängen

---

aufgestellten Grundsätzen nichts ändern, da eine hier einschlägige indirekte Diskriminierung, vgl. anstatt vieler *Thömmes*, DStJG 19 (1996), 81 ff.; *ders.* in: GS Knobbe-Keuk, 795 ff., nicht gegeben war. Im Gegensatz zu den Fällen „Schumacker" und „Wielockx" befand sich der Kläger als beschränkt Steuerpflichtiger nämlich nicht in einer Situation, die der eines unbeschränkt Steuerpflichtigen vergleichbar war, s. hierzu FG Düsseldorf, Urteil v. 03.07.1996, 4 K 5910/91 Erb – rkr., EFG 1996, 1166, 1168.

[858] EuGH, Urteil „Schumacker", FN 857, RdNr. 21, m.w.N.; dieses Verständnis lag der Rechtsprechung des EuGH, beginnend mit dem Urteil v. 28.01.1986, Rs. 270/83 („avoir fiscal"), Slg. 1986, 273, bereits in den Urteilen v. 27.09.1988, Rs. 81/87 („Daily Mail"), Slg. 1988, 5483; v. 08.05.1990, Rs. C-175/88 („Biehl"), Slg. 1990, I-1789; v. 28.01.1992, Rs. C-204/90 („Bachmann"), Slg. 1992, I-249; v. 26.01.1993, C-112/91 („Werner"), Slg. 1993, I-429; v. 13.07.1993, Rs. C-330/91 („Commerzbank"), Slg. 1993, I-4071; v. 12.04.1994, Rs. C-1/93 („Halliburton"), Slg. 1994, I-1137, zu Grunde; i.Ü. seit „Schumacker" ständige Rechtsprechung des EuGH, vgl. Urteile v. 27.06.1996, Rs. C-107/94 („Asscher"), Slg. 1996, I-3089; v. 15.05.1997, Rs. C-250/95 („Futura/Singer"), Slg. 1997, I-2471; v. 12.05.1998, Rs. C-336/96 („Gilly"), Slg. 1998, I-2793; v. 13.04.2000, Rs. C-251/98 („Baars"), Slg. 2000, I-2787; v. 06.06.2000, Rs. C-35/98 („Verkooijen"), Slg. 2000, I-4071; m. Anm. *Lehner*, FR 2000, 720; v. 08.03.2001, verb. Rs. C-397/98 und C-410/98 („Metallgesellschaft/Hoechst"), Slg. 2001, I-1727.

[859] EuGH, Urteil v. 10.12.1969, verb. Rs. 6/69 und 11/69, Slg. 1969, 523.

[860] A.a.O., FN 859, RdNr. 14/17.

kann, auf welchem Gebiet des innerstaatlichen Rechts es seine Wirkungen entfaltet[861]. Im Hinblick auf das Erbrecht entschied er, dass die Anwendung des Gemeinschaftsrechts nicht ausgeschlossen werden könne, weil der Ausgangsrechtsstreit dem Erbrecht zuzuordnen sei[862]. Auf der gleichen Linie liegt auch eine Entscheidung des EuGH, der zu Folge die mitgliedstaatlichen Gerichte nicht nur dasjenige Recht, das zur Umsetzung einer Richtlinie ergangen ist, sondern das innerhalb der gesamten Rechtsordnung eines Mitgliedstaates geltende Recht gemeinschaftskonform auszulegen haben[863]. Die Grundsätze der unmittelbaren, einheitlichen Geltung des Gemeinschaftsrechts[864], dessen Anwendungsvorrang vor dem nationalen Recht[865] und seine Maßgeblichkeit für die Auslegung des innerstaatlichen Rechts[866] gelten demnach auch im Hinblick auf das Erbschaft- und Schenkungsteuerrecht[867]. An die Grundfreiheiten sind die Gemeinschaft und die Mitgliedstaaten gebunden. In den Mitgliedstaaten sind auch die Bürger Rechtssubjekte der Gemeinschaftsrechtsordnung, durch die ihnen mit den Grundfreiheiten subjektive Rechte eingeräumt werden[868]. Ausnahmen können im Bereich der Erbschaft- und Schenkungbesteuerung nicht gelten[869]. Dementsprechend hat auch der österreichische VwGH[870] einen zur Entscheidung anstehenden Sachverhalt einer europarechtlichen Beurteilung unterzogen[871]. Der VwGH entschied zwar, dass der sachliche Anwendungsbereich des Art. 52 EGV (a.F., Art. 43 EGV n.F.) nicht berührt sei. Er ging jedoch, ohne dies allerdings näher zu begründen, davon aus, dass Bestimmungen

---

[861] EuGH, Urteil v. 01.07.1993, Rs. C-20/92 („Hubbard"), Slg. 1993, I-3777, RdNr. 19.

[862] EuGH, Urteil „Hubbard", RdNr. 19, s. FN 861; *Dautzenberg/ Brüggemann*, RIW 1997, 882 f.

[863] EuGH, Urteil v. 13.11.1990, Rs. C-106/89 ("Marleasing"), Slg. 1990, I-4135, RdNr. 8.

[864] Vgl. auch *Kokott*, Diskriminierungsverbote, Grundfreiheiten und Steuerrecht, S. 13; *Seer/ Haken*, Steuer & Studium 2001, 344.

[865] *Seer/ Haken*, Steuer & Studium 2001, 344 f.; *Busch*, IStR, 2002, 448 f.; vgl. BVerfG, Beschluss v. 09.06.1971, 2 BvR 225/69, BVerfGE 31, 145, 174; Urteil v. 28.01.1992, 1 BvR 1025/82, 1 BvL 16/83 und 10/91, BVerfGE 85, 191, 204; Beschluss v. 08.04.1987, 2 BvR 687/85, BVerfGE 75, 223, 224; Beschluss v. 22.10.1986, 2 BvR 197/83, BVerfGE 73, 339, 374 ff.; bestätigt durch Urteil v. 12.10.1993, 2 BvR 2134, 2159/92, BVerfGE 89, 155 ff. („Maastricht") und Beschluss v. 07.06.2000, 2 BvL 1/97, BVerfGE 102, 147 ff.; *Dautzenberg*, RIW 1998, 537, s. i.Ü. dort auch zum acquis communautaire durch den Vertrag von Amsterdam im Hinblick auf die Rechtsprechung des EuGH zum nationalen Steuerrecht.

[866] *Bleckmann* in Bleckmann, Europarecht, RdNr. 1088, 1107 ff., 1118 ff.; *Offerhaus*, DStZ 1997, 501, 504; *Seer/ Haken*, Steuer & Studium 2001, 344; *Thömmes*, StbJb. 1998/ 1999, S. 173, 175; *Zuleeg*, NJW 2000, 2846, 2848 f.; zum Subsidiaritätsprinzip und Steuerrecht vgl. *Voß*, StuW 1993, 155, 161.

[867] *Dautzenberg/ Brüggemann*, BB 1997, 123 f.; *Dautzenberg*, EWS 1998, 86 f.; *Kaass*, Grundfreiheiten und Erbschaftsteuer, S. 43; im Ergebnis wohl auch *Hahn*, Internationales Steuerrecht und EG-Recht, S. 64 f.

[868] EuGH, Urteil v. 15.07.1964, Rs. 6/64, Slg. 1964, 1251, 1269 ff.; BVerfG, Beschluss v. 09.06.1971, 2 BvR 225/69, BVerfGE 31, 145, 174; *F. Wassermeyer*, DStJG 19 (1996), 151, 155; *Lehner*, DStJG 23 (2000), 263, 266.

[869] Ähnlich *Hirsch*, DStZ 1998, 489, 491.

[870] VwGH, Erkenntnis v. 19.02.1998, Geschäftszahl 97/16/0400; hierzu *Fraberger*, SWI 1998, 302 ff.

[871] S. auch *Jülicher* in Troll/ Gebel/ Jülicher, ErbStG, § 2 RdNr. 136.

des österrErbStG vom Anwendungsbereich des EG-Vertragsrechts erfasst werden können.

b) Beeinträchtigung der Grundfreiheiten

Der Begriff der Grundfreiheiten kann nicht mehr auf die vier in Art. 14 Abs. 2 EGV genannten Marktfreiheiten beschränkt werden, da die europäische Integration das Stadium einer reinen Wirtschaftsgemeinschaft hinter sich gelassen hat und neben den Marktfreiheiten auch die allgemeine Freizügigkeit der Unionsbürger sowie das allgemeine Verbot der Diskriminierung aufgrund der Staatsangehörigkeit als Grundfreiheiten anzusehen sind[872]. In die Betrachtung werden allerdings die Warenverkehrsfreiheit und die Dienstleistungsfreiheit nicht einbezogen. Ihr Anwendungsbereich ist durch die Erbschaft- und Schenkungbesteuerung nicht berührt[873]. Im Hinblick auf die Frage der Europarechtswidrigkeit des § 2 Abs. 1 Satz 1 und Satz 2 lit. b) ErbStG kommt ihnen somit keine erkennbare Bedeutung zu[874].

aa) Gewährleistungsgehalt der Grundfreiheiten

Hinsichtlich der Frage, ob eine Grundfreiheit durch § 2 Abs. 1 Nr. 1 Satz 2 lit. b) ErbStG beeinträchtigt sein kann, kommt es auf ihren Gewährleistungsgehalt an. Zum ganz überwiegenden Teil sind sie primär gleichheitsrechtlich ausgestaltet[875] und richten sich als Verbots- oder Gebotsnormen gegen bestimmte belastende hoheitliche Maßnahmen der Mitgliedstaaten. Die Grundfreiheiten werden jedoch nicht nur als Diskriminierungsverbote, sondern auch als Beschränkungsverbote verstanden. Damit haben sie nicht nur thematisch, sondern auch materiell unterschiedliche Gewährleistungsgehalte. Als Beschränkungsverbot sind sie nicht wie ein Diskriminierungsverbot gleichheitsrechtlich, sondern freiheitsrechtlich zu verstehen[876]. Diese Unterschiede gelten jedoch nicht nur zwischen den einzelnen Grundfreiheiten selbst, sondern teilweise auch innerhalb einer einzigen Grundfreiheit[877]. Eine einzelne Grundfreiheit kann damit wenn auch nicht thematisch, so doch materiell verschiedene Gewährleistungsgehalte als Diskriminierungs- und als Beschränkungsverbot haben[878].

---

[872] *Reimer*, Grundfreiheiten und Ertragsteuerrecht, S. 39, 41.

[873] *Dautzenberg/ Brüggemann*, BB 1997, 123, 125 ff.; *Mössner*, Gemeinschaftsrecht und direkte Steuern, S. 113, 117.

[874] *Dautzenberg/ Brüggemann*, BB 1997, 123, 125 ff.; *Mössner*, Gemeinschaftsrecht und direkte Steuern, S. 113, 117.

[875] *Reimer*, Grundfreiheiten und Ertragsteuerrecht, S. 39, 44.

[876] *Lehner*, DStJG 23 (2000), 263, 266.

[877] So ausdrücklich für die Niederlassungsfreiheit bspw. *Roth* in Dauses, EU-Wirtschaftsrecht, Bd. 1, E. I, RdNr. 69 f.: Es sei zwischen Abs. 1 und Abs. 2 zu differenzieren: In Abs. 1 gehe es um die Freiheit der Standortwahl, die durch ein Beschränkungsverbot geschützt sei. Abs. 2 gewährleiste durch ein Diskrminierungsverbot die Inländergleichbehandlung.

[878] *Hahn*, IStR 1999, 609 f.; ausführlich hierzu *Kingreen*, Struktur der Grundfreiheiten, S. 38 ff., 64 ff.; *Lehner*, FS Offerhaus, S. 117, 119; zum Verhältnis der Grundfreiheiten untereinander vgl. *Daut-*

Der aus Art. 43 Abs. 2 und Art. 39 Abs. 2 EGV[879] betreffend die Niederlassungsfreiheit und die Freizügigkeit der Arbeitnehmer abgeleitete[880] Gewährleistungsgehalt als spezielles Diskriminierungsverbot[881] gebietet nur die Gleichbehandlung des grenzüberschreitenden Sachverhaltes mit dem Inlandssachverhalt des ungleich behandelnden Aufnahmestaates[882]. Von den speziellen Diskriminierungsverboten wird demnach nicht der umgekehrte Fall der Ungleichbehandlung des grenzüberschreitenden Sachverhaltes durch den Herkunftstaat mit dem Inlandssachverhalt des Aufnahmestaates erfasst[883]. Ebenso wenig wird nach der tatbestandlichen Ausgestaltung von den Diskriminierungsverboten der Fall der Ungleichbehandlung des grenzüberschreitenden Sachverhaltes durch den Herkunftstaat mit dem Inlandssachverhalt des Herkunftstaates erfasst[884]. Der Gewährleistungsgehalt dieser Grundfreiheiten umfasst jedoch auch ein Beschränkungsverbot. Der EuGH begründet seine Auffassung mit dem Wortlaut der

---

zenberg, EWS 1998, 86 f.; *ders.*, BB 1997, 123, 127; *M. Lang*, DStJG 22 (1999), 255, 257 ff.; *Ohler*, WM 1996, 1801, 1802 ff.

[879] Zu ihrem sachlichen Anwendungsbereich vgl. *Bleckmann* in Bleckmann, Europarecht, RdNr. 1555 ff., 1622 ff., 1640 ff. und 1649 ff.; *Wölker* in von der Groeben/ Thiesing/ Ehlermann, Kommentar zum EU-/ EG-Vertrag, Art. 48 EGV, RdNr. 17 ff., 39 ff.; *Bröhmer* in Calliess/ Ruffert, EUV/ EGV, Art. 43 EGV, RdNr. 8 ff. Auf Grund der strukturellen Gleichheit der Art. 43 und 39 EGV und ihres daraus folgenden gleichen Gewährleistungsgehaltes können die Niederlassungsfreiheit und die Arbeitnehmerfreizügigkeit gemeinsam behandelt werden, außerdem lassen sich aus der Rechtsprechung zu beiden Grundfreiheiten wechselseitig Erkenntnisse für ihr Verständnis ableiten, vgl. *Everling*, GS Knobbe-Keuk, S. 607, 617, 625; *Kingreen*, Struktur der Grundfreiheiten, S. 68; EuGH, Urteil v. 31.03.1993, Rs. C-19/92 („Kraus"), Slg. 1993, I-1689.

[880] *Roth* in Dauses, EU-Wirtschaftsrecht, Bd. 1, E. I, RdNr. 69 f.; *Wölker* in von der Groeben/ Thiesing/ Ehlermann, Kommentar zum EU-/ EG-Vertrag, Art. 48 EGV, RdNr. 39 ff.

[881] *E. Klein*, DStJG 19 (1996), 7, 16 f.; *Schlag* in Schwarze, EU-Kommentar, Art. 43 EGV, RdNr. 3.

[882] Daher kommt es auch nur auf den Vergleich zwischen inländischem und grenzüberschreitendem Sachverhalt an, *Kingreen*, Struktur der Grundfreiheiten, S. 118 ff.; zur Abgrenzung des internen vom grenzüberschreitenden Sachverhalt s. *Kingreen*, Struktur der Grundfreiheiten, S. 140 ff.; vgl. hierzu auch *Reimer*, Grundfreiheiten und Ertragsteuerrecht, S. 39, 43 f., 45; zur Struktur der dem Diskriminierungsverbot zu Grunde liegenden Fallgestaltung s. *Thömmes*, StbJb. 1998/ 1999, S. 173, 175.

[883] A. A. *Reimer*, Grundfreiheiten und Ertragsteuerrecht, S. 39, 44 und 51, dort auch FN 68. Nach seiner Auffassung sei die Beschränkung des Diskriminierungsverbotes auf das Gebot der Gleichbehandlung des grenzüberschreitenden Sachverhaltes mit dem Inlandssachverhalt sachlich kaum zu rechtfertigen, ebd., S. 44. Sachlich gerechtfertigt ist diese Beschränkung jedoch insoweit, als der EuGH das Diskriminierungsverbot der Niederlassungsfreiheit aus Art. 43 Abs. 2 EGV ableitet, dessen Normtext nur derartige Fallgestaltungen erfasst. Eine andere Auslegung würde über dessen Wortlaut hinausgehen. Etwas flexibler scheint insoweit der Normtext des Art. 39 Abs. 2 EGV zu sein (doch auch hierin erkennt der EuGH nur ein sich gegen den Aufnahmestaat gerichtetes Diskriminierungsverbot bezüglich der Ungleichbehandlung grenzüberschreitender Sachverhalte mit dem Inlandssachverhalt; dieses Verständnis scheint auch den Ausführungen von *Lehner*, DStJG 23 (2000), 263, 268 ff., zu Grunde zu liegen). Andere Fallgestaltungen können daher nur vom Gewährleistungsgehalt der Grundfreiheiten als Beschränkungsverbote erfasst werden.

[884] EuGH-Urteile „Biehl", RdNr. 12 bis 14, s. FN 858; „Halliburton", RdNr. 14, s. FN 858; „Schumacker", RdNr. 36 bis 47, s. FN 857; „Wielockx", RdNr. 16 bis 22, s. FN 857; „Asscher", RdNr. 36 bis 49, s. FN 858; „Verkoojen", RdNr. 35, s. FN 858, m. Anm. *Lehner*, RIW 2000, 724 f., zu diesem Urteil s. auch *Saß*, FR 2000, 1270 ff.; „Metallgesellschaft/Hoechst", RdNr. 38 bis 43, s. FN 858.

jeweils auszulegenden Bestimmungen des EGV[885]. Anders als das Diskriminierungsverbot wendet der EuGH die Beschränkungsverbote jedoch auf zwei in ihrer Grundstruktur nach verschiedene Fallgestaltungen an. Vom Beschränkungsverbot werden bei grenzüberschreitenden Sachverhalten einerseits die Fälle, in denen der Aufnahmestaat[886] und andererseits die, in denen der Herkunftstaat[887] eine beschränkende Maßnahme anwendet, erfasst[888]. Der Schutzwirkung der Beschränkungsverbote räumt der EuGH dabei einen großen Umfang ein. Nach seiner Rechtsprechung in der Rechtssache Bosman stellen „Bestimmungen, die einen Staatsangehörigen eines Mitgliedstaates daran hindern oder davon abhalten, sein Herkunftsland zu verlassen, um von seinem Recht auf Freizügigkeit Gebrauch zu machen, ... Beeinträchtigungen dieser Freiheit dar“[889]. Doch schon in der Rechtssache Kraus[890] ging er darüber weit hinaus. Eine nationale Regelung verstoße schon dann gegen die Art. 39 und 43 EGV, wenn sie dazu geeignet sei, die Ausübung der dort garantierten Freiheiten „weniger attraktiv zu machen“. Diese den Anwendungsbereich der Grundfreiheiten als Beschränkungsverbote weit auslegende Rechtsprechung bestätigte der EuGH später in der Rechtssache Futura/Singer. Die Beschränkung einer EG-vertraglich gewährleisteten Grundfreiheit liege dann vor, wenn ihre Inanspruchnahme durch eine nationale Regelung behindert oder weniger attraktiv gemacht werde[891].

Hinsichtlich des Gewährleistungsgehaltes der als Beschränkungsverbot ausgestalteten Kapitalverkehrsfreiheit gilt das Gleiche wie bei den aus den primär gleichheitsrechtlich ausgestalteten Grundfreiheiten abgeleiteten Beschränkungsverboten. Der EuGH prüft, ob eine Regelung ein Hindernis für den nach den Art. 56 ff. EGV liberalisierten Kapitalverkehr enthält[892]. Grundsätzlich stellt nach seiner Rechtsprechung eine mitgliedstaatliche Maßnahme dann eine Beschränkung einer Grundfreiheit dar, wenn ihre Aus-

---

[885] Zu den Rechtsprechungsnachweisen s. FN 858; ebenso *Knobbe-Keuk*, DB 1990, 2573, 2574, 2576 f.; zustimmend *Everling*, GS Knobbe-Keuk, 607, 625; *Classen*, EWS 1995, 97, 103 ff.; *Schön*, EWS 2000, 281, 284, 289 f.; *Reimer*, Grundfreiheiten und Ertragsteuerrecht, S. 39, 71; *Roth*, GS Knobbe-Keuk, S. 729, 731 ff.; *Voß*, StuW 1993, 155, 165; im Ergebnis wohl auch *Schön*, DB 2001, 940, 943; einschränkend *Lehner*, IStR 2001, 329, 331 f., 337; *ders.*, DStJG 23 (2000), 263, 265 f., 271 ff., 276, 279 f., 281; *M. Lang*, DStJG 22 (1999), 255, 263; *Kingreen*, Struktur der Grundfreiheiten, S. 115 ff.; zurückhaltender *Kokott*, Diskriminierungsverbote, Grundfreiheiten und Steuerrecht, S. 13.

[886] EuGH, Urteil v. 12.07.1984, Rs. 107/83 („Klopp“), Slg. 1984, 2971; EuGH, Urteil „Futura/Singer“, RdNr. 24 bis 26, FN 858; EuGH, Urteil „Kraus“, s. FN 879.

[887] EuGH, Urteil v. 15.12.1995, Rs. C-415/93 („Bosman“), Slg. 1995, I-5040; EuGH, Urteil v. 18.11.1999, Rs. C-200/98 („X AB/Y AB“), Slg. 1999, I-8261; EuGH, Urteil v. 14.12.2000, Rs. C-141/99 („AMID“), Slg. 2000, I-11619; EuGH, Urteil „Baars“, s. FN 858, hierzu *Saß*, DB 2000, 1252 ff.; zustimmend im Hinblick auf das Verbot von Behinderungen durch den Herkunftstaat *Mössner*, Diskriminierung beschränkt Steuerpflichtiger, S. 110, 129.

[888] Zur Unterschiedlichkeit der Fallgestaltungen bei den Diskriminierungs- und den Beschränkungsverboten *Reimer*, Grundfreiheiten und Ertragsteuerrecht, S. 39, 43 f.

[889] EuGH, Urteil „Bosman“, RdNr. 96, s. FN 887.

[890] S. FN 879.

[891] EuGH, Urteil „Futura/Singer“, s. FN 858.

[892] EuGH, Urteil v. 14.11.1995, Rs. C-484/93 („Svensson/Gustavsson“), Slg. 1995, I-3971, RdNr. 8.

übung durch diese Maßnahme behindert oder weniger attraktiv gemacht wird[893]. Eine Beschränkung des Kapitalverkehrs liegt vor, wenn eine mitgliedstaatliche Maßnahme geeignet ist, die Unionsbürger von der Ausübung der Kapitalverkehrsfreiheit abzuschrecken[894].

Das allgemeine Diskriminierungsverbot nach Art. 12 Abs. 1 EGV[895] enthält im Gegensatz zu den in Art. 14 Abs. 2 EGV genannten Grundfreiheiten jedoch nicht lediglich das Gebot der Inländergleichbehandlung, sondern verbietet „*jede* Diskriminierung“[896] aus Gründen der Staatsangehörigkeit, also auch die der Diskriminierung auf Grund der Staatsangehörigkeit in anderen Fällen als denen, in denen der Aufnahmestaat die Staatsangehörigen anderer Mitgliedstaaten gegenüber den eigenen Staatsangehörigen ungleich behandelt.

Für den Umfang des Gewährleistungsgehaltes der allgemeinen Bewegungs- und Aufenthaltsfreiheit nach Art. 18 EGV[897] gibt es in der Rechtsprechung noch keine Anhaltspunkte. Stellt man sich auf den Standpunkt, dass der Gewährleistungsgehalt dieser Grundfreiheit seiner Wertigkeit nach nicht hinter dem eines Beschränkungsverbotes zurückbleiben darf[898], liegt eine Beeinträchtigung bereits dann vor, wenn eine Regelung dazu geeignet ist, die Ausübung der Bewegungs- und Aufenthaltsfreiheit weniger attraktiv zu machen oder von ihrer Ausübung abzuschrecken. Hierfür spricht, dass der Unionsbürger, der ohne wirtschaftliche Zielsetzung in einem anderen Mitgliedstaat seine Ansässigkeit begründet in seinen Rechten nicht hinter dem zurückstehen soll, der aus wirtschaftlichen Gründen von seinen in den in Art. 14 Abs. 2 EGV genannten Grundfreiheiten verankerten Bewegungs- und Aufenthaltsrechten Gebrauch macht.

---

[893] *Dautzenberg*, RIW 1998, 537 f., m.w.N.

[894] EuGH, Urteil v. 14.10.1999, Rs. C-439/97 („Sandoz“), Slg. 1999, I-7066, RdNr. 19 f., 31; in EuGH, Urteil „Svensson/Gustavsson“, FN 892, RdNr. 10, wird deutlich, welchen umfangreichen Gewährleistungsgehalt der EuGH der Kapitalverkehrsfreiheit einräumt: „Bestimmungen, die die Niederlassung einer Bank in einem Mitgliedstaat als Voraussetzung dafür aufstellen, dass die in diesem Staat ansässigen Darlehensnehmer eine vom Staat aus öffentlichen Mitteln gewährte Zinsvergütung erhalten können, sind jedoch geeignet, die Interessenten davon abzuschrecken, sich an in einem anderen Mitgliedstaat niedergelassene Banken zu wenden, so dass diese Bestimmungen ein Hindernis für den Verkehr von Bankdarlehen darstellen.“.

[895] Zu seinem sachlichen Anwendungsbereich *Holoubek* in Schwarze, EU-Kommentar, Art. 12 EGV, RdNr. 39 ff. sowie EuGH, verb. Rs. 201/85 und 202/85 („Klensch“), Slg. 1986, 3477, RdNr. 9; EuGH, Rs. 106/83 („Sermide“), Slg. 1984, 4209, RdNr. 18; EuGH, Rs. C-309/89 („Codorniu“), Slg. 1994, I-1853, RdNr. 26.

[896] Hervorhebung durch den Verfasser.

[897] *Haag* in von der Groeben/ Thiesing/ Ehlermann, Kommentar zum EU-/ EG-Vertrag, Art. 8 a EGV, RdNr. 5; *Saß*, FR 1998, 1 f.; *Reimer*, Grundfreiheiten und Ertragsteuerrecht, S. 39, 73; zweifelnd BFH, Beschluss v. 17.12.1997, I B 108/1997, BStBl. II 1998, 558 ff.; m. Anm. *Lausterer*, IStR 1998, 303 ff.; *Dautzenberg*, IStR 1998, 305 ff.; *Dautzenberg*, FR 1998, 491 f.; *Fraberger*, SWI 1998, 302; *Reimer*, Grundfreiheiten und Ertragsteuerrecht, S. 39, 73; *Birk*, FS Offerhaus, S. 163, 170.

[898] *Seer*/ *Haken*, Steuer & Studium 2001, 344, 346.

bb) Beeintächtigung in der Ausgestaltung als Diskriminierungsverbot

Eine Beeinträchtigung der Grundfreiheiten in ihrer Ausgestaltung als spezielle Diskriminierungsverbote[899] kommt nicht in Betracht. Es ist oben bereits hervorgehoben worden[900], dass diese Diskriminierungsverbote nur ein Gleichbehandlungsgebot des grenzüberschreitenden Sachverhaltes mit dem Inlandssachverhalt des ungleich behandelnden Aufnahmestaates gewährleisten. Ein solcher Fall liegt jedoch bei einer Besteuerung nach § 2 Abs. 1 Nr. 1 Satz 1 und Satz 2 lit. b) ErbStG nicht vor. Die Bundesrepublik als besteuernder Staat ist nicht Aufnahmestaat, sie ist Herkunftstaat. Es fehlt also an einer Ungleichbehandlung des grenzüberschreitenden Sachverhaltes mit dem Inlandssachverhalt im Aufnahmestaat. Es kommt allenfalls eine Ungleichbehandlung des grenzüberschreitenden Sachverhaltes durch den Herkunftstaat mit dem Inlandssachverhalt des Herkunftstaates in Betracht. Hierauf erstreckt sich jedoch nicht der Gewährleistungsgehalt der Grundfreiheiten in ihrer jeweiligen Ausprägung als spezielles Diskriminierungsverbot[901].

In Betracht kommt jedoch eine Beeinträchtigung des allgemeinen Diskriminierungsverbotes des Art. 12 Abs. 1 EGV[902]. Im Gegensatz zu den in Art. 14 Abs. 2 EGV genannten Grundfreiheiten gebietet es nicht lediglich die Inländergleichbehandlung, sondern verbietet „*jede* Diskriminierung“[903] aus Gründen der Staatsangehörigkeit. Ausgehend von seinem Wortlaut verbietet das allgemeine Diskriminierungsverbot also auch die Diskriminierung auf Grund der Staatsangehörigkeit in anderen Fällen als denen, in denen der Aufnahmestaat die Staatsangehörigen anderer Mitgliedstaaten gegenüber den eigenen Staatsangehörigen ungleich behandelt. Dann liegt nach der Rechtsprechung des EuGH, der zu Folge eine Diskriminierung dann besteht, wenn unterschiedliche Vorschriften auf vergleichbare Situationen angewendet werden oder dass dieselbe Vorschrift auf unterschiedliche Situationen angewendet wird[904], eine Diskriminierung vor. Nicht deutsche Staatsangehörige, die ihre Ansässigkeit in der Bundesrepublik beendet und in einem anderen Mitgliedstaat begründet haben, werden gegenüber deutschen Staatsangehörigen, die sich in der gleichen Situation befinden, nicht besteuert. Einziges Differenzierungsmerkmal für eine Besteuerung bei ansonsten gleichen Sachverhalten ist die deutsche Staatsangehörigkeit. Durch Anknüpfung an die deutsche Staatsangehörigkeit handelt es sich um eine offene Diskriminierung[905].

---

[899] Insoweit kommen allenfalls die Niederlassungsfreiheit und die Arbeitnehmerfreizügigkeit in Betracht, s. o. zweiter Teil D. II. 3. b) aa) zu ihrer Ausprägung als spezielle Diskriminierungsverbote und zweiter Teil D. II. 3. b) zur Unbeachtlichkeit der Warenverkehrs- und Dienstleistungsfreiheit.

[900] S. zweiter Teil D. II. 3. b) aa).

[901] S. FN 900; vgl. auch *Thömmes*, GS Knobbe-Keuk, S. 795, 805.

[902] *Staringer*, SWI 1997, 87 f.

[903] Hervorhebung durch den Verfasser.

[904] EuGH, Urteil „Schumacker“, RdNr. 30, s. FN 857; ausführlich zum EG-rechtlichen Diskriminierungsverbot *Thömmes*, GS Knobbe-Keuk, S. 795, 798 ff., 805 ff.

[905] Im Ergebnis ebenso *Kaass*, Grundfreiheiten und Erbschaftsteuer, S. 151 ff., 156; vgl. zur offenen Diskriminierung EuGH, Urteil v. 12.02.1974, Rs. 152/73 („Sotgiu“), Slg. 1974, 155, RdNr. 11: Eine offene Diskriminierung liegt vor, wenn der Tatbestand einer Bestimmung des nationalen Rechts aus-

cc) Beeinträchtigung in der Ausgestaltung als Beschränkungsverbot

(1) Niederlassungsfreiheit

Zur Beurteilung der Frage, ob im Grundsatz eine Besteuerung anlässlich eines sich in einem anderen Mitgliedstaat vollziehenden steuerpflichtigen Vorganges eine Beschränkung der Niederlassungsfreiheit darstellen kann, kann die Rechtsprechung des EuGH im Fall Bosman herangezogen werden[906]. Die dieser Frage zu Grunde liegende Fallgestaltung, in der durch den Herkunftstaat der grenzüberschreitende Sachverhalt gegenüber dem Inlandssachverhalt im Hinblick auf deutsche Staatsangehörige unterschiedslos behandelt wird, ist dem Fall Bosman ähnlich[907]. Der EuGH hatte die Transferregeln des belgischen Fußballverbandes zu prüfen. Nach diesen durfte ein Profifußballspieler auch nach Beendigung seines Arbeitsverhältnisses bei einem anderen Verein erst dann angestellt werden, wenn dieser an den bisherigen Verein eine Ablösesumme zahlte. Die Transferregeln galten unabhängig davon, ob der Wechsel zwischen zwei Vereinen innerhalb Belgiens oder von einem belgischen Verein zu einem ausländischen Verein erfolgte. Auf Grund dieser Transferregeln kam es nicht zu einem Wechsel Bosmans, einem belgischen Staatsangehörigen, von seinem belgischen zu einem französichen Verein. Nach Ansicht des EuGH war gleichgültig, ob bei rein inländischen Transferen zwischen zwei belgischen Vereinen eine Belastung gleicher Art besteht. Der Sachverhalt unterscheidet sich allerdings in zwei Punkten von der Besteuerung auf Grund des Eintritts der erweitert unbeschränkten Steuerpflicht. Zum einen handelt es sich im Rahmen der Besteuerung um eine aperiodische Steuer, deren Entstehung noch von weiteren Voraussetzungen abhängig ist als schlicht der Aufnahme oder Ausübung einer Erwerbstätigkeit in einem anderen Mitgliedstaat. Zum anderen besteht ein Unterschied zwischen dem grenzüberschreitenden und dem Inlandssachverhalt, als nur deutsche Staatsangehörige der Besteuerung unterliegen. Gleichwohl führen diese Unterschiede ausgehend von der Rechtsprechung des EuGH im Fall Bosman nicht zu einer anderen gemeinschaftsrechtlichen Beurteilung. Der EuGH führte dort aus,

> „daß sämtliche Vertragsbestimmungen über die Freizügigkeit den Gemeinschaftsangehörigen die Ausübung jeder Art von Berufstätigkeit im Gebiet der Gemeinschaft erleichtern

---

drücklich an die Staatsangehörigkeit anknüpft und hiermit unterschiedliche Rechtsfolgen für die Inhaber und Nichtinhaber dieser Staatsbürgerschaft verbunden sind; vgl. auch *Schlag* in Schwarze, EU-Kommentar, Art. 43 EGV, RdNr. 34.

[906] Der Fall wurde allerdings nach Art. 48 EGV (Art. 39 EGV n.F.) und nicht nach Art. 52 EGV (Art. 43 EGV n.F.) entschieden; das ist jedoch insoweit unschädlich, als die Gewährleistungsgehalte der Arbeitnehmerfreizügigkeit und der Niederlassungsfreiheit strukturell vergleichbar sind, s. dazu bereits FN 879 m.w.N.

[907] *Reimer*, Grundfreiheiten und Ertragsteuerrecht, S. 39, 56 sowie dortige FN 86, rechnet den Fall Bosman zu den unterschiedslos wirkenden Beschränkungen, zu denen Belastungen gehören, „denen ein Inländer beim Wegzug ins Ausland unterliegt, wenn Inländer bei einem Umzug innerhalb des Inlands eine gleiche Belastung trifft". Diese Fallgestaltung ist der hier untersuchten der erweitert unbeschränkten Steuerpflicht vergleichbar.

> sollen und Maßnahmen entgegenstehen, die die Gemeinschaftsangehörigen benachteiligen könnten, wenn sie im Gebiet eines anderen Mitgliedstaates eine wirtschaftliche Tätigkeit ausüben wollen"[908].

Im Ergebnis bejahte der EuGH so eine gemeinschaftsrechtswidrige Beschränkung[909].

Geht man von dieser Rechtsprechung aus, handelt es sich bei der deutschen Staatsangehörigen[910] auferlegten, zu der im Ansässigkeitsstaat hinzutretenden Steuer um eine Maßnahme, die die deutschen Staatsangehörigen, die im Gebiet eines anderen Mitgliedstaates eine wirtschaftliche Tätigkeit ausüben wollen, benachteiligt. Die Aufnahme oder die Ausübung der Erwerbstätigkeit in einem anderen Mitgliedstaat kann nämlich gerade in der Absicht gewählt werden, die Niederlassungsfreiheit in Anspruch zu nehmen. Hinzu kommt, dass das mit der Steuer wirtschaftlich belastete unternehmerisch gebundene Vermögen gerade der Ausübung der Niederlassungsfreiheit dienen soll[911]. Bei dieser Beschränkung handelt es sich zwar nicht um eine Regelung, die im Sinne der Bosman-Rechtsprechung einen Unionsbürger von der Aufnahme oder Ausübung von Erwerbstätigkeiten in einem anderen Mitgliedstaat abhält oder ihn daran hindert, da die Steuer nicht schon bei Aufnahme oder Ausübung einer Erwerbstätigkeit in einem anderen Mitgliedstaat entsteht. Sie ist jedoch geeignet, die Aufnahme oder Ausübung weniger attraktiv zu machen und benachteiligt diejenigen, die in einem anderen Mitgliedstaat eine wirtschaftliche Tätigkeit ausüben wollen[912]. Durch die Besteuerung kommt es zu negativen Auswirkungen auf die Liquidität des Unternehmens, weil die für die Entrichtung der Steuer erforderlichen finanziellen Mittel aufgebracht werden müssen[913]. Diese Nachteile bei einer anlässlich eines Erbfalles oder einer Schenkung zu erwartenden zusätzlichen Steuerbelastung können Einfluss auf die Entscheidung über die Ausübung der Niederlassungsfreiheit haben und dazu führen, von ihrem Gebrauch abzusehen[914].

---

[908] EuGH, Urteil „Bosman", RdNr. 94, s. FN 887.

[909] Der EuGH sah in der Beschränkung eines belgischen Staatsangehörigen auch keine zulässige Inländerdiskriminierung, weil es sich nicht um einen rein internen Sachverhalt handelte, ebd., RdNr. 87 ff.; vgl. auch *Dautzenberg*, IStR 1997, 39.

[910] Ein Unionsbürger kann sich grundsätzlich auch gegenüber seinem eigenen Mitgliedstaat auf die Ausübung der Grundfreiheiten berufen, so die ständige Rechtsprechung des EuGH, vgl. bspw. Urteil „Bosman", RdNr. 95 f., m.w.N., s. FN 887; zustimmend *Birk*, FS Offerhaus, S. 163, 170; vgl. aber auch EuGH, Urteil „Werner", s. FN 858; zur Kritik zum Urteil „Werner" *M. Lang*, DStJG 22 (1999), 255, 267; *Knobbe-Keuk*, DStR 1993, 425 ff.; *Thömmes*, IWB Nr. 4 v. 25.02.1993, Fach 11, Gruppe 2, S. 129 ff.; *Thömmes*, GS Knobbe-Keuk, S. 795, 798 ff., 808 f.; *Thömmes*, StbJb. 1998/ 1999, S. 173, 182: „Ausnahmecharakter".

[911] *F. Wassermeyer*, EuZW 1995, 813.

[912] *Vogel*, CDFI LIIIb (1968), S. 143, 155.

[913] EuGH, Urteil v. 28.04.1998, Rs. C-118/96 („Safir"), Slg. 1998, I- 1897, RdNr. 26; *Dautzenberg/ Brüggemann*, BB 1997, 123 f.; *J. Haas*, ZEV 2001, 139 ff.; *Wacker*, StKongrRep 1989, S. 439, 445 f.

[914] *Dautzenberg/ Brüggemann*, BB 1997, 123, 127; *Dautzenberg*, EWS 1998, 86 f., 92; *Birk*, DStJG 19 (1996), 63, 77; vgl. auch *Beul*, IStR 1997, 1, 3.

Wie aus den Urteilen des EuGH in den Rechtssachen Safir[915] und Sandoz[916] hervorgeht, kann eine Beschränkung auch in Form der Besteuerung bestehen[917]. Die Beschränkung der Niederlassungsfreiheit besteht allerdings nicht in der Besteuerung selbst, sondern in der zusätzlichen steuerlichen Belastung, die in der Regel zu der im Ansässigkeitsstaat erhobenen Steuer hinzutritt. Durch den Eintritt der erweitert unbeschränkten Steuerpflicht trotz fehlender Inlandsansässigkeit ist der Steuerpflichtige bei einer Besteuerung auch im Ansässigkeitsstaat einer Doppelbesteuerung ausgesetzt. Diese durch die Bundesrepublik herbeigeführte Doppelbesteuerung ist es, die den Betroffenen davon abhalten kann, eine Erwerbstätigkeit in einem anderen Mitgliedstaat aufzunehmen oder auszuüben[918]. Denn es ist die Bundesrepublik, die den Steuerpflichtigen mit einer zusätzlichen Steuer belastet und nicht der Ansässigkeitsstaat[919]. Diesem steht, das folgt aus der Wertung des ErbStG selbst, das den Eintritt der unbeschränkten Steuerpflicht in § 2 Abs. 1 Nr. 1 Satz 1 und Satz 2 ErbStG an die Ansässigkeit knüpft, das vorrangige Besteuerungsrecht zu[920]. Eine Beschränkung einer Grundfreiheit liegt nicht erst bei einer enteignungsgleichen Besteuerung[921] oder einer zu mehr als 100 v. H.[922] vor. Eine derartige Einschränkung des sachlichen Anwendungsbereiches einer Grundfreiheit ist dem jeweiligen Normtext nicht zu entnehmen und geht auch nicht aus der Rechtsprechung des EuGH in den Rechtssachen Sandoz und Safir hervor[923]. Gerade in der Rechtssache Sandoz hat der EuGH eine Besteuerung in Höhe von 0,8 v. H. ausreichen lassen, um eine Beschränkung der Kapitalverkehrsfreiheit anzunehmen[924].

(2) Arbeitnehmerfreizügigkeit

Angesichts des weiten Anwendungsbereiches der Arbeitnehmerfreizügigkeit[925] ist eine Beeinträchtigung dieser Grundfreiheit nicht von vornherein auszuschließen. Beeinträchtigt ist allerdings nicht die Ausübung einer unselbständigen Erwerbstätigkeit un-

---

[915] EuGH, Urteil „Safir“, RdNr. 24, 26, s. FN 913.

[916] EuGH, Urteil „Sandoz“, RdNr. 19 f., s. FN 894.

[917] Ebenso *Reimer*, Grundfreiheiten und Ertragsteuerrecht, S. 39, 57.

[918] *Dautzenberg*, EWS 1998, 86, 92; *F. Wassermeyer*, Diskussionsbeitrag, DStJG 19 (1996), 209; *M. Lang*, DStJG 22 (1999), 255, 257; *Schön*, EWS 2000, 281, 284, 289 f.; *Schön*, GS Knobbe-Keuk, S. 743, 762; *Kokott*, Diskriminierungsverbote, Grundfreiheiten und Steuerrecht, S. 1.

[919] Die zusätzliche Belastung der luxemburgischen Niederlassung einer Gesellschaft mit Sitz in Frankreich durch die Auferlegung von Buchführungs- und Aufbewahrungspflichten in Luxemburg (insoweit ist die dem Beschränkungsverbot zu Grunde liegende Fallgestaltung der anderen Gruppe zuzuordenen) war es, die nach EuGH, Urteil „Futura/Singer“, s. FN 858, gegen die Niederlassungsfreiheit verstieß, weil derartige Pflichten schon in Frankreich bestanden und in Form der zusätzlichen Auferlegung in Luxemburg eine Beschränkung der Niederlassungsfreiheit darstellten. Vgl. *Thömmes*, StbJb. 1998/ 1999, S. 173, 183.

[920] Vgl. auch *Schön*, GS Knobbe-Keuk, S. 743, 762.

[921] *F. Wassermeyer*, DStJG 19 (1996), 151, 159.

[922] *Dautzenberg*, DStJG 19 (1996), 209 f. (Diskussionsbeitrag).

[923] Auch *Reimer*, Grundfreiheiten und Ertragsteuerrecht, S. 39, 57, geht davon aus, dass „jede“ Auferlegung einer Steuer eine Beschränkung darstellt.

[924] EuGH, Urteil „Sandoz“, RdNr. 2, 29, 31, FN 894.

[925] S. FN 879.

mittelbar, da die steuerliche Belastung auf diese keine Auswirkungen hat. Möglich ist allenfalls eine mit der Aufnahme einer unselbständigen Beschäftigung in mittelbaren Zusammenhang stehende Beeinträchtigung, die dann vorliegt, wenn der Arbeitnehmer auf Grund einer möglichen höheren steuerlichen Belastung von der Aufnahme einer abhängigen Erwerbstätigkeit in einem anderen Mitgliedstaat absieht. Eine derart weite Ausdehnung des Anwendungsbereiches des Rechts der Arbeitnehmerfreizügigkeit ist im Ergebnis jedoch abzulehnen[926]. Die mit der Erwerbstätigkeit in Zusammenhang stehenden wirtschaftlichen Tätigkeiten fallen deswegen in den Anwendungsbereich des Freizügigkeitsrechts, weil sie einen mindestens mittelbaren jedoch spezifischen Bezug zu der unselbständigen Beschäftigung aufweisen. Ihre Einbeziehung in den Schutzbereich ist notwendig, weil ohne sie das Freizügigkeitsrecht sinnentleert ist. Die Erbschaft- und Schenkungbesteuerung weist jedoch keinen spezifischen Bezug zur Aufnahme und Ausübung einer abhängigen Beschäftigung auf. Sie fällt daher auch nicht mittelbar in den auf unselbständige Erwerbstätigkeiten einschließlich der mit ihnen verbundenen wirtschaftlichen Tätigkeiten zugeschnittenen spezifischen Anwendungsbereich des Freizügigkeitsrechtes. Eine Beeinträchtigung der Arbeitnehmerfreizügigkeit kommt daher auch in ihrer Ausgestaltung als Beschränkungsverbot nicht in Betracht.

(3) Kapitalverkehrsfreiheit

Im Rahmen der Bestimmungen der Art. 56 bis 60 EGV sind nach Art. 56 Abs. 1 EGV alle Beschränkungen des Kapitalverkehrs zwischen den Mitgliedstaaten sowie zwischen den Mitgliedstaaten und dritten Ländern verboten. Dabei kann es sich um direkte oder indirekte Beschränkungen und sonstige Behinderungen handeln[927]. Diese liegen bereits dann vor, „wenn der Kapitaltransfer mittelbar nachteilige Folgen für den Inhaber oder Empfänger des Kapitals nach sich zieht, welche die freie Entscheidung über die Anlage von Finanz- oder Sachkapital beeinflussen können“[928]. Dass auch Erbschaften und Schenkungen vom Anwendungsbereich der Kapitalverkehrsfreiheit erfasst werden[929], folgt aus der Kapitalverkehrsrichtlinie 1988[930]. Die Richtlinie enthält in Anhang I eine Nomenklatur, in der in Ziff. XI. unter B. und D. Schenkungen und Erbschaften ausdrücklich als Kapitalverkehr mit persönlichem Charakter aufgeführt sind. Geht man von einem Urteil des EuGH zu den Art. 73 b ff. EGV in der Rechtssache

---

[926] A. A. offenbar *Real*, RIW 1996, 54, 60; *M. Lang*, DStJG 22 (1999), 255, 257 ff., 267, 271.

[927] *Kiemel* in von der Groeben/ Thiesing/ Ehlermann, Kommentar zum EU-/ EG-Vertrag, Art. 73 b EGV, RdNr. 14. Die noch in Art. 67 Abs. 1 EWGV enthaltene Unterscheidung zwischen „alle[n] Beschränkungen“ und „alle[n] Diskriminierungen“ wird in Art. 56 Abs. 1 EGV nicht mehr vorgenommen.

[928] *Schön*, GS Knobbe-Keuk, S. 743, 755.

[929] *Eckhoff* in Bleckmann, Europarecht, RdNr. 1702; FG Rheinland-Pfalz, Urteil v. 06.06.2002, 4 K 2643/00 – nrkr., IStR 2002, 530 f.

[930] RL 88/361/EWG des Rates v. 24.06.1988 zur Durchführung von Art. 67 des Vertrages (ABl. EG L 178 v. 08.07.1988, S. 5); dazu *Dautzenberg/ Brüggemann*, BB 1997, 123 f.; *Dautzenberg*, EWS 1998, 86 ff.

Westdeutsche Landesbank Girozentrale[931] aus, hat die Nomenklatur der Richtlinie für die Begriffsdefinition des Kapitalverkehrs „Hinweischarakter"[932] und ist daher zur Klassifizierung von Kapitalverkehrtransaktionen heranzuziehen[933].

Die Berührung des Anwendungsbereiches der Kapitalverkehrsfreiheit durch die Anwendung des § 2 Abs. 1 Nr. 1 Satz 2 lit. b) ErbStG hängt von der Art und Weise des Kapitaltransfers im Einzelfall ab. Nicht jeder grenzüberschreitende Kapitaltransfer ist von der Kapitalverkehrsfreiheit erfasst. Die Kapitalverkehrsfreiheit ist nicht durch die Aufgabe der Ansässigkeit durch den Erblasser oder Schenker in der Bundesrepublik und deren Neubegründung in einem anderen Mitgliedstaat oder Drittstaat berührt. Zwar stellt dieser Vorgang unter der Voraussetzung, dass Vermögen von der Bundesrepublik in den Mitgliedstaat übertragen wird, einen einseitigen Wertetransfer aus einem Mitgliedstaat in einen anderen dar. Es handelt sich jedoch nicht um einen steuerpflichtigen Vorgang im Sinne des § 2 Abs. 1 Nr. 1 Satz 2 lit. b) ErbStG. Ebenso wenig fallen Kapitaltransfere in den Anwendungsbereich der Kapitalverkehrsfreiheit, wenn das übergehende Vermögen vollständig innerhalb eines anderen Staates belegen ist und der Erblasser oder Schenker sowie der Erwerber in diesem Staat ansässig sind. Denn dann kommt es nicht zu einem Kapitalverkehr „zwischen den Mitgliedstaaten" oder „zwischen den Mitgliedstaaten und dritten Ländern", wie es Art. 56 EGV verlangt. Eine Beschränkung der Kapitalverkehrsfreiheit kommt tatbestandlich daher nur dann in Betracht, wenn einer der an dem steuerpflichtigen Vorgang Beteiligten in einem anderen Staat als dem Ansässigkeitsstaat desjenigen ansässig ist, an dessen persönliche Verhältnisse der Eintritt der Steuerpflicht knüpft. An eine Beschränkung sind die bereits oben dargelegten Anforderungen zu stellen. Sie liegt demnach dann vor, wenn eine nationale Regelung geeignet ist, die Ausübung der dort garantierten Freiheiten „weniger attraktiv zu machen"[934]. Eine Beschränkung liegt beispielsweise insbesondere darin, dass der potentiell betroffene Erblasser oder Schenker von der Vererbung oder Schenkung seines Vermögens an einen in einem dritten Staat ansässigen Erwerber absehen muss, um eine zusätzliche Besteuerung in der Bundesrepublik zu vermeiden.

(4) Allgemeine Freizügigkeit

Für die allgemeine Bewegungs- und Aufenthaltsfreiheit gilt, dass der Herkunftstaat einen Wechsel der Ansässigkeit eines Unionsbürgers[935] aus seinem Hoheitsgebiet in das eines anderen Mitgliedstaates grundsätzlich nicht beschränken darf unabhängig davon, ob mit diesem Wechsel die Aufnahme oder Ausübung einer wirtschaftlichen

[931] EuGH, Urteil v. 11.01.2001, Rs. C-464/98 („WestLB"), Slg. 2001, I-193, RdNr. 5.
[932] Ebd.
[933] So auch EuGH, Urteil v. 14.12.1995, verb. Rs. C-163/94, C-165/94 und C-250/94 („Sanz de Lera"), Slg. 1995, I-4821, RdNr. 31 ff.
[934] Zweiter Teil D. II. 3. b) cc).
[935] Unabhängig davon, ob er die Staatsangehörigkeit des Herkunftstaates besitzt oder nicht, vgl. oben FN 909 f.

Tätigkeit verbunden ist[936]. Damit geht das allgemeine Freizügigkeitsrecht über das aus den wirtschaftlich motivierten Grundfreiheiten folgende Aufenthaltsrecht hinaus[937]. Für eine Beeinträchtigung genügt es, wenn sich die hoheitliche belastende Maßnahme auf die Ausübung der Bewegungs- und Aufenthaltsfreiheit behindernd auswirkt oder diese weniger attraktiv macht[938]. Gerade die verminderte Attraktivität der Ausübung der Bewegungs- und Aufenthaltsfreiheit geht jedoch einer Besteuerung auf Grund von § 2 Abs. 1 Nr. 1 Satz 1 und Satz 2 lit. b) ErbStG voran, wenn der Steuerpflichtige damit rechnen muss, nicht nur in dem Staat seiner Ansässigkeit, sondern zusätzlich auch durch die Bundesrepublik einer steuerlichen Belastung ausgesetzt zu sein. Eine Beeinträchtigung der Bewegungs- und Aufenthaltsfreiheit ist hierdurch indiziert[939].

c) Rechtfertigung möglicher Beeinträchtigungen der Grundfreiheiten

Ein Verstoß gegen das EG-Vertragsrecht ist nur dann nicht gegeben, wenn die Besteuerung nach § 2 Abs. 1 Nr. 1 Satz 2 lit. b) ErbStG ein mit dem EG-Vertrag zu vereinbarendes legitimes Ziel verfolgt, das durch zwingende Gründe des öffentlichen Wohls gerechtfertigt ist. Außerdem ist erforderlich, dass die gesetzliche Bestimmung zur Erreichung des fraglichen Ziels geeignet und nicht über das hinausgeht, was hierzu erforderlich ist[940].

Der Gesetzgeber verfolgt mit der Aufrechterhaltung der Steuerpflicht über einen Zeitraum von bis zu fünf Jahren nach dem Ansässigkeitswechsel in einen anderen Staat das Ziel, die Steuerumgehung durch die kurzfristige Begründung der Auslandsansässigkeit durch den Steuerpflichtigen zu verhindern[941]. Das Argument der Steuerumgehung als Rechtfertigungsgrund für die Beschränkung der Grundfreiheiten hat der EuGH jedoch zurückgewiesen[942]. Dass entsprechend den vom EuGH aufgestellten Anforderungen zur Ausgestaltung der Bestimmungen, die die Steuerumgehung verhindern sollen, die Regelung des § 2 Abs. 1 Nr. 1 Satz 1 und Satz 2 lit. b) ErbStG gerade die Verhinderung der Steuerumgehung bezweckt, ist trotz der ausdrücklich so formulierten Intenti-

---

936 *Staringer*, SWI 1997, 87 f.

937 *Haag* in von der Groeben/ Thiesing/ Ehlermann, Kommentar zum EU-/ EG-Vertrag, Art. 8 a EGV, RdNr. 1, 2 und 4.

938 So ausdrücklich *Birk*, FS Offerhaus, 163, 170.

939 *Schaumburg*, RIW 2001, 161, 165; *Kaass*, Grundfreiheiten und Erbschaftsteuer, S. 133, 141 f.; *Reimer*, Grundfreiheiten und Ertragsteuerrecht, S. 39, 73, macht weiterhin darauf aufmerksam, dass Art. 18 EGV keinen Steuervorbehalt enthält; *Kokott*, Diskriminierungsverbote, Grundfreiheiten und Steuerrecht, S. 1; a. A. zur Beeinträchtigung des Rechts der allgemeinen Freizügigkeit im Hinblick auf eine Besteuerung BFH, Beschluss v. 17.12.1997, I B 108/97, BStBl. II 1998, 558 ff.; m. krit. Anm. *Lausterer*, IStR 1998, 303 ff.; *Dautzenberg*, IStR 1998, 305 ff.; *ders.*, FR 1998, 491 f.

940 Zu diesen Voraussetzungen betreffend die Rechtfertigung von Grundfreiheitsbeeinträchtigungen s. EuGH, Urteil „Futura/Singer", RdNr. 26, m.w.N., s. FN 858; vgl. hierzu auch *Kokott*, Diskriminierungsverbote, Grundfreiheiten und Steuerrecht, S. 20 ff.

941 S. zweiter Teil D. I.

942 EuGH, Urteil „avoir fiscal", RdNr. 25, s. FN 858; EuGH, Urteil „Metallgesellschaft/Hoechst", RdNr. 57, s. FN 858; *Thömmes*, GS Knobbe-Keuk, S. 795, 822.

on des Gesetzgebers[943] nicht erkennbar. Um diese Anforderungen zu erfüllen müsste die Bestimmung darauf gerichtet sein, rein künstliche Konstruktionen, die auf die Umgehung des Steuerrechts des betreffenden Staates gerichtet sind, von einem Steuervorteil auszuschließen[944]. Das ist nicht der Fall. Die Bestimmung verlängert für deutsche Staatsangehörige einfach die unbeschränkte Steuerpflicht über einen Zeitraum von weiteren fünf Jahren nach Beendigung der Inlandsansässigkeit. Dass gerade, so wie vom Gesetzgeber beabsichtigt[945], durch Einführung des § 2 Abs. 1 Nr. 1 Satz 2 lit. b) ErbStG der Zunahme von Wohnsitzverlagerungen in sog. Steueroasenländer entgegengewirkt werden soll, geht aus der Bestimmung nicht hervor. Sie enthält beispielsweise nicht wie der Regelung des § 2 Abs. 1 Satz 1 Nr. 1 AStG vergleichbar die Ansässigkeit in einem Niedrigsteuerland als Tatbestandsvoraussetzung. Von der Regelung werden damit unterschiedslos auch Fälle erfasst, in denen eine Steuerumgehung schon allein deswegen nicht denkbar ist, weil sich das Belastungsniveau im Zuzugsstaat nur geringfügig von dem in der Bundesrepublik unterscheidet oder sogar höher ist. Durch einen schlichten Ansässigkeitswechsel wird außerdem keine Situation impliziert, die auf eine Steuerumgehung schließen lässt[946]. Bereits an anderer Stelle[947] ist auf das zutreffende Argument von *Thömmes* hingewiesen worden, dass eine generelle Missbrauchsvermutung, die allein auf den Umstand der Staatsangehörigkeit oder der Ansässigkeit des Steuerpflichtigen in einem anderen Mitgliedstaat abstellt, unzulässig ist[948].

In der Sache nicht anders ist der Rechtfertigungsgrund der fehlenden Steuerharmonisierung zu beurteilen. Ein Harmonisierungsdefizit der Erbschaft- und Schenkungsbesteuerung, das zur Ausnutzung günstigerer Steuersätze und Vermeidung höherer Steuern führt, ist ebenfalls nicht geeignet, die Anknüpfung an die Staatsangehörigkeit zu rechtfertigen. Eine Beschränkung der Grundfreiheiten in dieser Form läuft dem in Art. 2 und 3 Abs. 1 lit. c) EGV formulierten Ziel der Errichtung eines Binnenmarktes zuwider. Das Recht auf Ausübung der Grundfreiheiten ist jedoch nicht von einem bestimmten Harmonisierungsstand abhängig, sondern gilt vielmehr unbedingt[949]. Denn für die Verwirklichung des Binnenmarktes kommt es gerade auf einen freien Personen- und Kapitalverkehr an. Dazu kann eine Steuerharmonisierung beitragen, sie ist jedoch nicht Voraussetzung hierfür.

Die Aufrechterhaltung der Steuerpflicht ist auch nicht durch den andernfalls entstehenden Verlust von Steuereinnahmen sowie mit dem Argument der zwischenstaatlichen Verteilungsgerechtigkeit gerechtfertigt. Der Erblasser oder Schenker, so lässt sich argumentieren, der sein Vermögen im Steuer-inland aufgebaut und währenddessen von

---

[943] S. die Nachweise oben zweiter Teil D. I.
[944] *Kokott*, Diskriminierungsverbote, Grundfreiheiten und Steuerrecht, S. 21 f.; EuGH, Urteil v. 16.07.1998, Rs. C-264/96 („ICI"), Slg. 1998, I-, 4695, RdNr. 26.
[945] BT-Drucks. VI/3418, S. 44, 61.
[946] EuGH, Urteil „Metallgesellschaft/Hoechst", RdNr. 57, s. FN 858.
[947] S. zweiter Teil D. II. 2. a).
[948] *Thömmes*, GS Knobbe-Keuk, S. 795, 823.
[949] *Thömmes*, GS Knobbe-Keuk, S. 795, 821.

den erbrachten Staatsleistungen profitiert hat, soll zur Besteuerung herangezogen werden können. Dass jedoch nur deutsche Staatsangehörige von dieser den Verlust von Steuereinnahmen verhindernden Maßnahme und nicht alle Steuerpflichtigen unabhängig von ihrer Staatsangehörigkeit betroffen sind, ist nicht zu rechtfertigen. § 2 Abs. 1 Nr. 1 Satz 1 und Satz 2 lit. b) ErbStG kann zwar unter dem Gesichtspunkt der Verteilungsgerechtigkeit gerechtfertigt erscheinen, ist aber dennoch mit dem Gemeinschaftsrecht unvereinbar, weil eine unterschiedliche Behandlung allein auf Grund der Staatsangehörigkeit[950] erfolgt. Im Übrigen stellen rein wirtschaftliche Ziele oder Steuermindereinnahmen, so entschied der EuGH, keine zwingenden Gründe des Allgemeininteresses dar, die zur Rechtfertigung einer grundsätzlich gegen eine Grundfreiheit verstoßenden Maßnahme angeführt werden können[951]. Diese allein auf die Verwirklichung nationaler Interessen gerichtete Beeinträchtigung der Grundfreiheiten behindert die Errichtung eines funktionierenden Binnenmarktes und verfehlt das Ziel der wirtschaftlichen Integration[952].

Nach der Rechtsprechung des EuGH kann zwar die Notwendigkeit, die Kohärenz eines Steuersystems zu wahren, unter bestimmten Umständen einen Rechtfertigungsgrund darstellen[953]. Die den Urteilen zu Grunde liegenden Sachverhaltsgestaltungen, in denen der EuGH den Rechtfertigungsgrund der Kohärenz anerkannte, sind der vorliegenden jedoch nicht vergleichbar. In der Rechtssache *Bachmann*[954] wurde einem deutschen, in Belgien ansässigen Steuerpflichtigen im Rahmen der belgischen Einkommenbesteuerung der Abzug von Versicherungsprämien versagt, die auf Verträgen beruhten, die er vor seinem Wegzug mit deutschen Versicherungsunternehmen abgeschlossen hatte. Die Versagung des Abzuges wurde mit dem im belgischen Steuerrecht verankerten Zusammenhang zwischen der Abzugsfähigkeit der Versicherungsprämien und der späteren Besteuerung der Versicherungsleistungen begründet. Nach dem EuGH setzt die Kohärenz einer solchen Steuerregelung voraus, dass die Versicherungsleistungen besteuert werden können. Da dies nach Ansicht des EuGH in dem entschiedenen Fall nicht gewährleistet war, sah er die Versagung des Abzugs der Versicherungsprämien durch die Kohärenz der Steuerregelung als gerechtfertigt an[955]. Dieser Sachverhalt ist jedoch mit dem hier zu würdigendem nicht vergleichbar, weil es bei der Anknüpfung der Steuerpflicht an die deutsche Staatsangehörigkeit an einem Zusammenhang zwi-

---

[950] Zur offenen Diskriminierung s. zweiter Teil D II. 3. b) bb).

[951] EuGH, Urteil „Svensson/Gustavsson", RdNr. 15, s. FN 892; EuGH, Urteil „Metallgesellschaft/Hoechst", RdNr. 59, s. FN 858; EuGH, Urteil „Verkooijen", RdNr. 48 und 59, m.w.N., s. FN 858; zustimmend *Kokott*, Diskriminierungsverbote, Grundfreiheiten und Steuerrecht, S. 21 f. m.w.N.; a. A. BFH, Beschluss v. 17.12.1997, I B 108/1997, BStBl. II 1998, 558 ff., m. krit. Anm. *Lausterer*, IStR 1998, 303 ff.; *Dautzenberg*, IStR 1998, 305 ff.; *ders.*, FR 1998, 491 f.

[952] So *Busch*, IstR, 2002, 448 f., im Allgemeinen zur Wechselwirkung zwischen den die Grundfreiheiten beeinträchtigenden Bestimmungen des ErbStG und den Grundfreiheiten selbst.

[953] EuGH, Urteil v. 28.01.1992, Rs. C-204/90 („Bachmann"), Slg. 1992, I-249; EuGH, Urteil v. 28.01.1992, Rs. C-300/90 („Kommission/Belgien"), Slg. 1992, I-305.

[954] S. FN 858.

[955] EuGH, Urteil „Bachmann", FN 858, RdNr. 21 ff.

schen einem Einnahmeverlust und seiner als notwendig erachteten Kompensation[956] fehlt. Bei der Anknüpfung an die Staatsangehörigkeit geht es nicht darum, einen früheren oder späteren Einnahmeverlust auszugleichen, der durch eine Steuervergünstigung zu Gunsten deutscher Staatsangehöriger entstanden ist oder später entstehen wird. Ein so gearteter, die Anknüpfung der Steuerpflicht an die deutsche Staatsangehörigkeit nach den Grundsätzen der Kohärenz-Rechtsprechung des EuGH rechtfertigender Zusammenhang zwischen einem Einnahmeverlust und der Besteuerung besteht nicht. Die Kohärenz der Steuerregelung als Rechtfertigungsgrund für die Besteuerung deutscher Staatsangehöriger scheidet somit ebenfalls aus.

Schließlich ist die Anknüpfung der Steuerpflicht an die deutsche Staatsangehörigkeit aus den bereits erörterten Gründen[957] auch nicht im Sinne eines Äquivalenzsteuergedankens auf Grund der Gewährung diplomatischen Schutzes gerechtfertigt[958]. Nach Art. 73 Nr. 1 GG hat zwar der Bund die ausschließliche Gesetzgebung über die auswärtigen Angelegenheiten. Das Steueraufkommen steht nach Art. 106 Abs. 2 Nr. 2 GG jedoch den Ländern zu. Damit steht es dem Bund zur Finanzierung der Kosten für die Einrichtung und Erhaltung der Möglichkeit der Inanspruchnahme und Gewährung diplomatischen Schutzes gar nicht zur Verfügung. Es wäre daher sachwidrig, die Anknüpfung der Steuerpflicht an die deutsche Staatsangehörigkeit mit der Finanzierung des Aufwandes für den diplomatischen Schutz zu begründen.

E. Tatbestandliche Ausgestaltung und Zweifelsfragen bei der Anwendung des § 21 ErbStG

§ 21 ErbStG stellt eine unilaterale Vorschrift zur Milderung der mit einer Doppelbesteuerung verbundenen Doppelbelastung durch Anrechnung der ausländischen Steuer auf die deutsche Erbschaft- und Schenkungsteuer dar. Sie gehört zu den kollisionsauflösenden Normen, die zwar nicht die durch die kollisionsbegründenden Normen entstehende Doppelbesteuerung auflöst[959], die aus der Doppelbesteuerung folgende steuerliche Doppelbelastung jedoch teilweise auf eine einfache Belastung zurückführt[960].

---

[956] EuGH, Urteil „Bachmann", FN 858, RdNr. 22 f.
[957] S. zweiter Teil D. II. 2. b).
[958] In dieser Richtung *Vogel*, StuW 1980, 206, 211.
[959] Das wäre der Fall, wenn § 21 ErbStG die Freistellungsmethode, wie sie bspw. im DBA Österreich normiert ist, vorsehen würde.
[960] *Meincke*, ErbStG, § 21 RdNr. 2.

I. Wahlmöglichkeit zwischen Anrechnungs- und Abzugsmethode

1. Anrechnungs- und Abzugsmethode

Für die Milderung bis hin zur Vermeidung der aus einer Doppelbesteuerung folgenden Doppelbelastung gibt es grundsätzlich zwei Möglichkeiten, nämlich die Anrechnungs- und die Abzugsmethode[961]. Das ErbStG sieht in § 21 die Anrechnungsmethode vor. Nach der Anrechnungsmethode wird der anrechnungsfähige Betrag der ausländischen Steuer auf den auf bestimmtes im Ausland belegenen Vermögen entfallenden Betrag der deutschen Erbschaft- und Schenkungsteuer bis maximal zur Höhe dieses Betrages angerechnet. Dagegen wird im Rahmen der Abzugsmethode die ausländische Steuer von der nach dem ErbStG zu ermittelnden Bemessungsgrundlage abgezogen und erst dann der Betrag der deutschen Erbschaft- und Schenkungsteuer errechnet.

2. Vorteile der Abzugsmethode

Zwar ist die Abzugsmethode grundsätzlich nicht die gegenüber der Anrechnungsmethode vorteilhaftere Methode. Die Abzugsmethode kann jedoch in den Fällen günstiger sein, in denen sich auf Grund des Abzuges der ausländischen Steuer von der Bemessungsgrundlage nicht nur der Steuerbetrag, sondern auch die für die Steuersätze maßgebliche Wertgrenze ändert, die im Fall der Anrechnungsmethode unverändert bleibt. Außerdem gilt im Rahmen der Abzugsmethode nicht die bei der Anrechnungsmethode in bestimmten Fällen zur Anwendung kommende Höchstbetragsregelung, so dass die teilweise nur begrenzt anrechnungsfähige ausländische Steuer in voller Höhe von der Bemessungsgrundlage in Abzug gebracht werden kann. Schließlich kann sie auch dann günstiger sein, wenn das von der deutschen und der ausländischen Steuerpflicht erfasste im Ausland belegene Vermögen nicht zum Auslandsvermögen im Sinne des § 21 Abs. 2 Nr. 1 ErbStG gehört, so dass dann eine Anrechnung der auf dieses Vermögen entfallenden ausländischen Steuer nach § 21 Abs. 1 ErbStG nicht möglich ist[962].

3. Keine Wahlmöglichkeit nach geltendem Recht

Eine Wahl zwischen der Anrechnungs- und der Abzugsmethode ist bis zum Inkrafttreten des ErbStÄndG 1959[963] möglich gewesen. § 8 Abs. 4 Satz 1 ErbStG 1951[964] sah als Regelverfahren noch die Abzugsmethode vor. § 8 Abs. 4 Satz 2 ErbStG 1951 ermächtigte weitergehend die Bundesregierung zum Erlass einer Rechtsverordnung, die an-

---

[961] Die Freistellungsmethode mildert oder vermeidet hingegen nicht erst die aus der Doppelbesteuerung folgende Doppelbelastung, sondern löst die Doppelbesteuerung auf, so dass es gar nicht erst zu einer Doppelbelastung kommt.
[962] *Jülicher* in Troll/ Gebel/ Jülicher, ErbStG, § 21 RdNr. 5 f.
[963] BStBl. I 1959, 156 ff.
[964] BStBl. I 1951, 563, 565.

statt des Abzuges der ausländischen Steuer nach § 8 Abs. 4 Satz 1 ErbStG 1951 ihre Anrechnung auf die inländische Steuer ermöglichte. Von dieser Ermächtigung hat die Bundesregierung allerdings keinen Gebrauch gemacht. Durch Art. 1 Nr. 5 und Nr. 6 ErbStÄndG 1959 wurde die Abzugsmethode durch die Anrechnungsmethode als Regelverfahren ersetzt und die Abzugsmethode gänzlich abgeschafft.

Meincke hält es jedoch für möglich, dass dem Steuerpflichtigen auch nach derzeitiger Gesetzeslage ein Wahlrecht zwischen der Anrechnungs- und der Abzugsmethode zusteht. Die Abzugsmethode sei durch die §§ 21 und 10 ErbStG nicht deutlich genug ausgeschlossen, das Antragserfordernis in § 21 Abs. 1 Satz 1 ErbStG deute vielmehr auf ein Wahlrecht zwischen der Anrechnungs- und der Abzugsmethode hin. Der Abzug der ausländischen Steuer von der Bemessungsgrundlage soll nach § 10 Abs. 5 ErbStG möglich sein und sei nicht nach § 10 Abs. 8 ErbStG ausgeschlossen[965]. Dem ist zu widersprechen. Nach dem geltenden Recht kommt die Abzugsmethode zur Milderung der Doppelbelastung nicht in Betracht, so dass auch kein Wahlrecht zwischen beiden Methoden besteht. Selbst wenn man mit *Meincke* davon ausgeht, dass § 10 Abs. 8 ErbStG kein ausdrückliches Verbot des Abzugs der ausländischen Steuer von der Bemessungsgrundlage für die Berechnung der inländischen Steuer enthält[966], kommt ein Abzug der ausländischen Steuer von der Bemessungsgrundlage bereits nach § 10 Abs. 5 ErbStG nicht in Betracht. Diese Vorschrift zählt die abzugsfähigen Nachlassverbindlichkeiten abschließend auf[967]. Insoweit kommt auch § 10 Abs. 8 ErbStG keine selbständige Bedeutung[968] in dem Sinne zu, dass nach dieser Vorschrift über § 10 Abs. 5 ErbStG hinausgehend der Abzug einer ausländischen Steuer von der Bemessungsgrundlage möglich sein soll[969]. § 10 Abs. 8 ErbStG normiert lediglich ein Abzugsverbot der deutschen Erbschaft- und Schenkungsteuer bei der Ermittlung des der Berechnung dieser Steuer zu Grunde liegenden steuerpflichtigen Erwerbes, enthält im Hinblick auf ausländische Steuern jedoch keine Regelung[970]. Die fehlende Abzugsfähigkeit

---

[965] *Meincke*, ErbStG, § 21 RdNr. 2; ein Abzug der ausländischen Steuer soll nach § 10 Abs. 5 ErbStG deswegen möglich sein, weil er hinsichtlich der Aufzählung der abzugsfähigen Nachlassverbindlichkeiten keinen abschließenden Charakter habe, *Meincke*, ErbStG, § 10 RdNr. 31; der Abzug sei nicht durch § 10 Abs. 8 ErbStG ausgeschlossen, da diese Bestimmung ein Abzugsverbot der ausländischen Steuer von der Bemessungsgrundlage für die Berechnung der ausländischen Steuer und der inländischen Steuer von der Bemessungsgrundlage für die Berechnung der inländischen Steuer enthalte; ein Verbot des Abzugs der ausländischen Steuer von der Bemessungsgrundlage für die Berechnung der inländischen Steuer sei § 10 Abs. 8 ErbStG nicht zu entnehmen; zustimmend wohl *Oplustil*, IWB Nr. 17 vom 09.09.1998, Fach 3, Gruppe 9, S. 127, 130 f.

[966] *Meincke*, a.a.O., s. vorherige FN; a. A. die h. M., vgl. *Gebel*, IStR 2001, 71, 76, m.w.N. in dortiger FN 22.

[967] FG Brandenburg, Urteil v. 06.03.1997, 5 K 1656/96 Erb – rkr., EFG 1997, 688, allerdings nur im Hinblick auf die Anerkennung von Grabpflegekosten; offengelassen von *Weinmann* in Moench, ErbStG, § 10 RdNr. 45.

[968] „klarstellenden Charakter", *Meincke*, ErbStG, § 10 RdNr. 51.

[969] Im Ergebnis ebenso *Kluge*, Internationales Steuerrecht, RdNr. U 17; *Schaumburg*, Grenzüberschreitende Erbfälle, S. 147, 170.

[970] A. A. die h. M., vgl. Nürnberg, Urteil v. 18.12.1962, EFG 1963, 311; *Schaumburg*, Internationales Steuerrecht, RdNr. 15.272; einschränkend *Meincke*, ErbStG, § 10 RdNr. 59 und § 21 RdNr. 2; vermit-

der vom Steuerpflichtigen zu entrichtenden ausländischen oder inländischen Steuer folgt vielmehr schon aus § 10 Abs. 5 ErbStG. Das Antragserfordernis in § 21 Abs. 1 Satz 1 ErbStG deutet auch nicht auf ein Wahlrecht zwischen der Anrechnungs- und der Abzugsmethode hin. Das in der Möglichkeit einer Antragstellung zum Ausdruck kommende Wahlrecht überlässt nur die Wahl zur Inanspruchnahme der Anrechnung der ausländischen Steuer nach § 21 ErbStG, erweitert jedoch nicht die Wahlmöglichkeiten über die aus § 21 ErbStG hervorgehenden hinaus, der im Rahmen der Milderung der Doppelbelastung nur die Anrechnungsmethode vorsieht. *Meincke* ist lediglich darin zuzustimmen, dass sich die fehlende Abzugsfähigkeit der ausländischen Steuer von der Bemessungsgrundlage für die Berechnung der inländischen Steuer nicht ausdrücklich aus dem Gesetz, weder aus §§ 21, 10 Abs. 8 noch § 10 Abs. 5 ErbStG, ergibt[971]. Die fehlende Abzugsfähigkeit ergibt sich vielmehr aus einer Negativabgrenzung gegenüber der positiven Aufzählung der abzugsfähigen Nachlassverbindlichkeiten in § 10 Abs. 5 ErbStG.

4. Einführung der Wahlmöglichkeit zwischen der Anrechnungs- und Abzugsmethode

Ebenso wie in § 34 c Abs. 1 und Abs. 2 EStG muss jedoch auch in § 21 ErbStG ein Wahlrecht zwischen der Anrechnung der ausländischen Steuer und ihrem Abzug von der Bemessungsgrundlage zugelassen werden[972]. Dieses Gebot zur Einräumung einer solchen Wahlmöglichkeit ist aus einem Verstoß gegen den Grundsatz der Besteuerung nach der wirtschaftlichen Leistungsfähigkeit zu entnehmen. Dieser ergibt sich daraus, dass das ErbStG durch § 21 Abs. 1 Satz 1 und Abs. 2 Nr. 1 ErbStG die aus der internationalen Doppelbesteuerung folgende Doppelbelastung nur unzureichend vermeidet. Nach § 21 Abs. 1 Satz 1 ErbStG ist abgesehen von den weiteren dort genannten Voraussetzungen die ausländische Steuer auf die deutsche Erbschaft- und Schenkungsteuer anzurechnen, wenn beiden Steuern das gleiche Auslandsvermögen im Sinne dieser Vorschrift unterliegt. Hierdurch soll im Grundsatz die Minderung der wirtschaftlichen Leistungsfähigkeit des Steuerpflichtigen berücksichtigt werden, die sich daraus ergibt, dass er auch mit der ausländischen Steuer wirtschaftlich belastet ist. Als Auslandsvermögen im Sinne des § 21 Abs. 1 Satz 1 ErbStG gelten jedoch, wenn der Erblasser zur Zeit seines Todes oder der Schenker zur Zeit der Ausführung der Schenkung Steuerinländer waren, nach § 21 Abs. 2 Nr. 1 ErbStG nur diejenigen auf einen ausländischen Staat entfallenden Vermögensgegenstände der in § 121 BewG[973] genannten Art[974]. Es

---

telnd *Jülicher* in Troll/ Gebel/ Jülicher, ErbStG, § 21 RdNr. 6, dass ein Abzug der ausländischen Steuer bei der Ermittlung der inländischen Bemessungsgrundlage für den Fall, dass eine Anrechnung ausscheidet, aus Billigkeitsgründen nach §§ 163, 227 AO in Betracht kommt und begründet das mit der Wertentscheidung des Gesetzgebers.

[971] *Meincke*, ErbStG, § 21 RdNr. 2.

[972] *Schaumburg*, Grenzüberschreitende Erbfälle, S. 147, 170, dort FN 72; für eine Abzugsfähigkeit aus Billigkeitsgründen *Jülicher* in Troll/ Gebel/ Jülicher, ErbStG, § 21 RdNr. 6.

[973] S. FN 608.

[974] Näher hierzu zweiter Teil E. II.

wird dadurch nicht das gesamte im Ausland belegene Vermögen in die kollisionsauflösende Norm mit einbezogen. Es kann so der Fall eintreten, dass eine Anrechnung ausländischer Steuer deswegen nicht in Betracht kommt, weil der Besteuerung Auslandsvermögen unterliegt, dass nicht aus den in § 121 BewG genannten Vermögensgegenständen besteht. Die auf das von § 21 Abs. 2 Nr. 1 ErbStG nicht erfasste Auslandsvermögen entfallende ausländische Steuer ist damit nicht auf die dieses Auslandsvermögen ebenfalls erfassende Erbschaft- und Schenkungsteuer anrechenbar. Diese fehlende Anrechnungsmöglichkeit führt dazu, dass die wirtschaftliche Belastung des Steuerpflichtigen mit der ausländischen Steuer und damit eine Doppelbesteuerung unberücksichtigt bleibt. Obwohl das ErbStG beispielsweise durch die verschiedenen Freibeträge und Steuersätze nach §§ 16, 17 und 19 ErbStG oder mit der Steuerbefreiung nach § 13 Abs. 1 Nr. 1 ErbStG, vor allem aber durch den Abzug der abzugsfähigen Nachlassverbindlichkeiten nach § 10 Abs. 5 ErbStG auch sonst die wirtschaftliche Leistungsfähigkeit des Steuerpflichtigen berücksichtigt, bleibt die die wirtschaftliche Leistungsfähigkeit ebenfalls mindernde Belastung mit der ausländischen Steuer gänzlich ausser Betracht. Wegen fehlender Anrechnungsmöglichkeit und Abzugsfähigkeit wird sie an keiner Stelle des ErbStG berücksichtigt. Das ist jedoch als ein Verstoß gegen das Leistungsfähigkeitsprinzip zu werten, weil die Beeinträchtigung der wirtschaftlichen Leistungsfähigkeit durch die Belastung mit der ausländischen Steuer nicht berücksichtigt wird und so die wirtschaftliche Leistungsfähigkeit des Steuerpflichtigen bei der Besteuerung nicht in ihrem zutreffenden Umfang zu Grunde gelegt wird[975].

II. Unterschiedlichkeit des Umfanges des Auslandsvermögens

1. Unterschiedliche Ausgestaltung der Begriffsinhalte

Nach § 21 Abs. 1 Satz 1 ErbStG ist bei Erwerbern, die in einem ausländischen Staat mit ihrem Auslandsvermögen zu einer ausländischen Steuer herangezogen werden, die ausländische Steuer insoweit auf die deutsche Erbschaftsteuer anzurechnen, als das Auslandsvermögen auch der deutschen Erbschaftsteuer unterliegt. § 21 Abs. 2 ErbStG bestimmt, was als das für die Anrechnung der ausländischen Steuer maßgebliche Auslandsvermögen im Sinne des § 21 Abs. 1 Satz 1 ErbStG anzusehen ist. § 21 Abs. 2 ErbStG unterscheidet in Nr. 1 das Auslandsvermögen in engerem Sinn von dem in Nr. 2 genannten Auslandsvermögen im weiteren Sinn[976]. Der Umfang dieser Auslandsvermögen ist unterschiedlich. Er hängt von der Steuerinländereigenschaft des Erblassers ab; auf die Ansässigkeit des Erwerbers kommt es nicht an.

---

[975] Vgl. *Schaumburg*, FS Tipke, S. 125, 144 f.; *ders.*, Internationales Steuerrecht, RdNr. 14.7 ff.
[976] *Baumgartner/ Gassner/ Schick*, DStR 1989, 619, 621.

a) Auslandsvermögen im engeren Sinn

Im Fall der Steuerinländereigenschaft des Erblassers kommt im Rahmen der Anrechnung der enge Begriff des Auslandsvermögens nach § 21 Abs. 2 Nr. 1 ErbStG zur Anwendung. Der im Sinne dieser Vorschrift verstandene Umfang des Auslandsvermögens entspricht spiegelbildlich dem in § 121 BewG[977] genannten Umfang des Inlandsvermögens. Alle Vermögensgegenstände der in § 121 BewG genannten Art, allerdings auch nicht andere als die dort genannten, gehören zum Auslandsvermögen, sofern sie im Ausland belegen sind. Der Umfang des für die Anrechnung der ausländischen Steuer maßgeblichen Auslandsvermögens im engeren Sinn entspricht daher nicht dem Umfang des gesamten im Ausland belegenen Vermögens, er ist geringer[978]. Durch die gegenständliche Begrenzung des Auslandsvermögens auf einen Umfang unterhalb des gesamten im Ausland belegenen Vermögens verfolgt die Regelung das Ziel, bei Steuerinländereigenschaft des Erblassers dessen gesamtes in- und ausländisches Vermögen steuerlich zu erfassen und von dieser Erfassung nur bestimmte ausländische Vermögensgegenstände auszunehmen[979]. In Anlehnung an § 2 Abs. 1 Nr. 3 ErbStG kann man insoweit von einer *beschränkten Anrechnung* der ausländischen Steuer sprechen[980].

b) Auslandsvermögen im weiteren Sinn

War der Erblasser kein Steuerinländer, kommt im Rahmen der Anrechnung der weite Begriff des Auslandsvermögens des § 21 Abs. 2 Nr. 2 ErbStG zur Anwendung. Zu dem im Sinne dieser Vorschrift verstandenen Umfang des Auslandsvermögens gehören alle Vermögensgegenstände mit Ausnahme des Inlandsvermögens im Sinne des § 121 BewG[981] und zwar unabhängig davon, ob diese Vermögensgegenstände im Ausland oder im Inland belegen sind. Der Umfang des Auslandsvermögens im weiteren Sinn ist auch hier nicht identisch mit dem Umfang des gesamten im Ausland belegenen Vermögens, er ist größer, weil auch die im Inland belegenen nicht in § 121 BewG genannten Vermögensbestandteile zum Auslandsvermögen im Sinne des § 21 Abs. 2 Nr. 2 ErbStG gehören. Der Ausdehnung des Umfanges des für die Anrechnung maßgeblichen Auslandsvermögens über das tatsächlich im Ausland belegene hinaus auch auf

---

[977] S. FN 608.

[978] Spiegelbildlich zu dem der beschränkten Steuerpflicht nach § 2 Abs. 1 Nr. 3 ErbStG nicht unterliegenden Inlandsvermögen gehören bspw. ungesicherte Kapitalforderungen gegen Schuldner im Ausland, Spareinlagen und Bankguthaben bei Geldinstituten im Ausland, Aktien und Anteile an ausländischen Kapitalgesellschaften, soweit die Beteiligung weniger als ein Zehntel beträgt, Ansprüche auf Renten und andere wiederkehrende Leistungen gegen Schuldner im Ausland, Erfindungen und Urheberrechte, die im Ausland verwertet werden, Versicherungsansprüche gegen Versicherungsunternehmen im Ausland oder übrige von der Aufzählung der zum Auslandsvermögen gehörigen nicht erfassten beweglichen Wirtschaftsgüter, die sich im Ausland befinden, nicht zum Auslandsvermögen im engeren Sinn; die auf dieses Vermögen entfallende ausländische Steuer ist auf die deutsche Erbschaftsteuer nicht anrechenbar.

[979] *Moench* in Moench, ErbStG, § 21 RdNr. 18 ff.

[980] Vgl. die Begriffsbildung bei *Hauser*, Freistellung, S. 49.

[981] S. FN 608.

Teile des Inlandsvermögens liegt die gesetzgeberische Annahme zu Grunde, dass bei fehlender Steuerinländereigenschaft des Erblassers das übertragene Vermögen in der Regel bereits vollständig von der ausländischen Steuer erfasst wurde. Auf deutscher Seite soll dann nur noch die auf einen Teil des Inlandvermögens entfallende Steuer entrichtet werden[982]. Insoweit kann man hier von einer *umgekehrt beschränkten Anrechnung* der ausländischen Steuer sprechen[983].

2. *Methodisch verfehlte Begriffsdefinition des Auslandsvermögens durch Bezugnahme auf § 121 BewG*

Durch die aus der Bezugnahme auf § 121 BewG[984] folgende Einschränkung des Umfanges des Auslandsvermögens auf das Auslandsvermögen im engeren Sinn kommt eine Milderung der Doppelbelastung für Auslandsvermögen, das von der entsprechenden Aufzählung in § 121 BewG steuerlich nicht erfasst wird, nicht Betracht[985]. Das gilt insbesondere für Spareinlagen und Bankguthaben bei Geldinstituten im Ausland oder Aktien und Beteiligungen an ausländischen Kapitalgesellschaften unterhalb der Wesentlichkeitsgrenze. Wirkt sich die Aufzählung der zum Inlandsvermögen gehörenden Vermögensgegenstände des § 121 BewG im Rahmen der beschränkten Steuerpflicht nach § 2 Abs. 1 Nr. 3 Satz 1 ErbStG zum Vorteil des Steuerpflichtigen aus, da der Umfang seiner Steuerpflicht beschränkt wird, wirkt sich die Bezugnahme auf die entsprechende Anwendung des § 121 BewG zur Begriffsdefinition des Auslandsvermögens zum Nachteil des Steuerpflichtigen aus, weil hierdurch dessen Anrechnungsmöglichkeiten begrenzt werden. Das dem Grunde nach von § 21 ErbStG anzustrebende Ziel, die mit der Doppelbesteuerung verbundene Doppelbelastung möglichst weitgehend zu mildern, wird hierdurch verfehlt[986]. Dagegen wird von dem Auslandsvermögen im weiteren Sinn das gesamte erworbene Vermögen, das ausländische wie das inländische, mit Ausnahme der in § 121 BewG genannten inländischen Vermögensgegenstände erfasst[987]. Damit wird auch die auf das von § 121 BewG nicht erfasste Inlandsvermögen entfallende ausländische Steuer auf die deutsche Erbschaftsteuer angerechnet. Bedenkt man, dass bei der Steuerausländereigenschaft des Erblassers oder Schenkers eine Anwendung des § 21 ErbStG nur bei unbeschränkter Steuerpflicht in Betracht kommt, also nur dann, wenn der Erwerber Steuerinländer ist, erscheint es nicht sachgerecht, dass eine Anrechnung auch für Vermögen erfolgt, dass zwar im Inland belegen ist, im Rahmen der Anrechnung jedoch als Auslandsvermögen anzusehen ist. Gerade vor dem

[982] *Moench* in Moench, ErbStG, § 21 RdNr. 18 ff.
[983] Die Annahme einer erweitert beschränkten Anrechnung in Anlehnung an § 4 AStG scheidet aus, da spiegelbildlich der Umfang des Auslandsvermögens im weiteren Sinn über den des in § 4 AStG genannten Umfang des der erweitert beschränkten Steuerpflicht unterliegenden Inlandsvermögens hinausgeht.
[984] S. FN 608.
[985] *Moench* in Moench, ErbStG, § 21 RdNr. 18 ff.
[986] *Jülicher* in Troll/ Gebel/ Jülicher, ErbStG, § 21 RdNr. 3.
[987] *Moench* in Moench, a.a.O., FN 985.

Hintergrund, dass durch die Erbschaft- und Schenkungsteuer der Erwerber auf Grund seines Zuwachses an wirtschaftlicher Leistungsfähigkeit besteuert werden soll[988], ist es sachwidrig, das Besteuerungsrecht in einem größeren Umfang als nötig zurückzunehmen.

Die methodische Schwäche liegt in der Bezugnahme auf § 121 BewG[989]. Als Mittel zur Definition des Begriffs des Auslandsvermögens erreicht sie, soweit es um den engeren Begriff des Auslandsvermögens geht, ihr Ziel nicht und geht, soweit es um den weiteren Begriff des Auslandsvermögens geht, über ihr Ziel hinaus. Sie ist methodisch nicht geeignet, im Anrechnungsverfahren des § 21 ErbStG sachgerechte Ergebnisse zu erzielen. Durch die Bezugnahme auf § 121 BewG wird der Anrechnungsberechtigte bei Zugrundelegung des engen Begriffs des Auslandsvermögens insoweit benachteiligt, als hierdurch seine Anrechnungsmöglichkeiten begrenzt werden. Bei Zugrundelegung des weiten Begriffs des Auslandsvermögens wird er insoweit begünstigt, als sich einerseits der anrechenbare auf das Auslandsvermögen entfallende Betrag der ausländischen Steuer und andererseits der auf das Auslandsvermögen entfallende Betrag der deutschen Erbschaftsteuer erhöht und es hierdurch zu einer Anhebung des anrechenbaren Höchstbetrages kommt. Durch die Bezugnahme auf § 121 BewG werden also dem Anrechnungsberechtigten, der von einem nicht zu den Steuerinländern gehörenden Erblasser erwirbt, umfangreichere Anrechnungsmöglichkeiten eingeräumt als dem Erwerber, der von einem zu den Steuerinländern gehörenden Erblasser erwirbt.

In der Bezugnahme auf § 121 BewG durch § 21 Abs. 2 Nr. 1 ErbStG liegt ein Verstoß gegen den Grundsatz der gleichmäßigen Besteuerung nach der wirtschaftlichen das Leistungsfähigkeit. Durch die Begrenzung des Umfanges des Auslandsvermögens auf die im Ausland belegenen in § 121 BewG genannten Vermögensgegenstände ist die ausländische Steuer, die auf anderes im Ausland belegenes Vermögen entfällt, nicht anrechenbar. Insoweit bleibt die aus der Doppelbesteuerung folgende Doppelbelastung im Hinblick auf dieses Vermögen bestehen. Die die wirtschaftliche Leistungsfähigkeit des Steuerpflichtigen mindernde Belastung mit der ausländischen Steuer wird damit bei der Besteuerung nach dem ErbStG an keiner Stelle, weder durch eine Anrechnung der ausländischen Steuer noch durch ihren Abzug von der Steuerbemessungsgrundlage, berücksichtigt. Dem aus dem Leistungsfähigkeitsprinzip abzuleitenden Gebot, die Minderung der durch die Belastung mit der ausländischen Steuer erfolgenden wirtschaftlichen Leistungsfähigkeit zu berücksichtigen[990], wird damit nicht Rechnung getragen. Die bei der Besteuerung unberücksichtigt gebliebene Doppelbelastung stellt insoweit keine gleichmäßige Besteuerung nach der wirtschaftlichen Leistungsfähigkeit dar[991].

---

[988] S. hierzu ausführlich erster Teil B. II. 2. a) aa) (2).

[989] *Schaumburg*, RIW 2001, 161, 169.

[990] *Jülicher* in Troll/ Gebel/ Jülicher, ErbStG, § 2 RdNr. 142.

[991] *Tipke*, StRO I, S. 522; *Schindhelm*, ZEV 1997, 8, 13; *Schaumburg*, FS Tipke, S. 125, 144 f.; *Schaumburg*, Grenzüberschreitende Erbfälle, S. 147, 170; zur Frage des Bestehens eines Rechtsanspruches auf Schutz gegen internationale Doppelbesteuerung s. Bachmayr, StuW 1964, 885 ff.

3. Begriffsdefinition des Auslandsvermögens durch Bezugnahme auf § 4 Abs. 1 AStG

Diese methodische Schwäche des § 21 Abs. 2 ErbStG im Hinblick auf die unterschiedliche Begriffsdefinition des Auslandsvermögens lässt sich durch eine umgekehrte Anlehnung an die Begriffsdefinition des Inlandsvermögens nach § 4 Abs. 1 AStG vermeiden. § 4 Abs. 1 AStG nimmt mittelbar zwar auch Bezug auf § 121 BewG, erweitert den Begriff des Inlandsvermögens jedoch durch eine weitere Bezugnahme auf § 34 c Abs. 1 EStG auf nahezu alle im Inland belegenen Vermögenswerte. Eine Bezugnahme ist in § 21 Abs. 2 Nr. 1 ErbStG durch eine spiegelbildliche Anknüpfung und in § 21 Abs. 2 Nr. 2 ErbStG durch eine unmittelbare Anknüpfung an den Begriff des Inlandvermögens im Sinne des § 4 Abs. 1 AStG möglich. Danach kann die Vorschrift des § 21 Abs. 2 ErbStG die folgende Fassung erhalten:

> "Als Auslandsvermögen im Sinne des Absatzes 1 gelten,
>
> wenn der Erblasser zur Zeit seines Todes Inländer war: alle Vermögensgegenstände der in § 121 des Bewertungsgesetzes genannten Art, die auf einen ausländischen Staat entfallen, sowie über den dort bezeichneten Umfang hinaus alle Teile des Erwerbs, deren Erträge bei unbeschränkter Einkommensteuerpflicht ausländische Einkünfte im Sinne des § 34 c Abs. 1 des Einkommensteuergesetzes wären;
>
> wenn der Erblasser zur Zeit seines Todes kein Inländer war: alle Vermögensgegenstände mit Ausnahme des Inlandsvermögens im Sinne des § 121 des Bewertungsgesetzes sowie über den dort bezeichneten Umfang hinaus aller Teile des Erwerbs, deren Erträge bei unbeschränkter Einkommensteuerpflicht nicht ausländische Einkünfte im Sinne des § 34 c Abs. 1 des Einkommensteuergesetzes wären."

Hierdurch werden die ehemals engeren und weiteren Begriffe des Auslandsvermögens aneinander angeglichen. Durch die Ausdehnung des Umfanges des Auslandsvermögens in dem vormals enger verstandenen Sinn werden die Anrechnungsmöglichkeiten hinsichtlich der auf dieses Vermögen entfallenden ausländischen Steuer ausgedehnt. Eine solche Ausdehnung mindert die aus der Doppelbesteuerung folgende Doppelbelastung in größerem Umfang und gewährleistet in einem höheren Maß die Verwirklichung gleichmäßiger Besteuerung nach der wirtschaftlichen Leistungsfähigkeit. Außerdem werden durch die so erfolgende Erweiterung der Anrechnungsmöglichkeiten sachgerechtere Ergebnisse als über eine Abzugsmöglichkeit einer überhängenden ausländischen Steuer erzielt. Im Hinblick auf den vormals weiteren Begriff des Auslandsvermögens wird die Einschränkung der Anrechnungsmöglichkeit ausländischer Steuern erreicht und so für den überwiegenden Teil des im Inland belegenen Vermögens ausgeschlossen. Dadurch wird die Ausübung des Besteuerungsrechtes nur in einem sachgerechten Umfang zurückgenommen, da es nicht Aufgabe der Bundesrepublik ist, ausländische auf im Inland belegenes Vermögen entfallende Steuern anzurechnen; dies ist vielmehr Aufgabe des die ausländische Steuer erhebenden Staates.

III. Per-country limitation

§ 21 Abs. 1 Sätze 1 bis 3 ErbStG enthalten weiterhin eine Höchstbetragsregelung, derzufolge die ausländische Steuer nur bis zu einem bestimmten Betrag anrechenbar ist. Dieser Anrechnungshöchstbetrag ist einzeln und für jeden Staat gesondert zu berechnen, wenn das Vermögen oder ein Teil des Vermögens in verschiedenen ausländischen Staaten belegen ist. Hierdurch wird verhindert, dass der Anrechungshöchstbetrag für ein Hochsteuerland mit der nicht ausgeschöpften Anrechnungskapazität eines Niedrigsteuerlandes verrechnet wird[992].

1. Belegenheit des erworbenen Vermögens in nicht mehr als einem anderen ausländischen Staat

§ 21 Abs. 1 Satz 1 ErbStG geht im Grundsatz zunächst davon aus, dass sich das gesamte erworbene Vermögen im Ausland befindet. Diesenfalls ist die ausländische Steuer insoweit auf die deutsche Erbschaftsteuer anzurechnen, als das Auslandsvermögen im Sinne des § 21 Abs. 1 Satz 1 ErbStG der ausländischen und der deutschen Erbschaftsteuer unterliegt[993]. Soweit Auslandsvermögen beispielsweise bei Steuerbefreiungen entweder nur der deutschen oder nur der ausländischen Erbschaftsteuer unterliegt, kommt eine Anrechnung nicht in Betracht, weil es an der für eine Anrechnung vorausgesetzten Doppelbesteuerung fehlt. Der Anrechnungshöchstbetrag ergibt sich dann, soweit die ausländische Steuer höher als die deutsche Erbschaftsteuer ist, aus der Höhe des deutschen Erbschaftsteuerbetrages[994]. Die diesen Anrechnungshöchstbetrag übersteigende ausländische Steuer ist daher nicht weiter anrechenbar.

§ 21 Abs. 1 Satz 2 ErbStG bestimmt für den Fall nur teilweiser Belegenheit des Vermögens im Ausland, dass die ausländische Steuer nur bis zu dem Teilbetrag der deutschen Erbschaftsteuer anrechenbar ist, der auf das im Ausland belegene Vermögen entfällt. Satz 2 stellt damit noch einmal die Geltung des Anrechnungshöchstbetrages klar. Dieser Anrechnungshöchstbetrag ist der auf das ausländische Vermögen entfallende Teilbetrag der deutschen Erbschaftsteuer. Weiter regelt er auch das Verfahren zur Ermittlung des Anrechnungshöchstbetrages in der Weise, dass die für das steuerpflichtige Gesamtvermögen einschließlich des steuerpflichtigen Auslandsvermögens sich ergebende deutsche Erbschaftsteuer im Verhältnis des steuerpflichtigen Auslandsvermögens zum steuerpflichtigen Gesamtvermögen aufgeteilt wird.

Der Anrechnungshöchstbetrag soll verhindern, dass es bei einem Übersteigen der deutschen auf das Auslandsvermögen entfallenden Erbschaftsteuer durch die auf dieses Vermögen entfallende ausländische Steuer zu einer Minderung der deutschen auf das

---

[992] *Meincke*, ErbStG, § 21 RdNr. 24.
[993] *Moench* in Moench, ErbStG, § 21 RdNr. 13 ff.
[994] *Moench* in Moench, a.a.O., FN 993; *Jülicher* in Troll/ Gebel/ Jülicher, ErbStG, § 21 RdNr. 56 ff.

Inlandsvermögen entfallenden Erbschaftsteuer durch die ausländische Steuer kommt. Die ausländische auf das Auslandsvermögen entfallende Steuer, die die auf dieses Vermögen entfallende deutsche Erbschaftsteuer übersteigt, ist daher nicht weiter anrechenbar[995].

2. Belegenheit des Vermögens oder eines Teils des Vermögens in mehreren ausländischen Staaten

Befindet sich das erworbene Vermögen in verschiedenen ausländischen Staaten unabhängig von seiner Belegenheit im Inland, regelt Satz 3, dass für jeden einzelnen dieser Staaten unter den weiteren in Satz 1 und 2 genannten Voraussetzungen der Anrechnungshöchstbetrag gesondert zu ermitteln ist[996]. Satz 3 verhindert damit, dass in den Fällen, in denen die ausländische Steuer eines Staates den Teilbetrag der auf das Auslandsvermögen im Sinne des § 21 Abs. 1 Satz 1 ErbStG dieses Staates entfallenden deutsche Erbschaftsteuer übersteigt, mit dem verbliebenen Teilbetrag der auf das Auslandsvermögen im Sinne des § 21 Abs. 1 Satz 1 ErbStG eines anderen Staates entfallenden deutschen Erbschaftsteuer verrechnet werden kann, wenn im Hinblick auf dieses Auslandsvermögen der hierauf entfallende Teilbetrag der deutschen Erbschaftsteuer die ausländische Steuer übersteigt. Ohne diese sogenannte per-country limitation des Satz 3 ist nach Satz 2 die Addition der gesamten auf das in den verschiedenen Staaten belegene Vermögen entfallenden ausländischen Steuern möglich, die auf den auf das gesamte Auslandsvermögen entfallenden Teilbetrag der deutschen Erbschaftsteuer anrechenbar ist. Dadurch können im Ergebnis Teilbeträge ausländischer Steuern anrechenbar sein, die sonst wegen Überschreitens des Anrechnungshöchstbetrages nicht anrechenbar sind. Durch die per-country limitation wird die weitere Anrechnung noch anrechenbarer Auslandssteuern verhindert[997].

3. Per-country versus overall limitation

In den Fällen, in denen bei Belegenheit des Vermögens oder eines Teiles dessen im Ausland durch die per-country limitation die weitere Anrechnung noch anrechenbarer Auslandssteuern verhindert wird[998], wird diese Anrechnung durch eine overall limitation bis zur Ausschöpfung der jeweiligen Anrechnungshöchstbeträge ermöglicht. Mit der overall limitation werden die Teilbeträge ausländischer Steuern angerechnet, die sonst wegen Überschreitens des Anrechnungshöchstbetrages nicht anrechenbar sind. Eine solche overall limitation nähert nicht nur das steuerliche Gesamtbelastungsniveau dem einfachen deutschen an, sondern entspricht auch dem Grundsatz der Besteuerung nach der wirtschaftlichen Leistungsfähigkeit, der die Berücksichtigung der Minderung

---

[995] Zur Kritik hierzu *Schaumburg*, FS Tipke, S. 125, 147 f.
[996] *Moench* in Moench, a.a.O., FN 993.
[997] *Jülicher* in Troll/ Gebel/ Jülicher, ErbStG, § 21 RdNr. 61 ff.
[998] S. oben zweiter Teil E. III.

der wirtschaftlichen Leistungsfähigkeit in Folge der Belastung mit der ausländischen Steuer gebietet[999]. Denn im Rahmen der per-country limitation werden die den Anrechnungshöchstbetrag übersteigenden anrechenbaren ausländischen Steuern bei der Besteuerung nicht mehr berücksichtigt. Weder kommt im Rahmen des Abzugsverfahrens ihr Abzug von der Steuerbemessungsgrundlage in Betracht, noch werden sie an anderer Stelle im Anrechnungsverfahren berücksichtigt. Für die Minderung der wirtschaftlichen Leistungsfähigkeit durch die ausländischen Steuern ist es außerdem unerheblich, in welchem ausländischen Staat eine zusätzlich wirtschaftliche Belastung mit einer Steuer besteht[1000]. Das beachtet die per-country limitation nicht. Die Berücksichtigung weiterer anrechenbarer ausländischer Steuern ist jedoch mit der overall limitation möglich, die so im Gegensatz zur per-country limitation der Verwirklichung des Leistungsfähigkeitsprinzips Rechnung trägt[1001].

IV. Beschränkung der Anrechnung auf „entsprechende" Steuern

§ 21 Abs. 1 Satz 1 ErbStG beschränkt schließlich die Anrechnung ausländischer Steuern auf solche Steuern, die der deutschen Erbschaft- und Schenkungsteuer entsprechen. Die Voraussetzungen, unter denen eine ausländische Steuer der deutschen Erbschaft- und Schenkungsteuer entspricht, sind jedoch nicht normiert. Im Hinblick auf die zutreffende Auslegung dieses Tatbestandsmerkmals sind dabei die unterschiedlichen Formen der Doppelbesteuerung im Internationalen Erbschaft- und Schenkungsteuerrecht[1002] und die besteuerungssystematischen Gemeinsamkeiten und Unterschiede in den einzelnen Erbschaft- und Schenkungsteuerrechtsordnungen[1003] zu beachten. Die Berücksichtigung dieser unterschiedlichen Formen ist bedeutsam, wenn es um die Frage geht, ob entsprechend dem Regelungszweck des § 21 ErbStG die Anrechnung einer ausländischen Steuer, die steuertypologisch nicht beispielsweise als Erbanfall- oder Nachlasssteuer angesehen wird, deswegen geboten ist, weil eine mit der internationalen Doppelbesteuerung durch eine Erbanfall- und eine Nachlasssteuer vergleichbare Situation gegeben ist. Die besteuerungssystematischen Gemeinsamkeiten und Unterschiede zwischen den einzelnen Steuergesetzen ermöglichen die Feststellung, ob im Hinblick auf die andere steuertypologische Einordnung dieser ausländischen Steuer die Unterschiede in der Besteuerungssystematik so bedeutend sind, dass auch bei entsprechender Auslegung nach dem Normzweck des § 21 ErbStG die Voraussetzungen des Tatbestandsmerkmals des „Entsprechens" der Steuern nicht erfüllt sind.

---

[999] *Jülicher* in Troll/ Gebel/ Jülicher, ErbStG, § 2 RdNr. 142.
[1000] *Schaumburg*, FS Tipke, S. 125, 148 f.
[1001] *Schaumburg*, FS Tipke, S. 125, 147 ff.
[1002] S. hierzu ausführlich erster Teil C. II.
[1003] S. hierzu ausführlich erster Teil B. III.

1. Anforderungen an das „Entsprechen"

a) Gesetzgebungsgeschichtliche Auslegung

Der Gesetzgeber setzte sich soweit ersichtlich das erste Mal anlässlich der Änderung des § 8 Abs. 4 ErbStG 1951 mit der Frage des Entsprechens zweier Steuern auseinander. Mit der Änderung dieser Bestimmung durch das ErbStÄndG 1959[1004] ersetzte er das Abzugsverfahren durch das Anrechnungsverfahren als Regelmethode der Berücksichtigung ausländischer Steuern. Nach dem Regierungsentwurf des ErbStÄndG 1959 sollte allerdings die Anrechnung ausländischer Schenkungsteuern ausgeschlossen bleiben[1005]. Der Ausschluss wurde wie folgt begründet:

> „Bei einer Anrechnung der für Schenkungen aus dem Ausland erhobenen ausländischen Steuern ergeben sich aber deshalb Schwierigkeiten, weil es sich dabei oft um Steuern handelt, die nicht mit der deutschen Schenkungsteuer vergleichbar sind. Es kann im Einzelfall den Finanzbehörden kaum zugemutet werden, festzustellen, ob es sich bei der für eine Schenkung festgesetzten ausländischen Steuer um eine Schenkungsteuer im Sinne des deutschen Erbschaftsteuergesetzes, um eine Kapitalverkehrssteuer oder um eine sonstige Steuer handelt. In § 8 b Abs. 3 Nr. 2 wird deshalb ganz allgemein die Anrechnung ausländischer Steuern, die aus Anlaß einer Schenkung oder Zweckzuwendung unter Lebenden erhoben werden, ausgeschlossen." [1006]

Der Finanzausschuss lehnte den Ausschluss der Anrechnung ausländischer Schenkungsteuern jedoch ab, weil er die technischen Schwierigkeiten nicht für so schwerwiegend hielt, „um deshalb die auch sonst bestehende Gleichbehandlung von Schenkung- und Erbschaftsteuer in dieser Hinsicht zu beseitigen"[1007]. Der Ausschluss wurde daher nicht in das ErbStÄndG 1959 übernommen und das Anrechnungsverfahren als Regelmethode der Berücksichtigung ausländischer Steuern ohne Einschränkung in das ErbStG eingeführt[1008].

Zwar normierte der Gesetzgeber in § 9 ErbStG 1959[1009] noch nicht das Tatbestandsmerkmal des Entsprechens zwischen deutscher und ausländischer Steuer als Voraussetzung für die Anrechnung. Es bestand daher kein Anlass zu einer Auseinandersetzung über die Frage, wie dieses Tatbestandsmerkmal inhaltlich im Einzelnen auszugestalten ist. Die Ablehnung des die Anrechnung ausländischer Schenkungsteuern ausschließenden Regierungsentwurfes zeigt jedoch, wie der Gesetzgeber vor dem Hintergrund der Gleichbehandlung zwischen Erbschaft- und Schenkungsteuer über die Anrechnung ausländischer Steuern gedacht hat. Hiervon ausgehend scheint es für die An-

---

[1004] Art. 1 Nr. 5 und Nr. 6 ErbStÄndG 1959, BStBl. I 1959, 156 ff.
[1005] Begründung des Entwurfes des ErbStÄndG, BR-Drucks. 228/58, S. 13.
[1006] Ebd., s. vorherige FN.
[1007] Schriftlicher Bericht des Finanzausschusses über den Entwurf des ErbStÄndG, BT-Drucks. 3/795.
[1008] Verhandlungen des BT, Stenographische Berichte, 3. Wahlperiode, 62. Sitzung, S. 3356 (D), S. 3357 (A).
[1009] BStBl. I 1959, 159, 162.

rechnung ausländischer Erbschaft- und Schenkungsteuern auf ihre typologische Vergleichbarkeit nicht anzukommen. Denn obwohl der Gesetzgeber erkannt hat, dass es sich bei „für Schenkungen aus dem Ausland erhobenen ausländischen Steuern ... oft um Steuern handelt, die nicht mit der deutschen Schenkungsteuer vergleichbar sind", hat er ihre Anrechnung zugelassen. Es kommt also nicht darauf an, wie die anzurechnende ausländische Steuer ausgestaltet ist, ob es sich bei ihr um eine Steuer im Sinne des ErbStG, um eine als „Kapitalverkehrssteuer" bezeichnete Steuer oder um eine „sonstige Steuer" handelt. Für die Anrechnung scheint demnach auszureichen, dass es sich bei der ausländischen Steuer um eine Steuer handeln muss, die „aus Anlaß" eines unentgeltlichen Vermögensüberganges zwischen zwei Personen erhoben wird.

Das Tatbestandsmerkmal des Entsprechens wurde erstmals in § 21 Abs. 1 Satz 1 ErbStG 1974[1010] normiert. Gegenüber der Vorgängervorschrift des § 9 Abs. 1 Satz 1 ErbStG 1959[1011] ist nicht die Anrechnung der „ausländische[n] Erbschaftsteuer auf die deutsche Erbschaftsteuer", sondern die der „deutschen Erbschaftsteuer entsprechenden Steuer" vorgesehen. Der BFH leitete daraus eine Einschränkung der Tatbestandsvoraussetzungen für die Anrechnung ab[1012]. Wie die in der Auseinandersetzung über die Anrechnung auch steuertypologisch anders einzuordnender ausländischer Schenkungsteuern zum Ausdruck kommende Offenheit des Gesetzgeber zeigt, ist das jedoch nicht richtig[1013]. Zutreffend ist vielmehr, dass der Gesetzgeber die Bestimmung in diesem Punkt nur redaktionell und nicht auch inhaltlich geändert hat. Eine Verengung ihres Anwendungsbereiches war jedenfalls nicht bezweckt. Offenbar wollte der Gesetzgeber durch diese Änderung im Gesetzestext nur klarstellen, dass entsprechend dem auch sonst betonten Gleichbehandlungsgrundsatz zwischen der Erbschaft- und Schenkungsteuer[1014] nicht nur ausländische Erbschaft-, sondern auch Schenkungsteuern anzurechnen sind. Das war schon vor dem Hintergrund erforderlich, als § 1 Abs. 2 ErbStG 1959 noch ausdrücklich die Geltung der Vorschriften über den Erwerb von Todes wegen auch für Schenkungen vorsah, „soweit nichts Besonderes bestimmt ist"[1015]. Wäre keine redaktionelle Änderung erfolgt, hätte also systemwidrig und unbeabsichtigt etwas „Besonderes" bzw. „anderes"[1016] gegolten. Für eine redaktionelle Änderung bot sich anstatt einer Aufzählung die einfachere und kürzere Präposition an. Jedenfalls führte der Gesetzgeber für die Änderung des § 21 ErbStG 1974 mehrere verschiedene Gründe an, nur nicht die Verengung seines Anwendungsbereiches gegenüber der Vorgängervorschrift des § 9 Abs. 1 Satz 1 ErbStG 1959[1017].

1010 BStBl. I 1974, 216, 224.
1011 BStBl. I 1959, 159, 162.
1012 BFH, Urteil v. 26.04.1995, II R 13/92, BStBl. II 1995, 540, 542.
1013 Ebenso zweifelnd *Jülicher*, ZEV 1996, 295 ff.
1014 S. bereits oben sowie jeweils § 1 Abs. 2 ErbStG 1959 und 1974.
1015 Die Bestimmung wurde durch Ersetzung des Wortes „Besonderes" durch „anderes" geändert.
1016 S. vorherige FN.
1017 BT-Drucks. VI/3418, S. 44, 73.

b) Rechtsprechung

Im Bereich der Erbschaftbesteuerung zählt der BFH zu den anrechenbaren ausländischen Steuern regelmäßig die als Erbanfallsteuern ausgestalteten Steuern[1018]. Auch die als Nachlasssteuern ausgestalteten ausländischen Steuern gehören nach seiner Rechtsprechung zu den der deutschen Erbschaftsteuer entsprechenden Steuern[1019]. Das begründet er damit, dass die Nachlasssteuern „auf den Übergang des Vermögens des Erblassers gelegt" seien[1020] und „im Ergebnis auch für den Erwerb des Nachlassvermögens gezahlt" werden[1021]. Im Falle einer Nachlasssteuer sei ausreichend, „daß diese den Nachlaß und damit alle Teile des Nachlasses belastet"[1022]. In einer späteren Entscheidung und unter teilweiser Abweichung von seiner früheren Rechtsprechung hat der BFH dann allerdings ausdrücklich betont, dass hinsichtlich des Entsprechens der Steuern nicht auf den Vorgang des Vermögensüberganges abzustellen sei, sondern vor allem darauf, dass eine Nachlasssteuer im Ergebnis für den Erwerb des Nachlassvermögens gezahlt werde und den Nachlass belaste[1023]. Anrechenbar sei eine ausländische Steuer danach nur, „wenn durch sie der Wert des Nachlassvermögens im Sinne einer auf die Nachlassmasse als solcher liegenden Nachlasssteuer, oder der Erbanfall, also die Bereicherung beim einzelnen Erben, erfasst wird"[1024]. In der zuletzt genannten Entscheidung lehnte der BFH so die Anrechnung der kanadischen Capital Gains Tax ab, die anlässlich eines erbfallbedingten Vermögensüberganges von in Kanada belegenem Vermögen entstanden war[1025]. Bei der als Einkommensteuer ausgestalteten kanadischen Capital Gains Tax wird bei einem unentgeltlichen Vermögensübergang zwischen zwei Personen eine Vermögensveräußerung zum Marktwert fingiert und einer Veräußerungsgewinnbesteuerung des Entäußerers unterworfen[1026]. Das FG Münster, das als Vorinstanz über die Anrechnung der kanadischen Capital Gains Tax entschieden hatte[1027], stellte vor allem auf wirtschaftliche Kriterien ab: Die Besteuerung knüpfe bei

[1018] BFH, Urteil v. 21.04. 1982, II R 148/79, BStBl. II 1982, 597 f.; BFH, Urteil v. 06.03.1990, II R 32/86, BStBl. II 1990, 786 f.

[1019] BFH, Urteil v. 26.04.1995, II R 13/92, BStBl. II 1995, 540, 542; BFH, Urteil v. 06.03.1990, II R 32/86, BStBl. II 1990, 786 f.; BFH, Urteil v. 26.06.1963, II 196/61 U, BStBl. III 1963, 402 f.; BFH, Urteil v. 28.02.1979, II R 165/74, BStBl. II 1979, 438, 440; BFH, Urteil v. 15.05.1964, II 177/61 U, BStBl. III 1964, 408, 410; BFH, Urteil v. 21.04. 1982, II R 148/79, BStBl. II 1982, 597 f.

[1020] BFH, Urteil v. 21.04. 1982, II R 148/79, BStBl. II 1982, 597 f.; BFH, Urteil v. 06.03.1990, II R 32/86, BStBl. II 1990, 786 f.; nach BFH, Urteil v. 15.05.1964, II 177/61 U, BStBl. III 1964, 408, 410, wird bei der Nachlasssteuer der ganze Nachlassübergang als solcher besteuert.

[1021] BFH, Urteil v. 06.03.1990, II R 32/86, BStBl. II 1990, 786 f.; BFH, Urteil v. 21.04. 1982, II R 148/79, BStBl. II 1982, 597 f.

[1022] BFH, Urteil v. 06.03.1990, II R 32/86, BStBl. II 1990, 786 f.; in zwei zu § 9 ErbStG 1959 ergangenen Urteilen hielt der BFH, Urteil v. 26.06.1963, II 196/61 U, BStBl. III 1963, 402 f., und Urteil v. 15.05.1964, II 177/61 U, BStBl. III 1964, 408, 410, für entscheidend, dass derselbe Erwerb und nicht derselbe Erwerber mit ausländischer und inländischer Erbschaftsteuer zugleich belastet ist.

[1023] BFH, Urteil v. 26.04.1995, II R 13/92, BStBl. II 1995, 540 f.

[1024] BFH, Urteil v. 26.04. 1995, II R 13/92, BStBl. II 1995, 540, 542.

[1025] BFH, Urteil v. 26.04. 1995, II R 13/92, BStBl. II 1995, 540, 542.

[1026] Vgl. auch *CMTG* § 5002.

[1027] FG Münster, Urteil v. 09.01.1992, 3 K 1870/89 Erb – nrkr., EFG 1992, 540 f.

beiden Gesetzen an denselben Tatbestand, die systematische Einordnung und die Berechnung der jeweiligen nationalen Steuer sei demgegenüber nicht ausschlaggebend für eine Anrechenbarkeit und nach dem Zweck des § 21 ErbStG zur Vermeidung einer Doppelbelastung sei die Vorschrift weit auszulegen[1028]. Anhand anderer Kriterien, jedoch wiederum bezüglich der Anrechnung der kanadischen Capital Gains Tax, die diesmal anlässlich der schenkweisen Übertragung von in Kanada belegenem Vermögen entstanden war, entschied das FG Rheinland-Pfalz, dass bei „lebzeitigen Vermögensübertragungen ... keine Rede davon sein [kann], daß der Erwerber durch die ausländische Steuer, die beim Schenker als ESt auf einen fiktiven Veräußerungsgewinn erhoben wird, wirtschaftlich belastet sei. Da die Steuer in der Person des Schenkers entsteht, handelt es sich nicht um eine ‚auf den Erwerber entfallende' Steuer, zu der er ‚in einem ausländischen Staat ... herangezogen' wird"[1029]. Das FG Rheinland-Pfalz lehnte mit dieser Begründung die Anrechnung der kanadischen Capital Gains Tax ebenfalls ab.

c) Rechtswissenschaft

Boochs zählt zu den entsprechenden ausländischen Steuern alle Steuern, „die unmittelbar durch den Tod einer Person entstehen oder für einen freigebigen Vermögensübergang erhoben werden[1030]. *Massbaum* versteht unter einer entsprechenden ausländischen Steuer eine Steuer, „die unmittelbar durch den Tod einer Person oder bei einer Schenkung zur Entstehung gelangt" und „auf den Übergang des Nachlasses abstellt". Die Voraussetzung der Vergleichbarkeit sei erfüllt, wenn die ausländische Steuer den Erwerb der gleichen Vermögenssubstanz erfasse[1031]. Neben der Anrechnung der Erbanfall- und Nachlasssteuern befürwortet *Jülicher* dem Grunde nach auch eine Anrechnung der sog. „Wertzuwachssteuern" wie beispielsweise der kanadischen Capital Gains Tax. Er begründet seine Ansicht damit, dass Steuern auf fiktive Wertzuwächse „qualitativ grundsätzlich Substanzsteuern" darstellen. Angemessen sei allerdings eine Begrenzung der Anrechnung in dem Verhältnis, in dem der im Ausland besteuerte Wertzuwachs zu der in der Bundesrepublik besteuerten gesamten Vermögenssubstanz steht. Der Abzug als Nachlassverbindlichkeit nach § 10 Abs. 5 ErbStG sei jedenfalls nicht ausreichend[1032]. Für die Anrechnung einer ausländischen Schenkungsteuer würde es genügen, so *Jülicher*, wenn sie nicht an die Bereicherung des Erwerbers, sondern an die Entreicherung des Zuwendenden anknüpfe, solange ein unentgeltlicher Vermö-

---

[1028] FG Münster, ebd.

[1029] FG Rheinland-Pfalz, Urteil v. 16.09.1999, 4 K 2557/98 – rkr., EFG 2000, 86.

[1030] *Boochs*, DVR 1987, 178, 180.

[1031] *Massbaum*, Anrechnung ausländischer Steuern als Planungsfaktor, S. 401, 416 f.; ebenso *Jülicher* in Troll/ Gebel/ Jülicher, ErbStG, § 21 RdNr. 18.

[1032] *Jülicher*, ZEV 1996, 295, 297; zustimmend *Arlt*, IWB Nr. 22 vom 26.11.1997, Fach 3, Gruppe 9, S. 103, 111; im Ergebnis zustimmend *Massbaum*, Anrechnung ausländischer Steuern als Planungsfaktor, S. 401, 417; im Ergebnis wohl ebenso zustimmend *Bellstedt*, IWB Nr. 8 vom 24.04.1996, Fach 3, Gruppe 9, S. 91, 99.

gensübergang besteuert würde[1033]. *Wilde* hält die kanadische Capital Gains Tax für deswegen anrechenbar, weil sie „infolge der Vergleichbarkeit ihrer Voraussetzungen und ihrer wirtschaftlichen Auswirkungen als eine Form der Nachlaßsteuer anzusehen" ist[1034]. Soweit eine Anrechenbarkeit, wie beispielsweise im Fall der kanadischen Capital Gains Tax, mit dem Fehlen der Voraussetzung des Entsprechens begründet wird, schließt sich der überwiegende Teil der Literaturauffassungen der Begründung des BFH[1035] an[1036].

2. *Ableitung von Qualifikationsmerkmalen aus den DBA*

Der aus § 21 Abs. 1 Satz 1 und Abs. 4 ErbStG hervorgehende enge Zusammenhang zwischen der Anrechnung einer entsprechenden ausländischen Steuer nach dieser Vorschrift und nach den Vorschriften eines DBA legt nahe, dass es sich bei den in den DBA genannten Steuern um „entsprechende Steuern" im Sinne des § 21 Abs. 1 Satz 1 ErbStG handelt. Aus den DBA können so Qualifikationsmerkmale im Hinblick auf das Entsprechen zweier Steuern abgeleitet werden. Aus den Tatbestandsvoraussetzungen der DBA lassen sich zwar nicht unmittelbar die Qualifikationsmerkmale entnehmen, nach denen das Entsprechen einer ausländischen Steuer mit der deutschen Erbschaft- und Schenkungsteuer beurteilt werden kann. Es ist jedoch bereits hervorgehoben worden, dass aus den Tatbestandsmerkmalen der kollisionsauflösenden Normen der DBA im Umkehrschluss zu entnehmen ist, inwieweit die kollisionsbegründenden Normen der jeweiligen Steuergesetze übereinstimmen müssen, um von einer aufzulösenden Doppelbesteuerung auszugehen[1037]. Am Beispiel des DBA Österreich und des DBA USA wurde dargelegt, das es unabhängig von der steuertypologischen Einordnung der jeweiligen Erbschaft- und Schenkungsteuern darauf ankommt, dass den Steuergesetzen der jeweils gleiche wirtschaftliche Sachverhalt und dasselbe Besteuerungsgut im Hinblick auf den durch dieses verkörperten, wirtschaftliche Leistungsfähigkeit vermittelnden Wert der Besteuerung zu Grunde liegt. Um Wertungswidersprüche zu vermeiden, ist angesichts der in den DBA getroffenen Regelungen also davon auszugehen, sich zwei Steuern bereits dann im Sinne des § 21 Abs. 1 Satz 1 ErbStG entsprechen, wenn ihnen der gleiche wirtschaftliche Sachverhalt und dasselbe Besteuerungsgut im Hin-

---

[1033] *Jülicher* in Troll/ Gebel/ Jülicher, ErbStG, § 21 RdNr. 18.

[1034] *Wilde*, Kanadisches „Erbschaftsteuerrecht", RdNr. 538; *ders.*, ZEV 1997, 488, 491; *Wacker*, IStR 1998, 33, 36; vgl. auch *Jülicher* in Troll/ Gebel/ Jülicher, ErbStG, § 21 RdNr. R 7: „Substanzsteuer auf den Nachlaß"; für eine Anrechenbarkeit auch *Helmer*, DStR 1989, 488 f., und *Kapp/ Ebeling*, ErbStG, § 21 RdNr. 60.

[1035] S. FN 1025.

[1036] *Pahlke* in Christoffel/ Geckle/ Pahlke, ErbStG, § 21 RdNr. 13; *Moench* in Moench, ErbStG, § 21 RdNr. 6; *Hübner* in Viskorf u.a., ErbStG, § 21 RdNr. 15 f.; *Wingert* in Flick/ Wassermeyer/ Baumhoff, Außensteuerrecht, § 21 ErbStG RdNr. 16; *Lethaus*, IWB Nr. 17 vom 10.09.1985, Fach 3, Gruppe 9, S. 67, 71; *Schaumburg*, Grenzüberschreitende Erbfälle, S. 147, 172; die Anrechenbarkeit eher verneinend *Jochum* in Wilms, ErbStG, § 21 RdNr. 49; die fehlende Anrechenbarkeit in Frage stellend *Dißars/ Dißars*, RIW 1996, 144, 147.

[1037] S. erster Teil C. III.

blick auf den durch dieses verkörperten, wirtschaftliche Leistungsfähigkeit vermittelnden Wert zu Grunde liegt.

3. Die „gleichartige Steuer" i.S.d. Art. 105 Abs. 2 und Abs. 2 a GG

Die Problematik der inhaltlichen Ausformung und Bestimmung des Begriffs des „Entsprechens" ist derjenigen der Begriffsbestimmung der „Gleichartigkeit" in Zusammenhang mit den Art. 105 Abs. 2 und Abs. 2 a GG ähnlich gelagert. Art. 105 Abs. 2 und Abs. 2 a GG behandeln die Gesetzgebungskompetenz der Länder auf dem Gebiet des Steuerrechts und enthalten jeweils unter bestimmten weiteren Voraussetzungen ein Verbot der Erhebung gleichartiger Steuern[1038]. Den Bestimmungen des § 21 ErbStG und der Art. 105 Abs. 2 und 2 a GG ist gemein, dass sie den Steuerpflichtigen vor einer übermäßigen Belastung durch verschiedene Abgabenhoheiten schützen sollen[1039]. Aus der Rechtsprechung zu Art. 105 Abs. 2 GG können daher Anhaltspunkte zur inhaltlichen Ausformung des Begriffs des Entsprechens entnommen werden.

Es ist allerdings bisher noch nicht gelungen, den Begriffsinhalt der Gleichartigkeit abschließend zu klären und mit hinreichender Bestimmtheit auszufüllen[1040]. Für die Begriffsbestimmung verwendet das BVerfG unterschiedliche Begriffsmerkmale. Ausgangspunkt für den Gleichartigkeitsvergleich ist jeweils der steuerbegründende Tatbestand[1041]. Untersucht werden dabei die Begriffsmerkmale des Steuergegenstandes[1042],

---

[1038] Art. 105 Abs. 2 und Art. 72 Abs. 1 GG nehmen im Bereich der konkurrierenden Gesetzgebung den Ländern die Befugnis zur Gesetzgebung über Steuern, solange und soweit der Bund durch Erhebung einer gleichartigen Steuer von seinem Gesetzgebungsrecht Gebrauch gemacht hat; in Art. 105 Abs. 2 und Art. 72 Abs. 1 GG wird der Begriff der Gleichartigkeit allerdings nicht ausdrücklich genannt; nach *Bultmann*, DStZ 1996, 760 ff., m.w.N., handelt es sich bei Art. 105 Abs. 2 GG um ein ungeschriebenes Gleichartigkeitsverbot als einer speziellen Ausprägung des Art. 72 Abs. 1 GG, vgl. hierzu auch *Wendt*, HStR IV, § 104 RdNr. 34. Art. 105 Abs. 2 a GG enthält im Bereich der ausschließlichen Gesetzgebung eine Zuweisung der Gesetzgebungshoheit an die Länder über die örtlichen Verbrauch- und Aufwandsteuern, solange und soweit sie den bundesgesetzlich geregelten Steuern nicht gleichartig sind.

[1039] *Bultmann*, DStZ 1996, 760 ff.; *Wendt*, HStR IV, § 104 RdNr. 36; *Kruse* in Tipke/ Kruse, AO/ FGO, § 3 AO RdNr. 56.

[1040] *Vogel/ Walter* in Bonner Kommentar, Art. 105 GG, RdNr. 86 bis 88, insbesondere RdNr. 89; *Kruse* in Tipke/ Kruse, AO/ FGO, § 3 AO RdNr. 58; vgl. auch *Bultmann*, DStZ 1996, 760 ff.

[1041] Seit BVerfG, Beschluss v. 04.02.1958, 2 BvL 31, 33/56, BVerfGE 7, 244, 260, ständige Rechtsprechung.

[1042] BVerfG, Beschluss v. 04.02.1958, 2 BvL 31, 33/56, BVerfGE 7, 244, 258 ff., 263; BVerfG, Beschluss v. 30.10.1961, 1 BvR 833/59, BVerfGE 13, 181, 193 (in dieser Entscheidung scheint das BVerfG die Quelle wirtschaftlicher Leistungsfähigkeit mit dem Steuergegenstand gleichzusetzen, vgl. S. 193); BVerfG, Beschluss v. 07.05.1963, 2 BvL 8, 10/61, BVerfGE 16, 64, 75 ff.; vgl. auch BVerfG, Beschluss v. 04.06.1975, 2 BvR 824/74, BVerfGE 40, 56, 62 f.; BVerfG, Beschluss v. 12.10.1978, 2 BvR 154/74, BVerfGE 49, 343, 355; BVerfG, Beschluss v. 06.12.1983, 2 BvR 1275/79, BVerfGE 65, 325, 353.

des Steuermaßstabes[1043] und der wirtschaftlichen Auswirkung[1044]. Abgestellt wird dabei teilweise auf die Ausschöpfung derselben Quelle wirtschaftlicher Leistungsfähigkeit[1045]. Bisweilen wird auch die Prüfung der Art der Erhebungstechnik für notwendig gehalten[1046]. Schließlich hat das BVerfG erkannt, dass die unterschiedliche Erfassungsbreite der Steuerbemessungsgrundlage der Gleichartigkeit zweier Steuern nicht entgegensteht[1047]. In der Rechtsprechung wurden die Begriffsmerkmale, auf die es zum Teil wie im Fall des Steuergegenstandes, der wirtschaftlichen Auswirkung oder der Quelle wirtschaftlicher Leistungsfähigkeit, entscheidend ankam, jedoch nicht abstrahiert und ihre inhaltliche Ausformung nur in dem jeweiligen Einzelfall konkretisiert[1048]. Hierdurch wurde nicht deutlich, auf welchen Kriterien im einzelnen die Qualifizierung einer Steuer als gleichartig beruht[1049]. Teilweise hat das BVerfG entweder nicht auf alle dieser Begriffsmerkmale abgestellt[1050] oder einzelne ausdrücklich aus dem Gleichartigkeitsvergleich ausgeklammert[1051]. Weiterhin ist es in der Rechtsprechung zu einer Verlagerung in der Gewichtung bei der Anwendung dieser Begriffsmerkmale gekommen. Hat das BVerfG anfänglich vor allem die Begriffsmerkmale des Steuergegenstandes und des Steuermaßstabes geprüft, ist bei späteren Gleichartigkeitsvergleichen die Bedeutung dieser Begriffsmerkmale in den Hintergrund getreten und vorrangig die Aus-

---

[1043] BVerfG, Beschluss v. 04.02.1958, 2 BvL 31, 33/56, BVerfGE 7, 244, 262 f.; BVerfG, Beschluss v. 07.05.1963, 2 BvL 8, 10/61, BVerfGE 16, 64, 75 ff.; vgl. auch BVerfG, Beschluss v. 04.06.1975, 2 BvR 824/74, BVerfGE 40, 56, 62 f.; BVerfG, Beschluss v. 12.10.1978, 2 BvR 154/74, BVerfGE 49, 343, 355; BVerfG, Beschluss v. 06.12.1983, 2 BvR 1275/79, BVerfGE 65, 325, 352.

[1044] BVerfG, Beschluss v. 04.02.1958, 2 BvL 31, 33/56, BVerfGE 7, 244, 264; BVerfG, Beschluss v. 07.05.1963, 2 BvL 8, 10/61, BVerfGE 16, 64, 76; vgl. auch BVerfG, Beschluss v. 04.06.1975, 2 BvR 824/74, BVerfGE 40, 56, 62 f.; BVerfG, Beschluss v. 12.10.1978, 2 BvR 154/74, BVerfGE 49, 343, 355; BVerfG, Beschluss v. 06.12.1983, 2 BvR 1275/79, BVerfGE 65, 325, 351 f.

[1045] BVerfG, Beschluss v. 04.02.1958, 2 BvL 31, 33/56, BVerfGE 7, 244, 258; BVerfG, Beschluss v. 30.10.1961, 1 BvR 833/59, BVerfGE 13, 181, 191, 193; BVerfG, Beschluss v. 07.05.1963, 2 BvL 8, 10/61, BVerfGE 16, 64, 75 ff.; vgl. auch BVerfG, Beschluss v. 04.06.1975, 2 BvR 824/74, BVerfGE 40, 56, 62 f.; BVerfG, Beschluss v. 12.10.1978, 2 BvR 154/74, BVerfGE 49, 343, 355; BVerfG, Beschluss v. 06.12.1983, 2 BvR 1275/79, BVerfGE 65, 325, 351 f.; kritisch schon *Wengler*, Internationale Doppelbesteuerung, S. 144 f. sowie S. 149, dortige FN 18.

[1046] BVerfG, Beschluss v. 04.02.1958, 2 BvL 31, 33/56, BVerfGE 7, 244, 264; BVerfG, Beschluss v. 12.10.1978, 2 BvR 154/74, BVerfGE 49, 343, 355; vgl. auch BVerfG, Beschluss v. 06.12.1983, 2 BvR 1275/79, BVerfGE 65, 325, 351.

[1047] BVerfG, Beschluss v. 04.02.1958, 2 BvL 31, 33/56, BVerfGE 7, 244, 260, 262 f.

[1048] Vgl. Rechtsprechungsnachweise in FN 1041 bis FN 1047; zur Kritik an der inhaltlichen Unbestimmtheit der Begriffsmerkmale vgl. *Vogel/ Walter* in Bonner Kommentar GG, Art. 105 GG, RdNr. 89 und 102; *Bultmann*, DStZ 1996, 760, 762.

[1049] Zur Kritik hieran vgl. insbesondere *Kruse* in Tipke/ Kruse, AO/ FGO, § 3 AO RdNr. 58, 60; *Bultmann*, DStZ 1996, 760, 762; *Tipke*, FS Höhn, S. 401, 408 f.; *Söhn*, StuW 1975, 1, 9; ebenso zur Frage der Geeignetheit dieser Kriterien, insbesondere dem der Quelle wirtschaftlicher Leistungsfähigkeit, vgl. *Wendt*, HStR IV, § 104 RdNr. 35 f., und dem des Steuergegenstandes *Vogel/ Walter* in Bonner Kommentar, Art. 105 GG, RdNr. 102.

[1050] Vgl. den Überblick bei *Czisnik*, DÖV 1989, 1065, 1067, 1072; *Bultmann*, DStZ 1996, 760, 762; *Tipke*, StRO III, S. 1097.

[1051] So das Begriffsmerkmal des Steuermaßstabes in BVerfG, Beschluss v. 30.10.1961, 1 BvR 833/59, BVerfGE 13, 181, 194; *Vogel*, HStR IV, § 87 RdNr. 57, 61.

schöpfung derselben Quelle wirtschaftlicher Leistungsfähigkeit geprüft worden[1052]. Dies hat zu der Frage nach der Wesentlichkeit der Begriffsmerkmale geführt[1053]. Teilweise wird sogar vertreten, dass die Gleichartigkeitsbegriffe in Art. 105 Abs. 2 und Abs. 2 a GG einen unterschiedlichen Inhalt haben[1054].

Eine allgemeine Definition des Begriffsinhaltes der Gleichartigkeit oder auch nur einzelner seiner Begriffsmerkmale ist jedenfalls nach dieser Rechtsprechung nicht möglich[1055]. Auch in der Rechtswissenschaft fehlt es an übereinstimmenden Auffassungen über die Begriffsbestimmung der Gleichartigkeit[1056]. Weil der Begriffsinhalt der Gleichartigkeit seinerseits zu unbestimmt ist, da weder seine Begriffsmerkmale noch deren Gewichtung in einem Gleichartigkeitsvergleich konkretisiert sind, lassen sich hieraus nur bedingt die für die Bestimmung des Begriffsinhaltes des Entsprechens notwendigen Erkenntnisse ableiten. Als Ergebnis bleibt hier gleichwohl festzuhalten, dass es nach der von der Rechtswissenschaft befürworteten[1057] Rechtsprechung des BVerfG für die Gleichartigkeit einer Steuer tendenziell eher auf materielle Kriterien der effektiven steuerlichen Belastung[1058] ankommt als auf formale[1059] Kriterien[1060]. Von Bedeutung ist ebenso, dass nach der Rechtsprechung des BVerfG die unterschiedliche Erfassungsbreite der Steuerbemessungsgrundlage der Gleichartigkeit zweier Steuern nicht entgegensteht.

4. Wertung

Angesichts der Tatsache, dass die Anrechnung von Nachlass- und Erbanfallsteuern einschließlich der diese ergänzenden Schenkungsteuern als entsprechende Steuern unumstritten ist, geht es vor allem um die Frage, inwieweit auch eine ausländische Steuer, die zwar anlässlich eines unentgeltlichen Vermögensüberganges zwischen zwei Personen erhoben wird, jedoch steuertypologisch weder als Nachlass-, noch als Erban-

---

[1052] BVerfG, Beschluss v. 04.06.1975, 2 BvR 824/74, BVerfGE 40, 56, 62 f.; *Bultmann*, DStZ 1996, 760, 762, m.w.N. zur Rechtsprechung; *Vogel*, HStR IV, § 87 RdNr. 57, 61; kritisch zum Begriff der Steuerquelle *Vogel*, StuW 1971, 308, 310 f.

[1053] *Bultmann*, DStZ 1996, 760, 763.

[1054] BVerfG, Beschluss v. 04.06.1975, 2 BvR 824/74, BVerfGE 40, 56, 63; BVerfG, Beschluss v. 04.06.1975, 2 BvL 16/73, BVerfGE 40, 52, 55; BVerfG, Beschluss v. 23.03.1976, 2 BvL 11/75, BVerfGE 42, 38, 41; BVerfG, Beschluss v. 23.03.1977, 2 BvR 812/74, BVerfGE 44, 216, 226 f.; BVerfG, Beschluss v. 06.12.1983, 2 BvR 1275/79, BVerfGE 65, 325, 350 f.; *Bultmann*, DStZ 1996, 760, 768 f.; a. A. *Tipke*, StuW 1975, 242, 250; *Tipke*, StRO III, S. 1104 ff.; *Vogel/ Walter* in Bonner Kommentar, Art. 105 GG, RdNr. 123.

[1055] *Vogel/ Walter* in Bonner Kommentar, Art. 105 GG, RdNr. 89, 102.

[1056] *Vogel/ Walter* in Bonner Kommentar, Art. 105 GG, RdNr. 89; vgl. auch den Überblick über die verschiedenen Auffassungen bei *Tipke*, StRO III, S. 1097 ff., m.w.N.

[1057] *Bultmann*, DStZ 1996, 760, 762.

[1058] BVerfG, Beschluss v. 30.10.1961, 1 BvR 833/59, BVerfGE 13, 181, 193; BVerfG, Beschluss v. 07.05.1963, 2 BvL 8, 10/61, BVerfGE 16, 64, 75.

[1059] Vgl. bspw. BVerfG, Beschluss v. 30.10.1961, 1 BvR 833/59, BVerfGE 13, 181, 195.

[1060] Vgl. BVerfG, Beschluss v. 04.06.1975, 2 BvR 824/74, BVerfGE 40, 56, 62 f.

fallsteuer anzusehen ist, der deutschen Erbschaft- und Schenkungsteuer entspricht und auf diese angerechnet werden kann. Entsprechend der gesetzgeberischen Intention betreffend die tatbestandliche Ausgestaltung des § 21 Abs. 1 Satz 1 ErbStG einschließlich seiner früheren Fassungen[1061], den schon im Rahmen der Formen internationaler Doppelbesteuerung übereinstimmend festgestellten[1062] und den vom BVerfG entwickelten Kriterien hinsichtlich der Gleichartigkeit zweier Steuern[1063] kommt es im Kern darauf an, dass von der Besteuerung der jeweils gleiche wirtschaftliche Leistungsfähigkeit vermittelnde Wert erfasst wird. Formale Übereinstimmungen in den Steuertatbeständen treten als Vergleichsmerkmale demgegenüber ebenso wie steuertypologische Gemeinsamkeiten oder Unterschiede in den Hintergrund. Entscheidend ist vielmehr, dass den Steuergesetzen jeweils der gleiche wirtschaftliche Sachverhalt zu Grunde liegt und ihre Besteuerungsgüter mindestens partiell im Hinblick auf den durch sie verkörperten, wirtschaftliche Leistungsfähigkeit vermittelnden Wert übereinstimmen.

Anlass zur Auseinandersetzung mit der Frage der Anrechnung steuertypologisch anders gearteter ausländischer Steuern hat vor allem die Rechtsprechung des BFH zur Anrechnung der kanadischen Capital Gains Tax gegeben[1064], die anlässlich eines unentgeltlichen Vermögensüberganges zwischen zwei Personen als Einkommensteuer des Entäußerers dessen fingierten Veräußerungsgewinn besteuert[1065]. Ausgehend von den vorgenannten Ausführungen werden nun die Bedenken sichtbar, denen die Argumentation in der Entscheidungsbegründung des BFH und des FG Rheinland-Pfalz unterliegt[1066]. Nach den von der Rechtsprechung entwickelten Kriterien zur Anrechnung entsprechender ausländischer Steuern[1067] handelt es sich bei der Inheritance Tax nach ihrer steuersystematischen Ausgestaltung um eine solche anrechenbare Steuer. Vergleicht man jedoch die Ausgestaltung des kanadischen ITA und des IHTA in deren steuerbegründendem Tatbestand, stellt sich die Frage, warum zwar die Inheritance Tax, nicht jedoch die kanadische Capital Gains Tax anrechenbar ist[1068]:

> S. 70 (5) (a) ITA lautet: "Where in a Taxation year a Taxpayer dies, the Taxpayer shall be deemed to have, immediatly before the Taxpayer's death, disposed of each Capital property of the Taxpayer and received proceeds of disposition therefore equal to the fair market value of the property immediatly before the death;"

> Sec. 4 (1) IHTA lautet: "On the death of any person Tax shall be charged as if, immediately before his death, he had made a transfer of value and the value transferred by it had been equal to the value of his Estate immediately before his death."

1061 S. zweiter Teil E. IV. 1. a)
1062 S. erster Teil B. III.
1063 S. zweiter Teil E. IV. 3.
1064 BFH, Urteil v. 26.04.1995, II R 13/92, BStBl. II 1995, 540 ff.
1065 S. zweiter Teil E. IV. 1. b)
1066 S.FN 1065.
1067 S. FN 1065.
1068 Die britische Finanzverwaltung lässt die Anrechnung der kanadischen Capital Gains Tax ebenfalls nicht zu, sondern gewährt nur ihren Abzug von der Bemessungsgrundlage, Inland Revenue Press Release v. 01.08.1978; unwidersprochen jedenfalls von Simon's Direct Tax Service, I 9.123.

Der Unterschied ist, dass durch S. 70 (5) (a) ITA ein Veräußerungsgewinn fingiert wird. Die Frage ist, ob dieser Unterschied zur fehlenden Anrechenbarkeit der kanadischen Capital Gains Tax führt. Durch die kanadische Capital Gains Tax wird der Erblasser im Zeitpunkt seines Todes einer Einkommenbesteuerung unterworfen, die den fingierten Veräußerungsgewinn und damit nur einen Teil seines Vermögens erfasst. Durch die Inheritance Tax wird im gleichen Zeitpunkt der Erblasser einer Vermögensbesteuerung unterworfen, die sich auf sein gesamtes Vermögen erstreckt. Beide Steuern haben jedoch gemein, dass ihnen übereinstimmend derselbe wirtschaftliche Sachverhalt zu Grunde liegt und ihre Besteuerungsgüter im Hinblick auf den durch sie verkörperten, wirtschaftliche Leistungsfähigkeit vermittelnden Wert partiell identisch sind.

Wie bereits dargelegt wurde[1069], ist es für die Frage einer aufzulösenden Doppelbesteuerung unerheblich, ob das Besteuerungsgut entweder die Inhaberschaft von Vermögen durch den Erblasser oder den Vermögenszuwachs beim Erblasser umfasst. Es kann daher auch nicht auf das formale Kriterium ankommen, dass das der kanadischen Capital Gains Tax zu Grunde liegende Besteuerungsgut der Vermögenszuwachs beim Erblasser ist. Insoweit ist es unschädlich, dass von der kanadischen Capital Gains Tax, der Inheritance Tax sowie der Erbschaft- und Schenkungsteuer im Hinblick auf die Repräsentation wirtschaftlicher Leistungsfähigkeit unterschiedliche Besteuerungsgüter erfasst werden. Eine derartige Begründung führt zu Wertungswidersprüchen im Hinblick einerseits auf die Anrechnung der vor allem im DBA USA genannten steuertypologisch unterschiedlichen Steuern und andererseits auf die gesetzgeberische Intention, nach der auch eine Anrechnung „sonstiger Steuern" ohne eine systematische Vergleichbarkeit mit der Erbschaft- und Schenkungsteuer möglich sein soll[1070].

Das Argument, dass sich der durch die Besteuerung erfasste Vermögenszuwachs beim Erblasser grundsätzlich von der Besteuerung seiner Vermögensinhaberschaft unterscheidet und beiden Steuern nicht derselbe wirtschaftliche Sachverhalt zu Grunde liegt, ist unter Doppelbsteuerungsgesichtspunkten nicht überzeugend. Die Unterscheidung zwischen dem Vermögenszuwachs einerseits und der Vermögensinhaberschaft andererseits hat Bedeutung für die steuersystematische Einordnung einer Steuer, sagt jedoch nichts darüber aus, ob unter wirtschaftlichen Gesichtspunkten nicht trotzdem eine Doppelbesteuerung gegeben sein kann. Berücksichtigt man, dass bei einer Besteuerung des Erblassers auf Grund seiner Inhaberschaft von Vermögen auch der Vermögenszuwachs erfasst wird, wird deutlich, dass sich die wirtschaftlichen Sachverhalte nicht so grundlegend voneinander unterscheiden, dass unter wirtschaftlichen Gesichtspunkten von vornherein eine Doppelbesteuerung in Zusammenhang mit einer Erbanfallsteuer ausgeschlossen ist. Maßgeblich bleibt abgesehen davon jedoch immer der wirtschaftliche Sachverhalt, der dem steuerbegründenden Tatbestand eines Steuergesetzes zu Grunde liegt. Das ist auch im Fall der kanadischen Capital Gains Tax der unentgeltliche Vermögensübergang zwischen zwei Personen.

[1069] Erster Teil C. II. und III.
[1070] S. zweiter Teil E. IV. 1. a).

Die kanadische Capital Gains Tax und die Inheritance Tax unterscheiden sich im Hinblick auf ihre wirtschaftliche Belastungswirkung lediglich insoweit, dass bei der kanadischen Capital Gains Tax nur ein Teil und bei der Inheritance Tax das gesamte Vermögen von der Besteuerung erfasst wird. So betrachtet werden der Besteuerung nur unterschiedliche Bemessungsgrundlagen zu Grunde gelegt. Das BVerfG hat im Rahmen seiner Rechtsprechung zur Gleichartigkeit nach Art. 105 Abs. 2 und Abs. 2 a GG jedoch entschieden, dass die unterschiedliche Erfassungsbreite der Steuerbemessungsgrundlage und ihre nur partielle Übereinstimmung der Gleichartigkeit zweier Steuern nicht entgegensteht[1071]. Das muss für einen Vergleich zwischen der kanadischen Capital Gains Tax und der Inheritance Tax einerseits und der Erbschaft- und Schenkungsteuer hinsichtlich des Entsprechens im Sinne des § 21 Abs. 1 Satz 1 ErbStG genauso gelten. Bereits oben[1072] ist außerdem hervorgehoben worden, dass es auch nach den DBA nicht auf eine vollumfängliche, sondern nur eine partielle Übereinstimmung hinsichtlich des durch die jeweiligen Besteuerungsgüter verkörperten, wirtschaftliche Leistungsfähigkeit vermittelnden Wertes ankommt.

Es ist auch nicht entscheidend, dass die kanadische Capital Gains Tax in der Person des Erblassers entsteht. Gleiches gilt nämlich auch für die nach dem DBA USA zweifellos anrechenbaren Federal Estate und Gift Tax. Gefolgt werden kann also nicht der Rechtsprechung des FG Rheinland-Pfalz, das die Anrechnung der kanadischen Capital Gains Tax ablehnte, weil bei lebzeitigen Vermögensübertragungen nicht die Rede davon sein könne, dass der Erwerber durch die ausländische Steuer, die beim Schenker als Einkommensteuer erhoben wird, wirtschaftlich belastet sei und es sich nicht um eine „‚auf den Erwerber entfallende‘ Steuer“ handele[1073]. Diese Begründung übersieht, dass diese Umstände dem DBA USA zufolge für eine Anrechnung der Federal Gift Tax auf die Schenkungsteuer unbeachtlich sind. Würden diese Unterschiede tatsächlich zu einem Ausschluss der Anrechnung führen, würde man sich in einen unlösbaren Widerspruch zur Wertung des DBA USA setzen, das für diesen Fall eine Anrechnung vorsieht. Ist jedoch eine Anrechnung nach einem DBA möglich, kann steuersystematisch im Grundsatz nichts anderes für eine Anrechnung nach § 21 Abs. 1 Satz 1 ErbStG gelten.

Die Problematik ist der der latenten Einkommensteuerbelastung des Erblassers[1074] zwar ähnlich gelagert, jedoch anders zu lösen. In den Fällen der latenten Einkommensteuerbelastung führt der durch den Erblasser verwirklichte steuerbegründende Tatbestand zur Entstehung der Steuerschuld erst nach dem Erbfall; der steuerbegründende Tatbestand knüpft hier jedoch an einen anderen, spätestens mit dem Erbfall abgeschlossenen wirtschaftlichen Sachverhalt an. In diesen Fällen liegt der Besteuerung nicht der wirtschaftliche Sachverhalt des unentgeltlichen Vermögensüberganges zwischen zwei Personen zu Grunde. In den Fällen der latenten Einkommensteuerbelastung erfolgt die

---

[1071] S. zweiter Teil E. IV. 3.
[1072] Erster Teil C. II. und III.
[1073] S. zweiter Teil E. IV. 1. b).
[1074] Vgl. *Meincke*, ErbStG, § 10 RdNr. 32.

Besteuerung jedenfalls nicht anlässlich eines unentgeltlichen Vermögensüberganges zwischen zwei Personen, sondern auf Grund eines anderen inzwischen abgeschlossenen wirtschaftlichen Sachverhaltes. Dagegen wird die Besteuerung durch den ITA erst anlässlich eines unentgeltlichen Vermögensüberganges zwischen zwei Personen ausgelöst. Der Abzug der kanadischen Capital Gains Tax von der Steuerbemessungsgrundlage der deutschen Erbschaftsteuer als Nachlassverbindlichkeit wie die latente Einkommensteuerschuld ist daher nicht geboten. Gerade die Annahme eines derartigen Gebotes würde die Frage aufwerfen, warum zwar die kanadische Capital Gains Tax, nur weil sie als eine Einkommensteuer des Erblassers anzusehen ist, als Nachlassverbindlichkeit von der Steuerbemessungsgrundlage der deutschen Erbschaftsteuer in Abzug zu bringen ist, nicht jedoch die Federal Estate Tax, die als letztmalige Vermögensteuer des Erblassers erhoben wird.

Im Ergebnis ist daher der Rechtsprechung des BFH, dass eine Steuer nur dann anrechenbar sei, wenn sie für den Erwerb des Nachlassvermögens gezahlt[1075] oder durch sie der Wert des Nachlassvermögens im Sinne einer auf der Nachlassmasse als solcher liegenden Nachlasssteuer erfasst werde[1076], zu widersprechen. Dafür, dass beispielsweise die Federal Estate Tax für den Erwerb des Nachlassvermögens gezahlt werde, liegen keine Anhaltspunkte vor. Sie entsteht vielmehr noch vor dem Erwerb des Nachlassvermögens und unabhängig von diesem[1077]. Es kommt nur auf das wirtschaftliche Kriterium an, dass der Wert des Nachlassvermögens als der die wirtschaftliche Leistungsfähigkeit vermittelnde Wert erfasst wird, nicht jedoch auf das formale, nach dem es sich um eine auf der Nachlassmasse als solcher liegenden Nachlasssteuer handeln muss. Das folgt auch aus der Rechtsprechung des BVerfG hinsichtlich der Gleichartigkeit zweier Steuern, derzufolge es auf die steuerliche Belastungswirkung ankommt[1078]. In der Sache ist daher *Wilde* zuzustimmen, der auf Grund der Vergleichbarkeit der Voraussetzungen und der wirtschaftlichen Belastungswirkung in der kanadischen Capital Gains Tax eine Form der Nachlasssteuer sieht und deswegen ihre Anrechenbarkeit bejaht[1079]. Zuzustimmen ist auch *Jülicher*, der eine Anrechnung in dem Verhältnis befürwortet, in dem der im Ausland besteuerte Wertzuwachs zu der in der Bundesrepublik besteuerten gesamten Vermögenssubstanz steht[1080].

[1075] BFH, Urteil v. 26.04.1995, II R 13/92, BStBl. II 1995, 540 f.
[1076] BFH, Urteil v. 26.04. 1995, II R 13/92, BStBl. II 1995, 540, 542.
[1077] Erster Teil C. II. und III.
[1078] Erster Teil B. II. 2. b) aa) (1) (b).
[1079] Zweiter Teil E. IV. 1. c).
[1080] Zweiter Teil E. IV. 1. c).

F. Ergebnisse des zweiten Teils

Die Besteuerung nach dem Totalitätsprinzip im Erbschaft- und Schenkungsteuerrecht ist ein aus dem Leistungsfähigkeitsprinzip folgendes unverzichtbares Gebot. Die Berücksichtigung von im Ausland belegenem Vermögen bei der Besteuerung kollidiert mit dem Grundsatz der zwischenstaatlichen Verteilungsgerechtigkeit im Hinblick auf die Verteilung des aus einer Steuerquelle fließenden Steueraufkommens. Der Grundsatz der zwischenstaatlichen Verteilungsgerechtigkeit gebietet eine dem Leistungsfähigkeitsprinzip zuwider laufende territoriale Begrenzung der Steuererhebung. Es besteht kein Vorrang des Grundsatzes der zwischenstaatlichen Verteilungsgerechtigkeit gegenüber dem Leistungsfähigkeitsprinzip. Ein angemessener Ausgleich ist über das Anrechnungsverfahren herbeizuführen. Die Angemessenheit dieses Ausgleichs hängt dabei von der Qualität des Anrechnungsverfahrens ab.

Bei der Anknüpfung der Steuerpflicht an die persönlichen Verhältnisse des Erblassers und Schenkers handelt es sich um das Relikt einer im Kurfürstentum Brandenburg im 17. Jahrhundert erhobenen Stempelsteuer. Es handelt sich nicht um Elemente einer Nachlasssteuer. Die Anknüpfung an die persönlichen Verhältnisse des Erblassers und Schenkers ist vor dem Hintergrund der steuersystematischen Ausgestaltung der Erbschaft- und Schenkungsteuer als einer besonderen Einkommensteuer systemwidrig. Sie ist nicht verfassungswidrig. Auf Grund der Umverteilungsfunktion des ErbStG ist sie gerechtfertigt.

Die Anknüpfung der Steuerinländereigenschaft an die Staatsangehörigkeit ist system-, verfassungs- und europarechtswidrig. Sie ist weder als Maßnahme zur Verhinderung der Steuerumgehung, noch zur Verwirklichung zwischenstaatlicher Verteilungsgerechtigkeit, noch äquivalenztheoretisch wegen der Gewährung diplomatischen Schutzes, noch zur Verhinderung von Steuermindereinnahmen gerechtfertigt.

Das Leistungsfähigkeitsprinzip gebietet die erbschaft- und schenkungsteuerliche Berücksichtigung der Minderung der wirtschaftlichen Leistungsfähigkeit des Steuerpflichtigen auf Grund der Belastung durch anlässlich eines unentgeltlichen Vermögensüberganges erhobene ausländische Steuern. Dem Steuerpflichtigen ist ein Wahlrecht zwischen der Anrechnung der ausländischen Steuer und ihrem Abzug von der Steuerbemessungsgrundlage einzuräumen. Das gilt vor allem für die Fälle, in denen eine Anrechnung nicht in Betracht kommt, weil die ausländische Steuer auf Vermögen entfällt, das nicht zu dem für die Anrechnung maßgeblichen Auslandsvermögen gehört. Der Begriff des Auslandsvermögens im Sinne des § 21 Abs. 1 Satz 1 ErbStG sollte nicht durch Bezugnahme auf § 121 BewG definiert werden, sondern durch Bezugnahme auf § 4 Abs. 1 AstG. Die per-country limitation in § 21 Abs. 1 ErbStG sollte durch die overall limitation ersetzt werden. Bei einer der deutschen Erbschaft- und Schenkungsteuer entsprechenden ausländischen Steuer im Sinne des § 21 Abs. 1 Satz 1 ErbStG handelt es sich unabhängig von ihrer steuersystematischen Ausgestaltung und steuertypologischen Einordnung um jede Steuer, die anlässlich eines unentgeltlichen

Vermögensüberganges erhoben wird und mindestens partiell denselben wirtschaftliche Leistungsfähigkeit vermittelnden Wert wie das ErbStG erfasst.